MOUNTAIN

登自己的山

All This Wild Hope

CONTINENTAL DIVIDE

海德格尔与卡西尔在达沃斯

欧陆 分野

HEIDEGGER, CASSIRER, DAVOS

PETER E. GORDON

[美] 彼得·戈登 著 郝苑 译

GUANGXI NORMAL UNIVERSITY PRESS
广西师范大学出版社
· 桂林 ·

图书在版编目 (CIP) 数据

欧陆分野：海德格尔与卡西尔在达沃斯 / (美) 彼得·戈登著；郝苑译. —— 桂林：广西师范大学出版社，2025. 6. —— ISBN 978-7-5598-7692-8

Ⅰ. B5

中国国家版本馆CIP数据核字第2025KP0903号

CONTINENTAL DIVIDE: Heidegger, Cassirer, Davos
Copyright © 2010 by the President and Fellows of Harvard College

著作权合同登记号桂图登字：20-2024-176号

OULU FENYE：HAIDEGEER YU KAXIER ZAI DAWOSI
欧陆分野：海德格尔与卡西尔在达沃斯

作　　者：（美）彼得·戈登
译　　者：郝　苑
责任编辑：谭宇墨凡　李　珂
内文制作：燕　红

广西师范大学出版社出版发行

广西桂林市五里店路9号　邮政编码：541004
网址：www.bbtpress.com

出　版　人：黄轩庄
全国新华书店经销
发行热线：010-64284815
北京启航东方印刷有限公司印刷
开本：635mm×965mm　1/16
印张：30　　　字数：386千
2025年6月第1版　2025年6月第1次印刷
定价：108.00元

如发现印装质量问题，影响阅读，请与出版社发行部门联系调换。

目　录

1929 年春，恩斯特·卡西尔与马丁·海德格尔在瑞士达沃斯的贝尔韦代尔酒店。照片复制于亨宁·里特尔博士的私人档案，感谢达沃斯文献资料图书馆的许可。

任何人都可以参与讨论；哲学家是那些从来都不参与讨论的人。智慧超越了对胜利的渴望。

一个不参与讨论的哲学家，就像一个从不上拳击台的拳击手。

——维特根斯坦的两条评论

序 言

　　这本书构思于很久以前，从孕育到完成花费了数年，这无疑是由于我的注意力在此期间被吸引到现代欧洲思想史的其他主题与问题上。值得注意的是，当前这项研究几乎是从我上一本书中生长出来的，二者不可分割，在那本书中，我试图解释德国犹太哲学家弗朗茨·罗森茨维格与同时代的马丁·海德格尔在哲学上的亲缘性。[1]战间期（指两次世界大战之间）的这两位哲学家看起来仿佛是意想不到的表亲，之所以会去比较此二人，首先是因为罗森茨维格的一篇文章，他在自己生命的尽头简要评论了 1929 年恩斯特·卡西尔与马丁·海德格尔在瑞士达沃斯的争论。当然，倘若认为罗森茨维格在欧陆哲学的大戏中只是个小角色，那就太不明智了。如今回想起那本书，在我看来，这出戏的主角显然总是站在主要舞台的边缘。类似的透视技巧可以在汤姆·斯托帕德的戏剧《罗森克兰茨与吉尔德斯特恩已死》中找到，这部戏将哈姆雷特人生中的两个次要角色带上前台。这本书现在要结束这些插曲，将注意力转向舞台中央上演的戏剧：毋庸置疑，这出戏的主人公——卡西尔与海德格尔——是 20 世纪最伟大的两位哲学家。

我在本书中指派给自己的任务，是尽可能地解释，为什么即使在今天，二人的交锋在哲学记忆中依旧如此突出。

毫无疑问，回答这个问题的方式多种多样。达沃斯的交锋被许许多多不同流派的学者如此频繁地援引与评论，以至于可以说它几乎象征了欧洲观念史上的一切。当然，已有一些作品认真论述了这场辩论。其中最重要的包括恩诺·鲁道夫与多米尼克·克吉编辑的德语论文集《卡西尔–海德格尔：达沃斯争论70周年》与迈克尔·弗里德曼的优秀论著《分道而行》，相较于本书，后者更为深入地关注了鲁道夫·卡尔纳普在这场辩论中所扮演的角色。[2] 然而，总的来说，海德格尔与卡西尔的这次争论经常被看作一种哲学寓言，一种对各色关切的戏剧化，其中不仅有哲学的关切，还有文化的关切，或许最重要的是政治的关切。而且由于它归根到底是一次争辩，它就频繁地被用来象征各种二元论的斗争：理性对非理性，认识论对形而上学，自由主义对法西斯主义，启蒙对反启蒙，等等。请允许我直截了当地说，基于以下两个相互关联的理由，我对这种寓言式解读深表怀疑：它们通常含糊其词，把哲学上极其复杂的问题还原为纯粹的口号或过度简化的世界观；它们有时候带有攻击性，提议一劳永逸地彻底解决一众智识问题，而方法是将这些问题分解为非智识性的斗争，在各色意识形态旗帜下互相攻讦。事实上，我对本书的一个期望恰恰在于，帮助我们更好地理解为什么达沃斯争论会如此频繁地转化为寓言。但这是一个附带的目的。此处的主要任务是结合历史叙事与哲学重构：我希望加深对辩论本身的哲学与历史理解，因此，我试图在任何必要的地方去寓言化，促进理解而不是论战。

请允许我进一步指出，在卡西尔与海德格尔的较量中，只要有可能，我大致都试着做一个中立的旁观者。尽管我在其他地方为当前关于海德格尔的讨论做出过贡献，但我并非不假思索地支持海德格尔的哲学。我对其作品的某些方面抱有一定的同情，但我也不认为这会阻碍我以深切赞同的目光看待卡西尔的智识成就。应当承认，自从卡西尔在半个世纪前去世以来，他的声誉急剧下降，在英语世界中表现得尤其明显。他最杰出的学生、广受喜爱的《哲学新解》的作者苏珊·朗格，如今很少有人记得。如果说卡西尔的遗产尚且幸存，那主要是因为他是观念史上几部现已褪色的经典著作的作者，特别是《启蒙运动的哲学》与《国家的神话》。某些读者之所以想起他，或许是因为美国哲学家纳尔逊·古德曼在《构造世界的多种方式》中以他为灵感来源（该书的第一章发表于汉堡大学召开的卡西尔诞辰一百周年纪念会议）。但古德曼本人似乎无法鼓起饱满的热情："无数由符号构造的世界"，他写道，"讽刺作家也许会如此概括恩斯特·卡西尔著作中的某些主题。"[3]

值得一提的是，不同于北美，卡西尔在欧洲仍然是哲学讨论中的重要人物。近年来人们甚至在某种程度上复兴了对他的兴趣，这主要归功于柏林洪堡大学的约翰·米夏埃尔·克罗伊斯，他与几位同事和学生多年来不知疲倦地编订了新版卡西尔全集。尽管热情重燃，但事实上卡西尔身上仍有部分东西看起来几乎无可挽回地属于过去。大概这是因为他自己的生活与智识热情令人回想起欧洲20世纪中期的更大悲剧。如果说卡西尔与海德格尔的哲学交锋在今天仍然困扰着我们，部分原因就在于我们将之与德国发生过的事情联系在一起：自由主义在政治上的失败以及不自由的权威主义的胜利。如此看来，有一点值得多提一嘴，在写这本书的过程中，我渐渐变得更能欣赏卡西尔的优点。尽管我对海德格尔的钦佩也相应地有所减少，但并没有完全消失。然而就总体而言，在这部论著中，我没有不加限制地给出哲学方面的赞许。如果读者想要寻求定论，弄清这场辩论中谁"赢"谁"输"，而不去管这些措辞看起来有多不合适，那么这些读者可能要失望了，在很大程度上本书的目的是批判性与解释性的。

作为思想史家，不必最终判断谁对谁错大概是种奢侈。可能因为我天生不愿相信哲学争论能够一劳永逸地解决。要我看，倘若真能解决，观念史早该在很久以前就终结了。达沃斯争论在哲学的记忆中经久不衰，并不是由于它提供了多少确定的答案，而是由于它提出的问题至今仍扣人心弦。我的小小心愿是，读者读完本书之后，不仅能重新理解达沃斯的这场争论，还能深刻意识到它对欧陆哲学历史——其过去和未来——的持久意义。

巴黎　蒙马特尔

达沃斯广场　施泰根贝格尔贝尔韦代尔酒店

坎布里奇　哈佛大学

导 论

年轻的学生或许会产生这样的印象：他见证了世界的创造和末日。

——伊曼努尔·列维纳斯对达沃斯交锋的描述

海德格尔与卡西尔在达沃斯

1929 年春，马丁·海德格尔与恩斯特·卡西尔这两位哲学家在瑞士达沃斯镇公开对话。可以说，他们是当时欧洲大陆上最重要的思想家，他们交流的话语被赋予了相当重要的划时代意义，即便在今日，哲学家与欧陆思想史家仍然不得不全面评估那些话语的真正重要性。人们普遍认为，达沃斯争论凸显了现代哲学史上一些最基本和最有争议的问题。本书重构了这次对话，以及其起源与后果。

在超过半个世纪的时间里，卡西尔与海德格尔在达沃斯的争论一直是哲学记忆中的重要试金石。它在欧陆哲学史中经常带来分歧和讽寓。不同学科与意识形态阵营的学者，都试图将之视为人道主义与反人道主义、启蒙与反启蒙、理性主义与非理性主义决裂的最后时刻，就好像 20 世纪最典型的思想斗争都在这起单一事件中成形。迈克尔·弗里德曼这位精湛的康德学者，利用这次争论，有力阐明了分析哲学与欧陆哲学之间所谓的"分道而行"。社会学家皮埃尔·布尔迪厄则以这起事件为核心，试图根据所谓的"政治存在论"来分解海德格尔的思想，不过这一尝试多少有些靠不住。德国思想史家汉斯·布鲁门贝格甚至更为大胆，他曾表示，应当将这起事件解读为对路德与茨温利之间神学争论*的世俗报复。从最表面上看，这些解释没有任何错误，大概来说它们的产生也不可避免。即使在当时，海德格尔与卡西尔会面的传闻也承载着大量象征意义：新闻报道与学术期刊从代际角度将这场争论称为"新旧思想"间的代表性交锋。海德格尔的学生奥托·弗里德里希·博尔诺后来回忆说："人们有一种崇高的感受，觉得自己亲历了一个历史性时刻，就像歌德在《随军征法记》中说的那样：'此时此刻，世界史的新纪元开启了'——就这次的情况而言，开启新纪元的则是哲学史。"当时在德国生活的伊曼努尔·列维纳斯还是埃德蒙德·胡塞尔的学生，后来在一次采访中他回顾道，他从卡西尔缺乏创见的表现中感受到了"某种人道主义的终结"。"年轻的学生，"他补充说，"或许会产生这样的印象：他见证了世界的创造和末日。"[1]

　　海德格尔与卡西尔之争经常作为欧陆观念史上的关键时刻而被铭记。究竟为何如此，值得仔细考察。这场辩论的概念内容继续引起哲学的兴趣，而且理当如此。但它只能部分地解释，为什么这场辩论

---

* 1529 年，瑞士宗教改革领袖茨温利与马丁·路德在马堡会面协商，企图整合思想分歧。二人在最后讨论圣餐礼时观点完全不同，导致两派整合失败。路德主张同质说，即圣餐中基督的确实质上降临，而茨温利主张象征说，即圣餐只是纪念基督的象征。（如无特殊说明，本书页下注均为译者注）

如此突出，一直作为参照点，牵动着有关欧洲哲学的过去与未来的一场场辩论。要得出更加令人满意的答案，必须解决如下问题：哲学概念与历史意义是如何近乎根深蒂固地交织在一起的？

因此，在研究达沃斯争论时，我试图提供两个不同但又相关的视角。首先，我从哲学上重构了观念史上的这场关键辩论；其次，我探索了一种更加宽泛、更加费解的现象——哲学记忆，它是一种复杂的过程，由多种因素决定，在这个过程中，哲学向自己讲述曾经的往事，以求理解哲学自身。因此，接下来的内容既是历史重构，也是哲学分析。

在当前的导论中，本书的开篇从总体上描绘卡西尔与海德格尔。随后的第一章大致描述了1920年代的哲学趋势，第二章详细讨论了达沃斯高校课程的各种缘由与事件。对这类叙事没有耐心的读者不妨立即翻到第三章，我在那里讨论了卡西尔与海德格尔的独立讲座，并在第四章从哲学层面为辩论本身作了注解。为了进一步分析，第五章考察了卡西尔与海德格尔在辩论之前那些年的对话。第六章探究了辩论之后几年里发生的事情。最后，第七章详述了这场辩论如何在多个层面令欧陆哲学记忆念念不忘。简而言之，本书的总体论点是，达沃斯争论阐明了哲学观念的"分化"（ramify）方式，即它们是如何获得各种文化和政治意义的。以下是我对这种现象的解释。

概念如何分化

欧陆哲学的一个显著特征，是它对自身历史条件的敏锐意识。康德认为他所处的时代是"批判的时代"。黑格尔认为他自己的哲学简直就是思想所理解的当下世界。尼采的立场更具对抗性，宣称他的洞见大大超越了自己的时代：那位疯子在《快乐的科学》中宣布"上帝已死"，但他很快就陷入绝望，意识到他的宣告来得太早。哲学被理解为一起事件，其意义随时间展开，这种做法一直是欧陆模式的决定性特征。事实上，人们甚至可以说，正是历史意识首先划定了欧陆哲学的分野，使它成为与"分析"哲学并行又分离的独特传统。[2] 这种历史意识的现象既不那么正式，又比严格意义上的"历史主义"更为宽泛。但这种意识实际上如何影响哲学论证呢？哲学又如何确立其自身的历史意义呢？

当哲学家开始设想自身的论点与其所居住的世界间的多重关联时，会发生什么？探索这一问题是本书的一项主要任务。这个过程并无不寻常之处。要我说，这是解释和概念阐述的常见策略，借此，哲学引发了从概念到文化的运动，以此主张自身具有更大且看起来更为精深的意义。要观察这种策略，就得理解观念的历史铭文。然而，要理解这一运动，却并非要去否认概念本身的内在生命，或用关于观念的还原式的社会学来替代哲学。哲学概念本就是广阔世界的一部分，而当这些概念的意义涉足这个广阔世界时，理解这一运动需要追随这些哲学概念本身。需要理解概念如何分化。当然，任何给定概念的分化都是多样的，而且永远存在变化的可能。哲学论证通过关系与联想获得额外意义，关系与联想既是论证的结果，也是想象的结果，在追踪它们的发展时，人们追踪的并非必然的蕴含关系，而是解释的各种策略，通过这些策略，便可理解给定观念的发展、转化与修正的潜在可能。然而矛盾的是，一个概念在被构想的那个时刻就立即开始分化；纯粹的思考每一刻都会马上延伸出新的意义。因此，概念的分化并非某种"外在"之物。它就是概念本身，它根据概念的某一历史可能性孕育而生。

现在我得承认，在战间期的欧陆哲学中，哲学家异常关注其观念的历史铭文，这无疑是由于许多人将其时代理解为历史转型或历史危机的时代。事实上，在战间期，德国的智识处境看起来几乎就在要求哲学家表明观念意义的立场，要求他们解释哲学主张与周围世界的关系。尽管方式不同，但海德格尔与卡西尔都把自己当作这样的哲学家，他们的工作既出自现代性状况的危机，又是对这种危机的回应。二者都力图解释这种危机，诊断它的问题，并为历史性存在展望一种与众不同且更加有益的存在方式。但由于他们都十分清醒地意识到了自身所处的历史时刻，要恰当理解他们的分歧，就不能仅仅停留在概念分析的层面上。他们的分歧是不可化约的哲学问题，但这种分歧也关乎哲学作为人类活动的根本意义。他们最终陷入了一场深刻而持久的哲学讨论之中，一次又一次地回到这样一个问题上：人是什么？

人性的两种形象

为了解释我眼中卡西尔与海德格尔的基本分歧，我想引入"人性的规范形象"这个概念。本书将自始至终求助于这个概念，以便汇集争端中的各种更为局部性的观点，并强调争端中最重要与最明确的对立。但首先，应当为这个概念给出基本的解释。

规范形象，我在这里想要的，是一种直观概念，它为哲学论证提供初始的方向感。一则与该观念相关的阐述，可以在康德1785年论文《何谓"在思考中定向"？》中找到，康德提出，就像存在着一种最初用来为个体身躯在空间中指明方向的基本方向感（诸如上下左右这样的日常措辞暗示了此类方向）那样，也存在着一种位于哲学反思根源的心智方向。这种定向是形成概念的先决条件，尽管它本身并不以概念为形式。这样一来，康德的主张就是，这种初始的定向由理性来给定。根据康德的观点，正是人类的理性本身，为我们的思想赋予了最初的方向感。然而，根据我自己的定义，我得提出一种更宽泛的概念：这种定向或许是理性的，但并不必然是理性的。人性的规范形象更多地以直观的形象出现，它是一种先天的确信，或是一种根深蒂

固的信念。我将之称为一种形象，很大程度上是因为我希望强调知识
分子的论证往往以某种基本图像为基础，这种图像是理性的，但同样
也是感性和隐喻性的。[3] 在《哲学研究》中，维特根斯坦提到了一种能
够俘获哲学的心灵"图像"，它阻碍了我们恰当地理解心灵实际运作
的方式。这个观点既过于狭隘，又过于大胆，因为它意味着我们被困
在关于我们自身的虚假形象之中，我们可以而且应当摆脱这些形象，
以便获取直达事物真实样貌的视野。而我在这里想说的是，人性的规
范形象可能只是思考我们自身的一个条件。但我应当告诫人们避免一
种可能的误解：我不会断言这种形象只不过是一种感性的手段。我的
观点实则是，这种位于概念论证核心的定向看起来如此之强，以至于
很难将其吸引力解释成纯粹概念性的。这种最初为思考定向的形象，
通常看起来先行于思考；它们向我们显明自身时最初并不通过概念层
面，而是通过前概念层面——我们不妨如此称呼——这种原始层面包
括隐喻与情感在内，不过并不局限于这些。

　　本书的一条主导性假设是，哲学论证由这种特殊意义上的形象所
激发。但它并非仅仅是一种关于世界是什么样的形象。这种形象还起
着一个额外且确实至关重要的作用，即激发与引导我们形成一种关于
世界应当是什么样的感受。在这个意义上，这种形象不仅仅是描述性
的，还是规范性的。现在，我并不是说我们将规范性仅仅视为我们希
望实现的图像。我的观点仅仅是，无论其真实来源为何，规范性都是
某种牢牢把握住我们的东西，而这部分要归功于我们在解释其影响时
所运用的隐喻和例证。但显然这并非某种严格的决定论。知识分子会
改变想法，也会改变他们的隐喻，将它们从一种形象带入另一种形象。
事实证明，概念在这个过程中不可或缺，因为它们是工具，我们通过
它们来分化直观，有时则说服我们自己完全更改这些直观（不过这种
情况并没有我们所希望的那样频繁）。

被抛性与自发性

卡西尔与海德格尔争论的核心，是两种人性的规范形象之间的根本性竞争。对卡西尔来说，人类被赋予了一种自发地自我表达的特殊能力：作为人，就是要在完全的自由中创造意义的诸般世界，而这些自我创造的世界反过来又成为我们体验到的美、道德与真理的对象领域。卡西尔关于我们建构能力或构形能力的洞识来自康德，康德的先验条件理论充当了卡西尔符号形式哲学的初始模型与灵感来源。美国哲学家纳尔逊·古德曼在谈到这种自我创造的能力时，将之称为"构造世界"的能力。卡西尔自己则将这种创造世界的能力称为自发性，这一更加专门的术语最初来自康德，对卡西尔和康德来说，它既有认识论意义，又有伦理-政治意义。

在海德格尔的理解中，人类首先受我们的有限性界定，也就是说，我们发现自己身处某种境遇之中，我们不仅没有参与其创造，也不可能指望加以控制。在海德格尔看来，作为人就是被赋予一种特殊的接受性或对世界的敞开性。这种敞开现象恰恰位于人类生存的核心，它不仅比我们的理性更加深刻，而且先于任何实践活动。批评家经常指出，人的生命的这种形象植根于依赖上帝的宗教经验。但海德格尔思想的一个重要特征恰恰是，这种依赖感在传统宗教崩溃之后仍旧是人类生存的根基。尽管我们这些现代人或许坚持试图以某种方式来为我们的形而上学原则奠基（奠基于理性、自然、权力，等等），但我们如此这般的努力尝试，不过是一种回避策略，以逃避生命最重要的事实，即我们的生存归根结底是历史性的，因此是无根的。海德格尔用各种名称来称谓这种无根状态，最典型的称呼是有限性或"被抛性"。

卡西尔与海德格尔的分歧取决于自发性与接受性的基本区别，一边是人类构造世界的能力，另一边是我们对世界的开放性。卡西尔在缔造哲学体系时，着眼于那种无条件的、不知疲倦的，乃至"无限的"

人类表达的自发性。海德格尔思索自身的哲学观念时，根据的基本假设则是，人类在本质上是一种有限的生物，被时间和历史限定，并发现自身被抛入并非由自己创造的各种境遇之中。现在，这两种人性观之间的本质性对立有了众多刻画方式。为了行文简练，我最常做的是将之描述为被抛性与自发性之间的较量。[4]

尽管人性的两种规范形象之间的对比着实深刻，但我们应当注意，这并非绝对。二者相互关联，主要是因为它们共享同一条哲学洞识，最终可追溯到康德及其先验观念论学说。简而言之，根据这个学说，这个世界对我们人类来说之所以可以理解，完全归功于我们先天地强加于这个世界之上的某些条件。卡西尔与海德格尔都赞同这个想法的某种变体。卡西尔将实在本身及其各种意义视为人类心智的符号创造。原始人的神话本性、艺术家的审美领域、科学家的宇宙理论模型——在相当深刻的意义上，这些都是建构，都证明了人类独特的世界构成能力。当然，卡西尔在《符号形式的哲学》中也承认了感性被给予物的地位。他用"符号性孕义"这一特殊观念，来解释我们对有意义的实在的经验，如何依赖一种超越主客体之分的意义现象。因此，卡西尔对自发性的承诺并不意味着恢复柏拉图主义或其他种类的极端观念论。但这种见解与先验条件理论紧密相关，这种理论来自卡西尔的各位新康德主义老师，最终来自康德本人。

另一方面，在海德格尔看来，人类由世界性与时间性构成，因此，任何学说，只要倡导人类主体是世界的创造者，拥有在认知和实践上掌控其创造物的天赋，就会被当作形而上学谬误而被海德格尔加以拒斥。尽管如此，海德格尔本人对存在的哲学探究意在阐明人类对于存在的领会，这种领会首先为我们的世界增添了根本的可理解性。海德格尔由此将人类描述为这样一种存在者，它通过一种"形成世界"（*Weltbildung*）的特殊能力而与世界上所有其他事物区分开来。[5]在《存在与时间》中，海德格尔甚至不惜承认观念论是其哲学使命唯一可接受的出发点。因此，海德格尔早期作品中对"存在"的描述，最终被公认为酷似康德的先验条件学说。当然，海德格尔与卡西尔都不认为自己的哲学工作仅仅是扩展了先验观念论的各项原则。但是，他们在康德的基本洞识中有一个共同的出发点，即这个世界向我们呈现自身的方式从根本上取决于我们施加于这个世界的诸多条件。因此，被抛性与自发性之间的对比，应当被理解为解决先验条件问题的两种不同进路。这种对比既不应当，也不能被理解为一种彻底的对立。

　　同样关键的是要注意到，在很大程度上，卡西尔与海德格尔是同时代斗争中的盟友，他们要将哲学的范围拓展到他们眼中的现象学与新康德主义方法论的限制之外。海德格尔最初是胡塞尔的学生，胡塞尔的现象学研究提供了一个模型，展示了如何将哲学实践为一门关于心理意向性的严格科学。但海德格尔很快就感到有必要打破他眼中胡塞尔的观念论承诺，后者脱离在世界中存在的明显现象来研究意识行为。海德格尔希望拓宽现象学，以使其适用于分析所有世间形式的人类生存本身，即最先揭示世界的诸种情绪与实践技能，最先构成我们对"我们是谁"与"我们是什么"的领会的文化与历史理解。海德格尔在晚年甚至进而反对针对哲学的科学构想；他转而力图理解科学与技术的局限性，将注意力集中于语言、诗歌和艺术，将它们作为更为丰富的"展开世界"的模式。就卡西尔而言，他从赫尔曼·柯亨与新康德主义的马堡学派那里接受了最初的训练，他最早在认识论与科学哲学方面的研究，是他继承了马堡学派遗产的持久证明。但到了1920 年代，卡西尔觉得有必要拓展柯亨那种将哲学作为对科学知识的先验批判的新康德主义哲学观，他转向了远为广阔的研究领域——人类学、语言、宗教与艺术。随后，他为导向所谓的基础现象分析的新哲学方法奠定了基础，这是他在方法上的后期转向，有些人将其比作梅洛-庞蒂的现象学技术。[6]

　　人们实在过于频繁地将卡西尔与海德格尔的关系刻画为正反方

或世界观的强烈冲突。但以上评述表明，不应当夸大两者之间的对比。事实上，只有了解了他们的共同点，才能理解他们的分歧。首先必须要注意一个事实，在第一次世界大战之后的十年中，卡西尔与海德格尔都参与了那场背离先验观念论方法的更广泛运动。在他们最早的训练中，二人所接受的哲学教育可以说都属于某种"科学范式"。在胡塞尔范式中，哲学应当仿效科学，并且自身应当取得同样科学的地位；在新康德主义范式中，哲学应当是支持科学的先验基础。应当指出，这两种范式都没有提倡某种严格的科学主义，尽管将新康德主义作为初始实证主义的指控屡见不鲜。虽然卡西尔与海德格尔都从他们的老师那里吸收了很多东西（卡西尔从柯亨那里，海德格尔则从李凯尔特和胡塞尔那里），但在他们的成熟期，都对这种科学范式感到不满，并逐渐接受了更为开阔的哲学理想，即哲学作为一门学科，或许可以揭示从语言到艺术，从古代宗教到现代科学等方方面面的人类经验。很难夸大哲学方法的这一转变所产生的诸多后果。科学范式强调"自然科学"的独特重要性，而拓展之后的范式则允许全面理解所谓精神科学或"文化科学"的认知基础与形而上学基础。卡西尔在《符号形式的哲学》第二卷中对神话的研究（这引起了海德格尔的兴趣）与海德格尔自己在《存在与时间》中对诸如畏和无聊这样的现身情态的分析都清楚地表明，到了1920年代中期，科学范式正在失去其至高无上的地位。

最后，我们不应当遗漏，当卡西尔与海德格尔脱离科学范式时，二者都更为强烈地关注这样一个问题：哲学如何受到历史的制约？胡塞尔的范式倾向于阻碍这种历史意识，因为按照它的设想，作为一门科学的现象学揭示的是与历史无关的真理。相较之下，新康德主义范式鼓励一种更为全面的理解，探求知识如何随时间推移而发展：在1921年对爱因斯坦相对论的研究中，卡西尔解释了为什么不得不抛弃关于科学知识的固定先验规则的康德主义概念，因为科学的数学基础显然不能免受历史转变的影响。但到了 1920 年代中期，卡西尔与海德格尔都走向了一种远为丰富的理解，这种理解关注哲学问题如何奠基于人类经验所不可或缺的历史性。对海德格尔来说，哲学旨在揭示某种对存在的领会，而这种领会已被遗忘乃至被压制了数千年之久，海德格尔的分析得出的基本教训在于，存在拥有一种时间—历史性特征。人类最终必定会承认，哲学思考本身是一种解释学事件，它揭示的并不是永恒真理，而是一个人自身的历史境况的真理。对卡西尔来说，历史在他构想"哲学可以与应当努力成为什么"这个问题时也发挥了至关重要的作用。他的所有作品几乎都以思想史为结构，但这一特点并非仅仅是阐述性的偏好。实则，卡西尔逐渐将符号形式的哲学本身构想为这样一种现象的叙事，它讲述的是关于人类如何与神话决裂，并最终抵达现代与启蒙的自我意识阶段的故事：因此，对符号本身的分析就成了一项历史性成就。

以上评论表明，卡西尔与海德格尔一度团结在一种深刻的历史意识之下，他们意识到现代欧洲哲学正在进入激进的转型阶段。这种作为哲学现代主义者的自我意识，使他们首先将彼此视为可能的盟友，然后才是竞争对手（当海德格尔的哲学现代主义中的反现代特质生动显现时尤其如此）。当然，注意到这些更为广泛的相似之处，我可不是暗示两位思想家在所有方面都相似。但承认他们之间的广泛共同点至关重要，恰恰只有通过共同的欧陆哲学背景，我们才能开始理解为何二人最终发现彼此间存在如此多的对立冲突。二人对话的激情持续了二十多年，倘若没有共同语言，这种情况就不可能发生。

卡西尔的哲学：一则附记

恩斯特·卡西尔无疑是从现代德国文化蓬勃发展中脱颖而出的最

伟大的哲学家与思想史家之一。1874 年，卡西尔出生于一个富裕的德国犹太家庭，他结合了学者的气质与艺术家的主题多样性。在他的堂兄弟中有两位艺术经销商，保罗·卡西尔和布鲁诺·卡西尔。恩斯特本人与艺术史家阿比·瓦尔堡和欧文·潘诺夫斯基建立了亲密的关系，在整个 1920 年代，他一直隶属于汉堡的瓦尔堡图书馆。对他的崇拜者和批评者来说，卡西尔正是中欧自由文化的化身：他对科学史、文化和认识论做出的众多贡献，展示了对启蒙的理性精神和德国古典主义文化遗产的强烈忠诚。卡西尔涉猎的主题范围广泛，不仅涉及莱布尼茨、康德以及他们通过爱因斯坦的革命对科学哲学随后发展的意义，还涉及诸如席勒、歌德与洪堡这样的诗人、文化评论家和文化哲学家。卡西尔在柏林读书时第一次接触格奥尔格·西美尔的生命哲学。从西美尔那里，他学到了一种宽广的思维方式，涵盖文化表达的所有领域。在人们的认识中，卡西尔与赫尔曼·柯亨的新康德主义认识论学说更为接近，他随后在马堡大学跟从柯亨学习。卡西尔写作了大量不同种类的哲学文本，例如：对现代科学解释的早期研究《实体与函数》和《爱因斯坦的相对论》；关于认识论的综合史《知识问题》；康德传记《康德的生平与学说》以及一套全新的学术版康德文集。卡西尔的惊人产出在 1920 年代达到顶峰，凭借三卷本代表作《符号形式的哲学》，他对现代哲学做出了自己的独立贡献，并且完成了从科学到文化的明确转向。这部著作出版于长达六年的多产期内：第一卷《语言》出版于 1923 年，第二卷《神话思维》出版于 1925 年，第三卷《知识现象学》出版于 1929 年（就在与海德格尔辩论几个月后）。

尽管卡西尔的犹太血统阻碍了职业发展步伐，但在 1919 年，卡西尔就已经在新成立的汉堡大学担任哲学教职。现身达沃斯时，其专业地位已经牢固确立，他担任了《康德研究》的主要编辑，该刊在当时是德国最著名的哲学期刊之一。不仅在德国，卡西尔在整个欧洲都受到广泛尊敬，被视为拥有巨大影响力的哲学家。几年以后，卡西尔与妻子被迫移民，先是移居英国（1933—1935），然后是瑞典（1935—1940），最后是美国。他在美国最初执教于耶鲁大学（1941—1944），随后执教于哥伦比亚大学（1944—1945），直到 1945 年去世。

自发性论题

卡西尔本人绝不是新康德主义哲学正统的化身，这显而易见。《符号形式的哲学》第一卷宣称，他在很早以前就迈出了决定性的一步，从"理性批判转向了文化批判"。然而尽管符号形式理论具有明显的原创性，但我们不应忽视卡西尔作品中某些新康德主义前提的持久影响，他在马堡大学跟随柯亨学习时吸收了它们。

整个新康德主义传统的基本信条是先验主义，根据先验主义，人类心智在本质上是一种自发的与创造性的官能，它能够为自己的周围环境制定必要的与先天的条件，因此能够根据自身可理解的基本形式来塑造经验世界。柯亨将这种先验自发性的环节固定于逻辑之中，并将它最高级的用途留给了科学的解释。相较之下，卡西尔经常被认为放宽了柯亨思想中隐含的科学主义，转而支持更加丰富与多元化的文化表达理论。最重要的是，他引入了历史性变化的现象，以至于康德的先天不再固定，而是随着时间的推移发生变化（这种修正对于解释那些超越欧氏几何结构的发展尤为重要）。[7] 但重要的是需要记住，即便是柯亨也仿效康德，试图撰写观念论的审美判断理论与纯粹观念论的伦理学。事实证明，先验创造力的核心假设在应用上拥有高度灵活性，在 1920 年代转向文化后，卡西尔甚至发现可以将先验创造力应用于理解诸如语言和神话这样的非科学现象。

卡西尔对文化哲学的最大贡献是《符号形式的哲学》，它代表的是一种按照先验模式来理解人类所有创造力的大胆尝试。卡西尔主张，文化是不断扩张且多元化的符号表达领域。尽管如此，它在表面上的多样性仍然遵循某些构形法则，也即人类心智的先天表达性结构化原则。由是，卡西尔想要表明，先验意识构形能力这种本质上的康德主义理论，不仅引导了他自己对科学符号主义之本质的探究，还引导了对符号表达的在历史上先行的"更深层"模式的探究，语言和神话就属于这种模式。这个规划的基本前提预先阐述在 1922 年一篇纲领性文章《人文科学建构中的符号形式概念》中，这是卡西尔在瓦尔堡图书馆的首份出版物（在那十年里，卡西尔在瓦尔堡图书馆花费大量时间开展研究）。这篇文章包含了符号形式最早与最重要的定义之一：

> "符号形式"（意指）精神的活力（*Energie des Geistes*），通过它，心智的意义内容被附加到感官符号之上，并通过内在方式被献给这种符号。在这种意义上，语言、神话—宗教世界与艺术都各自向我们呈现出特殊的符号形式。因为在它们之中，我们都看到了以下这种基本现象的标志，即我们的意识（*Bewußtsein*）并没有满足于从外部接收印象（*Eindruck*），而是让自由的表达活动渗透到每个印象之中（*mit einer freien Tätigkeit des Ausdrucks*）。因此，在我们所谓的事物的客观实在中，我们所面对的是一个由自我创造的符号与形象构成的世界。[8]

这个关于自我创造的人类符号秩序理论在三卷本《符号形式的哲学》中得到了详尽阐述，此时它看起来像是在倡导大方地关注符号体系的"原始"乃至"非理性"模式。实际上，卡西尔对神话与魔法的探究从瓦尔堡图书馆那里汲取了灵感，在瓦尔堡图书馆中，书籍在书架上非同寻常的排列为来访者呈现了关于异国仪式和信仰、民间传说、占星术、魔法和秘传智慧的盛大场面，所有这一切看起来都激发了对人类文化多样性的高度赞赏。然而，卡西尔对文化多样性的兴趣与多元文化的混杂性几乎无关。他的研究进路在表面上的多元主义受到了一种发展主义理论的严格控制，这种理论将符号表达的多样形式限制于一种不容争辩的线性发展主义叙事中。卡西尔声称，从神话到科学，人类的表达能力沿着一条单一的世界历史道路展开，以至于符号表达的历史变成了关于精神自我教化的准黑格尔式历史。[9]因此，整个符号形式理论就在对科学做出分析的第三卷也是最后一卷作品中达到顶峰，卡西尔为了向黑格尔致敬，将这种分析称为知识现象学。

鉴于这个基本的发展主义前提，卡西尔的形式理论就不能被视为没有等级的多元主义。事实上，这种哲学的内在逻辑要求人类从对神话的虔敬中觉醒，转而承认自身拥有创造符号秩序的责任。卡西尔的符号发展理论看起来保障了他自己在理论上做出的努力，就此而论，卡西尔有意识地成了毫不掩饰的现代主义者。真正的符号形式"哲学"需要洞察符号的内在结构，因此，只有通过从神话到现代性的突破，才有可能形成这样的洞识。卡西尔主张，哲学"首先正是通过这种超越行为来构成自身的"。[10]

因此，卡西尔既坚定地忠实于康德的先验前提，又坚定地忠实于科学的首要地位，而这种态度甚至在他于1920年代转向文化之后仍然或多或少不可动摇。事实上，在1927年底基本完成的《符号形式的哲学》第三卷中，卡西尔肯定了科学独自代表人类符号成就的巅峰阶段。现代科学思维的标志是，任何仍然忠实于将事物解释为"实体"的做法，都已经辩证地被仅仅根据纯粹"函数"做出的解释所取代。卡西尔在《实体与函数》中详细阐述了这些思想，并在他1921年对爱因斯坦相对论的研究中将之明确适用于现代物理学，卡西尔描绘了发生在科学解释中的从"实体"的独断形而上学到关系的"纯粹符号理论"的逐渐转变：古典物理学将它的主张植根于物质的质量上，因而它坚持一种形而上学的实在论（即便仅仅以隐秘的方式），而现代科学已经达到了在智识上彻底抽象的程度，其中纯粹内在关系的融贯性无需求助于任何所谓的非概念的"实在"本质。因此，比方说，欧几里得空间被吸收到黎曼空间之中（欧几里得空间在那里被"函数化"为曲率为零的空间），而欧几里得几何学规则被吸收到群论之中（欧几里得规则在那里如今只不过是一个可操作的集合）。[11] 整个科学运动旨在用一种概念融贯主义来取代朴素的实在论。卡西尔解释道，"自然科学的基本概念不再仅仅表现为对直接物质材料的复制与再现"，而是"代表着诸多物理思维的建设性规划"。据此可以推断，"符号概念已经成为整个物理学认识论的核心与焦点"。[12]

卡西尔介入科学史的所有这些主要工作，都导向了他在 1931 年一次讲演中所概括的基本评论：在理论知识中，人类的意识最终将用"秩序的概念"取代"存在者的概念"。[13] 总之，科学的现代化是一个抽象过程。[14] 顺带提一句，值得注意，这同一种坚定的信念也引导了卡西尔 1932 年发表的综合历史论著《启蒙运动的哲学》，卡西尔在这部作品中宣称，数学在整个 18 世纪一直是"理性的原型"。[15] 例如，在开篇论述牛顿及其 18 世纪自然科学后继者的章节中，卡西尔断言，科学的"真正成就"不在于它的那种"崭新的客观内容"，而在于它归于心灵的"崭新功能"。"自然知识，"他补充说，"并非简单地将我们向外导向客体的世界；相反，它充当的是让心灵发展它自己的自我认识的中介。"卡西尔在此处再次肯定了他那本质上属于康德主义的信念，认为心灵是自然的立法者。他还重申了引导其符号哲学的明确拟人化原则，根据这种原则，从科学到美学的整个人类经验领域，均由人类心智的表达自发性以先天方式构建而成。

实体、函数、形式

毫不夸张地说，卡西尔整个哲学工作的基本前提是一则源自康德的洞识，即所有客观性都以心智的自发性为先决条件，根据这一原则，这个世界只会显现为一个客观而有序的领域，因为它由人类心智以自发投射的形式预先塑造。卡西尔辨认出了这种洞识的各种预演，一直上溯到古希腊的"非存在"概念，缺乏这一概念，"就无法获得对经验实在的智识掌控"。[16] 他在笛卡尔的几何理论中辨认出更为现代的先例，根据笛卡尔的理论，空间实体之所以能被理解，仅仅是因为它符合心灵自身的数学法则。[17] 然而，根据卡西尔的观点，这种至关重要的进步只有通过康德的哥白尼革命才能实现，康德的哥白尼革命洞见到，客观性本身以感性和直观的先天形式为条件。从早期到后期的所有哲学研究，卡西尔本人都预设了自发性原则。甚至在《符号形式的哲学》第三卷中，他对这一思想的原则性承诺仍然显而易见，他在该卷引入了"符号性孕义"这一表述，来描述感知被范畴形式充满的状态。[18] 但这个思想早在《实体与函数》中就已清晰可见，卡西尔在该书中评论道："思想的'自发性'……并非'客观性'的对立面，而是'客观性'的必要相关项，'客观性'只有借助'自发性'才能实现自身。"[19]

对卡西尔来说，客观实在只有作为一种概念规则的系统才能被理解，在爱因斯坦相对论中达到顶峰的物理学与数学的发展，最为明显地表明了他的这个思想。由于现代物理学革命，不变的终极实体这个古老形而上学教条失效了：从前被视为不变或单纯被给定的事物，像是哥白尼眼中的太阳或者伽利略与牛顿眼中的星辰，遭到了弃置，爱因斯坦承认"没有任何事物真的完全不变，始终不变的，只有数学与物理学符号语言中的特定基础关系与函数相关性"。而这种认识并不仅仅属于爱因斯坦一人。将感官给定的对象"彻底分解"为概念的函数与关系，这是现代科学攻击有关形而上学实体的所有教条的最晚近的步骤。"现代的一切哲学与科学思想都有一种理智倾向特征"，而上述认识正是这一特征的"逻辑结论"。[20]

这一论题的实践含义与政治含义在卡西尔 1916 年的论文集《自

由与形式：德国思想史研究》中得到了最明确的揭示。这部作品中的
绝大多数文章写于第一次世界大战之前，但卡西尔非常清楚地意识到，
这些文章对政治自由和形而上学自由的关注，对彼时身处冲突中的同
时代德国人来说具有特殊意义。这些文章涉及中欧传统中的关键思想
家——莱布尼茨、康德、歌德、席勒、费希特、洪堡与黑格尔——这
些人通过"自由与形式"这对相关概念联系起来，而自由与形式的对
立与最终和解，为德国观念论的独特政治生活观奠定了基础。促成这
种和解的就是"自发性"（Spontaneität）这一主题，这一概念具有分
化的意义（既有形而上学的意义，又有实践的意义）。在整本书中，
卡西尔以各种方式将自发性概述为莱布尼茨的真理观、莱辛的天才理
论与席勒的自由理论，所有这些都会聚于康德的哲学及其"自主的基
本概念"和"精神的自我立法"。[21]

该书的主要任务是证明现代德国思想如何共享对自发性的
基本承诺，这种承诺以无与伦比的清晰性在康德哲学中得到理论
化，理论理性与实践理性在康德哲学中统一到了单一的基本主题
（Grundthema）之下，也即"促进知识与意志自我立法的自主思想"。
对康德来说，我们关于自然的理论知识以及我们作为世间道德能动者
的实践行动，它们之所以可能，有赖于同一种理性的自发性。"思想
与行为，"卡西尔写道，"结合在一起，回溯性地指向它们最深刻的根
源。逻辑的必然性，就像实践的必然性一样，都奠基于理性最初的自
我决断。所有的构形（Geformtheit）——它于其中面对我们的区域——
都起源于一种'自发的行为'。"[22]在一段以简洁著称的文字中，卡西
尔力图解释这种自发性如何显现为一切意义对象背后的心智活动："每
一种连接（Verbundene）必然可以追溯到一种连接行为（Verbindung），
意识中所有具有内容的结构必然可以追溯到成形（Gestaltung）本身
的合规律性，所有给定（Gegebene）之物必然可以追溯到这种纯粹的
行为（Tun）。"[23]

　　这种纯粹而又绝对无条件的心智自发性概念，被卡西尔当作一切客观秩序背后的构造性力量，尽管自发性概念显然从康德而来，但卡西尔的一般论点是，这种自发性原则几乎支撑了所有的主要智识贡献：从路德对个体信仰的肯定，莱布尼茨的单子论，一直到歌德、费希特与黑格尔的现代德国思想。这一原则也并不局限于哲学。卡西尔甚至在一个核心章节中试图解释，弗里德里希·席勒的诗歌与美学理论如何从康德的原则中汲取所需能量。卡西尔注意到，席勒曾经向他的法学家与美学理论家朋友克里斯蒂安·戈特弗里德·克尔纳吐露："毫无疑问，没有任何凡人说出的话能比康德那句更加伟大，那句话也概括了他的整个哲学内容：由你自己来为自身决断。"[24] 在卡西尔看来，或许正是席勒最有力地证明了康德的自由理论对德国知识分子的持久吸引力。根据席勒的观点，"自由是精神性本身的纯粹形式"，它在美的经验中获得了最高的实现。自然中的美与艺术作品中的美都反映了自我决断的理念，以至于每一个美好的对象似乎都在呼唤，"要像我一样自由"。[25]

　　在卡西尔那里，1916 年之后几年中，席勒仍旧是具有核心意义乃至范式意义的理论家。最重要的是，随着卡西尔开始发展基于康德原则的文化理论与美学理论，席勒充当了这种理论的重要典范。由于他的诗歌，席勒也在卡西尔的哲学中逐渐扮演了一种象征性角色，他成了一位先知，道出了德国观念论的一般精神气质。卡西尔有时会从席勒的诗歌中援引特定段落来阐明他热心支持的一般性智识教训与智识态度。在达沃斯辩论中以及随后的几年里，卡西尔不止一次引用这位诗人睿智的语句，以便将隐喻的力量给予他自己的哲学信念，并对他与海德格尔的分歧做出注解。我们将看到，这就是卡西尔试图分化他的诸多概念、增强它们的修辞力量与文化—历史重要性的一种方式。

文化转向

卡西尔在 1920 年代对文化哲学产生兴趣，得到瓦尔堡研究院创立者阿比·瓦尔堡的智识鼓励与物质支持。瓦尔堡是一位艺术史家和图像学学者，最早从雅各布·布克哈特关于文艺复兴的文化研究中汲取了大量灵感。得益于其家族的巨大财力，早在 1880 年代，瓦尔堡的私人收藏就开始累积大量世界手工艺品，他最终将之命名为瓦尔堡文化史图书馆，于 1921 年在汉堡正式开放。最初在弗里茨·扎克斯尔的指导下（瓦尔堡晚年身染重病，有数年滞留境外，待在瑞士的疗养院中），瓦尔堡图书馆充当了民族志知识的大型贮藏库，根据其创立者的特殊分类方案，所有藏品在这幢建筑中的布局以一种上升的次序分别为：“形象”（符号体系与艺术，一楼）、“文字”（语言与文学，二楼）、“定向”（从魔法、宗教到哲学和科学的世界信仰体系，三楼与四楼）以及“行动”（社会与政治，四楼）。扎克斯尔与艺术史家欧文·潘诺夫斯基以及恩斯特·卡西尔一道加入了瓦尔堡图书馆，三人在职业上也与汉堡大学保持着从属关系。随着 1933 年纳粹夺取权力，瓦尔堡图书馆的馆藏被转移至伦敦，最初放在泰晤士宫一间地下室内，最终在 1944 年转移至伦敦大学，此后这座图书馆更名为“瓦尔堡研究院”。在亨利·法兰克福以及 E. H. 贡布里希这样的后续主管的指导下，瓦尔堡研究院在二战结束之后继续存在了很长时间，成为一座主要研究中心，为诸多人文传统中的杰出学者（如保罗·奥斯卡·克里斯特勒、弗朗西丝·叶芝与阿纳尔多·莫米利亚诺）提供了学术支持。[26]

1920 年代，在被任命为新成立的汉堡大学的教授之后不久，卡西尔就知悉了瓦尔堡图书馆。弗里茨·扎克斯尔后来将卡西尔的到来称为“瓦尔堡研究院年鉴中值得纪念的一天”：

> 他是一位亲切的访客。瓦尔堡将论述哲学的图书紧挨着论

述占星术、魔法和民俗的图书，将有关艺术的区域与有关文学、
宗教和哲学的区域关联起来，当我向他解释瓦尔堡的意图时，
他专注地倾听着。对瓦尔堡来说，哲学研究与所谓的原始思维
研究密不可分：两者都不能脱离宗教、文学与艺术中的意象研究。
这些想法就体现在书架上图书的非正统排列之中。[27]

　　瓦尔堡图书馆的分类系统显然与卡西尔自己的文化史观产生了
共鸣。"这座图书馆很危险。"扎克斯尔回想起卡西尔的这个说法，"我
要么不得不完全回避它，要么将自己囚禁在此数年。这些哲学问题与
我自己的很接近，但瓦尔堡收集的具体历史素材难以抗拒。"卡西尔
不久就成了瓦尔堡图书馆最多产与最亲密的成员之一；事实上，以瓦
尔堡图书馆的名义发行的第一份出版物，就是卡西尔自己关于"原始
文化"的讲稿。事实证明，对卡西尔来说，这种联合具有巨大优势。
他不仅能在馆藏中发现他的新文化史哲学的所有必要素材，而且还可
以将之设想为他的原则在建筑上的具象化。可以这么说，卡西尔的多
卷本《符号形式的哲学》的整个结构，为瓦尔堡图书馆的经验收藏提
供了形式上的概念结构或者先验基础。

　　卡西尔的符号形式哲学对瓦尔堡图书馆的同事也产生了影响，艺
术史家欧文·潘诺夫斯基最为典型。1927 年，潘诺夫斯基在瓦尔堡
图书馆发表了开创性的论文《作为"符号形式"的透视》。[28] 这篇论
文值得注意，这不仅是由于它最先尝试将从卡西尔那里借用的哲学范
畴引入艺术史。更重要的是，它遵照严格的目的论方法，出色地将透
视的历史概念化——潘诺夫斯基称之为一种"朝着'现代'的突破"——
这一做法或许有助于我们进一步理解卡西尔哲学在魏玛现代主义语境
中的历史铭文。对潘诺夫斯基来说，透视的兴起需要一种"去神学化"
的空间概念，并借助抽象思维来设定空间的"无限性"概念。由此导
致的结果是艺术史无前例地升格为"科学"，更具体地说，"将心理与

生理空间转译为数学空间；换句话说，将主观事物客观化"。[29] 尽管这种分析的细节难以概括，但潘诺夫斯基结论性的主旨思想是，应当在更加宏大的人文主义叙事中来理解透视，看到意识对周围环境的胜利：

> 在将实在（*ousia*）转化为显象（*phainomenon*）的过程中，透视好像将神圣的事物还原为人类意识的纯粹主题；但正是由于这个原因，透视反过来将人类的意识扩展成神圣事物的容器。因此，倘若这种对空间的透视观在艺术进化的过程中已经成功了两次，这并非偶然：第一次它是终结的标志，见证古老神权政治的崩溃；第二次则是肇始的标志，见证现代"人权政治"的首次自我养成。[30]

这些论断与卡西尔的如下观点密切相关，即人类的历史展示了世界"拟人化"的逐渐扩大，以及随后"实体"概念被纯粹的"函数"概念取代（举例来说，就像从日常经验的有限和实用的空间转向数学所设想的无限的和理论的空间）。

更一般地说，重要的是这样一种共同的信念，即在人类表达乃至艺术表达的历史上，概念抽象的兴起标志着一种有益且确实必要的发展。因此，潘诺夫斯基在艺术研究中对卡西尔范畴的运用有助于强化这样的感受，即卡西尔的哲学本身已经被打上了明显的现代主义文化—历史特征的印记。不可否认，阿比·瓦尔堡本人相信，神话思维在现代文化中仍然充满活力，但与瓦尔堡这个信念形成鲜明对比的是，卡西尔的进步主义学说似乎要求，现代性不仅应当被理解为对神话的胜利，还应当被理解为对神话的替代（后文将更详细地探讨这个主题）。尽管如此，卡西尔与瓦尔堡都乐观地赏识人类的各种表达形式。从这个意义上说，卡西尔在哲学与文化—政治上仍然是温和的。尽管他在目的论的意义上相信科学是人类意识的最高阶段，但他避免了实证主义与科学主义那种更为强烈的还原论倾向，这种倾向的代表是诸如鲁道夫·卡尔纳普这样更加激进的同时代哲学家（对卡尔纳普来说，文化上的现代主义以政治上的社会主义为基础）。[31] 相反，卡西尔仍然笃信与瓦尔堡研究院有关的那一系列价值，以及在研究院中占据主导地位的文化多元主义与文艺复兴人文主义的精神气质。[32] 所有这些价值，也影响了卡西尔在本质上支持进步主义和民主政治的情感，1920年代后期，当魏玛共和国面临左派与右派越发激进的对立时，卡西尔的这种情感变得尤为明显。

海德格尔对新康德主义运动的敌意可能受到某种恶毒的政治信念的助长，抛开这个话题暂且不谈，可以公正地说，海德格尔多半正确地察觉到了新康德主义与德国自由主义之间的松散相关性。事实上，魏玛时期许多与新康德主义学派有关的最杰出哲学家，都以这样或那样的方式在政治认同上成了信奉民主的立宪主义者。赫尔曼·柯亨曾是社会主义者（不过是非常温和的社会主义者），而他的学生与同事保罗·纳托普同样参加了自由社会主义事业，尤其是参加了社会教育学运动。巴登学派或西南学派——尽管其核心哲学家文德尔班与李凯尔特的气质更加保守——也出现了许多值得注意的魏玛民主制倡导者，包括人道主义者阿尔贝特·史怀哲（他曾与文德尔班一起研究古代哲学）与新教神学家恩斯特·特勒尔奇（他是文德尔班在海德堡的同事，在目睹战争的恐怖后缓和了早期的保守主义立场）。甚至是马克斯·韦伯，在生命将要结束时，也对这个没有经验的共和政体给予了有条件的支持，尽管他对这种非克里斯玛式权威模式的兴起持有坚定的保留态度。[33]

然而，在与海德格尔交锋之前，卡西尔本人最广为人知的或许是他代表德国的自由民主原则发表的声明。1928年8月11日，他在自己的本部机构汉堡大学发表公开演说，庆祝魏玛宪法颁布九周年。卡

西尔当时正处于声誉的顶峰，在那个场合之下，他的地位有助于赋予
这所学术机构与之相称的庄严，而在 1919 年 4 月建立的汉堡大学正
是共和国的产物。卡西尔本人算不得政客，也没有获得广泛认可的政
治理论或法理学的重大贡献（尽管他在《自由与形式》中研究过德国
观念论与古典主义的政治学）。然而，虽然在很大程度上卡西尔始终
远离魏玛的政治辩论，但他在 1920 年代仍然代表了形形色色的进步
知识分子，他们的政治抱负与个人抱负将他们与新民主政体及其宪法
紧密联系在一起。

　　卡西尔在 1928 年 8 月 11 日宪法纪念活动中发表的演说题为"共
和国的宪法理念"，而人们在那时还无法预见这个共和国的最终崩溃。
1927 年 8 月，纳粹党徒在纽伦堡举行了第一次政党集会，到次年 5
月国会选举时，他们赢得了超过百分之二的全国选票——这是他们到
那时为止在选举中获得的最大胜利。在那时，他们绝对没有对这个体
制构成威胁，尽管卡西尔仍然全神贯注于他的研究，他却没有短视到
认为这个新民主政体一切都好。他对民族主义的右翼批评者尤为警惕，
他们谴责这个共和国从根本上就不是德国人的共和国。而卡西尔这次
演说的指导性主题，正是共和国宪法的理念总体来说源自德国哲学的
本土原则，特别是德国观念论（卡西尔在广义上使用"德国观念论"
这个术语，指从莱布尼茨到康德到黑格尔的整个时期的形而上学与认
识论）。"这个共和国宪法的理念，"卡西尔宣称，"在整个德国思想史
上绝非陌生的存在，更不是外来入侵者。"因此，共和国的理想是土
生土长的，受到德国"最正宗的哲学观念论传统"的滋养。[34]

　　这场支持魏玛宪法的演说，大概最能揭示卡西尔在捍卫新兴民主
政体时所展现的罕见激情。但就像卡西尔的所有作品那样，这场演说
显而易见地使用了理性温和的语调，即便在政治争论中，他也一如既
往。许多批评者指责他的温和态度，在这种态度中察觉到了德国自由
传统的无能和幼稚的又一迹象。不过，在我们准备好评价卡西尔作品

的政治意义之前，我们必须再多了解一下他的对话者。

海德格尔的哲学：一则附记

1889 年，马丁·海德格尔出生于梅斯基尔希，这座城镇位于德国西南巴登－符腾堡的黑森林地区，他是弗里德里希·海德格尔与约翰娜·海德格尔（本姓肯普夫）的长子。海德格尔来自经济状况普通的天主教家庭——弗里德里希在当地教堂担任司事——年轻的马丁体育成绩优异，先是在康斯坦茨后来又到了弗莱堡，他的父母很自然地认为他注定要成为神职人员。1907 年，他从康拉德·格勒贝尔（未来的弗莱堡大主教，当时是海德格尔在康斯坦茨的寄宿学校的校长）那里收到一份礼物，由天主教现象学家弗朗茨·布伦塔诺所著的《根据亚里士多德论存在的多重含义》，并由此进入了哲学。尽管年轻的海德格尔一度接受了耶稣会初学修士的训练，但到 1911 年，他决定放弃教会生涯，转而学习数学与哲学。他在弗莱堡大学的早期工作受到新康德主义者海因里希·李凯尔特的指导，1913 年，他最终以优异的成绩获得了哲学博士学位。第一次世界大战只短暂地打断了海德格尔的研究——服役期间，他由于健康状况不佳遭到遣返——1919 年，他遇到了伟大的现象学家埃德蒙德·胡塞尔，很快就成了胡塞尔珍视的弟子与助手。同年，他还向一位朋友宣布决心脱离教会（1917 年他与新教徒埃尔福丽德·佩特里的婚姻无疑强化了这一决定）。接下来几年，海德格尔的哲学声誉以惊人的速度传播开来：1923 年，海德格尔在马堡大学担任教授，在该校开设的研讨班探讨逻辑学、现象学、存在论与解释学中最棘手的问题。1927 年，海德格尔出版了第一部作品《存在与时间》（不过并未写完），可以说，这是他最重要的原创哲学论著，凭借该部著作，他于次年被任命为弗莱堡大学哲学教授，并在那里度过了余下的职业生涯。1929年春，在瑞士达沃斯的公开辩论中与卡西尔会面时，海德格尔已经是中欧最著名的哲学家之一。他还表现出惊人的活力：辩论之后仅仅几个月，他就完成了第二部著作《康德与形而上学疑难》（"康德书"）的书稿，并在当年底出版。

但随着1933年纳粹上台，海德格尔人生中相对清白的时期就结束了。他带着明显的热情加入了这个党派，并接受了纳粹的邀请担任弗莱堡大学校长，以为第三帝国服务。任职期间，他甚至在鼓吹新政权的演讲中融入生存论术语，以致败坏自身的哲学声誉。他在第二年春天辞去校长职务，虽然许多人说海德格尔醒悟了，但接下来数年里，他的政治表现充其量只能算暧昧不清。他早先支持纳粹的丑闻至今仍然引起巨大的争议。对一些人来说，这是极其严重的错误，损害了他的思想的真正意义；对其他人来说，这揭示了他作品中的内在缺陷，无可挽回地对他的哲学遗产造成了不利影响。但在此之后，海德格尔本人还活了很多年，他的哲学经历了明显的转变：在1930年代中期，海德格尔不但抛弃了与胡塞尔现象学有关的术语，还抛弃了与胡塞尔现象学有关的方法论和自诩科学的态度。他将目光转回哲学史上最重要的人物（尼采、柏拉图、巴门尼德、赫拉克利特），开始描述存在的历史，好像这种历史展现的是人类只能见证，却无力改变的命运。早在《形而上学导论》（1935）与尼采讲座（1930年代后期）中，这样的主题就已明了，在尼采讲座中，他还暗示"欧洲虚无主义"正源于最广义的强力意志。在战后岁月里，尽管大部分同胞对德国的经济收益感到满意，但海德格尔却警告说，人道主义的自我主张是危险的，建议反对当代文明不受约束的技术信心。他的语言变得越发伤感，注意力从传统的专业哲学问题转向了对人类处境的更深刻洞识，他认为如今的世界失去了这些洞识，它们仅仅保存在诗歌与艺术之中。1954年，海德格尔发表了《什么叫思想？》，他在沉思中呼唤一种面对存在的接受性。他写道，思想是一种感激的表达：思想就是答谢（*Denken ist Danken*）。在 1966 年接受德国《明镜》周刊采访时，他似乎完全否定了人类控制历史进程的可能性，并宣称"只有一个上帝能救渡我们"。海德格尔于 1976 年 5 月下旬逝世，经过天主教弥撒之后，被安葬在梅斯基尔希靠近圣马丁教堂的墓地之中，他的父亲曾在该教堂中担任司事。

生存论分析的观念

尽管海德格尔与卡西尔的争辩跨越二十多年，但争论的焦点是他们在 1920 年代发展的哲学学说的特殊差异。事实上，在 1929 年于达沃斯会面时，两位哲学家仍然深深地全神贯注于各自的工作。到 1929 年 4 月，卡西尔的《符号形式的哲学》尚只出版了前两卷；第三卷在当年晚些时候发行。另一边，就在两年前，海德格尔出版了《存在与时间》一书的不完整部分。该书的目标大胆且富于原创性，立即确立了作者的声誉，但毫无疑问，哲学共同体才刚刚开始理解其更深的影响。

《存在与时间》几乎无法归类。在表面上，它是对作者的导师胡塞尔发展的现象学方法的运用：哲学过去继承的所有成见都被抛到一边，最充分的注意力被导向了一项基本任务，即按照现象在生活经验的视域中显示自身的样子来描述现象，而这种现象就是"事物本身"。但读者无论如何也没有准备好接受其非同寻常的风格（该书频繁运用新词以及令人困惑的抽象概念）——这种精心设计的风格，专为解决一个陌生但又莫名紧迫的问题："存在问题"（*Seinsfrage*）。[35]

海德格尔解释说，早在古希腊哲学中，哲学家就对这一问题产生了致命的误解，甚至无法正确认识这一问题的重要性。存在者层面的问题，或给定存在者的事实问题能够轻松应付。但存在论层面的问题——换言之，存在者的存在方式问题——似乎既过于模糊，又过于明显。当然，任何对实在或某存在者的实存的承认，都必然需要提及该存在者的存在。这种提及通常受到默认，不过它有时会成为明确陈述的主题，例如在如下事关存在的肯定判断中："这朵玫瑰是红的"，甚至是"存在一位上帝"。但问题在于，作为普遍性的概念，存在似乎既是最高等级的，又是最空洞的。它显然适用于一切事物（真实的事物与想象的事物）。但这并不意味着它始终完全是个抽象概念：通过老生常谈的"是"这个系动词，我们的日常语言必定涉及存在，因此，我们或许会认为，对存在含义的某种模糊不清的领会，已经嵌入了人类的理解之中。实际上，人类可能过于接近存在，以至于无法恰当把握其含义。我们自身所是的生存——我们时间性的生存或"此在"（Dasein）——本身就是一种存在方式：此在事实上是"在世界之中存在"。此在确实与众不同，"在它那种存在中，存在对它来说成了问题"。不为我们的生存赋予某种可理解性，我们就无法存在，因此，根据这个事实可以推断出，我们已经拥有一种对存在的"平均"且"日常"的领会，这种领会在我们自己那种生存方式中显而易见。然而，尽管存在并不陌生，但存在的哲学地位却仍然神秘。海德格尔甚至认为，由于整个哲学传统都误解了存在，哲学的一项关键使命就是打破过去的符咒，以揭示哲学中受到压制的对存在的意识，而方法则是所谓的解构，即对经典文本进行积极且系统的重新解读。哲学遗忘了人类始终有所了解的东西。"我们向来已经生活在一种对存在的理解之中，而存在的意义仍然被笼罩在黑暗中，"海德格尔写道，"这个事实证明，在原则上有必要再次提出这个问题。"[36]

　　哲学家误解了存在问题，部分是由于他们未能将对存在的"日常平均"的领会作为出发点。他们通常假设，可以按照理解知觉对象或心智对象的方式来理解存在（用希腊语则是 *ousia*），好像它是人类主体面前为经验而呈现的稳定现象一样。但事实上，这是对实在的歪曲理解。更具有代表性的是，海德格尔解释说，世界在某种情境中向人类经验揭示自身，而在这样的情境中，人们总是带着为了完成某种任务的关切。不同于单纯的现成（vorhanden）之物——作为理论上存在的不显眼物件，现成之物独立于任何情境——在生活情境中向我们显示自身的存在者，其首要的存在方式是实用工具那种对情境的依赖，在由类似的存在者组成的整体环境中，它们能在我们日常的行动与使用中称手（zuhanden），并因此获得自身的意义。换句话说，此在最熟悉的世界，并非科学所描述的单纯现成之物的疏离世界，而是实际的环境或周围世界（Umwelt），要理解其最深处的意义，就无法脱离此在自身的存在方式。因此，周围世界拥有其自身的空间与时间结构——生存论的空间与生存论的时间——这种结构奠基于此在自身对其在世之在的关切，因此比用标尺测量的空间与用时钟计算的时间更为"源始"。

海德格尔声称，根据现象学的观点，提取某种类似人性本质的东西几乎没什么意义："此在的'本质'，"他解释说，"在于它的生存。"因此，为了理解此在自身的存在方式，就必须考察人类生存的整个结构，而这种生存就是在环境中持续的实践现象，海德格尔称之为"在世之在"。此在单纯地已经是它的在世之在：其总体的完整性，取决于它在自己的生存中关心什么，因此关切就充当了此在所有行动的最终目的。简单地说，此在就是一种关切的结构。对这种现象的分析就是"生存论分析"，这个名称致敬了康德的"先验论分析"，同时也表达了海德格尔对一切形而上学语言的反感，后者暗示在生活经验背后有着先验起源环节。生存论分析意在表明，倘若人们以观念论的概念化作为出发点，将人类当作某种原始的心灵或意志，那么就根本不可能理解此在，因为此在通常都沉浸于世俗事务之中，以致达到非本真的程度：此在根据其世界来理解其自我。与此同时，海德格尔倾向于赞同康德更为深刻的洞识：只有凭借从属于人类条件本身的某些特定结构，才能理解被给予人类经验的现象。对康德来说，这些结构就是所谓的范畴，这些心智规则的先天运用奠定了世界表象的基础。对海德格尔来说，这些就是"生存论环节"，即生存的基本模式，通过这些模式，此在对存在的领会就充当着展开世界的条件。现代观念论理论吹嘘思维自身具有塑造世界的力量，但海德格尔认为，这才是隐藏在它们之中的更深刻的真理：让存在得以被理解、世界由此展开的场所，不是心灵，而是人类的生存本身。没有此在，世界本身的存在就不再可能。届时，虚无主宰一切。

　　"为什么在者在而无不在？"面对莱布尼茨提出的这个老问题，海德格尔的存在论探究于是提出了新颖的解答。莱布尼茨或许仍然相信，生存的终极理由通过上帝给定，而海德格尔放弃了传统主义者对某种终极根据的信仰。因此，此在不仅缺少本质，还缺少形而上学支撑：它已经是一种"不之状态"（*Nichtigkeit*）。然而，这种反基础主义的陈述清楚表明，《存在与时间》本身按照它自己的方式来研究形而上学。海德格尔从早期的经院神学与新教神学研究工作中继承下来的一批主题，在该书的论证中几乎未受压制。特别是从奥古斯丁那里，海德格尔发展了一种对人的负罪特征的复杂理解，《存在与时间》所描绘的人的生存结构，令它几乎不可避免地陷入沉沦状态。由于此在始终根据其世界来理解自身，它会不由自主地"沉沦于"世。因此，它对自身生存的接受姿态是构成性的，即便是最坚决的行动，也无法从被抛性中夺回自身，这种被抛性就属于此在在世之在的方式。一方面，这看上去像是指责此在成了某种不同于其本真自我的东西："此在自身作为实际的在世之在，它在沉沦（*Verfallen*）中是某种已经背离它所是的东西。"另一方面，除了在世之在，此在没有其他存在方式："沉沦，"海德格尔得出结论，"是此在本身的一种明确的生存论特征。"

　　在此，海德格尔似乎利用了宗教经验作为描述此在生存论结构的线索（这种策略与他在马堡大学的同事、新教神学家鲁道夫·布尔

特曼所践行的"去神话化"做法并无不同）。例如，就像有罪是宗教
人（*homo religiosis*）的构成条件一样，"在世就其本身而言就是有引
诱力的（*versucherisch*）"。[37] 海德格尔在生存论分析中始终坚持主张，
这种语言发挥了形式指引的有限作用；生存论分析指定了存在的各种
方式，但它在传统神学问题与传统道德问题上保持中立。然而，包括
卡西尔在内的许多批评者注意到，即便海德格尔给出的答案并非传统
宗教的答案，但只有赋予宗教期望与宗教关切某种表面上的正当性，
他提出的问题才有意义。能说明这一点的，是海德格尔广泛分析了此
在的向死存在，以及伴随对终结的预期而来的彻底的"畏"（*Angst*）：
就向哲学启发畏的重要性而言，海德格尔明确归功于奥古斯丁与路德，
不过最重要的大概是克尔凯郭尔，后者的作品在 1920 年代的德国掀
起了一股新潮流。[38] 对此在沉沦于公众理解的分析也能说明这一点，
海德格尔将这种理解刻画为被两可、拉平和"闲言"（*Gerede*）支配
的不具名领域。人类的理解或许依赖共同的话语与实践背景，这个意
见几乎不会引起什么争议。但海德格尔还断言，此在沉沦于社会世界，
必然导致对本真自我的遮蔽，对此的唯一补救办法是"良知的呼唤"，
通过这种方式，此在能够重获关于它自己的"存在潜能"的独特真理。
这一论断的起源显然与宗教有关：对畏的分析将畏作为把本真自我从
公众之中分开的工具，广泛借鉴了克尔凯郭尔对宗教意识的刻画；而
对闲言的理解将闲言作为拉平所有差别的公众语言，则受到这位丹麦
人在《两个时代》中对"闲聊"（*snak*）的控诉的影响。[39] 对海德格尔
来说，本真性这个特定术语发挥了关键作用，它首次出现在他 1921
年关于奥古斯丁《忏悔录》的研讨班上，当时上帝被解读为一种声音，
它召唤任性的灵魂从"群众"回归"本真者"与"唯一者"。[40]

　　不过，海德格尔的生存论分析跟任何宗教先例的最大区别在于，
它从原则上否认任何救赎人类脱离必死命运的希望。对海德格尔来说，
此在这种现象，其标志是在其存在方式中不可改变的有限性。有限性

确实是海德格尔的技术性用语。在 1929 年夏季的"形而上学的基本概念"研讨班中，以及同年出版的论著《康德与形而上学疑难》中，它都高频次出现。（有限性这一术语的恰当含义也是达沃斯辩论的争议焦点，详见后文。）有限性不应与必死的命运混为一谈，不过海德格尔清楚地将它们看作相辅相成的概念。有限性所指的，是人类对于在经验中展开的事物的本质依赖性：神圣的理解与人类的理解之间存在差异，前者是一切现象的创造性来源，而后者始终依赖被给予的现象，对之作出回应。这种依赖是终极的，因为没有任何形而上学根据或原则可供我们求助，以维护我们的独立性。海德格尔解释道，康德的"第一批判"表明，对于像我们这样的存在者来说，所有知识始终受缚于感性直观，通过感性直观，这个世界向我们显示自身，就此而言，甚至康德也是谈及人的有限性的哲学家。海德格尔走得如此之远，以至于断定"第一批判"赋予了时间一种隐蔽的作用，揭露了人类理性表面上的至高权威不过是一种幻觉（尽管它本身标榜理性主义），海德格尔将在达沃斯，尤其是在"康德书"中详细阐述这一主张。对海德格尔来说，有限性问题不仅仅是众多哲学主题中的一个。它是关于存在本质的令人不安的真理，而哲学背叛了这种真理，就此而言，它事实上就是那种关于哲学史的问题。海德格尔声称，几乎从一开始，哲学就让自己信奉了一种基本的误解，认为存在是形而上学的在场或根据。传统的哲学智慧将存在刻画为某种永恒的东西，它是实在的终极基础。然而，这种误解并不仅仅是哲学的一种错误；它还是一种逃避，帮助掩盖甚至遗忘我们在世之在的时间性层面的无根性。因此，这种哲学史简直就是一部遗忘存在（*Seinsvergessenheit*）的历史。为了找回被遗忘的东西，海德格尔承诺"解构"存在论的历史：对哲学传统施加有力乃至暴力的重新解释，逐步剖析哲学正典的关键环节，展示人类如何陷入谬误之中。

被抛性、历史与命运

在 1929 年弗莱堡大学教授就职演说《形而上学是什么？》中,海德格尔将人类刻画为"无的场地看护者"(*Platzhalter des Nichts*)。[41] 对于那时的听众来说,海德格尔传递的信息很明确:那些赞扬人类构造世界与文化成就能力的哲学家,只是在帮助掩盖人的有限性这种更为深刻的现象——这种现象无法被自由意志的行动所克服,只能在个人自身的虚无可能性到来之前作为畏来体验。"我们如此有限,"海德格尔说道,"以至于甚至不能通过我们自己的决定和意志,把自身源始地带到无面前。有限性的过程如此深邃地(*abgründig*)让自身在此在之中根深蒂固,以至于我们最独特和最深刻的有限性拒绝屈从于我们的自由。"[42] 这种位于人类生存核心的虚无,是某种比逻辑所描述的"否定"更为源始的东西。只有在人类由于畏而觉醒,认识到自身茫然失所(*unheimlich*)的处境时,当人类无法"把握任何事物",作为整体的存在者似乎逐渐退却到无动于衷的状态时,无才会被揭示。在这些时刻,人类体验到自身的"超越性",它非但没将人类抬离有限性,反倒正好将其"嵌入无之中"。[43]

尽管海德格尔否认这种有限性可以掌控,但《存在与时间》刻画的此在,仍然为构成其生存的诸多事实背负着责任或罪责。事实上,此在只有被托付给它的实际性,才能理解自身。为了称呼这种处境,也就是说,此在"向来已经"卷入某种特定存在方式的处境,海德格尔引入了被抛性(*Geworfenheit*)这个术语。"此在是某种被抛的事物,"他解释说,"它已经被抛入了它的'那个地方',但并非按照它自愿的方式。"他赶紧补充说,被抛性不应当被理解为某种可能被消除的不幸。相反,被抛性是此在最初遇到自身的构成性条件,通过这种方式,此在向来已经被托付给一种给定的"根据"或事态。甚至此在未来的可能性也取决于它被抛的实际性。此在"根据它已经被抛的诸多可能性来筹划自身"，即便它"永远无法将那种根据置于它的力量之下"。这种消极的处境——不可能完全掌控可能性——是人的生存的决定性主题：

> 作为根据的存在者——也就是说，作为被抛的存在者而生存着——此在始终落在它的诸多可能性之后。此在在生存上从不在它的根据之前存在，而仅仅是**出自**这种根据并**作为**这种根据存在。因此，"作为根据的存在"意味着从根本上就永远不可能拥有力量来控制一个人最本己的存在。这种"否定性"属于"被抛性"的生存论意义。[44]

对海德格尔来说，被抛性是人的生存的一个决定性特征。对卡西尔来说，我们将看到，被抛性是海德格尔整个哲学中最重要与最有特色的主题。至于这个判断能否成立，有待进一步讨论。可以肯定的是，被抛性表达了海德格尔更为广泛的历史性生存概念的一个至关重要的洞识。

海德格尔从他的新康德主义导师李凯尔特那里，学到将历史的意义理解为人的经验的一种特殊模式，而历史研究需要有别于自然科学的方法。如查尔斯·班巴奇注意到的，新康德主义将历史理解为具有独特意义的领域，其中并不具备可普遍化的法则，这深深影响了海德格尔自己的历史性存在理论。但巴姆巴赫详细指出，新康德主义对历史的概念化主要从认识论角度出发，将历史视为可观察现象的领域，而海德格尔并不赞同这种看法。[45]对海德格尔来说，认清历史并不仅仅是人类行动的领域，这一点至关重要；事实上，历史是人类存在方式的构成性部分。作为被抛入自身实际性的存在者，此在的核心被打上了不可抗拒的"历史性"（*Geschichtlichkeit*）印记。这意味着此在或许无力抵抗轻率的传统习俗的吸引。在《存在与时间》第二个主要部分中，海德格尔耗费大部分注意力，来解释作为历史性存在者的此在，如何能以本真的方式理解其过去以及本己的自我。

倘若此在的本质不过是它的生存，那么由此可以推断，此在对其存在的领会，只能源自其被抛的实际性。值得注意的是，海德格尔从未表明决心能够克服人的被抛性：在其决心中，无论此在把握的生存可能性表现出何种自由，这种自由"总在其被抛性的局限之内"。[46]从历史性的视角看，这意味着此在不得不依赖被给予它的东西，并将之作为继承而来的遗产。然而，这并不意味着不加批判地接受历史惯例。事实上，海德格尔坚持主张，在缺乏本真理解的情况下依赖过去，就会让自己屈从于历史给出的那些最普通与最平庸的事物。相反，有必要接管个体过去的可能性，充分意识到它们对此在的本真存在的重要性。但这首先就需要此在更深刻地认识到它的有限性。只有这样，此在才可以从它的涣散中被召回到"唯一者"之中。海德格尔将这种认识描述为"良知的呼唤"，但很明显，他并不认为这种呼声具有任何确定的内容。只能把它理解成从此在本己生存的局限内部揭示此在的存在。它最终的意义无非是揭示此在成为自身的潜能：良知的呼唤"召唤此在回到它的被抛性之中，"海德格尔写道，"以便将被抛性理解为它不得不接纳到（它的）生存中来的不的根据。"[47]有了这种认识，此在如今就能对其诸多可能性做出决断，它不仅将这些可能性理解为历史惯例的人为产物，还将其理解为真正属于它自己的人生选择："此在借以回到自身的这种决心，揭示了本真生存活动当下实际的诸多可能性，它是根据决心在被抛时所接管的遗产来揭示它们的。"[48]

在这些关于人的生存的历史性论点中，某些主题隐含着一种对抗性十足的道德原则。海德格尔坚信，只有当此在让自身从日常的志得意满中挣脱出来，面对自己必死命运的事实时，才有可能产生本真的理解。因此，要以本真的态度对个体的遗产做出决断，并为未来接管这种遗产，就需要残酷地唤醒对死亡可能性的意识：

　　此在愈本真地做出决定——这意味着在对死亡的预期中，
它根据其最本己最独特的可能性，毫不模棱两可地理解自身——
它就愈明确地选择并发现它的生存的可能性，愈不凭借偶然地
去这么做。只有通过对死亡的预期，才排除掉了一切偶然的与"暂
时的"可能性。只有自由地为死存在，才率直地将目标给予此在，
并将此在的生存推入它的有限性之中。[49]

　　对死亡的预期将人的生存唤醒，不再被动接受随机给予他的事
物。这种预期充当的是此在接受其"最本己的"历史性存在的机会。
某些批评者相信，这一系列联想，以及命悬一线的人类只有在极端
情况下才能找到历史真理这样多少有些浮夸的形象，或许有助于解释
为什么海德格尔后来会被纳粹纲领的战斗性所吸引。1936 年，海德
格尔在罗马的一次讨论中向学生卡尔·洛维特证实："他的'历史性'
概念是他政治'参与'的基础。"[50]值得注意的是，这种说法几乎无法
确保得出以下结论，即海德格尔的整个哲学都渗透着"纳粹的政治"。
它最多可以表明海德格尔本人如何看待他的政治选择（以及他曾犯下
的错误）；或者可能表明某种多半是形式上的辩护（例如，本真性仅
仅要求个体对自己的历史遗产的某个方面做出决定，它甚至没有说明
一个人应当更青睐哪个方面）。[51]某些批评者试图从海德格尔的早期
哲学中提炼出某种确定的政治导向，但他们的努力似乎不太可能得出
结论，因为就连海德格尔最确切的哲学目的是什么，也还无休止地引
起争议。

　　我不会假装自己能够在此解决海德格尔的政治选择这个错综复
杂的问题，更不用说阐明他的"政治哲学"了。但坚持认为海德格尔
对历史的概念化缺乏任何政治意义是幼稚的。就我的目的而言，指出
这一点可能就够了：海德格尔眼中真正本真的历史性生活模式，只能
从令人振奋的生死对峙的经验中产生。此外，根据他的观点，只有抵

制某些可能引起历史和文化自满情绪的特定诱惑（如逃入高雅文化或公共话语的粗俗浅薄之中），这种对峙才有可能。这个主题思想在《存在与时间》的许多地方似乎都很明显，但在这个主题表现得最明显的地方，海德格尔将他的历史性理论导向了这样一则戏剧性的结论："一旦一个人已经把握到了自己生存的有限性，这个人就从无穷多样的可能性（那些本身最贴近这个人的，令人舒适的、推卸责任的、对事物掉以轻心的可能性）之中被拉了回来，并将此在带入其命运的单纯境界之中。"[52] 构成海德格尔早期哲学生存伦理的，不是对政治学说的坦率肯定，而是这种对任何形式的自满所表达的反感。它传达的关键是，某些生活方式就相当于对有限性的逃避，而倘若我们追寻本真性，就必须直面这种有限性。海德格尔坚持认为，这种对峙必定属于个体，因为它需要认清必死的命运——这种认清当然无法共享，因此用他的术语来说就是"无所关联的"。海德格尔还确定了一种需要，即在个体的"民族"与"同代人"所共享的历史可能性境遇中实现个体的本真性。[53]

海德格尔常常不愿意直截了当地表明他的哲学隐含着类似伦理–政治纲领的东西。尽管如此，看来仍然可以正确地说，他对某种人性的规范形象深信不疑，这样的人将最高的美德赋予了本真性，也就是说承认和坚定地接纳其自身的被抛性。强调本真地与被抛性对峙，在海德格尔对卡西尔哲学的最终负面评价中发挥着重要作用。在海德格尔看来，卡西尔的哲学是文化逃避的最大例证。令人惊讶的是，我们将在后文更深刻地看到，这个评判还带有人身攻击的特点，因为海德格尔似乎相信，卡西尔本人没有足够的对抗性（他在达沃斯的会面后向一名学生吐露了这则抱怨）。海德格尔还会声称，任何求助于"精神作品"的人都有"惰怠"的一面。毫无疑问，在其早期的大部分作品中，海德格尔尤其关注论战。[54] 但从海德格尔频繁使用的争辩语言中得出任何明确的政治结论都是错误的。至少在达沃斯，海德格尔与卡西尔之间的"争辩"仍然只限于哲学问题。

一个共同的世界

上文提供的哲学速写仅仅是临时性的，不过它们可以为我们这个故事提供有用的开端。卡西尔与海德格尔的达沃斯交锋，在如今的记忆中戏剧性十足，这种看法源于人们错把这次会面当作两个哲学气质完全不同的人之间的独特会面。那些被文化象征的鲜明对比所诱惑的人，或许会强调区分二人的外在迹象：卡西尔是个被同化的富裕的德国犹太人，而海德格尔是个拥有小资产阶级血统而又离经叛道的乡下天主教徒。卡西尔这个姓氏本身就标志着与商人和收银员的联系；海德格尔这个名字则带有林中人与荒地的痕迹。*达沃斯争论的观察者甚至震惊于二人外表的对比：文雅温和的卡西尔年长十五岁，白发从头上垂直竖起，"就像冰激凌甜筒一样"（一位学生如此回忆）；[55] 海德格尔则更加灵活，黑发，矮小健壮，他说话带地方口音，标志着他是大学生活的局外人，而他看起来意在维护这样的形象。至少有一次，海德格尔在集会上演讲时穿着他的滑雪服。学生们从这些不同之处中取乐。一天晚上，他们甚至重演了这场争论，其中的"卡西尔"喋喋不休地谈论着"洪堡"和"文化"，而他的对手"海德格尔"则宣称，"解释就是将事物完全颠倒"。

这种重演提供了生动的线索，说明为什么卡西尔－海德格尔交锋仍然容易受到寓言的影响。自他们会面以来的许多年里，清除这种夸张描述以便集中注意力于辩论的实际要点方面，取得了不稳固的进展。因此，回想一下卡西尔与海德格尔的对话实际上跨越了许多年，其间穿插着诸多并无刻薄态度与严重摩擦的私人会面，是有启发的。甚至更重要的是，人们应当注意到，这主要是一场哲学对

---

* 卡西尔（Cassirer）与收银员（Kassierer）一词相近；海德格尔（Heidegger）中的 Heide 有松林、荒地的意思。

话，而不是充满敌意的对手之间的斗争。当然，实际情况是，随着时间的推移，二人的哲学分歧确实变得越来越明显，这种分歧最终不可抗拒地呈现出政治意义。但只有首先回顾他们共同的哲学世界，才能理解二人分歧的真正性质及其最终的政治结局。海德格尔与卡西尔之间的关系留下了一则更为深刻的教训：就像几何学中一条平分线贯穿单一的平面那样，哲学的分野只有在共同的哲学关切这个更大的语境下才会出现。

卡西尔与海德格尔并非亲密的朋友，但他们的相识远非偶然。他们第一次见面是在 1923 年 12 月 17 日，当时卡西尔邀请这位年轻同行前往汉堡，在康德学会的当地分会发表演讲。卡西尔本人几年前曾是汉堡分会的联合创始人，其间担任分会主席，这些事实表明，在决定谁是这场学术演讲的合适人选方面，卡西尔必定发挥了某些作用。[56] 海德格尔的这次演讲题为"现象学研究的使命与道路"，实际文稿没有保存下来。但我们可以推测，它很可能并没有远离海德格尔当年冬天在马堡大学组织的第一个讲座课程"现象学研究导论"的主题，在弗莱堡大学师从胡塞尔多年之后，他在那时刚刚被马堡大学任命为副教授。在马堡大学开设的课程中，海德格尔提供了对现象学方法的概述，它首先从词源学角度细细论述了现象与逻各斯的希腊语意义，并巧妙指出在希腊哲学中"没有意识的概念"。但在胡塞尔的现象学中，海德格尔注意到意识开始享有一种"不寻常的特权"（胡塞尔的《纯粹现象学和现象学哲学的观念》尤为显著地强调这一点），以至于现象学被定义为一门"关于先验纯粹意识的描述性的本质科学"。对海德格尔来说，这种对先验的强调有个明显优势，其"纯粹化"使得一种对理想意义的理解得以可能。但胡塞尔的方法也有个特殊缺陷，它忽视了"真正的关切对象：人的生存"。[57]

这就是海德格尔为现象学带来的彻底革新的预兆，他将现象学转化为一种非观念论的方法，这种方法不再导向为意识提供证据，而是导向为生存提供证据。他背离了胡塞尔所倡导的对现象学的观念论的或"本质的"理解,这最终导致这对师生间的个人不和与职业裂痕(我们将在后文探讨)。但更有趣的是,海德格尔在1923年的汉堡演讲中显然谈到了他对现象学方法的生存论修正。人们或许会想象,鉴于卡西尔自己接受的是新康德主义先验观念论学说的教育,他可能会尤其反对海德格尔的生存论转向。在这一点上,卡西尔自己以类似的方式背离了他的新康德主义训练,转而欣然接受人类文化表达的更丰富领域。无可否认,这并不是海德格尔意义上的"生存"领域,但这种拥有共同哲学定向的印象,显然足以让卡西尔对海德格尔的提议表示赞同。几年之后,海德格尔在《存在与时间》中附上一条简短的注释,他在其中回忆说:"1923年12月,作者在康德学会汉堡分会就'现象学研究的使命与道路'发表讲演期间与卡西尔有过一次讨论。那次讨论就已表明,我们一致同意要求进行生存论分析,就像我在演讲中勾画的那样。"[58]

毫不奇怪,海德格尔小心翼翼地记录了卡西尔对生存论分析之必要性的"一致同意",考虑到如下事实就更不奇怪了:《存在与时间》在1927年出版时,海德格尔仍然将卡西尔视为拥有一定资历的同行,有了卡西尔的认可,这位年轻哲学家的革新或许就能获得更大的正当性。但即便在那时,二人的哲学共识也只是部分的。海德格尔笔记的全文提到卡西尔在1925年出版的《符号形式的哲学》第二卷《神话思维》,海德格尔在那里就表露了逐渐增长的担忧,他担心卡西尔的人种学研究仍然过强地绑定在康德主义的原则之上:康德"第一批判"的学说能否为这些"原始的"现象提供研究工具,"在这里是否需要新的与更为源始的进路",海德格尔评论道,仍是一个"悬而未决的问题"。[59]这种对深刻分歧的含蓄暗示后来变得明确起来;1928年海德格尔针对《神话思维》的书评第一次严肃批评了卡西尔的哲学信念。[60]大体来说,我们可以总结如下,海德格尔迅速察觉到的仅仅是卡西尔哲学上的不足之处，在他看来，卡西尔的哲学看起来仅仅是那些范围更宽泛的失败的又一个例证，它们都未能触及对人类更深刻与更恰当的存在论理解。例如，海德格尔自己的作为展开状态的语言模型，与卡西尔的表达理论几乎没有共同之处。在《存在与时间》中，海德格尔仅仅以最简要的方式提到卡西尔（在《符号形式的哲学》第一卷中发展）的语言理论，他将这种语言理论与其他语言理论并列，所有这些理论都未能以对此在的分析为基础，未能"恰当"地理解语言的存在论—生存论结构。[61]

另一方面，在同一时期，卡西尔也熟悉了海德格尔哲学的诸多细节。《符号形式的哲学》第三卷于 1929 年末（二人在达沃斯交锋的几个月后）出版，其中有几则简短注释提到海德格尔对空间和时间的"生存论"分析，这表明卡西尔突然意识到海德格尔的哲学成就是正当的，但也具有严重局限。被海德格尔描述为"生存"的东西，卡西尔警告说，是一种完全主观主义的现象，它无法解释人类获得普遍而客观的知识的能力。我们将看到，这也是达沃斯对话的一个重要主题。

在此期间以及在达沃斯会面后的很长一段时间里，这两位哲学家的私人关系多多少少仍算友好。与此同时，他们的职业生涯走上了平行的路线。他们是全德国最受尊敬的两位哲学家，因此理所当然地，人们考虑让他们担任相同的学术职位，但值得注意的是，在不同场合下，这样的情况至少发生了三次。1928 年，胡塞尔在弗莱堡大学的教授职位空出来时，卡西尔是唯一被认真考虑的候选人。海德格尔和卡西尔还被当作李凯尔特的可能继任者。1930 年，柏林大学一个哲学教席空缺，二人成为这项崇高荣誉仅有的真正竞争者：卡西尔先被提名，被否决后，院系才建议邀请海德格尔，不过海德格尔最终拒绝了这一提议。实际上，这两位哲学家受到德国各地同行的广泛尊重，这个事实有助于解释为什么二人会成为瑞士国际会议公开辩论的合适人选。他们还是各自大学校长这种崇高荣誉的自然候选者：卡西尔在

1929—1930学年出任汉堡大学校长；三年后，海德格尔被纳粹任命为弗莱堡大学校长。对于这两位哲学家来说，这些都是具有重大象征意义的时刻，它们不仅标志着他们的职业成就，还标志着他们在政治忠诚上的鲜明差异。

在纳粹夺权之前，两位哲学家一直保持着批判性的对话，不过他们越发意识到彼此之间在智识上的分歧。1929年晚些时候，海德格尔将达沃斯康德讲座的主要内容发表于《康德与形而上学疑难》，卡西尔在1931年初春撰写了一篇漫长而又尖刻的负面评论，发表在著名的期刊《康德研究》上。海德格尔大概因为这次攻击而受伤。但作为回应，海德格尔邀请了这位同行到弗莱堡，而卡西尔则在那里发表了关于卢梭的讲演。卡西尔自己对当时的回忆表明，他与海德格尔以及其他同行在友好的交谈中打发时间。但这是二人最后一次会面。1933年春，卡西尔被迫离职，开启了人生的最后一个阶段，作为流亡者在整个欧洲从一个国家旅行到另一个国家，并最终于1941年抵达美国。与此同时，他继续工作，希望完成《符号形式的哲学》的第四卷。这部作品在他有生之年一直没有发表，但各种笔记表明，卡西尔仍在努力表达他与海德格尔的分歧。但到这个时候，曾经含蓄的关于哲学原则的分歧喷发出了某种更加明显的东西：在作为耶鲁大学教授的最后几年里，卡西尔完成了他最后也最具政治意义的论著《国家的神话》的书稿。在这部作品的最后一章中，海德格尔作为历史宿命论的理论家最后一次露面，这种宿命论思想进一步削弱了德国对政治自治的信心，怂恿它屈从于野蛮的行径。

尽管海德格尔与卡西尔之间的对话在1945年就已结束，但对话的记忆与对其意义的解释才刚刚开始。此后几代人中，关于达沃斯交锋的诸多故事流传开来，在更广阔的现代欧陆哲学史中，其意义越发复杂。为了理解那次对话及其在此后的哲学生命，我们可以先回顾一下他们所处的智识世界的某些显著特征。

第一章

危机中的哲学

我们这些文明，现在也知道我们终有一死。

——保罗·瓦莱里，《心灵的危机》（1919）

危机的语言

"我们这些文明，现在也知道我们终有一死。"这般阴郁的言辞写在象征主义诗人和保守派文化评论家保罗·瓦莱里1919年的文章《心灵的危机》的开头。[1]第一次世界大战后的几年里，智识危机的氛围占据着欧洲文化界，为此，人们撰写了许多文字。甚至在世界大战期间，社会学家格奥尔格·西美尔就警告说，"文化的危机"比战争本身更加严重，没有任何条约可以治愈这种危机。[2]危机似乎无处不在。军事战斗终止时，战争的暴力蔓延到了和平时期，给新共和国留下了痛苦分裂的遗产。许多曾经看起来恒久不衰的事物，如今已经沦为废墟或者看起来注定要崩溃。协约国的胜利与德国的战败催生了各种保守主义哀叹，西方的文化衰落了；从奥斯瓦尔德·斯宾格勒不朽的新浪漫主义历史哲学《西方的没落》（1919—1922），到托马斯·曼自我怀疑又带着轻率民族主义的杂文《一个不关心政治者的观察》（1918），都表现出这种态度。但这种宿命论的合唱，被更加充满希望的声音抵消了，左派与右派都在呼吁激进的变革。在罗莎·卢森堡最后的作品中有一篇关于战争与社会主义的文章《社会民主危机》（1919）；马克思主义的"危机理论"催生了诸多对战间期通货膨胀的研究，如欧根·沃尔高的《资本主义世界经济的危机》（1921）；[3]对国际外交的分析验证了康登霍维-凯勒奇在《世界观的危机》（1923）中的观点；社会学家阿尔弗雷德·韦伯则诊断出《欧洲现代国家理念的危机》（1925）。[4]很快，在包括艺术、宗教和心理学的几乎所有智识领域中都出现了危机。[5]在法国，美学现代主义中最伟大的名字——从瓦莱里到普鲁斯特——也被当作"我们文学危机"的征兆被人提起。[6]鲁道夫·潘维茨在1917年出版的论著中将整个欧洲大陆都理解为一场《欧洲文化的危机》。[7]

危机（crisis）——该词在希腊语中是分离或分界的意思——在描述战后欧洲的智识困境时，这个词被使用到滥用的程度。[8]最突出的当属所谓的历史主义危机，历史学家恩斯特·特勒尔奇于1922年首次诊断出这种危机。[9]特勒尔奇解释道，这种认为历史情境决定意义的理论，严重挑战了哲学或宗教的先验真理观与价值观，因为它开辟了这样一种相对主义的可能性，即所有意义都局限于它的时代。[10]历史主义的危机看起来不仅威胁到哲学的真理，还威胁到了宗教的真理。为了反对19世纪的自由主义神学，瑞士牧师卡尔·巴特在他于1919年出版的《罗马书释义》中开创了"危机神学"，该书猛烈抨击历史主义，宣称启示是不可还原的事实。[11]数学也被所谓的"基础危机"（Grundlagenkrise）所占据，这是赫尔曼·外尔于1921年提出的术语，用来称谓根据集合论与相对论的新近发展而在当时困扰现代数学前提的各种问题。[12]

　　哲学也被危机所占据。在战争期间，出现了挑战学院派认识论首要地位的新声音，这让关于"现代认识论的危机"的传闻活跃起来。[13]但危机以各种类型出现，并非所有危机都能追溯至相同的哲学根源。大概最突出的那个冲突引发了这个问题：现代哲学家应当如何从德国观念论的遗产中抓住真正的问题。该问题困扰着黑格尔主义者、康德主义者、新黑格尔主义者与新康德主义者，不过最能体会到这一点的地方，大概是围绕康德认识论的哲学辩论。[14]在其就职演说《当前的哲学危机》（1914）中，卡尔·约埃尔指责新康德主义者忽视了"知识"与"生活"间的桥梁，而阿图尔·利伯特在《当代智识危机》（1923）中指责哲学家为了历史主义与相对主义背叛了康德所主张的哲学理性的至高权威。[15]

　　然而，康德与新康德主义的认识论仅仅是日益两极分化的辩论领域的主题之一。大多数哲学家已经看到，这场危机呈现出全局性的严重程度，恢复先前共识的希望渺茫。对海德格尔本人来说，这种困扰着物理学、数学和哲学的基础危机，看起来是彻底革新的预兆。"真正的科学'运动'，"海德格尔在《存在与时间》中评论道，"发生于它们的基本概念经历了一种或多或少的激进修正之时。"类似的危机也困扰着物理学、生物学、历史学和神学，那时人们清楚地认识到，智识成就不再能够依循缓慢而稳定的发展模式来实现。危机是未来变革的必要先决条件。海德格尔声称：

　　　　一门科学在何种程度上能够承受其基本概念的危机，决定了这门科学所能达到的水平。在这些内在危机中，在实证调查研究与那些自身被探究的事物之间的关系，已经面临一个开始发生动摇的时刻。当今在各种学科中都有一种新近获得觉醒的倾向，要将研究工作置于新的基础之上。[16]

另一方面，对卡西尔来说，哲学的危机仅仅是欧洲文明更大危机的局部症状。1944 年，他在概述其哲学的《人论》（他在流亡美国时出版了这部作品）的开篇就探究了"人的自我认识的危机"。整个人类文化，卡西尔写道，取决于"人类逐步推进的自我解放过程"。未能认识到这种统一的使命，让哲学陷入了"一种完全混乱的思维状态"之中，这种状态如今对"我们的整个伦理生活与文化生活构成了一种迫在眉睫的威胁"。[17]

海德格尔欢迎这些危机，将之作为彻底变革的前兆，而卡西尔则将之仅仅视为一种文化迷失和道德崩溃的症状。这种分歧不仅反映了性格的差异，还反映了历史经验的差异。随着纳粹夺取政权，一场看似有关哲学技术问题的局部斗争，也会轻易被理解为为了欧洲未来的战斗，而哲学"观念论"的捍卫者经常将自己视为欧洲文明本身的捍卫者。这些学者中有许多——尽管并非全部——是德国犹太人（既有出于信仰的，也有仅仅出于血统的），他们将德国观念论的遗产当作一种提醒，在一个日益不宽容的社会中呼唤人们不要忘记先前的宽容。[18] 其中最重要的一位学者是胡塞尔，他最后那部未完成的作品《欧洲科学的危机》的部分内容最先发表于他在布拉格和维也纳的公开讲演之中，不过他把这份手稿的某些部分寄到贝尔格莱德，发表在阿图尔·利伯特流亡期间创办的杂志《哲学》的创刊号上。胡塞尔在1935 年发表的维也纳演讲以戏剧性的宣言开场，他声称"欧洲的生存危机"只有两种解决方案。要么它将在欧洲的衰落中告终，欧洲将"疏离于自身理性的生活意义"，要么它将导致"欧洲在哲学精神中的重生"。对胡塞尔来说，哲学家在这场危机中扮演了特殊的角色：他们的使命是，通过运用理性的先验现象学来恢复欧洲的智识基础，维护"理性的英雄主义"。[19]

但危机的语言几乎谈不上是受到法西斯主义威胁的理性主义者的专属领域。事实证明，它对右派也有利。事实上，将一个人的文化—

政治处境设想为危机状态，意味着传统的方法不再恰当，仅有的可能救赎在于迅速和果断的行动。温和派的支持者（如奥地利犹太人弗里茨·耶利内克）在处理"资产阶级的危机"时，继续依赖那个隐含的却越发有争议的前提，即资产阶级的文明值得捍卫。[20] 但处理危机的总体模式并非如此。危机的语言最终加强了左右两派极端分子的意识形态的可信度，他们都全面谴责了资产阶级的生活，呼吁采取超越体制的解决方案。因此，到 1930 年代早期，纳粹党主要理论家阿尔弗雷德·罗森堡就撰写了他自己对《欧洲的危机与重构》（1934）的热心调查。[21]

尽管从讲台到政坛的道路并非一路畅通，但学术修辞有时会为意识形态的信念准备基础。汉斯·斯鲁格在《海德格尔的危机》中指出，事实证明，那些从危机角度来审视他们处境的哲学家，更容易受到柏拉图主义哲人王幻想的诱惑，而且不少这样的哲学家在诱惑下愿意放弃学院生活的庇护，在公民的政治教育中扮演活动家的角色。像政治理论家卡尔·施米特、热心支持纳粹的教育理论家恩斯特·克里克以及阿尔弗雷德·博伊姆勒这些知识分子，对危机的感知为理论与实践的结合提供了解释性的桥梁。[22] 类似的逻辑有助于为海德格尔出任弗莱堡大学校长铺平道路，他在任上设计了重组大学的各项规划，甚至还滋生出自己或许能以某种方式"引领元首"的希望。[23]

危机的语言充当了一种介绍性的框架，帮助理解战间期德国哲学的文化背景。这尤其能帮助理解围绕海德格尔—卡西尔辩论的氛围，因为让二人的交锋在今日的哲学记忆中如此扣人心弦的原因，很大程度上就是当时众多亲历者的紧迫感。事实上，"教育危机"正是达沃斯高校周的官方主题。约阿希姆·里特尔参加了 1929 年这次会面，当时他是帮助草拟辩论记录的学生，他在 1931 年达沃斯高校周时报告说德国人尤其担心学术与"世界观"的明显脱节：他们的对话极其频繁地转向"文化形态的'危机'与脱离生命的精神异化"。[24]

这就是危机语言的巨大优势：那些感到缺乏明确指示，无法协调观念与实质的文化信念（"理论知识"与"世界观"）的魏玛知识分子，可以在危机的观念中找到欢迎他们的避难所。虽然危机语言不太可能促进对知识分子处境的客观报告，但它为哲学家给出了一种方式，让他们的问题具有更大且更为分化的意义，以至于他们可以相信，哲学辩论在某种程度上与更广泛的文化及历史关切有关。无可否认，任何这样的解释都会决定性地影响知识分子理解自己观念的方式。魏玛时期的各种危机语言（无论是在哲学与自然科学中，还是在文化与政治中）是巨大的负担，它不幸地令讨论激进化；它阻碍了对话者为智识分歧设想温和的或纯粹改良的解决方案，它诱使对话者用明显对立的措辞来想象他们的讨论。我们将看到，理解达沃斯交锋的部分困难在于，我们无法不注意到，这场哲学讨论逐渐转变为一场危机——直到讨论不再可能继续。

代际问题

"谋杀他们的父亲是这一代人的命运。"弗里茨·海涅曼在1929年评论道。生存哲学（*Existenzphilosophie*）这个术语或许要部分归功于他，由于他的努力，该术语作为最新哲学时尚的称谓广为流传。在《哲学的新道路》中，他将这种对生存的转向刻画为"正在崛起的这一代人"的工作。[25] 但他并不孤单。无论是真实的还是想象的，代际冲突的观念成了战间期德国知识分子理解自身历史时刻的共同剧本。这确实远远超越了精神分析理论的教条。代际冲突与反叛的主题充当了瓦尔特·哈森克勒费尔颇有影响力的表现主义戏剧《儿子》（1914）、卡夫卡的短篇小说《判决》（1917）以及众多其他戏剧与文学作品的主要情节。

　　当然，将魏玛文化描绘成父子之间的象征性决裂，如今已经从历史洞识沦为历史的陈词滥调。[26] 但在战间期，代际冲突是魏玛知识分子与生俱来的观念，他们之中的许多人相信，这种冲突不可避免，甚至有益。社会学家卡尔·曼海姆在 1927 年的论文《代际问题》中指出，数代人之间的智识分歧是某种不可避免的东西。它的出现首先是因为，在所有需要解释的问题上，单一又永恒的理解共同体这样的东西并不存在："文化创造与文化累积并不是由相同的个体来完成的，"曼海姆观察到，"我们的文化是由那些重新接触到累积遗产的个体发展起来的。"曼海姆非但没有哀叹这种对过去观念的不断颠覆，甚至欢迎误解，将之作为智识变化的刺激因素。"富有成效的误解，"他评论道，"往往是延续生命的条件之一。"[27] 然而，甚至在 20 世纪之前，哲学家和理论家就已经认识到代际冲突现象。对威廉·狄尔泰来说，其对代际的理论反思发表于 1924 年，"代际"概念充当了以解释学风格书写历史的重要解释工具。他反对将时间划分为客观单位的科学冲动，他认为，"一代人"是更加具有前景的历史描述工具，因为它认同经验本身的主观性特征。狄尔泰解释道，一代人是"测量时间的内在心理单位"。它允许历史学家通过历史行动者本身可以获得的术语来解释文化变迁：他们对自己作为个体的生存意识，受到狄尔泰口中"共时性关系"（*Verhältnis der Gleichzeitigkeit*）的约束。[28]

　　狄尔泰的代际意识理论为魏玛时期的许多哲学家提供了重要的启发，特别是对海德格尔，他将历史性的生存视作继承遗产与创造性重新占有的恒常模式。"此在生长到一种传统的对自身的解释中去并在这种解释中成长，"海德格尔主张，"它自己的过去——这始终意味着它的'同代人'（*Die seiner 'Generation'*）的过去——并不是某种跟在此在后面的东西，而是某种已经走在此在之前的东西。"[29] 海德格尔继续解释说，任何共同体或民族都不是作为个体命运的集合体构成的，而是一种历史的整体，这种历史整体所继承的诸多可能性必须要在做出决断的瞬间来加以把握。"我们的命运，"他写道，"在我们彼此于同一个世界的共处下，在我们对诸多确定的可能性的决心中，事先就已经受到引导……此在在它的'同代人'中并与它的'同代人'一起有其具有命运性质的天命，这一天命构成了此在的完整又有本真的演历。"[30]

海德格尔由于其整体论的哲学信念，迟迟没有认识到文化的碎片化，而且没有察觉到它可能带来的好处。认为历史可被构想为一系列统一的时间集合的观念忽视了以下这个重要事实，即现代社会很少甚至不作为内在统一的整体来运作。就如曼海姆所言："在任何一代人之中都有可能存在一些分化的、对立的代际单位。"[31] 因此，代际很少是理解历史的中立范畴；它合谋掩盖了真正的多元主义与不统一性，而正是多元主义与不统一性将诸多文化变成它们所是的动态系统。魏玛时期的艺术史家威廉·平德在《欧洲艺术史中的代际问题》（1926）中评论道："每个时代的思想都是复调的。"[32]

然而，魏玛哲学家还是很想从代际角度来理解智识变化的复杂问题。这种简化的划分——老与少、战前与战后、教师与学生——无疑有其吸引力，这部分是由于它反映了魏玛共和国政治的派系特征。德国青年运动的诊断专家迅速识别了这种文化危机的革命意义，并强调"年轻一代的使命"的特殊性。[33] 哲学与政治之间令人不安的滑坡意味着，批评家经常在最脱离现实生活的论辩中看出政治意义。当然，有时他们是对的。到1930年代中期，纳粹已经成功将几乎所有德国文化都加以政治化。这或许部分解释了为什么胡塞尔在生命行将结束时开始相信，所谓的欧洲科学危机源于"年轻一代的敌对情绪"。[34] 但这并不意味着魏玛时期所有的代际冲突都是政治性的。那些试图通过代际冲突的棱镜来解读哲学辩论的尝试，通常只会共同掩盖哲学问题本身的严肃性。

对于达沃斯的高校周来说，"代际"问题充当了讨论的官方主题。

在 1929 年的会议上，以它为主题的报告就不少于四场：哲学家卡尔·约埃尔（巴塞尔）声称，数个世纪揭示了诸多统一而又交替的风格，好比孙子并不与其父亲相似，而仅仅像他的祖父那样；威廉·平德（慕尼黑）重新考察了其作品对代际模式的论断，关注与"共时性"的理论意义有关的艺术史；政治理论家库尔特·里茨勒（法兰克福）提供了关于"当代人"的整体智识描绘与代际描绘；思想史家爱德华·韦克斯勒（柏林）的讲座"人文科学中的代际问题"提出了根据代际体系构思历史阶段的理论原则。[35] 海德格尔与卡西尔之间的争论也被许多人理解为"老一代和年轻一代之间"的冲突。《法兰克福报》一名记者写道，这场争论"并非仅仅是教授们的学术斗争"；它是"两个时代的代表性人物之间的对抗"。[36] 这种看法很快就变得司空见惯，弗朗茨·约瑟夫·布莱希特评论道："对于今年达沃斯高校周的绝大多数与会者来说，恩斯特·卡西尔与马丁·海德格尔的公开讨论是会议的重要高潮；因为在这里屹立的是两位哲学家，他们不仅仅代表着两种根本上不再容许逻辑讨论的哲学倾向，与此同时还代表着两个哲学世代。"[37]

　　人们如何才能评估这类主张的正确性？卡西尔与海德格尔之间的分歧真的是一种代际的分野吗？倘若衡量的单位是客观的年份，也许就不是这样：卡西尔出生于 1874 年，海德格尔出生于 1889 年，两者在出生年份上仅仅相差十五年。根据狄尔泰与曼海姆的观点，一代人的周期需要三十年。但比客观标准更重要的或许是在体制内获得的成就，它们不是实际年龄的标志，而是社会地位与象征成熟度的标志。卡西尔的出版记录可以追溯到 20 世纪早期，尽管他在获取学术职位上稍稍延迟，但到 1919 年，他已经在汉堡新成立的大学中找到了作为哲学教授的栖身之地。在接下来的十年里，卡西尔作为康德遗产的倡导者与现代哲学史家，逐渐成长为德国学术领域的杰出人物。当他在达沃斯与海德格尔对峙时，他至少已经出版了八部专著（包括篇幅巨大的《符号形式的哲学》在内），并担任德语期刊《逻各斯》与《康德研究》的主要编辑。相较之下，海德格尔仍是新登场的人物。尽管他自 1920 年代起就一直在研讨班授课，但他与卡西尔于 1920 年代末在达沃斯会议上碰面时，他才刚刚获得永久的学院职位，而且除了他 1915 年的大学教师资格论文外，他仅仅出版过《存在与时间》这一本书，而且这本书事实上还不完整。

这种学术成就上的差异是代际成员身份的显著标志，这或许比实际年龄上的差异更明显。还有一个与外表有关的问题，在这次争端的报道中，这一要素出现得极为频繁。当然，很难知道人们是以何种方式认真对待这些个人要素的。但似乎可以公正地说，代际意识至少部分是由社会认可与主观感受构成的，因此，将卡西尔与海德格尔视为不同的两代人的代表，也不会完全错误。《新苏黎世报》派往达沃斯的一名记者甚至指出，战前和战后那几代人之间的区别，与低级讲师和教授之间的职业分歧相对应。这种分歧不仅仅是与年代学有关的问题，而且还是与性格有关的问题。战后那一代（这名记者自己所属的那一代）构成了"完全不同的东西"。[38]

新康德主义遗产

上述对危机与代际的考虑，可以为本章提供背景，帮助讨论 1920 年代德国哲学的大体转变。但我们现在必须从一般转向具体，从文化转向哲学。要理解卡西尔与海德格尔之间分歧的本质，尤为重要的是要了解康德诠释在 20 世纪最初几十年里的地位。在 19 世纪最后三十几年里，人们对康德哲学的智识兴趣获得了新的动力，这主要归功于新康德主义运动，这个多元化的群体接受了奥托·利布曼的号召，要终结黑格尔与叔本华的形而上学（该口号被概括为"回到康德"），继续为逻辑学与科学哲学（例如柯亨、纳托普）以及价值哲学（文德尔班、李凯尔特）添砖加瓦，并最终帮助德国与法国的社会学（韦伯、迪尔凯姆），激发它们形成新的严格方法。然而，在所有这些学派中，"新康德主义"这个术语，主要与马堡学派的贡献及其主要哲学家保罗·纳托普与赫尔曼·柯亨的工作联系在一起。[39]

柯亨的观念对欧陆思想的后续发展的特殊意义很难被夸大。他最早的作品《康德的经验理论》（1871）就确立了强有力的反形而上学与以科学为导向的范式，迟至1920年代，这个范式在康德研究中仍然占据主导地位。柯亨以康德的"物自体"之谜为出发点，试图表明康德的主要目的是发展一种关于科学发现的理论，在这种理论中，物自体放弃了它的形而上学地位，转而成为纯粹的方法论概念，成为不断拓展的科学知识中尚未得到解释的"使命"（Aufgabe）。这种解释上的创新——从形而上学到方法——奠定了柯亨的原创性哲学贡献，也就是所谓的批判观念论体系，这个体系出现在布鲁诺·卡西尔（恩斯特·卡西尔的堂兄）的出版社于1902年到1912年间依次出版的三卷本作品中。[40]柯亨这个体系最明确的创新大概是在1902年的《纯粹知识的逻辑》中提出的摈弃康德认知二元论的论证：康德自己已经断定，知识不仅需要自发性，还需要接受性——也就是说，它需要的是概念与感性直观的联合。然而，这种概念与直观的二元论从一开始就给许多批评者留下这样一种印象，即它是对经验主义做出的妥协，令人遗憾，甚或无法辩护，因为它预设了一种无法证实的形而上学的客体独立性。柯亨的主要成就是废除了这种对物自体的教条理解，他认为，物自体仅仅是思维的对象，这种对象仅仅在思想中才拥有起源。柯亨援引微积分运算的例子，通过数学运算能够生成无穷小量这种东西，这种纯粹观念论的洞识，被柯亨命名为起源原理（Ursprungsprinzip）。现在根据柯亨的观点，独立的物自体一旦失去它的形而上学地位，转变为一种仅仅有关科学发现的调节性概念，就没有必要将感性视为一种单独的官能。相应地，物自体被抛弃，是为了支持一种纯粹的概念融贯论，这种融贯论用纯粹理智主义的真理模型取代了经验主义的真理模型，概念之间的系统融贯取代了对独立客体的符合。大概最为重要的是，支持者和批评者都认为马堡新康德主义的决定性特征在于它对形而上学的拒斥。

柯亨作为哲学激进分子的名声与他在演讲和政治上居高临下的风格相符。柯亨是进步社会主义直言不讳的倡导者，他还是一战前德国大学里持有哲学教席的唯一未受洗礼的犹太人，他频繁地被吸引到反犹争论的中心，如法国的德雷福斯事件，波兰犹太人的移民问题，在这些争论中攻击德国民族主义历史学家海因里希·特赖奇克。柯亨的最后一部作品是死后出版的《源于犹太教的理性宗教》（1919），事实证明，这部作品是魏玛时期犹太存在主义思想家持久而又有争议的灵感来源。[41] 但最重要的是，更早期与更可辨认的新康德主义理论延续到了战后世界。事实上，断言柯亨最初的反形而上学立场与对科学的强调帮助当代分析认识论设定了方向与特征，不会有什么错。

对卡西尔本人来说，柯亨无疑是 19 世纪末与 20 世纪初最重要的德国哲学家。在他 1912 年的论文《赫尔曼·柯亨与康德哲学的复兴》（该论文在柯亨七十岁生日从马堡大学退休之际发表在《康德研究》上）中，卡西尔称赞他的老师是一位卓越的哲学家，其主要贡献建立在康德本人对哲学与科学间紧密关系的理论洞识之上。对柯亨和康德来说，哲学将科学的事实作为出发点。但哲学避免对科学对象的内在本质做出任何形而上学的探究，转而将注意力仅仅集中于科学判断的特征："客体的存在问题在先验意义上悬而未决，"卡西尔解释道，"除非人们解开了认知方式（Erkenntnisart）的问题，而这种认知方式要能够确保对客体的认识。"[42] 在卡西尔看来，这就是先验哲学的根本创新，通过柯亨，先验哲学的影响遍及各个相互竞争的学派，感受到这种影响的不只是新康德主义者，还有现象学家，后者追随柯亨与心理主义和自然主义决裂,转而欣然接受了胡塞尔口中"纯粹的"或"先验的"现象学。就像卡西尔解释的那样,柯亨与形而上学决裂的最引人注目的证据,大概是无穷小判断理论,根据这种理论,涉及微积分的科学解释表明,科学知识的对象由思维自身产生,而这种对象不能被理解成通过感官方式把握的"存在者"(*kein sinnlich fassbares "Dasein"*)。[43]

根据卡西尔的判断,这是柯亨明确表述的先验哲学的特征——"将存在(*Sein*)批判性地还原为有效性(*Geltung*)"——正是这个特征不仅在最大程度上界定了柯亨的认识论,还界定了柯亨的伦理学:伦理推理的立法形式固有的普遍化姿态,不能仅仅从人类行为的经验平均水准中得出。用卡西尔的话来说,伦理学不得不捍卫自身,"反对任何人类学的转向"。[44]卡西尔在此又一次强调了这条律令,即必须拒斥任何涉及知识对象的本质或"存在"的形而上学问题。哲学应该将注意力仅仅集中于形式与先验的问题,这些问题事关我们自己针对这些对象的判断的有效性。就连自由,卡西尔评论道,也要按照这样的方式去理解,以便避免提及任何在人类行为背后的"隐秘基础"。自由只是作为概念上的假设——实践理性所假设的行动目标——才保有其有效性。柯亨批判体系的最终要旨是,先验探究的各种对象要根据其特定领域来加以构想:科学知识需要自己的特定先验基础,而伦理学与美学需要自己的独特验证模式。不过,即使人类文化的各种区域不能被融合到卡西尔所谓的"无差别的有效统一体"之中,但它们仍然在人类意识的自发性中享有共同的起源之处。[45]

深入 1920 年代,虽然受到越来越多的反对,但马堡学派的方法论仍然是德国哲学讨论的中心。汉斯-格奥尔格·伽达默尔在《哲学生涯》中回忆说,倘若一名学生宣称自己"要去马堡",就会被理解成他愿意接受最严格的训练。[46]尽管柯亨于 1912 年从马堡大学的教席上退休,但这所大学保持了其在哲学上出类拔萃的整体声誉。但1920 年代马堡大学的风向明显转变。1923 年,海德格尔在马堡大学就任哲学副教授，1927年，作为这所大学成立五百周年庆祝活动的一部分，海德格尔撰写了自19世纪晚期以来马堡大学哲学教席的简史。他特别指出，即使在柯亨与纳托普双双逝世之后（分别于1918年与1925年逝世），马堡的新康德主义精神仍然留存下来，而这要归功于他们的两位最杰出的学生尼古拉·哈特曼与恩斯特·卡西尔的努力。[47]

新康德主义运动的哲学声望也通过其著名期刊《康德研究》得到了保证。自1896年由汉斯·费英格创办以来，它就拥有一个杰出的编委会，其成员包括威廉·狄尔泰、库诺·费舍尔、阿洛伊斯·里尔和威廉·文德尔班在内，它迅速发展成德国为数不多的最权威的学术期刊之一，这些期刊对德国哲学新方向的集体裁决，赋予其作者学术合法性的特许认可。在康德诠释领域尤其如此，其重要性甚至在德国以外也获得了广泛承认。1898年，法国天主教神学家佩雷·加尔代伊在《托马斯主义评论》上指出："这份期刊对任何想要跟上康德主义运动最新动态的人来说都非常有用。"[48]尽管它享有普遍的突出地位，但这个期刊的编委会在20世纪仍然保持着新康德主义的特殊导向。自1925年起，它的编辑权移交给了保罗·门策尔与阿图尔·利伯特（后者于1933年成为难民，离开了编委会）。多少值得注意的是，这个期刊有相当多的编辑有犹太血统，其中包括利伯特与卡西尔。由此不可避免地招致抱怨。1916年，知名哲学家布鲁诺·鲍赫在右翼民族主义出版物《豹》中抱怨说，新康德主义带有"犹太形式主义"的味道，由于柯亨是犹太人而不是日耳曼人，他无法欣赏康德的哲学。让鲍赫绝望的是，《康德研究》的编委会"满是犹太人"（verjudet）。[49]这促使卡西尔撰写了一篇反驳文章来纠正鲍赫对民族认同的错误概念，但鲍赫从《豹》的编委会辞职后，卡西尔的这篇文章就没有发表。[50]在战争期间，民族主义热情高涨。甚至伟大的宗教历史学家恩斯特·特勒尔奇也在无意中吐露了令人吃惊的评论：在赫尔曼·柯亨的影响下，这份期刊已经沦为"犹太恐怖主义"。[51] 但这样的丑闻不多见，这份期刊在整个 1920 年代继续享有无可争议的声望，即便反抗新康德主义当权派的新哲学运动已经抬头。

海德格尔本人绝对不是新康德主义的死敌。他自己在新康德主义者海因里希·李凯尔特（他与威廉·文德尔班是新康德主义马堡学派的领军人物）的指导下接受了严格的训练。在弗莱堡大学就任教授之前，海德格尔于 1923 年到 1929 年间在马堡大学担任副教授。在此期间，他作为哲学重要新声的名头开始传播，他在 1920 年代崭露头角，或许可以恰当地视作针对新康德主义遗产更广泛的代际反叛的一部分。哲学作为科学的先验基础的陈旧理想——这个理想最典型的代表是马堡学派与胡塞尔欣然接受的先验观念论——在面对诸如生命哲学、现象学与存在主义这样的新智识思潮时开始让位，某些评论家将这些新思潮称为"形而上学的复兴"。[52] 在战间期魏玛哲学的转变中，某些人注意到这两代哲学家之间有着惊人的相似之处，这无疑带有些许讽刺意味：尼古拉·哈特曼见证了海德格尔在马堡大学的就职演说，他向年轻的伽达默尔指出，"自从赫尔曼·柯亨以来，他从未见过如此震撼的表演"。[53]

西南学派与马堡学派

要阐明哲学兴趣在 1920 年代的巨大转变——从新观念论到存在主义——最佳方式大概是更为密切地关注同时代哲学家围绕恰当解释康德的争论。这场争论包罗万象，涉及许多学派，但位于其核心的是两个最著名的新康德主义机构之间的持久竞争，一个在马堡，一个在德国西南。马堡学派（由赫尔曼·柯亨领导，他于 1919 年去世后则由纳托普领导）认为，康德遗产中最重要的是为数学化的自然科学奠定基础的先验哲学；而在海德堡与弗莱堡的西南学派或巴登学派（由威廉·文德尔班领导，他于 1915 年去世后，则由他先前指导的博士生海因里希·李凯尔特与埃米尔·拉斯克一起领导）最重视的是康德关于"实践理性的首要地位"的训诫，以至于他们要奠立一种价值与文化理解的新哲学。这两种取向之间的差异着实明显。上文就已经表明，马堡学派主要将康德视为一位与先验理性有关的理论家，他们倾向于将科学说明的形式逻辑视为探究任何进一步领域（包括伦理学在内）的方法论范式。另一方面，西南学派从康德关于因果关系与自由的二律背反中汲取主要灵感，并从中发展出关键的方法论区分，用文德尔班的术语来说，一种是适合自然科学（*Naturwissenschaften*）的因果性解释方法或"制定普遍法则的"（nomothetic）解释方法，一种是适合研究历史学和文化科学（*Geisteswissenschaften*）中具有独特意义的事件的个性化或"描述个别特征的"（idiographic）方法。[54]

尽管竞争激烈，但两个学派本身在学说上从来都不是铁板一块。柯亨和纳托普对宗教在批判哲学中的地位存在分歧，而对西南学派来说，特别在文德尔班去世后，随着李凯尔特转向一种有所修正的生命哲学，学派开始解散。然而，学派之间的基本对比仍然存在，并最终帮助强化了魏玛哲学在方法论上的分裂——先验理性主义与历史化的解释学之间的分裂——在卡西尔于达沃斯试图捍卫马堡学派的先验遗产，反对海德格尔对其明显的科学主义的批判时，这种分裂达到了极致。这种连贯性不仅是哲学上的，而且还与教育上的从属关系有关。年轻的海德格尔曾在弗莱堡大学师从李凯尔特，而卡西尔则在马堡大学追随柯亨。19 世纪末，新康德主义的西南学派与马堡学派在机构与方法论方面互不相让，海德格尔—卡西尔之争因而可被看作这种竞争的最后实现。

1920 年代，围绕康德遗产的智识辩论异常激烈，有必要为此给出相应的解释。这种争论看起来或许令人惊讶，尤其是考虑到，在

19 世纪中期形而上学大行其道之后，新康德主义出现时主张的是回归"科学的"哲学。克劳斯·克恩克证明了新康德主义运动的兴起与市民阶级在学术上的崛起密切相关，后者试图回避意识形态的党派之争，转而支持严格的"专业"精神。尽管赫尔曼·柯亨尤为支持德国社会主义者的各项原则，新康德主义在总体上仍保持了大体的非政治性；事实上从表面来看，它成了德国的"非政治性"学术研究范式。但矛盾的是，新康德主义者专注于将智识实践作为目的本身，鲜明抵制对政治或"世界观"的倡导，这种气质本身却发展成了一种自觉且得到热情捍卫的规划。到第一次世界大战结束时，它已经固化为一种政治斯多葛主义的学说，例如，马克斯·韦伯（新康德主义海德堡学派的一位伙伴）在 1919 年的著名演讲《学术作为一种志业》中就阐明了这一点。韦伯对事实和价值的区分，以及他强烈拒斥倡导价值的学术研究，仅仅是对"世界观"哲学的原则性敌意的一个例证，这种敌视是整个新康德主义运动的典型特征。这种敌意最早且最具特色的陈述，是新康德主义者阿洛伊斯·里尔的就职演说《论科学的哲学与非科学的哲学》，该文首次发表于 1883 年他就任弗莱堡大学哲学教授之际，他在其中严格区分了作为"科学"（*Wissenschaft*）的哲学与作为"世界观"（*Weltanschauung*）的哲学，这种区分为各个不同的康德诠释的学派奠定了基调，直到 20 世纪情况也是如此。[55]

　　新康德主义者强烈抵制"世界观"这个范畴，将之作为对事实与价值的混淆，这部分是因为在他们看来，学院哲学是一门严格而又客观的科学，而"世界观"威胁了这种地位。纵观新康德主义运动的历史，其支持者总会诉诸里尔的这一陈述，以加强对他们口中"科学哲学"的信念，并且，按照他们审慎的解释，任何明显求助于"世界观"的做法都不容于康德的初始目标。虽然新康德主义马堡学派的科学—认识论倾向禁止为任何"世界观哲学"辩护，但与之形成对照的是，新康德主义西南学派对康德实践哲学（价值哲学）的关注，却为重新讨论康德哲学的文化意义打开了大门。这项任务最初落到新黑格尔主义者理查德·克罗纳（他是基尔大学哲学教授，著有令人印象深刻的两卷本作品《从康德到黑格尔》）身上，他试图在他1914年的研究成果《康德的世界观》中重构那种激励了康德本人的价值信念。[56] 克罗纳的方案重新肯定了西南学派对实践理性的关注，他宣称："康德维护了数理科学非形而上学的理论有效性，以及道德生活非理论的形而上学有效性。"[57] 倘若伦理学要作为世界价值的源泉，拥有自己独特的"形而上"意义，那么让认识论从属于伦理学就是必要的。因此，纯粹理性与实践理性之间的康德二元论是人类体验"意义"的先决条件之一：

> 正如概念应当不断指向自身之外……绝对意义的概念同样也超出自身。超越……实在之物与理想之物的紧张关系……所有意义看起来都消失了。我们不能希望有这样的意义存在，因为它会破坏我们自己的生活意义。康德赞许地援引诗人哈勒尔的这些话语："这个世界虽然有其缺陷 / 它仍然优于没有意志的天使之国。"因此，康德的人生观要求一种伦理的二元论。[58]

克罗纳对康德"世界观"的讨论产生了两个重要后果。重新肯定康德二元论，有助于加强新康德主义西南学派对事实与价值的分离；事实上，它看上去在谴责新康德主义马堡学派仅仅专注于康德那被剥夺了"形而上学"意义的理论哲学。更为重要的是，克罗纳在康德伦理理论中提到了天使的地位，这似乎暗示，"世界观"问题或主观意义问题只有在有限的或纯粹人类经验的领域（即一个有界限的领域，其中事实与价值之间的裂缝，让"绝对意义"成为不可能存在之物）内才有可能存在。这两个联合的主题后来在达沃斯的康德哲学讨论中将再次出现。

要理解海德格尔与卡西尔之间分歧的更深层根源，重要的是要认识到二人在新康德主义运动的尾声中艰难界定自身哲学信念的不同方式。思考海德格尔早年的老师海因里希·李凯尔特（1863—1936）发展的历史解释理论，大概最能阐明海德格尔在何处受惠于新康德主义。李凯尔特是魏玛哲学史上的杰出人物，他在新康德主义及其存在主义后继者之间日益激烈的竞争中发挥了尤为重要的作用。李凯尔特最初在斯特拉斯堡的文德尔班的指导下获得博士学位，随后从那里搬到弗莱堡，与阿洛伊斯·里尔一起撰写了一篇大学教师资格论文。里尔于1896 年离开弗莱堡后，李凯尔特就在弗莱堡大学主持哲学教席，对于那里的许多年轻学生（包括海德格尔）来说，李凯尔特是一位颇有影响力的老师。从 1911 年开始，海德格尔在李凯尔特的指导下就学于弗莱堡。1913 年，海德格尔在弗莱堡获得博士学位（学位论文是《心理主义中的判断理论》），两年后他完成了大学教师资格论文（《邓·司各特的范畴与意义理论》）。同文德尔班和拉斯克一道，李凯尔特无疑是新康德主义西南学派中最重要的人物之一。

　　承认李凯尔特在形成新康德主义西南学派的历史知识学说中发挥的作用尤为重要，因为这个学说帮助奠立了海德格尔后来的历史化的解释学理解理论：李凯尔特在《自然科学概念形成的界限》（1902）中展示了他对新康德主义历史理论的最精致陈述。基于他的老师对"描述个别特征的"解释模式与"制定普遍法则的"解释模式的著名区分（1884 年，文德尔班在斯特拉斯堡大学校长就职演说《历史科学与自然科学》中引入了这个著名区分），李凯尔特更进一步，认为历史现实的所谓非理性特征或许仍然可以用概念加以处理。[59]与威廉·狄尔泰相反（李凯尔特指责狄尔泰的直觉主义倾向是对反哲学的神秘主义的妥协），李凯尔特坚决要求一种专门针对历史现象的非随意性和负载价值特征的严格方法论。[60]

　　这种对自然和文化的区分本质上是新康德主义的，直到 1927 年海德格尔的夏季研讨班"现象学的基本问题"中，它才会再度出现：

　　然而，有这样一些存在者，世内性以某种方式属于其存在。这种存在者就是一切被我们称为**历史性的存在者**的东西——这种历史性具有世界历史性这样更宽泛的意义，历史性的人类，并且在一种严格的与恰当的意义上按照历史的方式生存的人类，创造、塑造、培养出了所有这些事物：所有这一切都是他的文化与产品。这种存在者仅仅是，或更确切地说，仅仅作为在世界之内的东西而产生与生成。文化并不以自然的存在方式**存在**。[61]

　　不过，在对比历史性探究与自然科学探究的看法上，新康德主义者与海德格尔的连续性不应被夸大。在海德格尔看来，新康德主义者似乎过于仓促地承认了文化理解与自然科学理解之间那种平等且二元的分离状态。海德格尔本人看起来将这种二元论视为隐含的等级制。在他自己的哲学中，海德格尔赞成的是历史性（Geschichtlichkeit）的首要地位，而不是自然科学客观化的"派生的"或"去世界化的"状态，我们将在后文看到，与卡西尔辩论时，这个论点将再次出现。海德格尔颂扬历史—文化理解而不是科学理解，无疑标志着对新康德主义前辈的大胆背离。李凯尔特及其之前的文德尔班只是希望为自然科学的解释方法划定界限，而不是将之贬降到人类理解等级中的较低地位。尽管李凯尔特并不打算鼓励对自然科学理解的拒斥态度，但他对历史学这个自然科学对手的辩护，不仅帮助强化了西南学派"价值"哲学与马堡学派"科学"哲学之间的分野，还为海德格尔更激进的历史性存在理论铺了路。[62]讽刺的是，这种反对自然科学理解的历史理解的优先性分析，让海德格尔出人意料地接近于卡西尔的立场，而卡西尔当时正在着手背离新康德主义的正统观念，以接受更为宽泛的文化—历史符号理论。

　　海德格尔有进一步的理由反对新康德主义的共识。比前文所提到的西南学派与马堡学派之间的分歧更为深刻的是他们更大的共识，即哲学必须认识分割人类经验的各个独特畿域或者认识论通路的不同模式：西南学派强调自然科学与精神科学之间的区分，而马堡学派强调科学、伦理学和美学的不同先验基础（卡西尔在 1912 年总结柯亨遗产的文章中强调了这一点）。只有在这种宽泛共识的背景下，我们才能理解海德格尔试图在《存在与时间》中引入新研究路线的尝试，他承诺的并不是对任何特定"畿域存在论"的意义研究，而是对"存在的一般意义"的研究。[63] 海德格尔解释道，哲学对历史与自然这两者的真正洞识（这含蓄地赞同了新康德主义对哲学分工的独特划分）都预设需要一种独特的存在论探究，因为这两者都需要事先展开这些特定畿域的"存在建构"（*Seinskonstitution*）：对历史学来说，"从哲学上讲首要的事情既不是历史学的概念构造理论，也不是历史学的认识论，更不是作为历史学对象的历史理论"。实则，"首要的事情是就其历史性来解释历史性存在者"。同样，对于自然科学来说，海德格尔解释道："康德的《纯粹理性批判》的积极成果在于它对弄明白无论怎样都属于自然的事物做出了贡献，而不在于一种知识的'理论'。他的先验逻辑是关于被称为'自然'的存在领域这一主题的先天逻辑。"[64] 尽管海德格尔准备承认对这种畿域存在论的暂时需要，但他马上就指出，任何针对特殊领域的存在论研究都不充分，只要它没有扎根于关于"存在的一般意义"的更深刻与更全面的追问。这一主张对新康德主义的两个学派都提出了直接挑战，它们似乎都愿意将人类经验划分为各种存在论类型："因此，存在问题，"海德格尔解释说，

> 不仅旨在确保一种使科学成为可能的先天条件（科学考察存在者之为如此这般种类的存在者，而在这么做的过程中，科学就已经在一种对存在的领会中发挥作用），而且还旨在确保那些先于研究存在者的科学并为这种科学提供基础的存在论本身成为可能的条件。从根本上说，任何存在论，无论它处理的范

畴体系多么丰富与紧凑，倘若它不曾首先充分地澄清存在的意义，并将这种澄清设想为它的基本任务，那么它就仍然是盲目的，并背离了它最本己的目标。[65]

正是这个主题——拒斥存在论的多元主义，主张比任何特殊对象领域都更为深刻的存在论的统一性——最能揭示早期海德格尔背离了新康德主义的方法论共识。因此，《存在与时间》以耐人寻味的暗示作结：尽管这个世界在表面上是分裂的，但它最内在的构成却基于生存论的时间性这个单一且统一的现象。新康德主义者的异议甚至进一步影响了海德格尔对"人是什么"的理解。在《存在与时间》中，海德格尔谨慎地指出，被他称为"源始的时间性"的时间视域，不应当被误认为类似康德的"统觉的先验统一性"的自发状态的最初根源。根据海德格尔的观点，人的生存的基本困境在于，它的被抛性意味着它"从根本上从未拥有力量来控制其最本己的存在"。这种无能或"不之状态"确实就像是人的在世之在的本质："这一个'不,'"海德格尔写道，"属于'被抛性'的生存论意义。"生存论的时间性充当了展开世界的基本视域,因此,最好不要将它理解为一种"根据"（Grund），而是要将它理解为一种"深渊"（Abgrund）。[66]

相较之下，卡西尔仍然基本上忠实于新康德主义共识的两个基本原则。事实上，《符号形式的哲学》的一个指导性主题就是，无论如何，对人类符号的全部技能来说，原则上不存在任何限制。人类现实的构造形式表现出最大的多样性；尽管卡西尔相信，科学符号处于抽象的最高阶段，但他拒不认为人类经验的任何一个畿域可以在形而上学的意义上主张自己对其他畿域的优先性。这种对符号多元主义的信念仍然是卡西尔哲学自1920年代以来的决定性特征。与此同时，尽管坚持主张符号多元主义，但卡西尔也相信，符号形式的整个范围在心智自发性上都享有共同的原点。在这方面，卡西尔也忠实于整个新康德主义运动的一个基本预设：在人类经验中被给予的所有实在的可理解性，依赖人类意识的自发活动。

从纪念康德到康德危机

第一次世界大战后，新康德主义运动在机构与思想方面仍然强大。然而，1924 年康德诞辰两百周年纪念活动却使得康德哲学与文化遗产的争论变得异常激烈。除了学术会议与公开演讲外，这次纪念活动还出版了一本新传记与一套新康德全集。这位柯尼斯堡哲人的传记《康德的生平与学说》（1918）由卡西尔撰写，新的学术版文集同样在卡西尔的领导下编辑完成，并由布鲁诺·卡西尔受人尊敬的出版公司发行。[67] 通常被简称为"卡西尔版"的康德全集（不过这套书的扉页也致敬了已故的赫尔曼·柯亨，他应该负责了其中一卷）将在一段时间内成为中欧康德研究的标准参考文献。海德格尔不仅拥有这套卡西尔版康德全集，并且也根据这套全集从事研究，这整套作品陈列在他私人书房的书架上。另一方面，卡西尔的传记有助于重塑康德的思想家形象，突出他对当代哲学问题的直接影响。在一篇表示赞赏的评论中，阿图尔·利伯特称赞卡西尔与陈旧的偏见（该偏见得到斯宾格勒同年刚刚发表的历史哲学《西方的没落》的认可）作斗争，反驳了"康德的批判性工作仅限于为自然科学知识奠定基础"的看法。[68] 该传记强调康德思想中当时被忽视的美学要素，并将康德重塑为可与法国启蒙思想家比肩的迷人智者，通过这样的做法，卡西尔实际上将康德现代化，在全新视角下将他描述成心胸开阔乃至主张人道主义的哲学家，而他后来理性主义的古板名声则是曲解了他。

1924 年，康德诞辰两百周年纪念活动在世界各地举行，举办学术性庆祝活动的不仅有捷克斯洛伐克、丹麦、英国、瑞士与意大利这些地方，还有瑞典、日本，以及布加勒斯特、耶路撒冷、索非亚和北京等更遥远的地方。在那不勒斯举行的国际哲学大会专门召开了特别会议以示纪念，德高望重的新康德主义者阿图尔·利伯特在会议上做了主题发言。1924年的《哲学年鉴》收集了大量近期与康德有关的学术研究文献目录。柯尼斯堡是这位哲学家的出生地，在他那出人意料的没见过多少世面的一生当中，他都待在这座城里。当地为了纪念这个时刻制定了为期五天的规划，举行关于康德各方面工作的演说，涉及他在东普鲁士文化中的具体历史渊源，以及他对现代哲学所有领域的总体影响。这起十分重要的事件获得了最高级别官员的应有认可：时任魏玛共和国总统弗里德里希·艾伯特被列入规划的邀请名单，但在最后一刻未能出席，只发来一封贺信。在他缺席的情况下，两位高级官员出席了这场活动：德国人民党（DVP）官员贾勒斯博士，他当时担任副总理兼内政部长；社会民主党（SPD）人奥托·布劳恩，他在魏玛时代的大部分时间里担任普鲁士总理。纪念仪式上还宣读了海外的贺信，它们来自美国哲学协会与北美的几所大学，像是西北大学与康奈尔大学。这些标志着康德思想长存的事件，也为一座新陵墓的落成典礼提供了契机，它坐落在存放这位哲学家遗体的大教堂旁边。

所有聚在一起庆祝的人都清楚地看到康德对德国哲学的巨大影响，但围绕其真正的意义却爆发了冲突。在一篇探讨"康德遗产"的论文中，埃里克·阿迪克斯注意到，康德的继承者分裂为充满敌意的派系，他们"甚至为了自己在哲学上的先入之见而利用康德"。某些参加柯尼斯堡康德纪念活动的人私下抱怨说，属于"形而上学派别"的康德诠释者被"过分突出"，这种抱怨预示了仅数年之后发生的卡西尔与海德格尔之争。卡西尔本人由于身体不适几乎没有参加这次庆祝活动。[69]他在《康德研究》的同事与联合编辑阿图尔·利伯特讲授了康德的历史理论，还宣读了伟大的康德学者汉斯·费英格（他那时也病了）撰写的论文《当代德国哲学中的康德》，该文考察了德国哲学的整个形势，利伯特评论道，"康德哲学的精神……永远保持年轻状态"，"（它）如今以这样或那样的方式在德国所有重要的哲学表述与哲学倾向中现身"。[70]

康德的遗产受到赞扬，但也引起了激烈的争辩。早在 1896 年《康德研究》创刊号中，费英格就观察到康德哲学充当了当代学术界"一切斗争的角逐场"（*Turnierplatz alle Kämpfe*）。甚至在 1920 年代后期，这个想法仍然司空见惯。弗里德里希·米尔霍引用费英格四分之一个世纪之前的原始陈述，在纪念活动上再次肯定，他的同代人仍然在康德哲学中寻找他们的主要方向：他们"动用康德武器库中的武器来战斗，或者至少通过反对"康德思想"来逐渐领会他们自身的意义"。甚至在他去世两个世纪之后，他的哲学仍然是"角逐场"，其中不仅能看到偶尔发生的小规模冲突，还能见证一场宏大的斗争，而获胜者将会统治跨越哲学世界的庞大帝国。[71]

尽管这种学术经典化的浪潮一直持续到 1920 年代后期，但越来越多的批评家异口同声地抱怨说，康德哲学不再符合战后的智识关切。在为纪念活动的讨论撰写的稿件《作为现代文化哲学家的康德》（1924）的开篇，李凯尔特就苦涩地承认，"康德绝不可能算得上今日的哲学家"。因为当时的思想家不再认同先验理性的主张，倾向于将康德作为仅仅具有历史趣味的人物而加以摒弃："随着音量不断增加，"李凯尔特感叹道，"人们听到了宣布康德最终应被抛弃的声音；理性论的康德主义通货已经失去了所有价值，它不再能够对我们自己这个更先进的时代说话。"它与当时各种主题的对比看起来越发鲜明："（康德）最重要的成就与极端的直觉主义和非理性主义直接对立，作为'生命哲学'，后面这两者是我们这个时代最受钦佩与最现代的主题，甚至在科学中也是如此。"[72] 不过，李凯尔特赶紧解释道，这种批评并不公平。当时对康德哲学的蔑视是基于马堡学派将康德"第一批判"仅仅作为认识论的误解。然而，这种认识论与对自然科学的关切，实际上是其核心问题的附属品："这项研究工作的主要问题不是经验科学（*Erfahrungswissenschaften*）的理论，"李凯尔特解释说，实则，"它围绕的是那种一直反复出现的古老形而上学问题。"在康德对形而上学的关注中，他为"全面的世界观学说（*Weltanschauungslehre*）"奠定了基础，而这种学说在宗教哲学中达到最高峰。在李凯尔特看来，康德哲学的最高目的，实际上是形而上学的；它的数学—物理学理论仅仅是预备性工作。[73]

反对马堡学派对康德"第一批判"的解释的，并不止李凯尔特一人。在 1920 年代行将结束时，这种挑战变得越发常见，当讨论转向神学问题与"世界观问题"时尤其如此。海德格尔在 1929 年介入这场康德遗产之争（第三章将更为详细地探讨这个主题），尽管表现突出，但也不过是更为宽泛的哲学思潮的反映，该哲学思潮旨在废除对形而上学主题的禁令，并让哲学恢复明显更高与更有价值的使命。在新康德主义当权派的队伍中，这种趋势自然激起了极大的不安。在评论卡西尔 1922 年在瓦尔堡图书馆的演说《神话思维中的概念形式》时，库尔特·施特恩贝格谈到围绕着"哲学作为一门科学"的理想的争议，他注意到这种争议中存在着"谬误与混乱"。施特恩贝格为马堡学派辩护，反对将其作为片面科学主义的"虚假"指控，同时称赞卡西尔是马堡学派的最新代表，这位哲学家的研究工作表明，甚至神话也建立于形式和概念的结构基础之上，而这并没有反驳新康德主义的学说，反而扩展了它。

尽管新康德主义运动在魏玛时代一直保持着某种活力，但在 1924 年纪念活动之后的数年里，德国哲学的总体趋势是逐渐远离形式主义与科学主义，而后二者与新康德主义马堡学派的正统阶段尤其相关。新近大胆的批评者越发频繁地呼吁全面抛弃新康德主义遗产，敦促哲学家让他们的学科回归其神学根源。魏玛智识辩论中不断深化的宗教主旨从克尔凯郭尔与陀思妥耶夫斯基等 19 世纪宗教作家那里汲取了进一步的力量，这两位作家在1920年代找到了乐于接受他们的新读者。克尔凯郭尔文集的德语译本由克里斯托夫·施伦普夫编辑，在1909年到1922年间首次出版，为战后存在主义与新教神学铺平了道路。[74] 在《世界观的心理学》（1919）中，卡尔·雅斯贝尔斯走得更远，将克尔凯郭尔称为生存哲学的真正创始人，而这个术语经常被用于雅斯贝尔斯与海德格尔身上（不过后者反对这个称号）。[75] 陀思妥耶夫斯基在哲学上也迎来了复兴：卡尔·洛维特说，海德格尔书房的墙上就挂着这位俄国小说家的画像。[76] 这种哲学视角的拓宽，帮助哲学家获准再次思考意义问题与世界观问题。对于神学与形而上学的坚定支持者来说，先前将世界观作为科学哲学的累赘，以及禁止讨论世界观的努力尝试，提供了最好的证据，它们表明这种康德诠释的古老传统如今已经破产。

在1920年代末，颇有建树的耶稣会哲学家埃里克·普日瓦拉（他本人也是达沃斯会议的参与者）可以合理地写道，"康德危机"已经占领了整个哲学专业。[77] 在《今日康德》（1930）中，普日瓦拉的诊断是，现代哲学被一场源自巴门尼德与赫拉克利特的关于人类理智能力的古老争论所撕裂，这一争论后来被阿奎纳与康德转化为一个基本问题：心灵是不是一种始终依赖在经验中给定的事物的纯粹接受性？抑或，心灵是否被赋予了一种塑造知识对象的纯粹自发性（即便它并不像康德口中的"作为原型的理智"那样直接创造这些对象本身）？对于普日瓦拉来说，在人与上帝、接受性思维与创造性思维的对比中，这两种认知模式之间的张力贯穿了康德的哲学。这种张力如今的哲学家无法解决。海德格尔自己的生存哲学仅仅是"解构"了康德的"理想的人"，作为替代，它产生了同样片面的"现实的人"，这种人为关切所苦，向死而生。[78] 对普日瓦拉来说，整个现代哲学领域看起来都锁定在"有限性的形而上学"和"无限性的形而上学"的对立之中，而这种对立在本质上是康德式的。[79]

无可否认，许多哲学家拒绝承认这种新的形而上学时尚的正当性。早在 1899 年，《康德研究》的老创始人汉斯·费英格（1852—1933）就猛烈抨击了一切试图恢复对康德哲学的"形而上学"解释的努力，即便在 1920 年代中期，他的建议似乎仍然具有重大意义。[80] 那些忠实于陈旧的新康德主义的哲学家，关注特定领域（无论是自然科学领域还是历史学领域）内人类知识的有效性与界限的方法论与认识论论证，面对"康德危机"，他们沮丧地警告人们提防初见端倪的非理性主义。

哲学人类学的挑战

在 1920 年代，哲学家经常抱怨，先前的新康德主义者忽视了"人是什么"这个关键的问题，只顾强调理论认知与价值客观性的问题。在魏玛时代，"人是什么？"这个问题萌生了新的紧迫性，对那些认同哲学人类学这门新兴学科的人来说尤其如此，其中包括格奥尔格·西美尔、赫尔穆特·普勒斯纳、路德维希·克拉格斯、雅各布·冯·于克斯屈尔和马克斯·舍勒等文化理论家和哲学家。哲学人类学由一系列学说与方法构成，但它始终抵制任何统一的定义。[81] 许多与哲学人类学有关的经验研究都从演化论假设开始：人类是一种特殊的动物，必须运用比较动物学的工具来理解人类的理性反思与意志行为的能力。无论如何，这就是于克斯屈尔的出发点，不过总体而言，哲学人类学家更常转向思辨领域，将涉及人类自然禀赋的生物学推断，嫁接到关于人类生存的更具形而上学与神学意味的论断上。普勒斯纳就此解释说："当（我们）古老的形而上学与存在论保证不再被视为无可置疑时，人与人性就成了一个问题。"[82]

现代演化生物学的机械论学说与随机选择学说，使哲学面临着还原论祛魅的威胁，对于哲学人类学家来说，只有获得对人类的新的整体理解，才能消除这种威胁。神学—形而上学的解答不再能充分满足这样的需求。普勒斯纳解释道：

> 现在的问题不再是关于上帝的创造物如何变得有罪或有限，或者有罪的人如何能够设想上帝本质的无限性，而是自身受制于因果律的人，在面对其确定性时，能否以及如何维系其自由的问题。这个问题关乎人性本身……（关乎）人是什么及其根据。[83]

尽管 1920 年代的许多理论家声称代表哲学人类学，但是作为他们的智识先知发挥核心作用的，则是马克斯·舍勒。在这个十年的尾声，一些哲学家称赞他给"第一个新时代人类学"带去了生命。[84] 哲学人类学的具体学说，也确实主要通过舍勒的作品才开始影响魏玛思想的进程。我们将在后文中看到，海德格尔与卡西尔的许多分歧都围绕着"谁的哲学最能抓住人类的本质特征"这个问题。尽管海德格尔与卡西尔始终对哲学人类学的关键原则抱持批判态度，但他们仍然认为，哲学人类学是他们辩论中的一个关键因素。

魏玛思想有着众多不同道路，而舍勒就站在这些道路的交叉处。他生于 1874 年，父亲是路德宗教徒，母亲是正统犹太教徒，舍勒在年轻时皈依了天主教，他的作品在整个 20 世纪持续对天主教现象学产生着特别有力的影响。1942 年在奥斯威辛集中营被杀害而后被封圣的加尔默罗修会修女埃迪特·施泰因是舍勒的学生。1954 年，卡罗尔·沃伊蒂瓦（未来的教皇约翰·保罗二世）提交了一篇论述舍勒伦理学的博士学位论文。舍勒早年曾与威廉·狄尔泰以及格奥尔格·西美尔一起学习哲学和社会学，但后来他与现象学建立了密切联系，与包括特奥多尔·利普斯和莫里茨·盖格尔在内的慕尼黑小组所实践的现象学尤为密切。事实上，舍勒是总部设在慕尼黑的《哲学与现象学研究年鉴》的联合创办者之一，该刊在胡塞尔的指导下于 1912 年创刊，多年以来充当了整个中欧的现象学主要期刊。令舍勒最出名的，大概是他用所谓的先天情感或价值（如同情、爱、憎恨，等等）的质料伦理学取代康德的形式主义伦理学的独特尝试，他在《伦理学中的形式主义与质料的价值伦理学》中提出了该理论，这部论著分作两卷于 1913 年与 1916 年出版。[85] 舍勒所采纳的现象学方法抵制胡塞尔将现象还原为意识的做法，他的斗争也因此比海德格尔更早，后者同样放弃了胡塞尔各种还原中潜在的观念论，转而追求胡塞尔口中属于自然态度的生存论现象学。在生命行将结束时，舍勒更为果断地转向了有关哲学人类学与宗教的诸多问题。舍勒的最后一部作品《人在宇宙中的地位》并不完整，该书出版于 1928 年，即他去世的那一年。

在 1928 年夏天的"逻辑学的形而上学始基"讲座中，海德格尔在课上向这位去世的同行致哀，称舍勒是"现代德国，不，当代欧洲与当代哲学中最强大的哲学力量"。[86] 这种赞扬无疑是真诚的，因为在海德格尔自己的现象学描述方式中，有许多示例都带有舍勒的印记。[87] 而且，海德格尔还认为舍勒是《存在与时间》最有见地的读者之一，这也并非偶然。[88] 海德格尔尤为细致地注意到，尽管舍勒"在成长过程中成了天主教徒"，但他知道他的世界处于"一个崩溃的时代"。"没有人就不可能有上帝，这样的上帝是软弱的"，从这一想法出发，舍勒为一门新学科奠定了基础："他的工作中心再次转向了'人是什么？'这个问题。"战间期的哲学评论者也经常将海德格尔刻画为仿效舍勒模式的哲学人类学家。[89] 然而，由于海德格尔的目标是一种存在论，对这种存在论来说，任何对人的关注都仅仅是临时性的，他（在达沃斯以及其他场合）坚持认为，他自己对此在的分析不应被误认作哲学人类学。但他还是很快就为舍勒的作品辩护，反对某些批评者将其视为向浅薄的人道主义的退缩："舍勒的哲学存在之伟大，"海德格尔告诫说，"在于不屈不挠地直面时间向我们隐秘揭示的东西……他直面人类,绝不妥协,不可与贫瘠的人道主义相提并论。"对海德格尔来说,舍勒最重要的努力,在于反对康德的形式主义,以及将活生生的世俗的人重新置于哲学的中心,舍勒因此成了他那个时代最重要的思想家。"在当今严肃的哲学家之中,根本上来说没有人不受惠于他。"[90]

"任何历史时代,"舍勒在《人在宇宙中的地位》中注意到,"都不像我们今日的时代这样,让人类变得如此成问题。"[91]"人是什么?他在存在中的地位是什么?(*Was ist der Mensch, und was ist seine Stellung im Sein?*)"舍勒的整个学术生涯一直受此困扰。对他来说,回答该问题似乎需要勇气与传统决裂(*Abbau der Tradition*)。[92]更具体地说,需要以非同寻常的方式结合生物学知识与哲学知识,在很大程度上它以克斯屈尔对人类和动物感知的比较研究为基础。[93]同于克斯屈尔一样,舍勒认为,人类与动物的不同之处在于,动物始终被固定在它们的周围世界或感官—本能的环境之中,而人类拥有一种特殊的精神机能,这允许他们"向世界敞开"。舍勒注意到,动物"心醉神迷地生活于它的环境之中,在某种意义上说,动物到任何地方都携带着一种类似蜗牛壳的结构。它没有能力将这种结构变成一个对象"。可以说,只有人类才生活于被舍勒称为"世界"(*Welt*)的精神意义的无限范围之内。[94]凭借源自理论生物学的普遍洞识,舍勒确认了像路德维希·克拉格斯这样的哲学人类学家的独特学说,在这些人看来,所有人类经验都被精神(*Geist*)与生命(*Leben*)间近乎致命的对立所撕裂。[95]然而,舍勒谨慎地让自己与克拉格斯以及在当时流行于德国的"泛浪漫主义的"生命哲学这一更广泛的运动保持距离。舍勒警告说,视精神与生命处于原始的敌对状态,"这是一个根本的错误"。尽管生命与精神在本质上始终有所区别,但它们仍然相辅相成、相互关联。[96]事实上,人类的所有成就都应归功于两者的有力结合:"精神为生命注入了思想,"舍勒解释说,"但只有生命才能发起并实现精神活动,从最简单的行为到完成具有伟大精神内容的使命。"[97]

《人在宇宙中的地位》提出的许多主张是哲学人类学的特殊贡献，通常与雅斯贝尔斯和海德格尔等生存哲学家相关的观点，与之有着惊人的相似性。尤其令人感到熟悉的是，舍勒戏剧性地描绘了人类与作为生存核心的不之状态的遭遇：由于人类被赋予了一种向世界敞开的精神能力，他能够摆脱生活环境的纯粹事实，转而认识到其根本的偶然性："可以说，在这个转向的活动中他窥视到了虚无。他发现了一种绝对虚无的可能性，而这个发现驱使他提出这样的问题：'为什么会存在这样的世界？我为什么存在以及如何存在？'"雅斯贝尔斯声称，"临界境况"的经验可以突破给定世界观的心理限制，而海德格尔则断定，向死存在的预期境况揭示了虚无，而本真性就诞生自这种揭示。眼下，舍勒以类似的术语论证，虚无的体验充当了关于人类处境的真正洞识的源泉："对于'存在一个世界而不是一无所有，他自己存在而不是不存在'这个事实，倘若一个人发现了这一事实非同寻常的意外性或偶然性，那么正是在这个时刻，他对这个世界和他自身有了意识。"[98] 就像同时代的存在主义者呼吁本真的决心那样，舍勒最后宣称，在传统宗教的保守疗法背后，有一种形而上学洞识的原始体验，一种需要真正勇气的"自我超越"的体验。[99]

鉴于他们之间的许多共识，海德格尔将舍勒视为重要的哲学盟友是完全自然的。舍勒对海德格尔的恩惠在《存在与时间》中最为明显，海德格尔在那里提出了他的基本主张，即人不应当主要被理解为心智活动的场地或形而上学的实体，而应当被理解为"生命体验（Er-lebens）之统一"，其与这个世界的基本关联是活动，而不是理论沉思。[100] 在细致分析他称为"现身情态"或情绪的情感投入的生存论条件时，海德格尔也援引过舍勒的例证。海德格尔遵循了舍勒抨击康德形式主义的思路，摒弃了客观主义立场，拒绝将价值理解为某种次要属性，好像它是附加在一个对价值漠不关心的世界之上。相反，海德格尔认为，为人类的生存展开的世界，向来是一个有所投入或有所关切的世界。此在这种存在者，首先发现自己以某种方式陷入了一个要紧的世界。因此，世界的展开本身据说就被一种全局化的倾向支配。[101] 这些见解反映了舍勒对海德格尔的持久恩惠，为表达感激之情，海德格尔将 1929 年的《康德与形而上学疑难》题献给了舍勒。[102]

卡西尔本人对哲学人类学的态度则更为矛盾。[103] 他赞同海德格尔的看法，认为康德的整个哲学打算回答"人是什么？"这个基本问题。但他抵制海德格尔的暗示，不认为这种人类学的奠基令理论理性与实践理性的普遍主张变得无效。后来，这成了达沃斯与随后几年里的一个重要争议主题。1928 年，卡西尔就开始在一篇题为《论符号形式的形而上学》的论文中阐述他对哲学人类学的反对意见，这篇论文最初有意成为《符号形式的哲学》第三卷的结论部分。该文值得特别关注，因为它包含了卡西尔根据当时最重要的代表（舍勒、克拉格斯、西美尔以及于克斯屈尔）而对哲学人类学的含义所做的阐述。虽然卡西尔并没有提到海德格尔的名字，但他的许多论点，与他为回应《存在与时间》而发展出的批评意见非常相似。第三章将详细考察这种批评，但在这里讨论卡西尔对哲学人类学本身的基本观点就足够了。

卡西尔对哲学人类学的阐述性评论典型地反映了其解释的复原风格。海德格尔坚持认为，真正的理解需要暴力地重新解释文本，以挖掘其潜在内容，而卡西尔通常尽可能地提出建设性主题，以最终证实他自己的哲学教训。在他看来，通过审视哲学人类学在康德那里的根源，可以最好地理解它的真正优点，对康德来说（至少在某个发展阶段），人类学问题是其整个体系的"实际中心"。即使在这个阶段，康德也不满于"纯粹的经验研究可以充当人类知识的基础"这个盛行于 18 世纪的观点；卡西尔写道："当康德询问人类的本性时，他想到的是某种静止的东西，而不是什么不断变化的本性。"在构想中，人类的本性"不是某种单纯的经验恒常性，而是理想的规定性，以及理想的本质。"对人性的理想化本质的信念在 19 世纪实证主义的漫漫长夜中被抛弃了，但哲学人类学的当代倡导者如今正在复兴康德这一问题的初始形式。对舍勒和于克斯屈尔来说，人类的存在具有一种本质特性，这在生物学研究的比较结果中得到了额外的确证。低等动物永远生活在自己"感官领域"的禁锢中，被限制于普勒斯纳所谓的"捕捉世界之网"中。为了说明这种限制，于克斯屈尔给出了某一大群物种作为例子："相较于在摇篮中的孩子"，草履虫（一种纤毛虫）"更为平和地安息于其环境之中"。[104]

但人类有所不同。"一旦我们进入了人类意识的特殊世界，特别是人类塑造世界的方式时，"卡西尔注意到，"这种接受性的封闭环节看起来就被打破了。"[105]这个突破单纯接受性的主题占据了卡西尔的讨论。"由于这种突破，"卡西尔评论道，"人类似乎被逐出了简单生命形式的有机天堂，这些圣物似乎被爱的关怀所环绕与庇护。"根据卡西尔的理解，于克斯屈尔的研究似乎证实了康德关于人类的原始形象：人类这种生物能够突破自身有限性的局限，达到真正客观意义上的秩序。"在理解客体的世界时，一个人根据的不仅仅是客体如何影响自己以及它对切身利益的贡献，"卡西尔观察到，"还有这些客体本身是什么以及它们意味着什么。他的'关注'脱离了对行动和遭遇的依赖；他变得（用康德的话来说）'不计任何利益'。"[106]这种朝着更高级与更复杂的经验类别的转变，卡西尔用希腊术语称之为种类转换（*metabasis eis allo genos*）。

在这一点上，卡西尔与海德格尔之间的对比最为鲜明。对海德格尔来说，哲学人类学为他自己关于人类的构想提供了证据，根据这种构想，人类受基本情绪支配，并处在他称之为环境或周围世界的整体实践作业之中。然而，卡西尔找到了对自身哲学信念的确证，即人类可能从有限性出发，但最终突破了局限，创造出一种符号的秩序，然后它既被理解为一种客观秩序，又被理解为人类自发意识的表达："向形式的转变，"卡西尔解释说，"不仅可以在艺术中发现，还可以在语言、神话或理论知识中发现，它始终是主体自身在对生活的整体感受和整体态度中经历的一种回归。"但这种自我恢复必然需要主体在其有限的原点之外进一步表达与扩展。由此可以推断，对人类的任何哲学定义都不会永远有效，因为人类的唯一本质是其创造新符号表现模式的无限能力。"人类的概念，"卡西尔宣称，"并不由任何具体的、可识别的结构特征来加以定义，而要通过人类的整个综合性成就。"[107] 哲学人类学家自己也致敬了这种能力，因为他们在将动物经验与人类经验区分开来的封闭性与开放性之间划出了鲜明的界线："因此，以哲学为导向的'人类学'能为人类提供的最简单且最丰富的定义大概是：人类'能够构形'。"[108] 通过惊人的解释技艺，卡西尔成功地从哲学人类学那里复原了一种康德式的赋形意识。

　　这两种对哲学人类学的对立解释，对于理解达沃斯的交锋至关重要，哲学人类学在那次交锋中仍是一个关键的主题。事实上，在与海德格尔辩论之前，卡西尔就专门针对舍勒的哲学开设了一个讲座。我们将看到，上述关于哲学人类学的分歧，将再次出现于海德格尔与卡西尔争论的核心问题中：人类是否彻底受其世界性与有限性制约，还是说人类拥有一种打破其局部世界与实践世界限制的能力？倘若这种突破在事实上是可能的，那么实践关注的日常环境与人类符号化的非主观领域之间的真实关系是什么？前者是否仅仅是通向客观性道路上的局部中转站？抑或，这种有限性是否就是人类生存的更深刻真理，而朝向更理论化的更高领域的运动不过是在逃避这一真理？卡西尔在许多场合（无论是在达沃斯还是在撰写批评意见时）都坚持认为，海德格尔错误地将人的有限性视为其生存论分析固定不变与不可救药的特征。卡西尔并未强烈反对海德格尔对此在的实践环境所做的现象学描述，但我们将看到，他坚持主张这种描述并不完备：在实践领域之外还存在符号领域，这种领域不再受日常此在的有限性的制约。海德格尔则会驳斥这个说法，指出即使是最崇高的理论逃避也保留了其在时间性与关切的实践领域的根基。不这样设想，就是在逃避人类的构成性条件。

从胡塞尔到海德格尔

1929 年不仅是新康德主义与现象学之间分裂的高潮，它本身也是现象学运动史上一个举足轻重的时刻。那一年之前，胡塞尔可能都忽略了海德格尔不打算忠实于先验现象学的迹象。在年轻的海德格尔于弗莱堡大学接受培训的最初阶段，以及 1920 年代中期海德格尔在马堡大学独立教学的早年岁月里，胡塞尔似乎都认为，他的这个学生赞同他自己珍视的哲学理想。胡塞尔在 1931 年给（另一位学生）亚历山大·普凡德尔的便笺中回忆道，海德格尔"作为我的亲密助手一直站在我这一边。他的行为完全就像我教出来的学生以及未来的合作者"。此外，到了 1920 年代末，胡塞尔陷入了严重的沮丧状态，部分原因在于他担心自己的时间不足以完成现象学研究的剩余任务。因此也就可以理解，在胡塞尔的眼中，海德格尔这个明显拥有天赋的学生，似乎就是延续这份遗产的鲜活希望。[109]

胡塞尔被这种希望蒙蔽，倾向于忽视其他人"时常"发出的告诫：海德格尔作品的生存论导向或多或少是对先验现象学的明确攻击。在一封写给普凡德尔的信件中，胡塞尔（不无苦涩地）转述了某些同事的告诫：

> 海德格尔的现象学是某种完全不同于我的现象学的东西；他的大学讲座与他的论著非但不是我的科学工作的进一步发展，恰恰相反，它们或公开或隐蔽地攻击了我的作品，这是为了在最重要的观点上去诋毁它们。当我以友好的方式将这些事情讲

给海德格尔听时，他只会笑着说：胡说！[110]

鉴于这些告诫，胡塞尔继续信任海德格尔的忠诚，甚至当《存在与时间》的出版清楚表明二人间的深刻分歧后依旧如此，似乎不合常理。在事后的回顾中，胡塞尔将此归咎于盲目，因为他感到孤立无援，"就像一个被委派的领导者，却没有人追随"。[111] 不过在那时，胡塞尔仍然认为，海德格尔在生存论存在论方面的实践忠实地实现了他自己的现象学原理。1928 年 7 月在弗莱堡大学主持最后一次研讨班时，胡塞尔仍然视海德格尔为自己理所当然的继承人："我几乎确信，现象学哲学的未来会托付给他，他不仅会成为我的继承人，还会超越我。"毫无疑问，海德格尔在他老师收藏的那本《存在与时间》的扉页上用笔写下的友好献辞——"献给埃德蒙德·胡塞尔，以示感激的敬意和友谊"——为这位学生的忠诚增添了担保。尽管该书具有不寻常的行文风格，更别提它归于现象这个术语的陌生含义，胡塞尔却压制住了可能会产生的任何疑虑：

> 《存在与时间》于 1927 年出版时，我确实惊讶于这种新奇的语言和思维风格。起初，我相信他强调的这个声明：它是我自己研究的延续……面对我的思维方式如此无法理解的理论，我不想对自己承认，他会放弃我的现象学研究的方法及其科学性。[112]

胡塞尔对这位学生的信任是如此笃定，以至于敦促同事接受海德格尔作为他在弗莱堡大学哲学教席的继任者。在与胡塞尔的通信中，普凡德尔承认，得知海德格尔是胡塞尔的首选，而他自己从未被认真考虑过，他深感受伤。在回复中，胡塞尔试图解释说，包括年龄在内的许多因素都不利于普凡德尔：1928 年，普凡德尔已经五十八岁。不过，显然胡塞尔还考虑过其他候选人：尼古拉·哈特曼的名字至少被提过。但在可能值得委员会关注的众多哲学家中，只有两位得到了认真的关注：海德格尔与卡西尔。"系里没有做太多讨论，"胡塞尔承认，"因为从一开始，他们的态度就只考虑海德格尔与卡西尔。只有卡西尔才令他们提出我需要回答的……问题。"[113]

1929 年春，一切都变了。离开达沃斯后，海德格尔立即返回弗莱堡大学，在胡塞尔七十岁寿辰（1929 年 4 月 8 日）为《纪念文集》做礼节性报告。（出席此次活动的还有奥斯卡·贝克尔、让·赫林、罗曼·英加登、卡尔·洛维特、埃迪特·施泰因、亚历山大·柯瓦雷以及同样刚刚从达沃斯回来的亨德里克·波斯。）海德格尔这次的演讲值得一提，因为它既具有夸张的赞美姿态，又以略微令人不安的方式引入了与胡塞尔方法不一致的主题："哲学，"海德格尔宣称，"不是一种学说，不是某种在这个世界上定位自身的简化方案，根本不是人之此在的一种工具或成就。实则，它就是这个此在本身，只要它是在自由中并从其自身的根据发生的。"[114] 这些话大概是在表达敬意，但与它们要致敬的哲学几乎没有明显的一致性。到 1929 年夏，指向最终决裂的迹象已经确定无疑。这期间，海德格尔花了几个月时间来完成《康德与形而上学疑难》的文本，该书是一次透彻的报复，阐述了他早前在达沃斯提出的激进新颖的康德哲学诠释。7 月 29 日，海德格尔正式接任弗莱堡大学哲学教席，并发表就职演说《形而上学是什么？》。[115] 此后不久，海德格尔给胡塞尔寄去一本"康德书"。胡塞尔那时刚刚结束在巴黎的讲座，回国后终于完成了最后一部作品《形式逻辑和先验逻辑》的付印指示。他现在决定，是时候"对海德格尔的哲学采取清醒而明确的立场"，他花了两个月细致研究了《存在与时间》以及"康德书"。至此，胡塞尔才看清了真相：

我得出了悲伤的结论，从哲学上讲，我与这种海德格尔式

的深刻无关，与这种并不属于科学的卓越才华无关；海德格尔
的批评，无论是公开的还是隐蔽的，都基于一种严重的误解；
他或许参与形成了这样的哲学体系，而我一直认为，我毕生的
工作就是让这种哲学体系永远不可能存在。除了我之外，每一
个人早就意识到了这一点。我没有向海德格尔隐瞒我的结论。[116]

因此，我们可以将胡塞尔与海德格尔关系的破裂追溯到 1929 年
夏，即达沃斯交锋之后四个月内的某个时刻，那时海德格尔已经获得
了享有盛誉的学术职位，新近获得的声望也达到了顶峰。尽管胡塞尔
在确保海德格尔继承弗莱堡大学哲学教席上发挥了重要作用（胡塞尔
明显反对其他支持卡西尔的人），但师生之间的关系到了秋天就迅速
冷却："在他接任教席之后，"胡塞尔写道，"我们的交流持续了大约
两个月。然后在完全友好的情况下，一切都结束了。"[117]

对于欧陆哲学史家来说，海德格尔和胡塞尔决裂的意义仍是经久
不息且常被政治化的论辩主题。一众熟悉这对师生的现象学后来者都
认为，当海德格尔与其老师那更具有科学性与观念论色彩的倾向决裂，
让现象学重获更加世俗且更加具体的视野时，他改进了胡塞尔的方法。
不过，某些最有成就的现象学家（如梅洛－庞蒂）坚持认为，现象学
学派在先验导向与世俗导向之间的矛盾，看起来在胡塞尔自己的学说
中就已出现。[118] 但倘若完全忽视让二人产生分歧的哲学视角的真实差
异，就会显得轻率。尽管在此无法深入讨论这些差异，但它们与战间
期整体德国哲学的典型分歧相当类似，也即理性基础上的先验主义与
生存论－人类学的解释学之间的分歧。胡塞尔本人确信这种裂痕在现
象学运动中日益严重，在上面写给普凡德尔的书信中对海德格尔"非
科学"思维的懊悔评论中，在他私人收藏的那本《存在与时间》的页
边空白处写下的评注中，都流露出对海德格尔关于现象学方法的创新
描述的不满。在海德格尔宣称现象学是一条"通向……存在论的道路"

的地方，胡塞尔回应道："我也会这么说，但意义完全不同。"海德格尔说"存在的方式与存在的结构……必须首先要从现象学的对象那里赢得"，胡塞尔则在页边空白处写下失望的回复："我的概念（在此）被赋予了新的解释。"[119]

　　胡塞尔在《康德与形而上学疑难》页边空白处的评注更能说明问题。我们在其中能看到这位老师坦率流露出的愤怒，他看到这位学生决心偏离严格的科学现象学道路。胡塞尔明确质疑了海德格尔整本书中所求助的对比，即神的（创造性）直观与人的（接受性）直观之间的对比，这种比较在本质上属于神学。我们将进一步看到，海德格尔从康德及其本源直观（一种创造性或"无限的"直观，通过直观行为来让对象存在）思想那里借用了这一对比，在海德格尔尝试强调人类理解的本质有限性时，它发挥了关键作用。但胡塞尔似乎将这种对神学范畴的依赖视为非法的外来品："与有限性相比，无限性是什么？"他写道，"为什么要谈论有限性而不是接受性？……另一方面，绝对充足的直观等等……是谬论。"从胡塞尔的视角来看，这种语言标志着这位学生有意从哲学退回到隐秘神学（crypto-theology）的怀抱之中（卡西尔将在次年重复这一指控）。在"康德书"中，海德格尔试图为他不寻常的康德诠释辩护，他诉诸以下原则："为了从话语中榨取它们想要说的东西，每一种解释都必须使用暴力。"作为回应，胡塞尔在"每一种解释都必须使用暴力"这句话下面划线，并在页边空白处加上三个以上的惊叹号与问号。[120] 胡塞尔不止一次怀疑这位学生的解释的准确性，他在海德格尔这本书的页边空白处写下了他的疑问："这还是康德吗？"

　　胡塞尔与他的这位学生在恰当解释康德哲学的问题上存在分歧，这可不是一桩小事。要这两位哲学家和解也绝非易事。事实上，可以公平地说，到 1929 年夏，"胡塞尔明显放弃了寻求与海德格尔一般立场的和解"。[121] 从那时起，师生之间的关系只会越发紧张：1931 年，胡塞尔在公开讲演《现象学与人类学》中指责海德格尔与他那一代的其他人放弃了对纯粹观念领域的本质还原的科学严格性，转而支持对"具体现实的此在"的人类学研究。[122] 胡塞尔在德国的不同城市至少发表了三次类似的讲话。同年，胡塞尔在一封私人书信中形容海德格尔"在战争及随后诸多困难的驱使下""进入了神秘主义"。[123] 在胡塞尔眼中，海德格尔不再仅仅是一个异议分子；他与马克斯·舍勒站在一起，成为胡塞尔努力实现的一切的"对立面"。[124] 从更宽广的历史视角来看，我们可以相应地认为，胡塞尔与海德格尔的私人决裂进一步表现了魏玛哲学中两类人之间日益扩大的分歧，前者仍然坚持理想，将哲学当作对意识的科学探究，后者却转向了新的模式，将哲学当作关乎人类（即在世界之中的有限存在）的人类学与存在论研究。就其核心而言，这在本质上也是两种对比鲜明的人性形象（即自发的人性形象或被抛的人性形象）之间的分歧。而对几个月前达沃斯争论中的主题来说，这种决裂不过是又一种变体。

从柯亨到卡西尔

现象学运动在 1920 年代中期开始分裂，而柯亨于 1918 年 4 月去世后，新康德主义的马堡学派也出现了类似的变化，不过情节没有那么戏剧化。尽管马堡一度表示某种统一的哲学学说，但在 1920 年代早期，内在的裂痕与敌对的派系消除了这样的含义。保罗·纳托普的例子足以说明问题，他于 1881 年从柯亨那里获得任教资格，并留在马堡大学与柯亨共事，直到后者逝去。[125] 在早年岁月里，纳托普一直是柯亨方法最认真的阐释者，将大部分精力用于研究新康德主义马堡学派的先验理论的历史背景，其论述古代古典哲学（主要是柏拉图哲学）的作品就专门服务于这个目的。[126]

在 1912 年发表于《康德研究》的祝贺柯亨七十岁寿辰的纪念文章中，纳托普加紧为马堡学派辩护，反对新康德主义的西南学派提出的批评意见，否认马堡学派对科学的强调可能带来历史学（纳托普）与伦理学（柯亨）自然化的风险。纳托普认为这种意见是对马堡学派学说的严重误解，因为马堡学派用"自然"所指的并不是一种形而上学的存在（Sein），而仅仅是一种假设。他同样拒斥西南学派试图为文化哲学发展出一种独立逻辑的尝试。在纳托普的印象中，文德尔班与李凯尔特提出的自然科学与文化科学之间的方法论区分，是一种不正当的形而上学区分，这样的区分实际上根本就不存在："自然是哲学的对象，"纳托普写道，"自然科学倘若从根本上对我们有任何价值的话，那么它的本质就是作为人类文化的一种必要基础。"最重要的是，当时流行的批评家异口同声地抱怨先验哲学忽视了"生命"本身的紧迫关切，纳托普则试图为马堡学派辩护。"别搞错了，"他评论道，"我们时代渴望的并不是哲学对生命的渗透。"不过，人们可以用先验哲学本身来最好地满足这种渴望："我们在这位伟大的理性批判者表面上像大理石般冷静的思维构造中感受到了这种生命的脉搏跳动，"他宣称，"就像我们的前辈席勒、威廉·冯·洪堡与所有其他人那样，对他们来说，康德主义并不仅仅是与头脑有关的问题，它还与心灵和整个生命有关，对我们来说也是如此。"[127]

尽管纳托普强有力地肯定了马堡学派的诸原则，但他比柯亨多活了几年，让他直接见证了魏玛哲学从新康德主义到生存论存在论的决定性转变。1922 年，纳托普担任汉斯—格奥尔格·伽达默尔的博士论文指导者，那时伽达默尔已沉浸于海德格尔的哲学中，并在第二次世界大战之后成了解释学在欧洲最重要的倡导者。[128]1923 年，纳托普还在胡塞尔的协助下为海德格尔争取到了马堡大学的副教授职位。在他最后的岁月里，纳托普与他早期的新康德主义保持了一定距离，并巩固了社会教育学运动主要倡导者的角色。他日益不满于新康德主义学说的迹象之一，是他发展了一些与海德格尔存在论明显相似的主题。[129] 许多评论家称赞纳托普好像从马堡学派"改信"，赞扬这位年老的哲学家发现了青春之泉，虽然这个发现来得迟了些。"纳托普的进展呈现出一个微妙的特征，"一位作者评论道，"当他超越了新康德主义的狭隘限制时，他就变得越发年轻，人们几乎不会把他当作一位老人，而是把他当作重新焕发青春活力的人，就像从黑夜中重获新生的白昼一样。"[130]

卡西尔在 1923 年也宣布自己与马堡学派的正统学说分道扬镳。在《符号形式的哲学》第一卷中，卡西尔呼吁从"理性批判"转向"文化批判"。卡西尔从聚集在瓦尔堡图书馆的人类学家与艺术史家的主题创造能力那里汲取灵感，不再将研究主要局限于自然科学认识论的相关问题上，转而将注意力集中于文化现象与人类学现象永无止境的变化上。不用说，这并不意味着全面拒斥新康德主义的学说。相反，它是对（本质上康德式的）先验批判方法的创新与扩展，目的是寻求世界表象背后的形式条件。但在《符号形式的哲学》中，卡西尔将批判性的先验方法扩展到了奇特且陌生的领域之中，远远超出了传统新康德主义哲学的范围，特别是在第二卷中，卡西尔扎进了来自世界各地的大量仪式与神话之中。于是，他的兴趣逐渐接近哲学人类学以及当时被统称为文化哲学的运动。正是这种对先验方法的主题视野的扩展，而不是对先验方法的任何本质性修正，促使他的新康德主义同行库尔特·施特恩贝格称赞卡西尔的工作探究了"不合逻辑之物的逻辑"。[131]

到了 1920 年代末，卡西尔显然也修正了新康德主义的基本特征，离断裂点仅一步之遥。不过，他对以心智自发性为前提的先验探究模式的基本信念基本保持不变，而正是这个前提激起了最大的批评意见。1925 年，海德格尔就表示怀疑，倘若自发性仍然是先验探究的出发点，那么神话能否得到恰当的理解。1930 年，卡西尔自己的学生约阿希姆·里特尔（他曾与奥托·博尔诺共同记录达沃斯的辩论）在赞许其老师刚刚完成的三卷本代表作的评论中再次提出了这一忧虑："认识论问题在过去十年中经历的转变，"里特尔评论道，"也许最强烈地展现于这一事实，即认识论与作为整个哲学基础学科的科学逻辑在以往拥有的意义，如今受到了人们的质疑，或至少已经成了问题。"[132]但是，即便他质疑了卡西尔的先验方法，里特尔也拒绝接受海德格尔生存论的替代选择。1933年卡西尔放弃了在汉堡大学的职位，由里特尔接任，后者在就职演说中肯定了"理性澄清"的需要，并发出严厉警告以反对近来哲学中的"形而上学转向"。

比较现象学运动中明显的具体转变与新康德主义运动在一战之后十年里的相似异端，可能值得一试。与胡塞尔口中的先验现象学的观念论实践相反，海德格尔成功地为生存论现象学的崭新实践确立了合法地位，在许多（尽管并非全部）门徒眼中，生存论现象学最终超越了原本的实践。卡西尔的发展也远远超出了其哲学根源的局限，在达沃斯对海德格尔的第一个回应中，他连忙解释说，柯亨的方法只在函数/功能意义上而非实体意义上对他有效——也就是说，问题事关先验导向，而不是某种"教条的学说体系"。初看起来，这两种哲学转变的模式至少在两个方面显得彼此肖似：首先，海德格尔无法按照胡塞尔关于"严格科学"的理想来构想现象学，而卡西尔即便没有完全脱离自然科学，但仍然接受了与柯亨对自然科学的强调不相协调的文化主题。当然，胡塞尔与柯亨的差别在于，胡塞尔相信，哲学自身可以成为一门科学，它既类似又有别于非精神性质的自然科学研究。柯亨则坚持认为，哲学享有一种特殊的元科学地位，凭借着这种地位，哲学就能发挥对科学的批判作用。对这两位哲学创始人来说，"科学"扮演了范式的角色，但他们在遵循范式的方式上存在尖锐的分歧。其次，更重要的是，海德格尔对现象学的修正，不仅改变了现象学可以描述的内容，而且还改变了这种描述的方式：在《存在与时间》中，海德格尔明确指出，人们只能将现象学作为一门关乎实际生存的解释学来实践，倘若人们继续相信先验自我是所有现象背后的构成性原则，那么这种实践就会完全失败，换句话说，现象学只有在被抛于世的此在的视域中才能有所进展。卡西尔对新康德主义方法的修正则没有如此深远的影响。尽管他（主要）从哲学人类学那里引入了新颖的主题，但他继续坚持新康德主义的意识概念，这种概念将意识当作一种自发的原点，它既构成又激活了符号形式的世界。海德格尔欣然接受了被抛性，卡西尔则坚持自发性。

　　这种相当不正式的比较表明，卡西尔的重大缺陷在于，他的哲学仍然沉浸在德国观念论传统的语言与价值中。但到了 1920 年代中期，这种观念论遗产正在失去激发灵感的力量。在公开表示自己被宗教哲学与激进政治吸引的学生中间，情况尤其如此，人们经常抱怨卡西尔已经与当下的需求脱节。[133] 他根本无法满足那些渴望"哲学渗透生命"的人。甚至资深的同行也会在私下承认，尽管卡西尔学识渊博，但不知为何他无法激发灵感。在一封于 1925 年 7 月 21 日写给海德格尔的书信中，雅斯贝尔斯认为，相较于可能获得某个职位的其他候选者，卡西尔"毫无疑问"可被列为"最佳候选者"。"无可否认，他让我厌烦，"雅斯贝尔斯承认，"但（他）博学多才，而最重要的是：他拥有一种高贵的写作风格，没有哲学教授那种敌意与隐秘争辩。这说明他本人必定也相当正直。"显然，雅斯贝尔斯对卡西尔持有矛盾的态度："我在哲学中寻找的东西，并没有在他身上找到，"雅斯贝尔斯写道，"但我们会在哪里找到它呢？"[134] 这个关于德国哲学未来前途的问题没有获得解答，至少暂时没有。

第二章

搭建舞台

他被带上了高地，而他从未呼吸过这里的空气，只知道此间有着异乎寻常的生活条件，可以用贫乏稀薄来形容——这令他激动起来，满心忧虑。家乡和秩序不但远远留在他的身后，更深深落到他的脚下，而且他仍在不断地攀升。浮在它们和未知之间，他不禁问自己，到了那高处他会过得怎样呢？

——托马斯·曼，《魔山》，第 1 章，"到达"

魔山

卡西尔和海德格尔于 1929 年抵达时，达沃斯广场早已是旅行者与艺术家的时尚聚集处。达沃斯位于一片宽阔平地之上，被瑞士阿尔卑斯山与达沃斯湖环抱，这里属于格劳宾登州，13 世纪，信奉加尔文宗的居民最先定居于此，直到 19 世纪，这座村庄仍然相对平静。达沃斯作为疗养中心的声誉，源于一个世纪以来的民间信仰，人们认为当地的阿尔卑斯山空气具有特殊的疗愈能力。[1]通过医生的努力，疗养中心在 19 世纪后期蓬勃发展，规模倍增。早在 1860 年代，达沃斯度假区就开始吸引来自欧洲各地的贵族与资产阶级。罗伯特·路易斯·史蒂文森在 1880 年代早期为了健康而旅居于此（他在达沃斯完成了《金银岛》），阿瑟·柯南·道尔爵士亦于 1894 年来此滑雪度假。

至世纪之交，达沃斯已经成为繁荣的度假小镇，以滑雪与疗养中心而闻名，富裕的欧洲人沉迷于休闲疗法，希望能奇迹般地从肺结核与其他呼吸系统疾病中康复。1920 年代，达沃斯已经成了艺术家的聚居地与德国表现主义的主要前哨。画家恩斯特·路德维希·基希纳于 1918 年搬到附近的圣母教堂，在接下来几年里，周围地区被白雪覆盖的高山与陡坡经常作为他最喜爱的主题再现于油画之上。诗人"克拉邦德"（阿尔弗雷德·亨施克的笔名）年轻时患上了肺结核，1920 年代的大部分时间都在达沃斯度过，直到 1928 年去世。这一时期诞生了一本小杂志，从 1926 年起，由尤勒斯·费尔德曼以德法双语形式出版，它的名称是《达沃斯评论》，致力于宣传这座城镇在绘画、文学、学术研究与体育方面的最新成就。从 1928 年起，它详细报道了达沃斯高校课程的日常活动。在 1930 年代，随着纳粹德国的移民与难民到来，当地人口进一步增长。战后，世界经济论坛年度会议促使社会学家总结"达沃斯文化"或"教师俱乐部文化"的理论，但早在这之前，达沃斯就在欧洲文化想象力中享有象征性地位，它作为一座剧场，见证过具有世界历史重要性的事件。[2]

这种地位最激动人心的例证是托马斯·曼宏大的理念小说《魔山》，它于 1924 年首次出版。事后来看，人们可能禁不住要将这部小说解读为卡西尔—海德格尔辩论的预演：它讲述了青年汉斯·卡斯托尔普的故事，他到达沃斯的贝格霍夫国际疗养院探望养病的表哥。不过 X 光片显示他自己的肺部有一处黑点，卡斯托尔普于是选择留在疗养院接受治疗，在这段时间里，他发现自己慢慢卷入了激烈的思想论辩之中，夹在两位奇特人物中间：一边是人道主义者塞塔姆布里尼，他是博学而又盲目乐观的自由派，研究文艺复兴时期的意大利；另一边是他的对手纳夫塔，他曾是耶稣会士，被解职后变成了苦大仇深的虚无主义革命者。

　　这两个人物之间的对比无疑很奇妙。托马斯·曼经常为小说加入沉重的哲学问题，就这部小说而言，他或许会受到极端象征主义的指责：纳夫塔是耶稣会士，但血统却是犹太人（他父亲是加利西亚的屠吏）。我们还了解到，自从皈依天主教以来，他接受了一种十分严峻的马克思主义学说，认为即将天下大乱。纳夫塔鼓吹绝对服从，经常严词谴责资产阶级的个人主义与现代理性主义。（尽管纳夫塔看起来纯粹是虚构的，但托马斯·曼似乎参照了匈牙利犹太裔马克思主义者卢卡奇，纳夫塔对待教会的态度代表了卢卡奇与共产党的费解关系。）塞塔姆布里尼完全是他的对立面：满头金发，彬彬有礼，自称"进步组织联盟"成员，该联盟主张向普通民众开放大学，废除战争，倡导"文明人的进化"。他希望"根据阶级和类别为人类苦难分类"，因为"秩序和简化是迈向掌控主体的第一步——真正的敌人是未知"。他认为，受到我们动物本性的阻碍而无法"为理性服务"是最令人痛苦的事情。总的来说，塞塔姆布里尼是完美的资产阶级，是启蒙运动的忠诚学生。纳夫塔与塞塔姆布里尼竞相争取卡斯托尔普的赞同，他们的对话随之点亮了各种主题，由之构成的哲学评论几乎跨越了整部小说。他们的辩论，托马斯·曼写道，是"优雅的"，大概也是"学术性的"。但卡斯托尔普感到，他的灵魂不知为何正处于危险之中，"就好像讨论的问题是这个时代乃至所有时代最紧要的"。[3]

　　事实上，托马斯·曼在 1912 年 5 月访问了现实中的达沃斯，一直待到 6 月。[4] 他选择达沃斯作为场地上演他虚构的那些争辩，几乎不会让人感到奇怪，因为它高耸的环境和激动人心的山峰，为探究具有泛欧洲意义的哲学问题提供了完美的背景。就像托马斯·曼的许多小说那样，这场冲突的风险同时关乎理智与生死：卡斯托尔普的疾病反映了他自己的精神迷失，以至于在小说的高潮部分，他在一场暴风雪中迷失了道路——而他的人生也几乎如此，托马斯·曼让我们认识到，这不仅仅是卡斯托尔普个人的危机，更是整个欧洲文化的危机。因此，托马斯·曼以"寓言的方式"利用了这种哲学冲突：纳夫塔与塞塔姆布里尼之间的争辩是更广泛的文化问题的投影。在这方面，他的这部小说并不孤单。不管其在文学上具备何种优点，《魔山》在很大程度上重新激活了（有时甚至到了荒诞不经的地步）文化危机的主题，这些主题到 1920 年代中期已是尽人皆知。

参加卡西尔和海德格尔达沃斯论辩的人们，并没有忘记将之与托马斯·曼的小说作比较，参会学生路德维希·恩勒特描述道：

> 为了这次高校课程而来到这里的学生，在出发前的最后几周几乎都会埋头于托马斯·曼的《魔山》（如果他们先前没有读过这部小说的话），以确保不会毫无准备地进入这种神秘的氛围之中。事实上，我必须如实地说，甚至在头几天，这部小说捕捉达沃斯地方特色的功力就令我们印象深刻，它那著名的不朽与永恒的辩证氛围深深吸引着我们。在每个白天和大部分夜晚，人们可以看到学生与教授一同参与讨论，这是我们日常活动的高潮，就像汉斯·卡斯托尔普那样……倘若有人想以着实迷人的方式来展现这些讨论，很容易就可以写出托马斯·曼那部小说的续集，而它的标题可以是"魔山上的大学"。[5]

这样的评论可能有助于我们理解，为什么海德格尔-卡西尔交锋的许多见证者倾向于用象征的方式来审视他们的哲学讨论。《魔山》似乎为理解这种交流提供了现成的剧本。这种比较也并不总是流于表面。《新苏黎世报》的一名记者注意到，当代哲学常见的关注对象——

时间性——作为关键主题现身，它不仅出现在海德格尔与卡西尔的辩论中，还出现在托马斯·曼那部小说漫无边际的哲学对话中。[6]

这种象征主义的后果充其量是模棱两可的，因为托马斯·曼小说中的人物常常充当着其所代表的类型，并相应地失去部分真实性，这可能是他寓言风格的最大败笔。塞塔姆布里尼与纳夫塔不过是口技表演者的玩偶，他们独特的"世界观"缺乏智识上的精确性，因而更容易受到托马斯·曼尖刻讽刺的攻击。因此，那些求助于托马斯·曼这部小说来理解海德格尔与卡西尔之间哲学讨论的人，很容易出现文化象征主义的恶性膨胀。但最终事实证明，这部小说仅仅是众多剧本中的一个。多年来，学生与学者发现，解读这场辩论的方法多种多样，重新设想其意义的方法也多种多样，不过寓言仍旧是需要引起重视的诱惑。

知识分子的洛迦诺

海德格尔与卡西尔的达沃斯交锋并不是一起孤立事件。它是第二届达沃斯国际高校课程的核心。每年一届的国际高校课程是欧洲各地知识分子的春季讨论会，但从 1928 年首次举办到 1931 年最后一次，它仅仅持续了四年。对于这样一个论坛，作为艺术家与各路文人的聚集地，达沃斯镇是自然的选择。（阿比·瓦尔堡本人在整个 1920 年代都受到疾病困扰，他就曾在达沃斯疗养。）退伍军人与学生也加入了这个丰富多彩的群体，许多人在战争中负伤，习惯了每年迁往达沃斯广场以及周围村庄的疗养院。但真正值得我们关注的则是高校活动的制度沿革，在战间期欧洲智识史的宏大戏剧中，这一篇章体量不大却很重要。

高校活动正式创立于 1928 年，是不同国家（尤其是德法）之间

的文化桥梁。就像托马斯·曼那部小说中的情形，高校活动在长谈与
漫游中探究哲学与历史主题，它被设置在远离低地事务的山间，这里
的田园环境适合于解决文化与政治上的分歧。新闻记者将之称为"知
识分子的洛迦诺"*。不过这种安排还有一个更为世俗的目的：吸引大
量人群的会议意味着补充城镇收入，由于整个欧洲肺结核发病率有所
降低，当地收入已大幅减少。几年前，城镇规划者甚至考虑过在达沃
斯建立一所"国际高山大学"，主要是为了说服年轻的肺结核患者留
下来完成全部治疗。事实证明这个规划过于艰巨，于是当地一位牙医
（保罗·米勒）带头制定了更为保守的方案，即每年举办一次面向学
生与教师的学术专题座谈会，讨论具有广泛人文吸引力的主题，促进
跨学科与跨国界的理解。在筹备高校活动的过程中，达沃斯与瑞士政
府的几位政要，法兰克福大学以及瑞士、法国和德国其他一流大学的
一些教授，加入了米勒的规划。卡西尔本人也参与了早期的规划阶段。[7]

　　高校活动的基本形式简单结合了讲座与公开讨论。与会者将讨论
指定的主题，讲座活动将在"讨论夜"达到高潮，当晚两三位具有国
际地位的知识分子将公开对话。海德格尔与卡西尔的交锋发生在官方
名称为"工作研讨会"（*Arbeitsgemeinschaft*）的活动中。研讨会是相
对新颖的形式。在那时的德国，学术讲座的通常结构几乎毫无例外地
仍是持续、正式乃至等级分明的独白。根据威廉皇帝时期的惯例培训
的典型教授，会在讲台之后面对听众，像口述一本书那样发表讲演。
事实上，这些讲座经常被抄录并随后出版（海德格尔在马堡大学与弗
莱堡大学的大量讲座正是以这种方式保存下来的）。这种传统模式既
有优点也有缺点：它让人能够以深刻而精确的方式展开单个论点，并

---

*　洛迦诺是瑞士南部的自治市。1925 年 10 月 16 日，英法德意比捷波七国代表签署《洛
　迦诺公约》，协约国与中欧及东欧新兴国家试图确认战后领土边界，并争取与战败的德
　国恢复正常关系。洛迦诺会议标志着法德和解。

将诸多论证汇集于更宏大的体系中。然而，它可能也助长了长篇大论的职业倾向（这种学术表现的特点在很大程度上仍未改变）。最重要的是，这种传统模式严格限制了公开批评：教授应当滔滔不绝地讲述；学生永远不得打断，只需聆听。许多该时期的学生回忆录强烈地表明，这种模式的效果常常叫人窒息。学生在课上装模作样地安静致意，转头在书信里或朋友间大吐苦水。

报道与后来的回忆录经常将海德格尔与卡西尔之间的对话描述为"争论"。但这具有误导性。就像威廉·克拉克在关于学者的克里斯玛的研究中解释的那样，争论（*disputatio*）是学术辩论的一种形式，它源自武术：其口头论战的复杂规矩明显模仿了公开比武的规则与角色。[8] 研讨会的引入是为了放宽学术对话的约束性禁令。其新颖之处在于打破正规的形式，以导向相对松散且更加非正式的交流。根据今天的标准，这种革新看起来完全是件好事。但其结果则取决于场合。公开对话可能成为苏格拉底式交流的典范，让每个参与者都走向自我审视与可能的修正。但公开对话也可能陷入两极对立与论战：面对反对意见，知识分子的观点往往只会越发戒备与固执。哲学或许会在激烈的讨论中蓬勃发展，但当智识交流转变成纯粹的竞争时，哲学就有可能枯萎。讽刺的是，设立高校课程的明确目的是促进和平对话，但海德格尔与卡西尔之间的对话看来不仅证明了密切对话的局限，还证明了它的风险。

高校活动与更常见的学术会议的区别在于，其主要参与者拥有跨学科的广泛声望，来宾的构成则具有国际性。在第一届高校课程（1928）中，主导某场激烈讨论的是神学问题，当时最著名的三位宗教哲学家齐聚一堂，他们是埃伯哈德·格里泽巴赫、保罗·蒂利希和埃里克·普日瓦拉。蒂利希以新教神学领军人物的身份闻名于世。普日瓦拉是一位耶稣会哲学家，承认对存在主义宗教的新形式抱有浓厚兴趣（他将在第二年重返达沃斯）。格里泽巴赫虽然如今基本上被遗忘了，但他在那时被视为新教哲学家中最激进与最有天赋的新星之一，其论著《现代》（在参会同年出版）广泛涉及宗教与形而上学主题，并在结尾大胆呼吁，为了支持全新的思维模式，必须推翻体系化的传统哲学形式。[9]

第一届高校活动就吸引了大量听众——总共超过四百人——毫无疑问，这要归功于阿尔伯特·爱因斯坦的出席，他那时发表了一篇关于相对论的讲演。"许多年轻人，"爱因斯坦在开场评论中谈到，"带着希望来到这座山谷，他们寄希望于这座明媚山脉的治愈能力，并恢复了自己的健康。"而高校课程将用"心智领域的卫生"来补充这种疗愈。"这项事业，"他补充说，"极其适合在不同国籍的个人之间建立关系，以帮助加强欧洲共同体的理念。"[10]（爱因斯坦还在弦乐三重奏中演奏小提琴：奥地利艺术家埃梅里希·哈斯的一幅著名素描就描绘了爱因斯坦在达沃斯演奏小提琴的场景。[11]）在安排第二届高校课程（1929）时，人们希望卡西尔与海德格尔之间的公开讨论能够赶上甚至超过前一年的智识激情。[12]在之后两年的达沃斯会议上，人们明显感觉到这种期待有所下降。在第三届高校课程（1930）上，最值得注意的参与者是维尔纳·桑巴特与阿尔弗雷德·韦伯，二人谈论了哲学与社会科学之间的关系。[13]尽管二人的对话强调了世俗事务，但报道这次会议的人还是注意到哲学导向的总体转变。一位与会者回忆说，"这些主题十分强烈地触及了形而上学与方法论领域的问题"，许多与会者考虑的是"回到人的本质与意义的宗教问题与形而上学问题"。甚至在社会学学科内部，人们也感受到"哲学反叛"的精神。[14]最后，1931年第四届高校课程选定的主题是"文化"或"自我教化"，还有教育学与"实际的人"之间的关系。这是连续举办的第四届达沃斯会议，也是最后一次。[15]1930年代，国际和解的呼吁很快就被国家主张的争论声淹没了。

学生、老师、朋友

在讨论海德格尔与卡西尔实际开设的讲座之前，回顾这次事件的见证者可能有所帮助。但即使是这些事实也仍然存在争议。有些人被认为在现场（并且有关达沃斯争论的二手研究也可能将他们列为在场者），但当时的记录显示他们并不在。这些案例中的差异有助于强调历史与记忆的区别：随着时间的流逝，这场争论似乎在哲学与历史意义上有所膨胀，哲学史家可能受到诱惑，将一些人物加入现场，这些人的声望让我们合乎情理地相信他们就在那里。还有一些人声称目睹了这场争论，进而又误导了他们的同事和朋友。[16]

与会者包括一些当时最著名的学者与作家，陪同他们的还有各色学生、朋友以及欧洲各地报社的记者。花名册（由高校课程官方编制）按照专业地位和国籍细分了参与者。其中有 24 位常任讲师，14 位大学讲师，19 位已获得博士学位的专业学者，以及不少于 223 名学生（来自 20 个国家）。与会者还包括达沃斯镇的 952 人。实际讲座的旁听者有 200 多人。参会的学生来自欧洲各个国家：117 名德国人、33 名法国人、27 名瑞士人、12 名荷兰人，还有 34 人来自其他国家或地区（包括美国、英国、希腊、意大利、南斯拉夫、奥地利、巴勒斯坦、罗马尼亚、俄罗斯、瑞典、南非与匈牙利）。在为期三周的时间里，共有 56 场正式讲座。

贝尔韦代尔大酒店是这些学术活动的集中地，直到今天，它仍然是达沃斯最宏伟的住所之一。酒店坐落在山坡之上，正对着犬牙交错的雅各布山，自 1920 年代以来，它经历了大规模改造和扩建。先前的演讲厅已完全改建，如今附带一个游泳池。但即便在今日，尽管发生了种种变化，酒店看起来仍然承载着文化记忆。这次高校课程的所有主要发言人都曾在这里下榻，包括海德格尔与卡西尔（后者与妻子托妮一道住在这里），还有库尔特·里茨勒（法兰克福）、亨利·利什唐贝热（巴黎）、亨德里克·波斯（阿姆斯特丹）、弗里茨·海涅曼（法兰克福）、卡尔·约埃尔（巴塞尔）与路易·阿道夫·泰拉谢（第戎）。其他发言人、学生与各种宾客则住在达沃斯广场附近的酒店，其中值得一提的名字包括德国小说家埃里希·玛丽亚·雷马克、年轻的法国犹太哲学家伊曼努尔·列维纳斯、约阿希姆·里特尔（汉堡；他后来成为颇有成就的哲学教授）、莫里斯·德·冈迪亚克（巴黎；他后来成为索邦神学院最重要的哲学史家之一，吉尔·德勒兹与雅克·德里达都可算作他的学生）、海因里希·赫尔曼（柏林；新教神学教授）与路德维希·宾斯万格（克罗伊茨林根；卡尔·荣格的学生，创立了存在主义心理疗法）。

其中的某些人如今仍然未被遗忘，但其他人仅仅成了战间期思想史的脚注。那些更令人着迷的人物包括埃里克·普日瓦拉（1889—1969），他是出生于波兰的耶稣会神父，也是慕尼黑大学的教授，他的哲学研究跨越了从奥古斯丁到克尔凯郭尔的宗教史，探索他口中"基督教生存"的体验深度。[17] 在整个1920年代以及随后的黑暗岁月里，普日瓦拉积极地与他人保持着宗教对话，不仅包括保罗·蒂利希以及埃伯哈德·格里泽巴赫等德国新教神学的杰出代表，还包括利奥·拜克和马丁·布伯等德国犹太教最重要的杰出人物。尽管普日瓦拉从同时代的现象学那里汲取了灵感——他与胡塞尔及其学生埃迪特·施泰因相识——但普日瓦拉自认是海德格尔的盟友，与他一同规划一种关于"创生性"（creatureliness）的新哲学，将神学—生存论激情注入现象学之中。[18] 普日瓦拉自己的哲学著作随心所欲地使用存在论术语，并且频繁地影射智识危机的主题。普日瓦拉与蒂利希以及爱因斯坦一起参加了1928年达沃斯高校活动初创会议，并发表了题为《自然科学的危机》的讲演。作为天主教哲学专家，普日瓦拉还受邀与蒂利希和格里泽巴赫就共享神学领域的可能性公开辩论。[19]

紧随其后的第二年，普日瓦拉再次参与了1929年达沃斯高校活动，这次发表的讲演题为《生存的形而上学与宗教问题》。该讲演体现了存在论主题的新突出地位，与海德格尔本人的哲学非常相似。按照普日瓦拉的观点，哲学的核心问题是人类的生存问题："此在是什么（was das Dasein sei）。"最传统意义上的哲学（普日瓦拉将之概括为柏拉图主义、经院哲学与现代世俗思想的纯粹本质或观念，并加以摒弃）已经让自身远离了本应成为其真正对象的个体存在。哲学在现代的危险在于，它希望将具体的宗教现象抽象化、理性化，从而用纯粹"理念"取代上帝活生生的存在。新的哲学，普日瓦拉宣称，如今必须放弃这些新旧观念论的方法：它不能再在理想领域中"忘记"人，必须转而走向神学，在人的"创生性"中争取承认人是一种谦卑而"有限"（Endlichkeit）的存在者。[20]

哲学家、政治理论家和政治家库尔特·里茨勒也是1929年达沃斯高校活动的特邀发言人，他前一年获得了声望颇高的职位，被任命为法兰克福大学学监。[21] 他的讲座《当代人的心理问题》（在别处以《当代人的束缚与自由》为标题）谈到了哲学问题的两极化，而这种两极化在海德格尔与卡西尔争论那一年达到了顶峰。里茨勒以夸大的措辞考察了现代人的状况，认为人性在"自由与宿命"之间、"理智与灵魂"之间徘徊。哲学与文化的现状的特征，是不惜一切代价寻求新的青春活力、本真性与直接性，寻求新的"形而上学基础"。但就人而言，其特性中的生成要大于静止，"无常的"宇宙如今被视为一个来去匆匆的人，他既是创造者也是受造物（Schöpfer und Geschöpf）。于是，里茨勒得出结论："宿命与自由"的相互"纠缠"不仅属于人，还属于存在本身。[22]

人们广泛认为政治哲学家列奥·施特劳斯（里茨勒的朋友与同事）曾经参加过此次达沃斯会议，但文件证据表明他并没有参加。这一误会主要与另一件事有关：多年后，施特劳斯移民北美，在一次纪念里茨勒的演说中，他回忆了这位朋友对达沃斯争论的印象，就好像他亲眼所见一般。[23]该演说强化了1929年高校活动参与者的共同印象，他们将海德格尔视为占据优势的哲学代表。施特劳斯写道：里茨勒在达沃斯发表了讲演，"同一批听众刚刚听过海德格尔与卡西尔的辩论。里茨勒毫不犹豫地站在海德格尔一边。别无他法。仅仅是对伟大的感受就足以决定他的选择"。[24]尽管施特劳斯自己对海德格尔伦理-政治的虚无主义立场有所疑虑，但他也无法否认海德格尔作为哲学家明显优于卡西尔："卡西尔代表的是确立已久的学院立场。他是杰出的哲学教授，但他不是哲学家。他博学，但没有激情。他是表述清晰的作家，但相较于他的清晰与温和，他对问题的敏感性不足。"[25]

施特劳斯轻蔑评价卡西尔"不是哲学家"，这无疑是错误的，但他的评论证实了一种共同的印象，那时海德格尔的影响力越来越大，不仅对里茨勒，对同时代大部分人都是如此："这样说或许还是保守了：海德格尔是里茨勒遇到过的最强的同时代力量。"（施特劳斯认为，唯一具有同等地位的现代哲学家是整整一个世纪之前的黑格尔。）"里茨勒后期思想的塑造，"施特劳斯解释说，"既受到海德格尔的影响，又是对海德格尔的回应。当然这里说的不是里茨勒最深的倾向，而是他表达或不表达这种倾向的方式受到了海德格尔的决定性影响。"按照施特劳斯的描述，海德格尔的影响几乎不可抗拒："海德格尔一出现在这个舞台上，"施特劳斯写道，"就占据了中心并开始支配它。海德格尔的支配在范围和强度上几乎持续不断地增加。他充分表达了当时盛行的不安与不满，因为他对前路清晰而笃定，即便没有展示出整条道路，至少也迈出了最初决定性的那几步。"[26]

1929年高校课程的其他参与者也值得一提。哲学史家卡尔·约埃尔（巴塞尔）根据代际反叛模型提出了自己对19世纪哲学史的解释。他宣称，历史的结构就是年轻人与老年人的斗争，一代人的跨度代表的是时代精神的连贯期。19世纪是"新巴洛克"时期，而随后20世纪有的则是针对浪漫主义与实证主义的新哲学回应。[27]亨利·利什唐贝热（索邦）在讲演中谈到了合作的"心理"面向以及法德文化差异，并系统性地质疑了两国之间的大量（艺术、哲学与文学的）刻板印象。他特别提到了近期托马斯·曼访问巴黎与保罗·瓦莱里访问柏林，他希望如今可以弥合过去在文化与政治上的分歧，以实现互利。费迪南德·绍尔布鲁赫（柏林）是一位教授和医生，他在讲演中论述了"人类适应性的有机官能与心智官能"。莱昂·不伦瑞克（索邦）讲授的是"理性与科学"和"理性与宗教"。阿曼多·卡利尼（比萨）发表了关于贝奈戴托·克罗齐与意大利现代观念论的博学讲演。[28]古典语文学教授亨德里克·波斯（1898—1955；阿姆斯特丹）长篇大论地论述了解释的哲学基础问题——这一问题在他个人调停海德格尔与卡西尔争论时重新提出（详见第四章）。[29]

　　除了上文描述的正式与会者，大量欧洲各地的学者与学生也作为观众来到这里，其中就包括鲁道夫·卡尔纳普（1891—1970），他是逻辑实证主义的维也纳学派的主要成员。卡尔纳普在达沃斯争论中所扮演角色的重要性，在迈克尔·弗里德曼最近的一本书中得到了非常精确的分析，他提到卡尔纳普"对海德格尔印象深刻"，这一事实相当让人意外。这值得注意，因为仅仅数年之后，卡尔纳普就在1932年论文《通过对语言的逻辑分析来克服形而上学》中，选定海德格尔哲学中的各种惯用语作为典型的伪语句。但弗里德曼提供了强有力的证据表明卡尔纳普的钦佩之情，例如，卡尔纳普在3月18日的一则笔记中写道："大学课程。卡西尔说得很好，但有点像个牧师……海德格尔严肃又客观，他这人颇有魅力。"在3月30日的一则笔记中，卡尔纳普记述了他与海德格尔一道散步："和海一道散步。讨论。他的立场：反对观念论，在大众教育中尤其如此。新的'生存问题'。需要某种解决方案。"[30]然而，在高校活动之后，卡尔纳普专注地阅读了《存在与时间》，结果却得出结论，认为海德格尔的形而上学沉思"与逻辑和科学的思维模式不一致"。[31]

设计高校活动的部分目的是为年轻一代学者提供教育环境；因此，它为欧洲各大学的学生提供差旅费支持。不过一些学生没有得到或不知道可以得到这样的支持，因而没能参加。海德格尔的学生汉斯-格奥尔格·伽达默尔就属于这种情况，他（在让·格朗丹撰写的传记中）解释了缺席的原因："没钱！" [32] 不过，相当多的学生——总共超过两百人——要么设法获得了部分资金，要么动用私人资源支持瑞士之旅。这场单纯的学术会议，在他们的出席之下，转变为跨越两代人的事件，影响一直持续到 20 世纪末。

当时进入弗莱堡大学接受海德格尔与胡塞尔指导的众多天才学生中，至少有三位到了达沃斯：欧根·芬克、奥托·弗里德里希·博尔诺以及伊曼努尔·列维纳斯。三人都应受到更为细致的关注。欧根·芬克（1905—1975）的情况尤其引人注目，因为不同于胡塞尔的许多学生，他在很大程度上仍然忠实于胡塞尔更为"传统的"先验现象学方法，而且他抵制了海德格尔的生存论革新的诱惑。尽管芬克于 1925 年来到弗莱堡大学跟随胡塞尔学习，并于 1929 年在胡塞尔与海德格尔的指导下获得博士学位，但公平地说，他从未真正放弃对旧导师的忠诚。在 1933 年的著名文章《埃德蒙德·胡塞尔的现象学哲学与当代批评》中，芬克跳出来为他的老师辩护，反对新康德主义者近来提出的指控（由李凯尔特的两个学生鲁道夫·措赫尔和弗里德里希·克赖斯明确表述）。这一指控认为，现象学是一种"直觉主义"，摒弃了先天范畴，并陷入了幼稚的经验主义与关于"自身被给予性"的教条主义之中。这一批评尤为尖锐，因为它暗示，无论现象学的支持者主张什么，现象学都标志着与非理性签订了致命的契约。人们普遍认为，胡塞尔本人在 1913 年《纯粹现象学的观念》中将新康德主义主题纳入了他对现象学方法更具唯理智论的重述之中，这一立场令这个指控变得更加复杂。但芬克广泛反击了胡塞尔的新康德主义批评者，帮助澄清了两个学派间哲学分歧的真实本质："我们反对（他们的）批评不仅仅是为了论战，"芬克告诫道，"而是为了促成可能性，让批评意见与现象学展开真正的讨论。"芬克总结道，尽管"对话"是令人钦佩的目标，但与此同时，"必须区分这两种哲学"。[33] 胡塞尔赞同他这位学生的辩护，从他为这篇论文所撰写的赞赏性序言中可以清楚看出这一点，胡塞尔宣称："我很高兴，我能说它没有包含任何我自己不能完全接受的语句。"[34] 师生间和平且富有成效的和谐将持续多年，就像罗纳德·布鲁齐纳说的那样，芬克应当被视为胡塞尔在最后几年（1928—1938）中重塑现象学的实际合作者。[35]

　　芬克始终忠实于胡塞尔的先验现象学方法，并将海德格尔的生存论修正视为哲学异端。不幸的是，他在达沃斯的经历的细节仍然不为人知。芬克之所以值得我们关注，主要是因为他的案例可能帮助廓清经常被夸大的描述，在这种描述中，海德格尔这位思想家陶醉于其学生那不加批判的崇拜之中。不过在接下来的例证中我们会看到，在学生和同事中间，对海德格尔的普遍钦佩感确实占了上风。

年轻的海德格尔派

　　在参加 1929 年达沃斯高校活动的一众学生中，伊曼努尔·列维纳斯尤其值得一提。列维纳斯的情况给人启发，不仅因为它提供了证据，表明海德格尔在早期学生中的巨大声望，还因为它痛切地提醒人们注意历史的鸿沟，区别从前哲学的狂热时分与战后我们自己所处的悔过时期。列维纳斯后来成了海德格尔哲学上的反对者，他成熟时期的声誉有据可查。但列维纳斯年轻时对海德格尔的喜爱也不应当被忘记；它能告诉我们很多信息，既关乎达沃斯争论本身，又关乎这一争论所服务的那些更加宏大的寓意目的。

　　1906 年，列维纳斯出生于立陶宛科夫诺一个讲俄语的犹太人家庭。俄国革命后，他在 1920 年代初前往斯特拉斯堡大学学习社会学与哲学。1928 年，他前往弗莱堡大学，开始了现象学哲学的学徒生涯，他最初寻求胡塞尔（那时他即将退休）的指导，接下来则加入了胡塞尔更具领袖魅力的学生海德格尔身边日益壮大的圈子。后来在一次采访中列维纳斯回忆说："我去弗莱堡是因为胡塞尔，却发现了海德格尔。"[36] 我们确实可以认为，海德格尔让列维纳斯初步了解了现象学的更深层可能性，正是海德格尔指出了超越胡塞尔意向性意识研究、朝向"世俗"生存的基本主题的道路，根据这条道路，列维纳斯最终形成了他自己的哲学。列维纳斯的第一本书《胡塞尔现象学中的直观理论》（1930）首次向许多法国读者介绍了现象学方法。因此，注意到这本书深刻反映了海德格尔的影响，尤为重要。列维纳斯在引言中指出，为了呈现胡塞尔哲学那"单一的主要灵感"，"我们就不应害怕考虑由其他哲学家，由胡塞尔的学生，特别是马丁·海德格尔提出的各种问题，而海德格尔对本书的影响会常常显露"。列维纳斯进一步解释说："贯穿海德格尔哲学的那种热切的哲学生命，有时允许我们通过强调特定难点、提出某些问题、使某些观点更加确切，或反对其他观点，来让廓清胡塞尔哲学变得可能。"列维纳斯在海德格尔身上看到的不仅仅是一位门徒，更是一位哲学家，他帮助澄清乃至巩固了胡塞尔学说中真正有价值的东西。[37]

1932 年，列维纳斯在《哲学评论》杂志上发表了一篇题为《马丁·海德格尔与存在论》的文章。该文详尽且忠实地重构了海德格尔的学说，列维纳斯原本希望它能成为一本独立论著的基础。该文的 1932 年版包含一篇表达赞美的导言，后来收录于 1949 年文集的版本中，这一导言则被列维纳斯本人删去。[38] 以下段落展示了列维纳斯对海德格尔的钦佩有多深：

> 马丁·海德格尔的声望与其思想对德国哲学的影响，既标

> 志着现象学运动的一个新阶段，又标志着它的一个高峰……名
> 副其实的人物，这还是头一遭，并且，他还是一位生者。任何
> 研究过哲学的人在面对海德格尔的作品时，都不可能不认识到
> 其成就的原创性与力量，这些从天才中涌现的东西与专注、艰辛、
> 周密规划的论证结合在一起——这凭借的是耐心的工匠才有的
> 技艺，而现象学家以此为傲。[39]

这几行在 1933 年之前撰写的赞美文字，相比于他随后几年偶尔
对海德格尔的评论，确实有着戏剧性的差距。早在 1935 年，列维纳
斯就承认自己感到有必要"通过一条新道路走出存在"。但实际上直
到战后，列维纳斯才凭借"作为第一哲学的伦理学"这一大胆学说进
入了自己的道路：在明确回应海德格尔的存在论时，列维纳斯运用了
现象学的描述技术，以证明伦理义务不只是某种以后天方式添加到经
验之上的规范性价值，它实则是一种形而上学的关系。列维纳斯断言，
自我与他者之间的"无限"纽带，超越了存在的自我封闭的视域，并
为人类的生命提供了不可化约的超越性维度。用列维纳斯特有的方式
来表达，就是伦理学"先于"存在论。

这个论点的力量不应被低估；这种对海德格尔的直接质疑也不应
被忽略。对于成熟期的列维纳斯来说，海德格尔的基础存在论有一个
致命问题，它忽视了主体间性的关系。甚至《存在与时间》中对"常
人"（das Man）的著名分析似乎也表明，在海德格尔看来，人际关系
是通过纯粹匿名的社会领域构成的，这种模式似乎否决了伦理责任的
经验。此外，列维纳斯声称，这种在理论层面上对伦理学的漠不关心，
在海德格尔自己的生活中具有政治相关性。在 1992 年的一次采访中，
列维纳斯指出："海德格尔缺乏对他者的关切，这与其个人的政治冒
险相关。尽管我对其思想的伟大完全表示钦佩，但我始终无法将其立
场的双重面貌分离开来。"[40] 这则评论是正确的；但它遮掩了那个尚且

只会考虑哲学的学生的热情。关键是要注意到，列维纳斯到数年以后才形成了对海德格尔存在论的批评意见，他的批评始于1933年，那时这位德国哲学家公开拥抱了国家社会主义，灾难性的幻灭随之而至。然而，在这些事件之前，列维纳斯仍可算作最钦佩海德格尔的门徒之一。[41]

1929年3月，列维纳斯踏上达沃斯之旅。他此行的目的与同龄人大致相同：见证他老师海德格尔与杰出的新康德主义者卡西尔的公开讨论。列维纳斯当时只有二十三岁。在会议期间的一张老照片上，这位黑发的严肃年轻人穿着整套西装与皮鞋，撑着一根步行手杖，两侧是他的同学欧根·芬克与奥托·博尔诺，他们一起站在大雪覆盖的道路上，与贝尔韦代尔大酒店有一段距离。[42]芬克在那时是胡塞尔最亲密与最忠实的门徒之一。列维纳斯本人尚且几乎不为人知，但在弗莱堡现象学的小世界里，得益于语言天赋与哲学敏锐度，列维纳斯已经在同龄人中脱颖而出，成为海德格尔学说才华横溢的拥护者。欧洲的智识文化在那时仍然坚决按照民族划分界限，语言技能给了列维纳斯非同寻常的优势。他早期的名声，靠的是充当法国读者了解当时德国出现的存在论现象学新风格的中介。法国文学批评家莫里斯·德·冈迪亚克当时还是年轻的师范生，他在回忆录中记下了1929年在达沃斯与列维纳斯的初次会面：

> 斯特拉斯堡大学的学生伊曼努尔·列维纳斯是年轻的立陶宛人，他完全与我同属一个时代，他能完美驾驭法语，并将之作为他的语言。除了他之外，没有其他人能更好地帮助我深入这位大师的思想，那时他在马堡大学遵循这位大师的指导。那个美好的下午怎么会忘呢？那时他为几个聚集在一起的法国人翻译并评论了《存在与时间》的几页内容，阳光一点点融化了伊曼努尔坐落之处的积雪痕迹，他穿着一身便服，脚踏一双被

胶套保护的舞厅舞鞋。列维纳斯站起身时，我们注意到他宛如《圣经》中的约伯，只不过他不会急着质问他的上帝，他刚刚对我们谈论的是"此在"以及对一堆粪便的"关切"。[43]

德·冈迪亚克所回忆的这些事实并不准确：列维纳斯不在马堡大学，而是在弗莱堡大学，海德格尔那时已在那里就职。但还有别的问题：为什么德·冈迪亚克似乎在嘲笑列维纳斯？或许他意在揭露海德格尔的哲学术语纯粹是垃圾。但列维纳斯也受到了牵连，因为他是解释他老师生存论奥妙的"先知"。这样的冒犯有辱斯文，不值得评论。但人们应当注意到，这一冒犯之所以有效，正是因为德·冈迪亚克实际上将列维纳斯视为海德格尔的中介。事后来看，这样的印象似乎不可能不着边际，不过重要的是记住师生二人间哲学上的亲密时刻。在第二次世界大战之后，列维纳斯就会逐渐懊恼于早年对海德格尔的钦佩，以至于他希望亲自向托妮·卡西尔道歉。不过，这一切都将在后文中详加讨论。

作为抄录员的学生

对海德格尔的广泛热情氛围，无疑帮助塑造了公众和文献对这场辩论的记忆。因此，受委托负责实际抄录与编辑整个交流的两名学生就需要我们注意，他们是奥托·弗里德里希·博尔诺与约阿希姆·里特尔。博尔诺（1903—1991）于1925年开始学习哲学，在格奥尔格·米施（他隶属于狄尔泰的学派）那里接受初步训练。但1927年读了《存在与时间》（他后来在回忆中称这种体验"真的难以抗拒"）之后，征得老师同意的博尔诺于1928年年中转到马堡大学，希望在那里更近地跟从海德格尔。一个学期之后，他跟随新导师前往弗莱堡大学（自

1928—1929 年冬季学期起），海德格尔刚刚获得了那里的哲学教职。在博尔诺的记忆中，整个时代都刻上了革命的印记：到 1930 年代，通过克尔凯郭尔的影响，"存在主义哲学爆发出强大的力量"，昭示人类生活"在本质上每时每刻都处于危机之中，而且也只能通过危机来加以构想"。[44] 屹立于这场革命中心的是海德格尔：

> 我至今还能相当精确地回想起在马堡上课的第一个小时，我为之等待了好几个星期。从外表上看，他与我想象的完全不同。他丝毫不像学者。他身材紧凑，自己设计的独特衣着产生的效果，让他很像乡下来的人，或者有点夸张地说，像是林业工人。所以在我看来，当他在讲座中开始说话时……我确实感受到了一种真正的、原始的哲学思考，这种思考我只从古典哲学家那里了解过，是一种直接的和活生生的存在。[45]

博尔诺后来将弗莱堡时期描述为"我一生中最幸福的时光"。[46] 博尔诺过于羞怯，无法过多地接触海德格尔本人，他也缺乏勇气去打入海德格尔的核心圈子，在很大程度上他仍是一个局外人。然而，即使处在外围，他也期待着海德格尔的每一场讲座，将之视为启示的承诺，"就像自然界的基本活动（或）电闪雷鸣"。就这样，当博尔诺在弗莱堡大学的两个学期即将结束时，海德格尔亲自邀请他和欧根·芬克陪同他参加达沃斯高校活动，人们完全可以想象博尔诺那时的热切心情。博尔诺（与卡西尔的学生约阿希姆·里特尔一道）进一步承担了抄录这场争论以供出版的职责。多年以后，博尔诺仍然记得海德格尔与卡西尔看起来就像"那个时代哲学状况的化身"。他的回忆值得详加援引：

> 与会者怀着极大的兴奋之情等待着……两位思想家之间的

争论。如今，在新版《康德与形而上学疑难》中就可以读到约阿希姆·里特尔和我那时准备的报告。我就不必赘述其实质内容了。我能将自己限制在那种着实令人惊叹的印象中。因为这次对话显现出了二人在所有重要方面的对比：人们在其中感受到了两个时代的交锋——一边是体现在卡西尔壮观形式中的遗产，它已经抵达了成熟的发展阶段，与之相对，另一边是体现在海德格尔那里的新时代，而它爆发于全新的开端意识。[47]

博尔诺随后的职业生涯大体还算成功，但也经历了明显的妥协时刻。到 1930 年代和整个纳粹时期，他继续教学与发表作品，主题包括狄尔泰的历史哲学（1936）。对我们的讨论更重要的是，他发表了一些受大众欢迎的概述，如《生存哲学》（1942），他在书中援引海德格尔 1933 年臭名昭著的讲演《德国大学的自我主张》所表现出的所谓"英雄态度"，试图捍卫存在主义（特别是海德格尔的存在主义以及汉斯·海泽发展的变种，后者如今已被遗忘），反对人们对存在主义提出的"颓废"指控。博尔诺对存在主义的概述经过数个版本的修正，第二次世界大战之后他在图宾根大学教授教育哲学，其间他再次作出修正，以尽量减少明显以赞许态度提及纳粹主义的内容，并更加强调超越生存的绝望与欣然接受新信仰的必要性。他接着指出，生存哲学由于其在欧洲危机时代的根源而败坏了自身的声誉，这种危机由尼采率先诊断出来，它驱使许多哲学家发现了"危险中的乐趣"。博尔诺在结论中建议，对于第二次世界大战之后的新情况，如今有必要为一种全新的哲学奠定基础。[48]

约阿希姆·里特尔（1903—1974）是博尔诺的搭档，当时被视为卡西尔的追随者，跟随后者在汉堡大学研究历史哲学。战后，他成为德国最有成就的哲学史家之一，最著名的作品是他 1957 年的论著《黑格尔与法国革命》以及《哲学历史辞典》，后者是战后德国学

院哲学复兴的里程碑。[49] 作为德国中产阶级（其父是一名医生）的孩
子，年轻的里特尔于 1920 年代在许多一流大学接受教育，他主要待
在汉堡大学，但还去过海德堡大学、马堡大学和弗莱堡大学，在弗莱
堡大学时他跟从海德格尔学习。1925 年，在卡西尔的指导下，年仅
二十二岁的他就凭借一篇论述库萨的尼古拉的无知学说的论文，在马
堡大学获得博士学位，之后在 1932 年，他凭借论述奥古斯丁的新柏
拉图主义存在论的文章获得了任教资格。里特尔与卡西尔的亲密交往
让他慢慢形成了对哲学"批判"方法的持久偏好，以及对存在主义和
哲学人类学新趋势的厌恶之情。[50] 他不仅参加了 1929 年达沃斯高校
课程，还参加了 1931 年那届，第二次参会期间，他评论了与所谓的
教育危机以及"精神脱离生命的异化"有关的广泛讨论。[51]

在政治和哲学上，里特尔都倾向于左派，至少在 1932 年之前，
他仍然自称马克思主义者。在回忆录中，托妮·卡西尔称里特尔为"海
德格尔早年的学生"和"前共产主义者"，直到 1933 年，恩斯特·卡
西尔都在维护里特尔的教职，反对其他同事，那些人不赞成这位年轻
哲学家的共产主义信仰，但随后很快就"像锡制玩具兵那样服从"新
政权。[52] 然而，里特尔的学生汉斯·约尔格·桑德库勒最近表明，他
老师的政治记录与哲学记录充满了暧昧之处。里特尔第一任妻子是犹
太人，还是卡西尔家族的亲戚，这个事实连同他先前的政治活动，让
他受到汉堡纳粹党卫队的抵制。里特尔在 1933 年之后的学术研究仍
然延续了批判与反形而上学的特征，当时卡西尔被迫离职，而里特尔
却被任命为汉堡大学哲学教授。桑德库勒指出，里特尔实际上取代了
卡西尔，尽管他并没有真的占据卡西尔的教席，该教席接连被多人占
据，其中一些人并非哲学家。在纳粹统治时期，该教席被改成种族科
学教授职位。[53]

在其哲学导向中，里特尔始终强烈批评海德格尔的工作及其表面
上暗示的一切。在 1931 年的讲座中，他预见了卡西尔后来对海德格

尔被抛性的批判，当时他绝望地谈到狄尔泰所促成的中产阶级的这一哲学—历史倾向，这种倾向用纯粹的回忆来取代行动，"用反应，用体验性的、反思性的'被抛性'来替代活动"。[54] 里特尔 1933 年的就职演说值得注意，它激烈攻击了海德格尔的思想与各种形式的哲学人类学。[55] 里特尔谈到哲学人类学的明显优势，尤其谈到它的两位最有力倡导者舍勒与海德格尔，他宣称，这种人类学研究关注的是人类的"本质"与"存在"（Sein），它如今"不仅成了真正哲学的关键，而且还在更广泛的意义上……成了人文科学的视野"。[56] 里特尔以舍勒那令人难忘的话语开场：在现代世界，人类已经成了悬而未决的问题，因为"他不再知道他是什么；而且他同时也知道他并不知道这个问题的答案"。[57] 舍勒与海德格尔都希望解决这个人类学之谜，但方式截然不同：舍勒是将人类置于有机和无机的"宇宙"之中，而海德格尔则通过基础存在论的方法。[58] 然而，根据里特尔的判断，这两条道路都通向同样令人不满的结论——"通向怀疑主义、主观主义和神秘主义"。他告诫道，当哲学转向人类学，它最终必定退化为形而上学，并放弃与科学的联系。人类学的形而上学将导致"对自身主体性的绝对化"，它呈现的是"世界观"的虚幻与纯粹主观主义的状况。[59] 里特尔得出结论：

> 形而上学与人类学转向……不仅反对科学，而且还反对科学所确保的知识的生命意义。这就是形而上学转向的危险，这种危险超越了科学自身……倘若人们想要确定哲学的生命意义，那只能是让它超越和反对一切思辨的、神秘的与主观主义的思维，保证理性的清晰意识，并拓宽我们的科学经验。[60]

里特尔在汉堡大学的就职演说，明确控诉了海德格尔的研究工作及其表面上代表的一切。作为有力的证据，它表明尽管存在论和人类学哲学在 1929 年到 1933 年的过渡时期流行起来，但人们仍然可以听到像里特尔这样的反对者呼吁"理性的清晰"，警告不要让"预言"复苏。在紧随其后的几年里，里特尔的事业进一步发展，没有遭遇强烈的挫折：他于 1943 年晋升为基尔大学哲学教授，战后，他从 1946 年起担任明斯特大学哲学教授，（除了在伊斯坦布尔那两年外）直到 1968 年退休。[61]

当然，实际上有数十乃至数百名与会者——同行、学生、作家与记者——不仅目睹了 1929 年达沃斯高校课程，还可能列席于那场激动人心的研讨会。但博尔诺与里特尔值得特别加以考虑，主要是因为他们受到委托，共同承担抄录海德格尔与卡西尔辩论以供出版的任务。事实上，关于这场辩论的最佳证据就来自这两人，一个是海德格尔的学生与生存哲学的坚定拥护者，另一个则是卡西尔的弟子与"批判哲学"的不懈倡导者。尽管二人在哲学气质上存在明显差异，但仍然设法就这次交流的实质内容达成了一致，我们或许可以从这一事实中得到一丝安慰。

最后还有一个问题：他们的笔录准确吗？我们暂时可以对这个问题给出肯定的答复，因为他们的文本可以与 1929 年 4 月发表在《达沃斯评论》上的概述比照，卡西尔与海德格尔委托当地人文学者每周记录他们的讲座。但也有一些令人担忧的原因：在《康德与形而上学疑难》第四版（达沃斯辩论作为附录出现于该书中）序言中，海德格尔提到了博尔诺与里特尔准备的那份记录，但他随后证实了博尔诺的评论，即它"并非逐字逐句记录，而是后续根据合作写下的笔记的统筹结果"。[62] 尽管如此，《达沃斯评论》发表的报道与博尔诺-里特尔的记录之间总体上一致。海德格尔的学生海伦妮·魏斯提供的另一份手写记录，再次确证了博尔诺与里特尔文本几乎一字不差。可能会有其他证据最终曝光，挑战或至少限定我们现在对这次交流所了解的东西。当然，并非每个人都留下了回忆录或信件概括他们的印象。对一些目击者来说，卡西尔与海德格尔的交锋看起来不过是纯属学术的小事，几乎不值一提。但对其他许多人——主要是那些年轻哲学家，他们尚未决定自身智识信仰的实质内容——来说，这场研讨将被铭记为危机时刻，它不仅是他们个人生命的转折点，还是欧陆哲学本身的转折点。

开幕日仪式

1929 年 3 月，第二届达沃斯年度国际高校课程在一个晴朗的周日开幕。在这个季节，阳光明晃晃地照耀着阿尔卑斯山底部，周围的群山仍然被厚厚的积雪覆盖。在接下来三周多时间里，在讲座间的休息时间，学生与教授会在镇上的酒店或咖啡馆见面喝茶，或者在阳光明媚的街道上漫步，讨论先前的讲座。在一封写给妻子的信中，海德格尔透露："达沃斯本身糟糕透顶；建筑设计无限粗俗，宾馆与酒店是完全随意的大杂烩。"[63] 会议的来宾偶尔会逃离达沃斯广场去远足，或穿着雪鞋行走在山间小道上。海德格尔本人在会议期间抽出时间去滑雪，甚至邀请了他的学生＊库尔特·里茨勒陪伴他。[64]海德格尔在 3月 21 日给妻子埃尔福丽德的信中写道，他带领一小群人登上帕森山，爬到海拔 2700 米高，然后滑雪回到山谷。"起初，我对如何在这里滑雪相当焦虑，"海德格尔承认，"但在滑了最初 100 米之后，我意识到，我比他们所有人都滑得更好，甚至好于常常在阿尔卑斯山上滑雪的里茨勒。"[65]

镇上的旅馆已经满员，其中挤满了教授、滑雪爱好者、记者和度假的中产阶级夫妇，这样的组合着实奇特。[66] 贝尔韦代尔大酒店仅仅

＊　原文如此。库尔特·里茨勒并非海德格尔的学生，而是后者的前辈。

为教授们预留了房间，而学生则到众多邻近旅馆去住宿。有些人觉得这种氛围很压抑。海德格尔向伊丽莎白·布洛赫曼抱怨说："我在'大酒店'中的生存有些令人厌烦。因此，在会议间歇期与里茨勒愉快地爬山和远足，才让我感到快乐。"海德格尔似乎很享受对其他来宾施加的影响："傍晚时分，在经历了我们遥远旅程的整个强劲势头之后，我们的身体充满了群山的荣耀与自由，我们接下来仍然穿着滑雪服，却穿出了晚礼服的优雅。"[67] 卡西尔与海德格尔都没去听其他来宾的各种报告。卡西尔抵达达沃斯时就得了病，在第二次谈话之后，他就把自己关在房间里，这让海德格尔想知道，二人间的研讨究竟是否会召开。海德格尔在给埃尔福丽德的书信中写道："这些讲座本身安排得相当紧凑，但我避开了'人们'料想我应该会参加的绝大多数讲座。我想，你希望我给人们留下的印象，在那些非德国人身上或许已经达到了效果。"[68]

想悄悄离开必然很难。这三周时间充满了各种讲座与特别活动，会议的总体安排仍然参照前一年的方式，周一到周五上午和下午都安排了各种讲座。这些活动的中心是海德格尔与卡西尔在研讨会上的公开交锋。除了对哲学与人文学科间关系的广泛讨论以外，主要讲座还涉及这个中心问题："人是什么？"（*Was ist der Mensch?*）尽管如此广泛的主题自然会谈到各种学科兴趣，但这个问题主要针对的是最重要的与会者的哲学关切。为了学生着想，这次会议补充了额外的主题："代际"。某些学生评论了这两个主题的关系：代际主题表达了当代的紧迫性，但同样紧迫的问题是，如何将抽象的哲学思维与人类学的"现实"联系起来。根据一位学生的说法，达沃斯的基本问题相当简单："哲学如何才能不放弃日常生活？"这则评论隐含的假设是，"抽象"思维应当以前所未有的方式来回应"现实"。[69] 这一假设看来已经让学生们倾向于赞同某种哲学态度，并反对其他哲学态度。一位记者表示，海德格尔满足了战后新一代明显表现出的对一位"领袖"（*Führer*）

的渴望。[70] 许多人似乎觉得，那一年的讨论明显有着多重分野，不仅隔开了战前与战后几代人，还隔开了教席教授与单纯的讲师。[71]

尽管传言说海德格尔凭借魅力迷住了那些作为听众的学生，但海德格尔自己对年轻一代感到失望，他在达沃斯的大部分时间里看起来都渴望回家。3 月 23 日，就在他与卡西尔最后一次交锋的几天前，海德格尔在信中对埃尔福丽德写道：

> 尽管对我来说基本上在这里学不到任何东西——我仍然很高兴，因为我不时会参加这样的事——一个人的多才多艺，一个人应对人们的方式，以及某种外在的沉着自信确实有好处。不过我还是经常期待回到我们的房子与我的房间。只有在那里，我必须从事的事情才会茁壮发展。我还认为，年轻人应该已经感受到，我工作的根扎在如今的都市居民（*die heutige Stadtmensch*）不再拥有的某个地方——事实上他们甚至不再理解这一点……可怕的是，这些年轻人有多么狡诈，多么不友善，多么缺乏安全感与直觉。他们再也不能找到重返简朴生存的道路（*Und nicht mehr zurückfinden in die Einfachheit des Daseins*）。[72]

这是海德格尔的常见抱怨：离根的都市人没有能力进行哲学思考，只有在乡村之中才真正有可能本真地反思。现代学生已经迷失了道路，这个世界需要严肃的引导。在这种感情的支配下，一些见证者后来回想起海德格尔时，会将他视为内心苦闷的人，这毫不奇怪。[73] 但在召开研讨会之后，海德格尔立即给埃尔福丽德寄出了另一封信，他这次恢复了信心："我刚刚和卡西尔进行了长达两个小时的公开讨论，"他写道，"过程十分精彩，除了内容以外，还给在场学生留下了深刻印象。"[74] 海德格尔在达沃斯的经历增强了他的声望和他对德国哲学的个人期待。相较之下，应当公正地说，卡西尔的发挥算不上最好——大多数时候他都在生病，在研讨期间尚未完全康复。他离开达沃斯时，似乎对他与海德格尔之间的一切分歧有了更强烈的意识，并决心以更有说服力的方式来表达他的批评意见。

不过，让我们再一次重返开幕的场景。这次会议在贝尔韦代尔酒店最大的礼堂开幕，那里举行了盛大的仪式和演说。开幕式座无虚席，观众在聆听开幕音乐勃拉姆斯《F小调钢琴五重奏》（作品34）的第二乐章时，满怀着期待的情绪。随后，法国、瑞士和德国三个政府的官方代表发表了一系列欢迎辞。[75]某位姓比兰德的博士强化了这次会议与托马斯·曼那部小说的关联，他将达沃斯会议的学术参会者称为"人性的医生"。[76]瑞士联邦委员会的莫塔表示，他希望达沃斯的思想交流能够本着和解精神，以弥合十年前还处于战争状态的欧洲人民之间的裂痕。[77]来自德国的绍尔布鲁赫教授支持这些观点，并指出这次会议明确旨在教育下一代。来自法国的泰拉谢教授称赞达沃斯广场所在的城镇同意接待如此众多的访问学者，并希望这次会议的独特形式为来自所有学科的知识分子提供难得的"重估价值"的机会。在抽象思辨中花费的时间无疑会在未来世界中找到具体实现的成果。[78]达沃斯高校组织委员会主席埃哈德·布兰格代表同事们最后表示感谢，并进一步希望达沃斯会议在春日阳光的照耀下，为加强"洛迦诺精神"尽自己的一份力量。[79]开幕式像开始时那样在音乐中结束，演奏的仪式音乐是德沃夏克《钢琴五重奏》（作品81）的第三乐章。在那之后，则是卡西尔关于哲学人类学的首场独立讲座，以及海德格尔"康德与形而上学"讲座的首讲。

第三章

独立讲座

> 在某些时代，理性人和直觉人并肩而立，一个恐惧直觉，另一个轻视抽象。

> ——弗里德里希·尼采，
> 《论非道德意义上的真理与谎言》（1873）

导言

卡西尔与海德格尔在达沃斯研讨会对话之前，都开设了独立讲座。第一周周一上午，卡西尔以《哲学人类学的基础问题》拉开了高校课程的序幕。当天下午则是海德格尔的讲座《康德的〈纯粹理性批判〉与形而上学奠基的使命》。周二，卡西尔与海德格尔继续报告，卡西尔分到上午两个小时，海德格尔分到下午晚些时候一个小时。周四，海德格尔又得到额外两个小时来结束他的报告。海德格尔在信中对埃尔福丽德写道："我第三场讲座没有稿子，讲了一个半小时，获得了巨大的成功。"到这时，卡西尔感觉已经完全从感冒中恢复过来，于是在第二周周一下午晚些时候用一节短课结束了自己的讲座。[1] 卡西尔与海德格尔的研讨立即在第二天（即 3 月 26 日周二）上午举行，从十点持续到中午。之后的周三上午，卡西尔又开设了另一场独立讲座《舍勒哲学中"精神"与"生命"的对立》。[2]

这些独立讲座需要审慎地加以考虑，特别是因为它们为随后的争论准备了相关背景。当时许多评论家很快就注意到，这些讲座最引人注目之处，是主题的明显颠倒：两位哲学家选择谈论的问题，通常与另一方关系更为紧密。卡西尔讨论哲学人类学主题，这一运动的名称更为频繁地与海德格尔相关，而后者则讨论康德哲学，绝大多数观众原本期待卡西尔会谈论这个主题。这样做的结果，是他们以未曾预料的方式跨越了既定边界，既鲜明地描绘了共同的前提，同时又增加了最终产生分歧的可能性。当时的一则报道表示，他们侵入彼此的领域"并非偶然，而是在规划的结构中有意为之"。不过，这种跨越也有好处，它让两位竞争对手切入双方都理解的主题，从而"更清晰地揭示出他们彼此的关系"。[3] 当然，这也为两位哲学家初步提供了机会，阐述各自哲学工作的基本原则，以便为接下来的研讨做准备。

卡西尔论哲学人类学的讲座

卡西尔的关于哲学人类学的讲座，及其对舍勒哲学中精神与生命的具体陈述，为随后的辩论阐明了智识背景。尽管海德格尔不接受同时代人将他理解为哲学人类学家，但人们确实很难不生出这样的感想，即卡西尔对哲学人类学的评论意在委婉地批评海德格尔。无论如何，对与会者来说，他们普遍清楚海德格尔与哲学人类学之间的联系。无论事后来看有多不准确，同时代人在 1920 年代没少将海德格尔的生存论分析视作哲学人类学的变种，他们并非不知道海德格尔与生命哲学家之间的某种亲缘关系，后者的代表包括雅各布·冯·于克斯屈尔和路德维希·克拉格斯。

先前提到，海德格尔在智识上直接受惠于生命哲学的传统，特别是威廉·狄尔泰与马克斯·舍勒所发展的传统，这在《存在与时间》中自始至终都显而易见。在对此在本质的"历史性"（这一主题仿效了狄尔泰的历史理性理论）的总结讨论中，在开篇将此在作为有别于纯粹"主体性"或"人格"现象的方法论附记中，都能辨认出这一点。[4]在此，生命（狄尔泰与舍勒都使用过这个术语）主题在海德格尔的分析中起着特殊的作用。海德格尔尤其钦佩舍勒的反笛卡尔主义整体论学说，该学说主张，一个人"永远不应被理解为物或实体"，而应被理解为"生命经验（*Er-lebens*）之统一"。海德格尔迫不及待地告诫读者，哲学人类学仍然只是对"人是什么"这个问题的经验性解答，而恰当的"关于此在的存在论分析"必须先于一切经验研究并作为它们的先天基础，包括生物学与哲学人类学在内。[5]

尽管有这样的告诫，但海德格尔所构想的作为"在世之在"的此在，看起来显然很像舍勒所构想的始终置身于"周围世界"的人类，周围世界最初由于克斯屈尔使用，他的整体论生物学理论同样给海德格尔留下了强烈印象。[6]海德格尔对舍勒格外钦佩，整个1920年代都是如此。在《存在与时间》的预备性研究中，海德格尔本人使用了生命这个术语来表示人类经验的整体结构，后来他将之重新命名为"此在"。[7]尤其值得注意的是，海德格尔赞扬了舍勒关于表象与情绪统一性的理论（它预示了海德格尔自己的"情绪"概念，也即现身情态）。[8]在达沃斯与卡西尔辩论之后不久，海德格尔就将他1929年的论著《康德与形而上学疑难》题献给马克斯·舍勒（他在前一年去世）。尽管这种实际的相似之处或许缺乏深度，但重要的是要注意到人们普遍认为海德格尔与舍勒这样的哲学人类学家存在密切联系，这种看法有助于解释为什么许多与会者相信卡西尔对哲学人类学的评论也适用于海德格尔本人。《达沃斯评论》上的摘要表明，无论卡西尔这些讲座凸显的焦点是什么，它们实际上都是"与海德格尔的存在论与生存论分析的争辩（*Auseinandersetzung*）"。[9]

卡西尔对哲学人类学的论述，聚焦于它的三个最常见的主题：空间、语言和死亡。根据卡西尔的观点，于克斯屈尔这样的哲学人类学家在理论上过于严格地坚持了实用环境的首要地位。无疑，所有经验都始于人类与"有所关切的行动世界"（*Welt des besorgenden Handelns*）的关联，或者始于"日常此在"（*alltäglichen Dasein*）所遭遇的"与'称手用具'打交道"（*des Umgehens mit "zuhandenem Zeug"*）的世界，但哲学人类学家错误地相信，人类经验永远被束缚于此种实用环境。用卡西尔的话来说，实践行动的环境仅仅充当了人类经验的"起点"（*terminus a quo*），而不是"终点"（*terminus ad quem*）。相反，人类首先在卡西尔所谓的"自主与自由的精神领域（Reich des Geistes）"中实现其"存在"与本真目的。只有当人类向实用环境以外迈出决定性的一步，引起从单纯的实用"把握"（*Greifen*）到真正的"概念化"（*Begreifen*）的转变时，这种领域才得以实现。[10]这种转变拥有一种辩证的结构，因为它首先不得不退出行动领域，以便接下来认识到自己在创造客观世界方面的行动成果。

因此，卡西尔区分了他自己的人类模型与哲学人类学家的人类模型，前者视人类为配备了"符号、构形与自发活力"的存在者，后者视人类为"纯粹的生命力"（*bloß vitalen Kraft*）。于克斯屈尔的环境理论将人类的空间经验解释为单纯的实用性"生活空间"。但根据卡西尔的观点，人类对空间的理解享有一种表达能力，它不可还原为实践行动，在精灵所栖居的神话世界的形象中，这种能力就已显而易见，而空间的艺术概念与数学—物理学概念则进一步证实了这种能力。在语言学领域中，哲学人类学家断定语言的表象功能仅仅是实用或"称手"理解的一种"有所欠缺的"模式，卡西尔认为这种看法是错误的，因为仅凭语言本身就促使人们迈出从行动世界到纯粹"对象性"（*Gegenstständlichkeit*）世界的那一步。我们必须承认对象世界拥有其自身的"存在"（Sein），因为人类首先将之构造成具有符号意义的领域，进而使其在概念上可以把握。[11] 因此，卡西尔主张，人们还必须在更广阔的"人类此在的视域"中授予艺术与科学合法地位，因为这两种表达成就都引起了从较低的行动与劳作领域到更高的符号化领域的转变。而在数学物理学中，人类直观本身的感性领域更是进一步被"升华"为"纯粹的函数与关系的系统"。

这些非实用的空间概念与语言概念，验证了卡西尔的基本哲学信念，证实人类享有一种"特殊的超越能力"（*eigentümliche Transzendenz*）。那些坚持实用理解的首要地位的哲学家没能辨识出这种能力，而"正是由于其自身这种创造符号的活力"，人类能同时"在自己的世界中构想自身"，并"为自己构想一个世界"。[12] 这种变形是人的自我实现的必要特征：通过构造符号世界，人类就能通过认识自身活动来实现自我认知，由此既可以实现自身的自由，又可以认识到他已经实现了自身的自由。卡西尔总结道，人的自我实现的这一终点本身就是"哲学的使命"。[13] 最后，按照卡西尔的观点，哲学人类学家的死亡概念基本上与"基督教"的形象保持一致，都认为受到死亡威胁的个体独自站在自身的有限性面前。卡西尔反对这种对"世界堕落状态"（*Weltverfallenheit*）的解释，他坚持认为，尽管"人类确实是有限的"，不过他是"理解这种有限性的有限存在者"（*jenes endliche Wesen, das um seine Endlichkeit weiß*）。凭借这种理解（这种理解本身不再是有限的），人类"将自身从这种有限性中抬升出来并超越了它"。[14]

上述重构清楚地表明，卡西尔这些讲座意在突出哲学人类学家与海德格尔本人共享的更为广泛的智识视角。卡西尔在描述哲学人类学

家时所选择的术语清晰表明了这种密切联系："周围世界""称手""此
在"，对象性作为一种有所欠缺的模式，更不用提"堕落"了（海德
格尔从生存论上将人类生存刻画为"沉沦"，尽管二者有所区别，但
显然引人联想）。在表面上，卡西尔这些讲座认定哲学人类学家仍然
陷于人类理解的纯粹实用的与环境的层面，没能辨识出人类通过表达
符号的"超越性"跃出实践层面的能力。但这一论断显然也抓住了海
德格尔哲学中的某些主题。依循卡西尔的逻辑，人们不得不得出结论：
海德格尔未能成功撇清自己与哲学人类学家的关系，像他们一样，海
德格尔这位理论家也只是描绘了患有发育障碍的人性。

精神与生命

　　卡西尔独立讲座中对海德格尔的隐含批评，在追加报告《舍勒哲
学中"精神"与"生命"的对立》中变得显著起来，卡西尔在与海德
格尔辩论之后的周三上午发表了这一报告。尽管该报告发生在辩论之
后，但它仍然值得我们注意，因为它详细阐述了卡西尔在先前讲座中
对海德格尔的批评，并将其复杂化。甚至可以说，关于舍勒的讲座是
这场辩论所激起的数次报复中的第一次。重要的是要注意到，该讲座
的许多内容都重复了（某些情况下逐字逐句地重复了）当时未发表的
《符号形式的哲学》的"结论"中展开的论点。这一结论题为《论符
号形式的形而上学》，看起来完成于 1928 年 4 月，比卡西尔在达沃斯
的报告早了整整一年。它由两个章节组成：第一章标题又是"'精神'
与'生命'"，第二章标题是"符号问题与哲学人类学的基本问题"。[15]
同样值得一提的是，卡西尔讲座的重点是舍勒的哲学论文《人在宇宙
中的地位》（1927），舍勒本想以之为核心，写一部论述哲学人类学的
长篇作品，但直到 1928 年 5 月去世也没能完成。[16] 如此来看，卡西

尔的讲座充当了这场更大规模的哲学运动的墓志铭，而舍勒大概是该运动最有水平的代表。

讲座在开始时简短地附带讨论了海因里希·冯·克莱斯特1810年文章《论木偶戏》中提出的意识与自然之间的鲜明对比，这一对比促使卡西尔注意到"我们最现代的哲学思想"（"有意或无意地"）植根于最早表达在浪漫主义中的各种模式："如今再次位于我们反思中心点的是'自然'与'精神'间的巨大对立，是'生命'与'知识'的两极分化。"[17] 不过还需注意一个关键的区别：像谢林这样的浪漫主义者（例如在《先验观念论体系》中）仍然设想了两极之间的审美和解，但如今的哲学家却视它们为无法调和的对立面。例如，路德维希·克拉格斯谴责精神"这种力量在其本质中反对神圣，仇视生命（*widergöttliche und lebensfeindliche*）"。[18] 卡西尔几乎没为克拉格斯说过什么好话，这毫不奇怪，克拉格斯出身格奥尔格圈*，根据卡西尔的判断，他那些非理性主义与反犹太主义的抨击，或多或少使他越出了哲学讨论的合法界限。然而，舍勒与他全然不同，对卡西尔来说，舍勒的哲学值得持续受到批判性的关注。尽管舍勒反对精神与生命之间的完全和解，但卡西尔注意到，舍勒对"存在本身的原始划分"的理解，"完全不同于传统西方形而上学"。[19]

舍勒反对精神与生命纯粹静态的二元论，他认为，人类精神只有在坚定反对纯粹有机生命的约束时才能赢得其实在。因此，精神主要是一种否定原则，一种脱离单纯生命体验与野蛮冲动领域的"背弃"（*Abkehr*）行为。动物的生存（像于克斯屈尔确证的那样）仍然完全沉浸在它的环境之中。但人类生存的基本特征，是它"拥有'世

---

* 格奥尔格圈（George-Circle），指以德国诗人斯特凡·格奥尔格为中心的反现代主义秘密团体，网罗了一众青年精英作家。该团体拥有明确的等级制度，成员称"门徒"，以格奥尔格为崇拜对象。1933年格奥尔格去世后解散。

界'"——卡西尔用引号表达了舍勒从胡塞尔现象学中生发出"世界"
的特殊意义——而且它"不再受制于冲动或周围世界",因此,它"对
世界敞开"(*weltoffen*)。根据舍勒的观点,这种自由与其说是一种状
态,不如说是一种苦修(*askesis*),一种抵抗或拒绝的姿态。这种抵
抗采取多种形式,其中包括的一种能力,可以将空洞的空间与时间表
象为与实际经验脱节的纯粹形式化的可能性。卡西尔得出结论,认为
舍勒的哲学暗示精神存在者的基本特征是"生存的解脱"(*existentielle
Entbundenheit*)。[20]

总的来说,尽管舍勒哲学提倡精神与生命动态的关系论,但卡
西尔抱怨这种实际的区分依旧是二元论的。[21] 因此,舍勒的区分让
人强烈回想起更古老的形而上学区分(如亚里士多德的形式与质料,
或者近来哲学家的心灵与身体),这样的二元论无法解释它们的相
互交流或影响:"在此,"卡西尔评论说,"突然出现在我们眼前的一
切问题,中世纪的整个形而上学与心理学,乃至此后文艺复兴时期
的心理学,都不断与之斗争;即使在今日,这些问题看起来仍旧没
能最终平息,舍勒的人类学结构就表明了这一点。"[22] 根据卡西尔的
观点,任何这样的二元论都面临着困难,仍然被困在苦修的抵抗阶
段——"精神"永远与"生命"对立——以致两者间的对立最终固
化为形而上学的差异:

　　然而,"存在"(*Sein*)的形而上学概念有种特异性,它有
着强烈的绝对主义特征。在这个概念中,基本上容不下不同种
类的"存在"以及不同类型的意义。实则,我们迟早会被导向
一种简单的"非此即彼",即在存在与不存在之间的"危机",
西方形而上学的第一位伟大思想家巴门尼德就遇到过这样的危
机。在舍勒的哲学人类学中,形而上学的这种命运也以相当奇
特与引人注目的方式重生。舍勒给予精神什么,就必须从生命

那里拿走什么；他分配给后者什么，就得拒绝将之授予前者。[23]

因此，舍勒的动态抵抗形象表明了更大的"危机"——一种禁止一切和解的分离——这种危机一直困扰着古希腊哲学，到了 20 世纪它继续困扰着当代形而上学家。事实上，尽管舍勒与克拉格斯之间存在很大差异，但卡西尔确认，哲学人类学家有一种基本类似的冲动，将原本应当用于哲学描述的一组纯粹函数 / 功能性的范畴（如"生命"与"精神"）转化为实体性的绝对之物。尽管舍勒在某些方面仍然受胡塞尔现象学的约束，受其反形而上学态度的影响，但卡西尔宣称，"在（舍勒）那里，形而上学的兴趣最终优先于纯粹的现象学兴趣：精神成了站在纯粹生命的存在之上的自成一格的存在（Sein）"[24]。

因此，这种危机哲学未能解释如此彻底对立的两种形而上学原则如何能够实现卓有成效的合作关系。然而，卡西尔断定，这种合作在所有创造性的表达活动（无论是虚构的神话活动、语言活动、艺术活动，还是科学活动）中都显而易见，因为人类的表达始终发生于某种"居间"领域，超越了内在意识与外在冲动的二元区分。因此，将这种表达活动描述为从客观生活退缩到幻想的纯粹主观领域，是错误的。符号表达实际上创造了自己的现实，并为自己构建了客观的世界。符号化的产物并不像"黑板上贴的无声图片那样存在；它们让自身成为现实，并在自我生成的行为中，同时提供了对'客观'现实的新直觉"。[25]

根据卡西尔的观点，理解人类表达活动同时具有"精神"特征与"客观"特征的关键哲学工具，是康德在"第一批判"中就已展示的创造性想象力学说。那里可以找到对哲学人类学二元论病症的解决方案，以及实现"精神"与"生命"必要和解的受欢迎手段。根据康德的学说，只有创造性的想象力，才能在纯粹感官知觉与诸范畴间提供最终联系。只有通过这种想象力，范畴才能超越作为思维规则的纯粹主观功能，并获得真正的客观有效性。这个发现证明，只有靠着形式的居间功能，知识本身才可能存在。卡西尔评论道："经验的'客观'世界构造依赖精神的原始构成力量，依赖这些力量所依据的基本法则。"[26]

辩论的预期

　　三场一般性讲座以及一场专门论述舍勒的讲座，不仅为卡西尔提供了批评哲学人类学本身的机会，还暗示了哲学人类学形而上的绝对主义与海德格尔本人作品中同样形而上的描绘之间尚未得到承认的微妙联系。这种小声表达的暗示在整个讲座中都很明显。实际上，当卡西尔抱怨哲学人类学中现象学方法的严格性已经被"形而上学的兴趣"取代时，少有人察觉不到卡西尔的意图。当卡西尔抱怨"形而上学的存在概念"中明显缺乏根据的绝对主义时，更没人察觉不出他的意思。[27]

　　然而，倘若将卡西尔的舍勒讲座解读为对海德格尔哲学毫无保留的攻击，那就太夸张了。尽管卡西尔显然对新出现的生存与存在论哲学研究不屑一顾，但这种批评所针对的大多是海德格尔本人以外的目标。事实上，卡西尔对同时代存在论最持久的讨论，是1927年对尼古拉·哈特曼新近工作的评论，哈特曼是柯亨与纳托普先前在马堡指导的学生，卡西尔在哈特曼的"批判的存在论"中发现了向前康德形而上学的倒退。卡西尔抱怨道，由于"第一批判"，"旧存在论的至高权威，以及它自称形而上学的真正基础科学的断言，如今已经破产：现在应该迈向'纯粹知性的分析论'这一更谦逊的任务，以取代'存在论的傲慢头衔'。然而，今日不乏这样的思想家，即便相信自己站在'批判的'基础之上，却将康德的谦逊视为虚假的与不真诚的自我掩饰，并再次坚持主张存在论的首要地位"。[28] 总之，在卡西尔看来，那种非法的、前批判的存在论思辨的复兴最重要的现代例证是哈特曼的作品，而不是海德格尔的。

卡西尔仍然相信他与海德格尔有很多共同点。他暗示海德格尔的"生存论分析"本身是哲学人类学的变体，在这一暗示背后，卡西尔相信哲学是人类中心主义的，而且必须始终如此："作为凭借自身就能追问的存在者，"卡西尔声称，"人也是这样一种存在者，他不仅对自己完全成问题，而且始终对自己完全成问题，这种存在者永远值得追问。"[29] 在这一点上，海德格尔与卡西尔是一致的：在《存在与时间》关于"存在问题在存在论上的优先地位"的方法论附记中，海德格尔同样认为，尽管人们不能标划出此在的"本质规定"（*Wesensbestimmung*），但此在与所有其他存在者的不同之处在于"存在对它来说是一个问题"。[30] 对卡西尔与海德格尔来说，人性依然"值得追问"，因为它属于人类的本质，而人类享有一种特殊能力，能够追问自己的生存。

在进一步考察这场哲学辩论时，重要的是要记住这个共同的关切。尽管将海德格尔描述为哲学人类学家的做法或许有误，但重要的是要认识到早期海德格尔与卡西尔颇为类似，他的注意力也主要被人类生命的问题所吸引。后来围绕海德格尔背离人类中心论反思（这种转变在 1930 年代后期的尼采讲座中就已明确，并在 1947 年的《论"人道主义"的书信》中得到总结）的诸多争议，共同掩盖了海德格尔思想中更具人类学性质的早期阶段。但在 1929 年，海德格尔与卡西尔显然在他们的哲学关切中仍然保留了广义的"人类学"，尽管二人都不会完全接受哲学人类学运动。事实上，他们之间的分歧只有在共同的人类学领域的地基上才会显露出来。

海德格尔的康德讲座

　　海德格尔关于康德的第一次独立讲座，始于达沃斯高校课程第一个周一下午，安排在当天上午卡西尔关于哲学人类学的第一场报告之后。海德格尔这个讲座在周二下午继续（再次安排在卡西尔当天上午的讲座之后），而在同一周的周四，海德格尔用两个小时的报告结束了这个讲座。在如何恰当解释康德哲学上，海德格尔与卡西尔存在分歧，而这些讲座为理解这种分歧的确切本质提供了材料。二人的公开争论远非仅仅取决于对哲学人类学重要性的分歧，还取决于他们对康德批判学说——其初始特征及其当代相关性——差异悬殊的见解。就像卡西尔的哲学人类学讲座一样，我们也知晓了海德格尔讲座的总体内容，这多亏海德格尔可能会为听众分发写着基本论断的讲座概要，他还给了《达沃斯评论》一份，以发表在关于高校活动的专刊上。应当注意，这些讲座并不是海德格尔首次公开谈论康德哲学。在马堡大学 1927 年至 1928 年冬季研讨班上，海德格尔提出了"对康德《纯粹理性批判》的现象学解释"，接着是 1928 年 9 月在里加赫德学院开设的关于康德的公开讲座，该讲座内容看起来与达沃斯的康德讲座非常相似。[31] 在高校活动之后不久，海德格尔在《康德与形而上学疑难》（1929）中更详尽地阐述了他的观点。在这本"康德书"的第四版序言中，海德格尔写道，该书是在达沃斯高校讲课结束"之后立即"写成的。[32]

　　要理解这些讲座对这场争论的意义，重要的是首先得承认康德哲学在海德格尔早期研究工作中的关键地位。这一地位既是历史的，又是哲学的。《存在与时间》已经发表的部分提到了"对存在论历史的解构"，海德格尔在其中提出要批判性地重新解读哲学史——以回溯的方式从康德到笛卡尔，再从笛卡尔到古希腊——以便让时间与存在的亲密关系在遭受变形与再次压制之前短暂地进入视野，并在此时阐明存在论洞识的诸多环节。海德格尔的主导目标是弄清"存在的时间性"。他声称这项任务的挑战非同寻常，很大程度是因为此在在它的日常领会中想要逃避自身的被抛性与时间境况。因此，形而上学的历史本身就是被有目的地加以遮蔽的故事：在其整个进程中，存在论的时间特征要么被遮蔽，要么干脆被遗忘。因此（海德格尔以一种貌似悖论的方式说道），此在"被传统连根拔起"。这个困境需要一种"否定性的"规划来"摆脱存在论的传统"。

> 倘若存在问题要把它自己的历史透视清楚，那么就必须要松动这个硬化了的传统，就必须要消除这个传统造成的遮蔽。我们把这个任务理解为：以存在问题作为我们的线索，我们将摧毁古代存在论的传统内容，直到获得那些原始的经验，而在那些原始经验中我们获得了确定存在本质的最初方法。[33]

众所周知，海德格尔从未完全实现这个承诺——《存在与时间》已经出版的文本仅仅构成规划的前半部分。但读者通常将他的许多早期历史研究（例如关于德国观念论的历史研究，特别是关于康德、黑格尔与谢林的历史研究）视为规划中的历史解释论稿。这尤其适用于《康德与形而上学疑难》，它在海德格尔代表作问世两年后出版，似乎迈出了所谓的解构的第一步。

但更重要的是，康德在海德格尔的哲学—历史叙事中，大概比形而上学史上其他任何现代哲学家，都无可争辩地发挥了更具决定性的作用。这是因为康德的先验学说显然是海德格尔本人生存论学说的重要模型。康德的观点是，倘若我们要获得关于这个世界的可靠知识，那么人类心智就必须为经验提供先天条件。而海德格尔的观点是，倘若我们要与存在者相遇，那么我们就必须对这些存在者的存在拥有某种领会。海德格尔对康德的主要挑战在于，他坚持认为，经验可能性的条件并非心智条件，而是实践条件："生存论分析"取代了康德的"先验分析"。尽管这种转变的戏剧程度——从理性转向生存——几乎无可否认，但先验条件的基本概念在关键方面仍然保持不变。[34] 这种相似性的最有力证据，大概是《存在与时间》中关于观念论–实在论之争的扩展讨论，海德格尔用如下评论结束了这场争论：因为"存在永远不可能被存在者所解释，对于任何存在者来说，存在都已经是'超越的东西'，那么就只有观念论者才有可能正确地提出哲学问题"。"倘若是这样，"海德格尔补充说，"那么亚里士多德就与康德一样是观念论者。"[35] 海德格尔在此坦率承认自己受益于康德的先验条件学说，这无疑是他在完成《存在与时间》现有部分之后，紧接着投入对康德哲学的批判的原因之一。

海德格尔与新康德主义的争执

在《康德与形而上学疑难》中，海德格尔提出了自己的康德诠释，与新康德主义的观点形成了鲜明对比。[36] 为理解这一对比的利害关系，我们应当回顾第二章的讨论，那里提到柯亨在本质上将先验观念论视为一种"认识论"（*Erkenntnistheorie*），更准确地说，视为对自然科学知识论断的哲学辩护。柯亨这一见解的关键在于如下论断：倘若科学知识是可靠的，那么它就必须表现出彻底的合理性，这种合理性在任何意义上都不能依赖纯粹的直观，必须仅仅在纯粹的先天逻辑中找到基础。因此，柯亨拒斥了康德在直观（感性）的接受能力与概念（知性）的自发能力之间的区分，转而坚持主张知性的自主性是知识的唯一基础。用柯亨的话来说，"存在"本身就是"思维的存在"。作为自然科学的发现理论，这意味着柯亨并没有将物自体视为形而上学的未知之物或本体，而是将之仅仅视为知识使命或任务的标志。这种解释最终将先验观念论重构为科学解释的形式主义基础。但讽刺的是，随着这种从形而上学到方法论的转变，康德哲学似乎放弃了它最后保留的与经验主义的联系，开始变得像绝对的观念论。某些批评者甚至将之视为一种"泛逻辑主义"。[37]

海德格尔最希望反驳的是马堡学派对康德哲学的独特解释（它将康德哲学视为基于心智自发性论题的对自然科学的认识论准备）。海德格尔在达沃斯康德讲座中指出，他的论证意在"反对新康德主义的传统解释"，他进一步主张，尽管马堡学派那样解释，但《纯粹理性批判》"并不是关于数学、自然科学知识的理论"。鉴于新康德主义解释在当时德国哲学中的超然地位，海德格尔对其最基本的前提持有异议，无疑显得具有争议性。但海德格尔显然希望强调其论点的新奇特征。无论传统的解释是什么，"第一批判"在他看来"根本不是一种认识论"，而是某种"形而上学奠基"。[38]

本质的差异在于，新康德主义者将"第一批判"视为认识论研究（即对经验知识的形式条件的研究），而海德格尔如今断言，"第一批判"必须被理解为存在论领会之条件的预备性研究。作为辩护，海德格尔指出，康德的出发点是被称为"传统形而上学"或特殊形而上学（例如关于世界整体、不朽灵魂与上帝这三种超感性存在者的知识）的一系列关切。但"这种知识何以可能？"这个康德问题反过来又取决于对一般存在者知识之可能性的基本追问。因此，存在者层面知识（关于特定存在者的知识）之可能性，奠基于对存在论知识（关于存在的知识）或一般形而上学之可能性的追问之中。

根据海德格尔的观点，这种存在论探究从一开始就受到约束，必须仅仅关注人的或有限的理性。人的思想的本质特征就是有限的。"无限思维的观念，"海德格尔评论说，"是荒谬的。"这个基本限制进一步得到现代现象学理论的强化：意向性并不是某种自我封闭的结构，而是与给定的或直观的现象的关系。然而，甚至在康德自己的哲学中，海德格尔也可以找到对"认识主要是直观"这个假设的支持。[39]

人的知识必定存在于直观与思维之中；实际上，直观是主要的，因为要思考一个对象，这个对象必须首先被给予。因此，在康德自己的体系中，人类知识的有限性与一种"无限的"或本源的直观（*intuitus originarius*）形成了基本的对比。根据康德的观点，那种自发的直观会在直观对象的活动中自发地创造其对象的现实。对创造性直观来说，无需"给予"任何对象，因为知识等同于制造。制造自己对象的心灵与依赖给定对象的心灵之间的对比，证明康德自己将人的直观视为本质上有限的直观。

然而，在新康德主义的解释中，对人类知识有限性的承诺几乎被遗忘了。海德格尔在此似乎意在向听众表达他对柯亨"无穷小"理论（上文指出，根据这种理论，人类心灵本身被视为科学解释之对象的源头，恰如在微积分中，无穷小量是从数学运算中产生的一样）的不同意见。不过，海德格尔更明确的抱怨是，在新康德主义马堡学派赞颂心灵生成独立性的狂热尝试中，他们对人类知识的描绘抹去了其最关键的特征：接受性。知识始终产生于面对世界的定向，产生于通过直观而形成的对世界的依赖性。因此，只有当人们首先承认一般知识具备的有限本质以及这种有限性的基本特征，才有可能恰当地评估"第一批判"。对海德格尔来说，这意味着人们必须主要关注康德的感性理论。与新康德主义者将直观吸收到知性之中的做法相反，海德格尔转而主张，感性应当被赋予基础的地位，它不仅仅是"感觉的"或"心理的"官能，而是应当作为经验的真正的"形而上学"基础。由此可以推断，"第一批判"探究的是作为存在论发源地的有限性本身。

作为形而上学家的康德

在达沃斯康德讲座与"康德书"中，通过评论版本 A 与版本 B（分别于 1781 年与 1787 年首次出版）的关键差异，海德格尔为他将“第一批判”当作“形而上学奠基”的解释辩护。根据海德格尔的观点，理解“第一批判”中的有限性与存在论知识之间关系的关键，是康德的如下主张：“时间是一切显象的先天形式条件”。[40] 这暗示着存在论知识以某种方式与时间性联系在一起。海德格尔评论道，这个暗示在康德的如下论断中找到了额外的支持，即“先验想象力”必须充当感性与知性之间的中介官能。在确保诸范畴的客观有效性方面，先验想象力不得不发挥关键的作用，因为它为知性概念提供了时间的综合，并由此创造出“图型”，而图型进而可以应用于纯粹的直观。用康德的话来说，图型“无非是与规则一致的先天时间规定而已”。但就连康德似乎也承认，图型的确切本质仍是一个谜：“我们对显象及其纯粹形式之理解的图型法，”他写道，“是一种隐藏在人类灵魂深处的技艺，我们能从自然中推断出它的真实运作，要让它在我们眼前揭开面纱，还有困难。”[41]

　　为什么康德会在如此关键的论证环节承认这种无知，这引起了长期的争论。更需要问的是，为什么康德后来回过头修改了对先验想象力的分类：在 1781 年版（A 版）中，康德将之归类为“第三种”官能，但后来（在私人稿件中）将之重新命名为一种“知性功能”。对海德格尔来说，对这个修改的关注并非仅仅出于对文本的好奇。它是“康德如何修改先验演绎本身，以便确保理性的至高权威”这一更宽泛问题的必要组成。公认的观点是，康德改变了论点，用 1787 年版（B 版）中“逻辑性更强的”学说取代了 1781 年版中强调想象力中介作用的“心理”学说。但在海德格尔看来，这种变化并未表明康德实际上改进了他早期的立场。相反，它暴露出这样一个事实，即康德很快察觉到其论点激进且具有潜在破坏性的后果，并迅速采取行动掩盖它们。

　　海德格尔解释说，A 版在两个方面更加激进：第一，它暗示先验想象力独立于理性，第二，它暗示先验想象力享有独立的地位，而这仅仅因为它最终以时间性为基础。海德格尔指出，这种想象力（*Einbildung*）的"构成"（*Bilden*）活动本身是"相对于时间的"。事实上，最初负责直观的综合统一的，正是这种纯粹的想象力。因此，纯粹想象力就被赋予了必须"构成时间"的特定任务。在"康德书"中，海德格尔密切关注这一观点，他仔细区分了知识所必需的三重"综合"（领会、再生与认定），海德格尔相信，他可以在三重综合中辨别出三种时间模式（"当前、过去与将来"）。根据上述这一切，海德格尔大胆得出结论：先验想象力是"源初的时间"。[42]

根据海德格尔的观点，这一结论的后果确实是爆炸性的。将先验想象力等同于"源初的时间"，进而暗示这种想象力独自造成了一系列独立于理性的综合，这意味着理性可能并不是知识的最终裁决者。但（海德格尔所理解的）康德无法容忍这一暗示，赶紧纠正了这个明显的失策。海德格尔的结论令人震惊。康德修改"第一批判"，是为了维护理性相对于时间的至高权威：

> 先验想象力的晦涩与"陌生"……与纯粹理性的力量……共同作用，以便再次掩盖透视这种……想象力的更源初本质的视线……可以说，这种透视仅仅在这一瞬间才被打开……诚然，我们应当注意，第一版中的奠基活动从来也不是"心理的"奠基，恰如第二版中的奠基活动也不是"逻辑的"奠基一样。实则，两者都是先验论的奠基……但在第二版先验论的主观奠基中，它决定支持对立于纯粹想象力的纯粹知性，而这是为了维护理性的统治地位。[43]

海德格尔清楚地意识到这个结论的戏剧性，他欣然承认，它与康德所表达的意图有着直接的冲突。但海德格尔解释道，任何真正解释的使命都是说出那些始终"没有说出"的东西。这部"康德书"意在"以这种方式使（'第一批判'）的决定性内容清晰可见，并由此说出康德'原本想要说'的东西"。这项使命并不直截了当："当然，为了从话语中榨取它们想说的东西，每一种解释都必须使用暴力。"但这种解释的暴力仍然有别于"浮游不羁的任意"。就"任何哲学知识"而言，"在那些说出的命题中被说出的东西必然不是决定性的"。相反，"决定性的东西必然借助于已经说出的东西，作为仍未说出的东西而被置于我们眼前"[44]。

海德格尔对文化哲学的批判

在达沃斯的康德讲座，自然没有为海德格尔提供足够时间来精确呈现这种解释的诸多细节。根据已发表的笔记，我们可以确认，此后不久在"康德书"中提出的那种解释的主要步骤已经准备就绪。（事实上，某些段落逐字重复。）然而，达沃斯讲座口头与公开的形式，为这些论断增添了额外的戏剧性效果。海德格尔的康德讲座戛然而止，他在结束时最终反击了新康德主义的理性主义与卡西尔在新康德主义基础上建立的文化哲学：

理性的出发点就这样破碎了。

接着康德就通过他的激进主义，将自己带到了他不得不退缩的立场的边缘。

它表明：西方形而上学（精神、逻各斯、理性）以往基础的毁灭。

它要求彻底地重新揭示作为人类自然倾向的形而上学之可能性的根基；也就是说，它要求一种指向这种形而上学之可能性的此在的形而上学，这种此在的形而上学必须以一种先于所有哲学人类学与文化哲学的方式，提出关于人类本质的问题。[45]

海德格尔的挑衅十分明确：卡西尔曾经主张，哲学人类学的形而上重负将它的支持者导向了谬误，海德格尔如今则转而断言，通过否认康德哲学中的形而上重负，新康德主义者完全没有把握到"第一批判"更为深刻的意义。尽管这两位哲学家在主题上存在着明显的差异，但他们径直在"形而上学探究本身是否可被视为正当的哲学领域"这个问题上存在直接的冲突。卡西尔讲座的隐含教训是，现代哲学正确摈弃了形而上学问题，人们应当转而支持一种本质上属于新康德主义的哲学模型，它将哲学视为对自发的（即自由的与理性的）创造性的先验研究。相反，海德格尔讲座的明确主张是，正是由于一般的现代哲学（特别是新康德主义）忽视了作为"人类自然倾向"的形而上学的真正特征，它们才仍然受困于形而上学的理性主义的自欺传统。它们所赞颂的心智自发性不过是一种幻觉。因此，对康德哲学遗产实施持怀疑态度的、难免"暴力"的重新阐释至关重要，尽管这仅仅是海德格尔所承诺的全面"解构""西方形而上学以往基础"的其中一步，而一切寻求以"精神、逻各斯、理性"为基础的哲学传统都需要处理。海德格尔坚持用"形而上学本身"来取代这样的传统，"形而上学本身"的使命是以一种必定"先于所有哲学人类学与文化哲学"的方式来追问"关于人类本质的问题"。[46]

在此需要停下来考虑海德格尔的结束语，可以说它们阐明了海德格尔与卡西尔这场争执的焦点：它们断定了"基础存在论"优先于其他所有哲学关切。这一主张之所以成为焦点，是因为根据海德格尔的观点，任何哲学，不管它的领域是什么，都必定会以对该领域的存在者的存在领会（Seinsverständnis）为出发点。因此，一种关于实际成就的哲学（包括卡西尔对"形式"成就的研究）必然预先假定了一种关于该成就之存在的哲学。而且，由于存在本身对于此在这种特殊存在者来说是"有待解决的问题"，任何对存在的领会都需以对此在的存在论构造的探究为前提，由此可以推断，某种存在论分析或"此在的形而上学"必须先于所有主题的哲学。因此，对海德格尔来说，这种形而上学探究无可置疑地享有相对于其他所有哲学的优先地位——明确地优先于哲学人类学与文化哲学这两者。

在此需要注意，基础存在论必须先于其他哲学追求的主张，并不必然使海德格尔进一步主张，基础存在论必须被赋予更大的价值。优先性的主张仅仅告诉我们，哲学必须从何处开始；它并没有说这个开端更为重要，也没有说文化哲学仅仅由于其依赖性而成了一种肤浅的或具有欺骗性的哲学。不过，海德格尔将基础存在论作为进一步探究的先决条件，这种理解自然而然地会让人得出这般的评估结论：倘若卡西尔的哲学并没有研究基础性的东西，那么这不仅意味着它的浅薄，还意味着它合谋延续了理性主义形而上学传统的最大谬误。

在达沃斯，海德格尔忍住没去挑明这些意味。第二年冬（1929—1930），他在弗莱堡大学"形而上学的基本概念"研讨班上毫无保留地道出了这个问题：

> 今日普遍流行的意见是，只有通过表达或符号的理念，文化与文化中的人才能得到恰当的理解。我们如今拥有一种与表达、符号、符号形式有关的文化哲学。作为灵魂与精神的人，通过诸形式逐渐表现出来，而这些形式承载着内在的意义，根据这种意义，人在表达自身时将一种意义赋予了存在：粗略地说，这就是当代文化哲学的图式。在此几乎一切都是正确的，直至本质性的东西。于是我们必须重新提问：这种对人的看法是本质性的吗？[47]

答案已经隐含在这个设问之中。卡西尔的符号形式哲学忽略了人性中最本质的东西，因此，它与那种逃避更深刻与更"形而上的"洞识的、范围更广的文化成了同谋。符号哲学，海德格尔解释说，"不仅事实上忽略了人的本质，而且必然会忽略人的本质"。问题不仅在于这种关于形式的哲学仍然依赖先前的存在论，或它本身没有能力探索人之此在的最深层面。问题在于，卡西尔的哲学实际上协力阻断了这一更深刻的目的："它本身阻塞了如此行事的道路。"[48]海德格尔现在将文化哲学仅仅视为一种病痛，弥漫于整个现代文化氛围中，他称之为"深度的无聊"。

> 文化哲学充其量只不过摆明了我们当今的处境，但并没有把握住我们。更有甚者，它不仅没能成功把握住我们，还把我们从自身松绑，在世界历史中赋予我们某种角色。它把我们从自身松绑，却是按照人类学的方式。我们逃避并迷失方向，幻觉与迷惘越发严重。[49]

实际上，这种指责十分尖锐，比海德格尔在达沃斯提出的非难（我们稍后就会看到）远为直接。而当我们现在转向这场争论本身时，应当始终在头脑中记住这个论点，尤其是因为海德格尔在那时八成已经持有了这样的看法。因此，它构成了海德格尔与卡西尔对话的潜台词。此外，它完美展示了我想称之为"哲学的文化铭文"的东西。任何此类铭文的效果都表明了哲学如何分化，表明了甚至可能在不情愿之下，哲学如何成为某些更广泛的文化意义或历史意义的承载者。海德格尔对卡西尔哲学的最终回应，是将之铭刻进更宏大且更为分化的文化—形而上学叙事之中，它不过是逃避存在论知识的又一个中继站。在达沃斯，这些文化铭文大体上还算含蓄，但它们在哲学和政治上的寓意教训，在随后几年变得越发明显。在能够真正理解这些更大的意义之前，我们必须先转向这场辩论本身。

第四章

达沃斯的交锋

我不愿跟你交手。

——《麦克白》第五幕第八场

导言

在第一章与第二章中，我试图重构达沃斯辩论之前那些年的哲学语境与制度背景，而在第三章中，我讨论了卡西尔与海德格尔的独立讲座。本章将转向辩论本身，翻译整场研讨会的内容，并穿插我自己的哲学及历史评论。[1] 为了澄清这场辩论的复杂性，本章将划分为十个主题。这些划分仅仅意在启发思考。辩论的完整记录按照原本抄录的方式再现于此，并增添评注。

柯亨的遗产

在研讨会开场评论中，卡西尔直接回应了海德格尔关于康德的三次讲座。卡西尔首先提出疑问，质疑海德格尔是否正确理解了新康德主义遗产的意义，以及海德格尔大张旗鼓地极力拒斥这整个解释传统的做法是否确有正当理由。在卡西尔看来，海德格尔在最核心的问题上对新康德主义的本质的误解十分明显，乃至近似有意的歪曲（卡西尔不寻常地评论道，新康德主义充当了"较为新潮的哲学的替罪羊"）。卡西尔断言，现象学与新康德主义之间的明显对立是一种假象，尤其是因为他再也找不出任何现存的严格意义上的新康德主义者。无论如何，卡西尔急于纠正海德格尔在历史与哲学方面的错误陈述：

> 卡西尔：海德格尔如何理解新康德主义？海德格尔自己所说的对手又是谁？我相信，几乎没有一个概念像新康德主义那样被阐释得如此不清不楚。当海德格尔运用现象学的批判来取代新康德主义的批判时，他在脑海中想到的是什么？新康德主义是较为新潮的哲学的替罪羊（ *Der Neukantianismus ist der Sündenbock der neueren Philosophie* ）。我已经找不到现存的新康德主义者了。此间的分歧位于何处，倘若能够加以澄清，我将十分感激。我相信，根本没有什么本质上的分歧出现。**新康德主义**这个术语只能从功能上被规定，而不能从实体上被规定。与之相关的，并不是作为教条式学说体系的哲学，而是某种提出问题的方向。尽管我不曾有过这样的指望，但我得承认，我在海德格尔身上看到了一位新康德主义者。

从卡西尔的视角来看，新康德主义运动的真正意义既不在于某种教条，也不在于某种实质性的学说，而在于某种基本导向，在于提问的某种函数／功能与方式。通过这一区分，卡西尔隐晦地指向了自己在 1910 年论述数学发展的论著《实体与函数》。他心中想的是新康德主义运动整体所特有的哲学创造性，以及它试图重新恢复康德哲学源初洞识的无所忌讳的激进做法，它将这些洞识应用到新的科学问题与文化及历史知识的新领域之中。这样的定义肯定能用来描述卡西尔本人最早对现代数学与爱因斯坦物理学的研究以及后来的符号形式哲学。

　　但这种定义在某些方面或许也可以用在海德格尔的哲学上，这个事实可以解释为什么卡西尔相当令人惊讶地表示海德格尔也显示出了新康德主义影响的迹象。倘若人们回想起 1911 年到 1916 年间海德格尔曾在弗莱堡大学接受李凯尔特的训练，而后者当时正是新康德主义西南学派的主要代表，那么就更能理解这一表示。但教育背景仅仅是这个故事的开端。卡西尔这则评论背后隐含着更深刻的见解，他将海德格尔本人对存在的意义（这种"存在的意义"充当了人类经验可能性的基本条件）的探究本身理解为一种先验论研究，因此在广义上隶属于康德的先验哲学传统。本书导论曾指出，这一先验论主题在《存在与时间》开篇方法论部分占据大量篇幅，海德格尔在那里援引了将存在作为超越者（*transcendens*）的中世纪定义。在随后对观念论表示赞同的评论中，先验论主题得到进一步明确，海德格尔甚至承认存在"在意识之中"，"存在永远不能由存在者来解释，对于任何存在者来说，存在总已经是'超越'的东西"。[2] 海德格尔讲座中的某些段落更加引人注目，它们使用了与卡西尔的人文主义形式哲学相一致的观念论表述，比如冬季学期讲座"形而上学的基本概念"（1929—1930）中的格言：由于世界概念从人对世界的领会中展开，因此"人形成着世界"（*weltbildend*）。[3] 在辩论后期，卡西尔将进一步阐述这种密切关系，并承认海德格尔正确指出了生产性的想象力在康德更广泛的经验理论中所发挥的关键作用。在海德格尔本人的哲学以及他对康德

"第一批判"的解释中，这种先验论主题占据突出地位，在很大程度上正是由于这一点，卡西尔才坚称海德格尔与新康德主义具有哲学亲缘。

但这一表示可不会受到海德格尔的欢迎，特别是因为他在前一周的康德讲座中坚持认为新康德主义学说（显然）具有致命错误。这或许可以解释为什么人们可能会在他对卡西尔的最初回复中察觉到一丝恼怒：

> 海德格尔：倘若我要首先列出姓名，那么我会说：柯亨、文德尔班、李凯尔特、埃德曼、里尔。我们只有根据新康德主义的起源才能理解其共同点。新康德主义源自这样一种哲学困境，这个困境关涉的问题是：在知识整体中，还剩下什么？大约自 1850 年以来，人文科学与自然科学就已占据了可认知事物的全部领域，结果就出现了这样一个问题：倘若存在者全体都已被划归各个科学，那么留给哲学的还有什么？留下来的就只剩关于科学的知识，而不是关于存在者的知识。从这一观点出发，才有了接下来向康德的回归。因此，康德被视为数学—物理学认识论的理论家。人们从认识论（*Erkenntnistheorie*）视角来看待康德。在某种意义上，胡塞尔本人在 1900 年到 1910 年之间也落入了新康德主义的掌控之中。

这则回复的某些论点引人注目。海德格尔首先列出了与新康德主义运动相关的一份简短（且不完整）的哲学家名单——赫尔曼·柯亨、威廉·文德尔班、海因里希·李凯尔特、巴诺·埃德曼与阿罗伊斯·里尔。在海德格尔看来，这些哲学家一致相信，鉴于自然科学明显的霸权，留给哲学的仅有使命，就是为自然科学知识提供理论基础。因此在海德格尔的判断中，新康德主义就是纯粹的认识论，不仅一开始是这样，在它的发展进程中也始终如此。它的总体倾向，是将科学的方法论，特别是数理科学的方法论作为一切人类理解本身的享有特权的乃至唯一的范式。因此，它将自身局限于为科学解释提供先验理论，海德格尔的结论是，它无法对科学实体本身的基本特征给出任何更为深刻的存在论洞识。

显然，这种对新康德主义运动的描述包含了相当程度的简单化。受到严格科学主义（即所有哲学上的重要问题都能由科学充分解释）约束的新康德主义的一般形象，并没有把握到这个运动的真正多样性。大多数新康德主义者拓展了他们的关注范围，远远超出对自然科学方法论的先验辩护，他们仿效康德，认真专注于伦理学、美学和历史学的各种问题，海德格尔却对此避而不谈。第一章就已解释过，甚至连赫尔曼·柯亨（他在海德格尔的名单上排第一），在他论述康德的自然科学的先验哲学的开创性著作（《康德的经验理论》，1871）之后，是对康德"第二批判"与"第三批判"中心主题的评注（《康德的伦理学奠基》与《康德的美学奠基》），而后他又形成了涵盖所有三个领域的原创体系（《纯粹知识的逻辑》《纯粹意志的伦理学》《纯粹情感的美学》）。最令人惊讶的是，海德格尔还将新康德主义西南学派的文德尔班与李凯尔特描述为受狭隘科学主义哲学探究观束缚的哲学家。海德格尔应当非常清楚，文德尔班与李凯尔特都特别关注人文与历史科学特有的价值概念的地位，而不是自然科学的诸多学科。因此，谴责他们陷入科学主义，或谴责他们持有支持"数学－物理学"科学的任何更广泛的偏见，显然是错误的。

此外，这一谴责尤其对李凯尔特构成人身侮辱。达沃斯争论后不久，李凯尔特给他这位前学生写了一封措辞强硬的信，表达了他的惊诧之情，他（从博尔诺与里特尔文字稿的打印本）读到，海德格尔将李凯尔特本人与其他人一并列入新康德主义运动，而所有这些人看样子都犯了错误，将先验观念论局限为某种科学理论，而非存在者的理论。海德格尔在回信中解释说，那份文字稿翻印得很随意，没有给他时间来校正可能的歪曲。他进一步指出,他从未用过"那种新康德主义"这个短语,他在争论中明确指出,他的意图仅仅是解释新康德主义者一般会如何诠释"第一批判"的开头部分,尤其是先验感性论与分析论,在他们看来,先验感性论与分析论奠定了一种"认识论"。海德格尔写道:"没有人会对这一点表示异议。"[4]

这看起来像是狡辩。但要理解海德格尔这些评论的真正力量,我们就必须明白,在使用"新康德主义"这个术语时,他所指的对象相当宽泛,他所描述的,是19世纪末20世纪初中欧许多哲学家共同拥有的普遍倾向,这些人主要强调关于认识论与方法的形式主义问题。我们还需注意,海德格尔的历史叙事受到哲学"危机"主题的影响,根据这个主题,自然科学在19世纪后半叶的支配地位,使哲学这门学科的目的受到质疑。由于失去了自身的一切专属对象,哲学将注意力转向先验问题,试图为所有对象(不论其学科领域是什么)提供方法。这种描述确实把握到了一种普遍存在的态度,这种态度甚至在新康德主义西南学派中也很盛行,因为(尽管他们试图细致区分人文科学的方法与自然科学的方法)他们在很大程度上仍然专注于形式先验问题,关注概念形成的局限性和有效性。

只有承认这种宽泛的意义,我们才能理解海德格尔的进一步主张,即大约在20世纪头十年,胡塞尔也在某种"新康德主义"中迷失了方向。因为在这一时期,胡塞尔撰写了他最具观念论—认识论特征的论著:《逻辑研究》(1900—1901)、《哲学作为严格的科学》(1911)这篇纲领性论文以及《纯粹现象学和现象学哲学的观念》(1913)。所有这些文本共同表达的主题思想是,只有当现象学制定了恰当的形式方法,并用这种方法悬置一切连累了所谓自然态度的心理、历史与经验信念,以便接下来在纯粹先验意识的范围内,按照现象呈现自身的方式来研究绝对纯粹的现象,现象学才能获得成功。这种对现象的严格科学的恰当方法的形式主义强调,确实多少代表了胡塞尔现象学历史上的一个观念论阶段。但说它接近"新康德主义"，似乎言过其实。尽管胡塞尔的现象学与新康德主义在历史上都发生了诸多变化，但二者间的实际分歧始终尖锐。第二章指出，欧根·芬克（胡塞尔的学生与达沃斯争论的见证人）恼火于新康德主义者批评现象学是"幼稚的直觉主义"（这一批评出自李凯尔特的两个学生），以至于在1933年撰写长文来为胡塞尔现象学辩护，并再次证实了两个运动之间的分歧。我们不得不作出结论，海德格尔在宽泛使用"新康德主义"这个术语时，主要表达的是一种贬损的态度。它捕捉到的仅仅是一组最模糊的家族相似（观念论、方法论的形式主义、认识论关切的优先性、事实与价值的区别，等等），但它完全忽视了实质性哲学内容的切实变化。

不过在随后的评论中，海德格尔在描述新康德主义时加入了更多的限定，并借此引入他自己对康德哲学截然不同的解读：

> 海德格尔：我理解的新康德主义是这样一种对《纯粹理性批判》的理解，它将先验辩证论之前的纯粹理性部分，解释为与自然科学有关的认识论。在我看来，重要的是要表明，在此被提炼为科学理论的东西，对康德来说无关宏旨。康德并不想要给出任何自然科学（*Naturwissenschaft*）的理论，而是要指出形而上学之疑难，也即存在论之疑难。对我来说，重要的是以积极的方式将《纯粹理性批判》的积极要素的核心内容置入存在论之中。我将辩证论当作存在论来诠释，据此，我相信我能证明先验逻辑中的幻相难题（*Das Problem des Scheins*）（其实）是个积极的难题，尽管对康德来说它刚出现时还只是消极的；随后的问题是：幻相只是我们所陈述的事实吗，还是说，要理解理性的整个难题，必须从一开始就把握到幻相如何必然从属于人类的本性？

对海德格尔来说，新康德主义诠释典型且着实致命的错误在于，它将康德的"第一批判"主要理解为认识论探究，旨在探索自然科学的形式方法论基础。在此，海德格尔看来显然特别想到了柯亨的诠释，因为正是后者的研究《康德的经验理论》，要对如下观点的正当化负最大责任：康德理论哲学中的"经验"应当被理解为"自然科学的经验"。海德格尔认为这种解释不对，因为自然科学的认识论对康德本人来说仅仅是次要的问题。康德的真正目的是发展一种存在论，也就是说，要去解释人类经验范围内显现的任何事物的存在。

有趣的是，海德格尔在评论中特别强调了康德在"先验辩证论"中的意图（"辩证论"是《纯粹理性批判》的后半部分，提出了形而上学与神学知识的局限性，并为理念制定了各种调节性运用的原则）。今天许多读者看"第一批判"通常只是为了其中的认识论教训，它们展开在该书的前面几个部分（"先验感性论""先验逻辑""先验分析论"）。相较之下，海德格尔的诠释明显拒绝认为"先验辩证论"只包含与先验幻相有关的消极理论（倘若我们误以为理性的理念可以在人类经验范围中完全实现，先验幻相就会产生）。相反，海德格尔主张，"先验辩证论"中对形而上学知识的描述，透露了某些极其重要的东西，这里的积极学说为整个"第一批判"赋予了生气。甚至康德先前对被他称为"幻相的逻辑"的"先验逻辑"的介绍性评论也表明，他正在试图理解"幻相"如何从属于"人类的本性"，尽管是以消极的方式体现的。[5]海德格尔认为，这个更加深刻的观点——人类与显象间的潜在统一性——才是更加积极的"存在论"学说，它为"第一批判"赋予了生气。

海德格尔的解读有一个潜在的问题，那就是康德热衷于维持"显象"（*Erscheinung*）与纯粹"幻相"（*Schein*）之间的重要区分。海德格尔则忽略了这种区别，似乎推断出所有显象都必然与人类理解拥有相同的内在联系，而康德自己的观点是，正是在纯粹的逻辑概念被错误地给予了显象的地位时，幻相才会产生。[6]但这个问题或许只不过源自术语的混淆。海德格尔那个更宏大的主张——"第一批判"并非某种特别为自然科学奠定基础的认识论，它包含了将所有显象与人类理解联系起来的一般存在论——仍然有待考量。在简短的评论中，卡西尔为柯亨的认识论与自然科学诠释做了辩护，并以此回应了海德格尔：

> 卡西尔：只有从历史的角度，而不是单纯地把他当作认识论的理论家，人们才能正确理解柯亨。我并不认为我自己的发展背离了柯亨。当然，在我工作的进程中出现了许多别的事物，而且确实，我首先承认数学化的自然科学的地位，但它只能充当某种范式，而不是问题的全部。这也同样适用于纳托普。

根据卡西尔的观点，柯亨诠释的哲学史意义要远远大于海德格尔看起来准备承认的。要理解马堡学派真正的重要性，人们必须超越其认识论学说，从更广泛的历史视角来评判它。有鉴于此，卡西尔随时都乐意肯定自己在哲学上受益于马堡学派，这不是因为他会接受将自然科学作为正当知识仅有且充分的领域的观点，而是因为他乐于在自然科学中看到一种范式，而要进一步探究人类理解的动力学，这种范式必不可少。应当指出，这种区别对卡西尔来说至关重要，尤其是因为它可以保护作为科学哲学家的卡西尔免遭任何与庸俗科学主义有关的指控。同样重要的是，它使卡西尔有机会远离新康德主义认识论中的某些倾向，尽管他肯定了自己在哲学及私人关系上持续不断地受益于柯亨本人。在对海德格尔对柯亨的批评所做的最后答复中，可以明显看出卡西尔将他自己的哲学当作这一批评的隐含目标。卡西尔显然认为，这种批评的许多主张并不公正，他之所以提到"替罪羊"，似乎是在暗示，他相信这种批评的动机不完全出于哲学考量（第六章将进一步讨论这一点）。不过，他仍然迫切想要解释，他自己的符号形式哲学如何超越了新康德主义认识论的狭隘界限——不论是真实的界限，还是人们所认为的界限。

先验想象力

围绕康德哲学的哲学与文化–历史意义，卡西尔和海德格尔存在着根本性的分歧，尽管如此，某些观点似乎还是得到了二人的共同肯定，这些观点标志着他们共享了同一种哲学身份：他们一并超越了新康德主义正统观念的束缚。卡西尔从一开始就强调这些共识点，这彰显了他的学者气度。二人共同信念中最为重要的，大概是他们认为康德理论哲学整体的关键，在于指派给生产性的想象力（*produktive Einbildungskraft*）的特定构成作用：

> 卡西尔：现在来谈谈海德格尔系统性的基本问题。事实上我也认为，对康德而言，生产性的想象力似乎拥有核心的意义，关于这一点，我们是一致的。我是通过符号性事物的研究工作而被引向这一点的。不将符号性事物追溯到生产性的想象力官能那里，人们就无法解释它。想象力是全部思维与直观的关联。康德将这种想象力称为类象的综合（*Synthesis Speciosa*）。综合是纯粹思维的基本力量（*Grundkraft*）。但对康德来说，纯粹思维并非简单地依赖综合，它首先依赖的是服务于各种类象的综合。但类象的问题就导向了图像概念与符号概念的核心。

康德对先验想象力的解释在海德格尔的达沃斯康德讲座中发挥了关键作用。第三章讨论过，海德格尔认为"第一批判"暗含着某种存在论探究，它是某种"形而上学奠基"，并且他特别将图型法章节理解为康德存在论论证的真正核心。在达沃斯讲座与"康德书"中，海德格尔非常强调康德在图型法章节中的论断：图型法的制造是"一种隐藏在人类灵魂深处的技艺"，负责这种制造的纯粹想象力位于直观与知性之下，它是直观与知性的"共同根源"。[7]康德提出这些论断，最初是为了解释纯粹的时空直观（隶属于感性）与纯粹的知性概念（纯粹是推论性的）这两种本质上不同类型的表象，如何能够进入本质上的协调状态，以为人类知识提供先验的基础。海德格尔如今根据这些主张推断，康德体系中存在论的真正基础不能归于人类理性本身（不过康德倒是希望如此，在第 2 版中他为了"维护理性的统治地位"，从更为激进的发现那里"退缩"了）。[8]

　　海德格尔解释说，存在论实则出自纯粹的想象力，这种想象力是直观与知性的源初统一性。这导向了一个矛盾的结果，即纯粹的想象力同时表现出自发性与接受性。它是（用海德格尔的话来说）一种"自发的接受性"，这是个听起来矛盾的概念，卡西尔之后会对此提出有力的反对意见。[9]海德格尔进一步认为，先验想象力本身实际上才是存在论知识的根源，正是它以其非经验的能力首先将时间的统一性（综合）带入经验。从这个意义上说，先验想象力可被正确地理解为"源初的时间"。[10]海德格尔声称，根据康德自己的解释，我们就得出了相当出人意料的结论，即存在论的理解最终单单奠基于时间性：时间本身现在被揭示为存在的视域。由于这种时间性所处的位置比逻辑乃至任何纯粹的或无条件的心智自发性更为深刻，因此人类理性假定的至高权威"破碎了"。[11]

　　海德格尔认为生产性的想象力在康德理论哲学中发挥了关键作用，卡西尔对此表示赞同，这一点大概不假。但卡西尔自己在解释想象力作用的实际含义时，却与海德格尔的观点迥然不同。要看出这一点，人们只需参阅卡西尔在《知识现象学》(《符号形式的哲学》第三卷）

中对想象力的评论。该书在 1927 年底完成，不过推迟到 1929 年夏才出版。它出现的时机可能透露了某些信息，因为它的部分脚注明确提到了海德格尔的《存在与时间》（同样出版于 1927 年），而且卡西尔似乎不太可能在几个月时间里就形成了这些见解。关于这些脚注，本书之后的章节会详加评述。在此只需指出，卡西尔与海德格尔的理解大相径庭，他将康德的生产性的想象力理论视为支持他所谓的"人类精神的创造性活动"的决定性证据。海德格尔将纯粹的先天想象力描述为"自发的接受性"，而卡西尔将之描述为"纯粹的自发性"。[12]

术语上的差异突显了哲学观点的关键分歧：对海德格尔来说，生产性的想象力充当了所有人类知识必需的时间视域。但正因为时间是一种视域，所以它只能被视为所有心智活动的一种条件，而它自身并不是心智活动的某种来源或成就。但对卡西尔来说，生产性的想象力有别于纯粹复制的想象力，正因为它在没有先行条件的作用下就产生了经验的综合。因此，它是自发性的，而不是接受性的，它是卡西尔所谓的"精神的基本生产功能"的关键标志。但最显著的对比，大概出现在卡西尔对时间直观的评论中：卡西尔注意到我们对客观时间顺序的经验可能性，依赖作为纯粹想象力产物的图型法，因此，我们有正当理由将时间视为"由思维自身先天创造的"。[13] 根据卡西尔的解读，时间性因而不可能仅仅是某种先于所有心智活动的视域或接受领域；相反，就像柯亨教导的那样，时间性是一种自发性，进而它本身就是心智活动的一种产物。

卡西尔在上述答复中解释道，"第一批判"中关于想象力的纯粹与无条件的自发性学说，充当了符号形式哲学的灵感来源与基础性假设。根据康德的观点，倘若我们有正当理由断定自己拥有纯粹的先天知识，那么在感觉经验中被给出的散状直观所展示的必定不仅仅是某种"关联"，而是某种真实的"密切关系"，也即对直观的杂多的彻底和必要的综合。正是想象力负责形成这种综合（因此康德将这种想象力称为类象的综合）。但在"第一批判"的"纯粹知性概念的图型法"的关键论证部分，康德解释道，任何这样的综合都不可能仅仅是经验性的，因为纯粹先天知识的确定性要求确保范畴对任何可能的时空直观的客观有效性。[14] 正是出于这个原因，这种综合必须不仅对特定的直观有效（在这种情况下，想象力仅仅产生图像），而且必须充当图像生产的规则，进而对所有可能的直观都有效。任何这样的综合都不会产生图像本身，它必须能够产生真正先验的图型，用康德的话来说，产生纯粹先天想象力的轮廓。[15] 卡西尔看来想到了经验的综合与先验的综合之间的区别，他回应海德格尔说，纯粹的思维"并不依赖综合本身"，而是依赖"服务于各种类象的综合"。[16]

对卡西尔来说，更重要的是海德格尔的推断出了错。想象力在人类知识中发挥着至关重要的作用，因此所有知识本质上都仅仅依赖想象力——这个推断是错误的，康德就解释过，"除了通过知性结合的事物之外，没有什么东西可被给予这种想象力"。换句话说，纯粹先天的想象力活动拥有一种形式的与类似规则的特性，以致其综合并不适用于特定的直观，而是适用于整个类象的直观或者具有概念普遍性的直观种类。卡西尔解释说，在完成符号形式理论的过程中，他从这个特定想法中汲取了灵感，因为它帮助他区分了纯粹的图像与实际的符号，前者仅仅复制了在直观中直接给出的东西，后者则表现出了"孕义性"，因为它将直观与形式都融合成"单一的知觉现象"。[17] 因此，根据卡西尔对康德的解释，心智的构形自发性保住了其首要地位。

伦理与客观性

到目前为止，卡西尔与海德格尔在对话中主要局限于康德理论哲学中的技术问题与解释问题。卡西尔接下来扩大了讨论范围，以便提出康德实践哲学的各种主题。而如此转移话题看起来完全是卡西尔的责任，这一点大概值得注意。海德格尔在先前的康德讲座中没有提及任何与实践理性有关的东西，不过在辩论之后他立即这样做了（大概是为了回应卡西尔的质疑），先是在"康德书"中，然后则更详细地在 1930 年夏季讲座《论人的自由的本质》中提到了这方面的内容（参见第五章）。随着伦理问题的引入，人们或许还能察觉到语气的转变：卡西尔现在放下了安抚姿态，不再努力寻找共同点，转而开始应对二人最终会产生分歧的问题，它们更加深刻也更加具有戏剧性：

> 卡西尔：倘若我们关注康德论著的整体，严峻的问题就会显露出来。其中一个问题是自由问题。对我来说，这一直是康德真正面临的最高疑难。自由如何可能？康德说，这个问题不可如此构想。我们能构想的仅仅是自由的不可把握性。与此相反，我现在要提及康德的伦理学：得到确立的法则不仅偶然地对人类有效，而且对所有一般的理性存在者（*Vernunft wesen*）都有效，只有这样，绝对命令才能成立。

要理解卡西尔这些评论的力量，人们应当回想几个要点，它们根据康德对纯粹理性的理论和实践用途的区分推断而来。根据康德的观点，任何我们凭借理论理性而拥有的知识，都必然受制于我们由之体验这个世界的认知条件。对我们能够知道的东西，这些条件施加了不可避免与不可违背的限制：只要我们是有限的存在者，进而我们的经验依赖经由直观被给予的东西，那么我们的知识就局限于可感的时空领域。但理性在实践运用中并不受制于这些条件。《实践理性批判》告知我们，凭借实践理性而知道的东西，它们的基础除了"纯粹意志的形式"本身以外，就再无他物。"因此就发生了这种情况，"康德评论道，"与自由的至高原则有关的先天实践概念立即就成了知识，而不需要等待直观来获得意义。"换句话说，纯粹实践理性的概念就是纯粹的意志在没有求助于经验的情况下给予自身的概念。这种概念的获得完全独立于纯粹理性在其理论运用中必须适用的认知条件。而它们仍然被算作纯粹实践理性的真实对象。因此康德宣称，道德概念"自身产生出了它们所指涉的事物的现实性"。[18]他进一步认为，道德原则正是因为其普遍与形式的特征，就可以作为"拥有意志的一切理性存在者"的法则及其意志的决定基础来发挥作用。换句话说，对于一切拥有"能力来决定让行动……符合先天实践原则"的存在者来说，道德原则都是可以实现的。因此，道德原则"不仅限于人类，而是适用于一切拥有理性与意志的有限存在者，乃至包括作为最高理智的无限存在者"。[19]最后，道德概念有效性的拓展范围表明，只有凭借这种概念，人类才能学会"让自己摆脱一切对感官的依附性"，并且在从不否认自身与世俗经验的联系的同时，也能承认康德所谓的"人类理性本质的独立性"。[20]

康德伦理学理论的这些基本准则显然为卡西尔的评论提供了灵感。我们通过纯粹实践理性而拥有了道德概念的知识，这些知识的有效性并不仅仅局限于人类，而是扩展到了"一切理性存在者"。在这个评论背后隐藏着更为深刻的教训：尽管康德不断暗示人类知识在理论领域具有局限性，但康德也看到，我们在实践领域运用的理性并不受其约束，我们因此就被允许合法地进入了更高的现实，尽管这个现实是纯粹"理论性的"。对卡西尔来说，这种区别至关重要。这意味着海德格尔无法解释康德哲学那个值得注意的乃至根本性的方面（即实践理性被大肆宣扬的"首要地位"），并且正是这种伦理视角享有形而上学知识的功能地位，因为它超出了世俗生存的有限性。卡西尔解释道：

　　卡西尔：在此让人感到突然的是这个引人注目的过渡。一个确定领域的限制突然消失了。伦理的事物本身超出了显象的世界。这确实具有决定性的形而上学意味，因为在这之后现在出现了一个突破（*Durchbruch*）。它涉及了向理知世界（*mundus intelligibilis*）过渡的问题。它对伦理的事物是成立的，并在伦理的事物中达到了这一点，这个点不再与认知着的造物的有限性相关，现在在此被设定的实则是绝对者。它不可能通过历史来得到阐明。人们可能会说，康德不应当完成这一步。但我们不能否认的事实是，自由的问题正是以这种方式提出的，它突破了源初的领域（*die ursprüngliche Sphäre durchbricht*）。

卡西尔在此引入了"突破"的形象，以阐明纯粹实践理性的概念拥有一种超出感性经验界限的客观有效性，因此它不再与人的有限性相关。根据卡西尔的观点，海德格尔的康德诠释并不充分，因为它没能认识到关乎道德原则的可理解性与客观地位的基本事实。

这个批评至少在两方面具有启发作用：第一，它（尽管只是间接地）表明海德格尔将康德更博大的哲学变成了某种相对主义的主观观念论。在海德格尔的诠释中，适用于所有可能经验的康德式先验条件（空间、时间与诸范畴）成了存在论条件，它们从属于人类所特有的有限性，因此，我们不再拥有任何担保，无法确信这种经验会让我们接触到客观有效的世界。值得注意的是，在一开始，卡西尔只是抱怨海德格尔忽略了道德概念的客观有效性。而在后续辩论中，我们将看到，卡西尔会指责海德格尔还忽略了理论概念的非相对性特征。第二，卡西尔的批评还暗示海德格尔对"形而上学"的定义从根本上是错误的：根据卡西尔的理解，倘若只有通过无条件的道德概念，我们才可以抵达可被描述为"决定性的形而上学"的视角，那么，形而上学就必须被理解为从有限性出发并超越有限性的突破。这种理解与海德格尔对形而上学的理解形成了最鲜明的对比，在后者看来，形而上学恰恰是植根于此在有限性之中与之上的存在论。与其说形而上学的这两个定义毫不相似，不如说它们几乎完全颠倒。在后续的争论中，两位哲学家会被要求进一步评论这种哲学术语上的基本对立。但在开始阶段，卡西尔始终牢牢关注着海德格尔的康德诠释。[21]

接下来，卡西尔在承认图型法对理论理性的关键重要性（并由此含蓄地认可了海德格尔的理解）的同时，再次强调了康德哲学在理论理性与实践理性之间的关键区分，一边是追求世界的时空知识的理性，另一边则是追求伦理的审慎思考的理性。尽管时空世界的知识必然依赖图型法（从而让想象力的神秘活动发挥作用），但我们的自由概念并不需要任何这样的时空应用。我们对自由的思考抛开了图型法，凭借的仅仅是知性。然而，在《实践理性批判》中，康德提出，实践理性求助于某种类似图型的东西，因为实践理性必然会设想将其纯粹理知概念应用于感性世界。在实践理性的设想中，这种应用需要经过测试，以判断实践行动背后的准则被转化为"一般自然法则的形式"后是否仍然可能。但康德紧接着指出，这种检验充当的仅仅是"自由法则的模型"。检验本身纯粹是形式上的，尽管它根据自然法则设想人的行为，但它并未从经验自然本身中得出任何东西。因此，康德维系了真正的图型法（感性经验的必要条件）与"纯粹实践判断力的模型"（它仅仅拥有理知地位）的区分。[22] 对此，卡西尔解释道：

> 卡西尔：这就和海德格尔所论证的东西关联起来了。图型法的特殊意义再怎么估计也不为过。康德诠释中最大的误解就出现在这一点上。然而，康德在伦理的东西那里禁止了图型法。他说：我们的自由概念等事物是洞识（而不是知识的片段），它们不可图型化。理论知识有图型化，而实践理性则没有。要说的话，有的只是康德所谓的实践理性的模型，而他在图型法与模型之间做了区分。必须明白，倘若在此不放弃图型法，就无

法穿透这个（实践理性的领域）。对康德来说，图型法还只是**起点**，而不是**终点**。《实践理性批判》中出现了一些新的问题，而康德确实始终坚持图型法这个起点，但他也对之做了扩展。海德格尔的问题在康德那里是出发点，但康德拓展了那片区域。

到此为止，卡西尔的主要抱怨看起来在于，海德格尔没能认识到伦理概念在康德哲学中的特殊地位。我们很快就会看到，这仅仅是更大且更错综复杂的分歧的一部分。在此我要暂且停下，因为即便是这最初的抱怨，其背后也蕴含着相当大的力量。

仅根据文本来看，卡西尔的论点看起来几乎无可辩驳。道德原则的非相对性与纯粹理知的地位，确实是《道德形而上学基础》与《实践理性批判》从头至尾反复重申的关键信息。理论理性与实践理性——"我头顶的星空"与"我心中的道德律"——的基本二元论可以这样理解：尽管康德的体系的起点在人的有限性理论中，但它的终点则在人的无限价值理论中。因此，"第二批判"得出了响亮的结论，康德在其中评论道，尽管人类必须承认身为"外部感官世界"成员的有限性，但他也常常将自己合法地理解为"真正无限的世界"中的道德存在者。尽管前一个视角将人类还原为因果关系中的"单纯微粒"，并由此"消除了……我作为受造动物的重要性"，但后一个视角却"无限提升了我的价值"，并"启示了一种不依赖动物性，乃至不依赖整个感官世界的生命"。[23] 卡西尔的抱怨——海德格尔忽视了康德哲学的一个关键主题，因为他没有给人类作为道德行动者的"无限"价值留出空间——看起来正确得无可辩驳。但这场争论当然不仅仅关乎如何解读康德。我在前面就指出过，最重要的，是要看到应当如何诠释康德哲学的讨论，以何种方式促成了一次别开生面的争辩——随着辩论的展开，争辩的事实将越发明显。

起点，终点

在接下来的评论中，卡西尔首先停下来总结到目前为止的批评意见，然后向对话者提出了直接质疑：鉴于海德格尔强调了人类理解的极端有限性，那么，他要怎么解释人类如何拥有非相对的真理以及客观的知识呢？值得注意的是，这一质疑不再仅仅局限于伦理学：卡西尔从实践理性的特定问题转向了"理性"和"知识"本身的更整体的问题。鉴于海德格尔正确地将人的有限性确定为康德哲学的"起点"（*terminus a quo*），卡西尔的这个问题便尤为紧迫：康德在"第一批判"中解释道，人类理性的根本不幸在于，它背负着一些问题，由于自身构造的局限性，它永远无法为这些问题给出让自己完全满意的回答，然而又由于同一种构造，它也永远无法抛弃这些问题。[24] 在这个意义上，海德格尔正确地在康德哲学中发现了人的有限性理论。但人类理性局限性的著名理论，并没有妨碍康德发展出一种使客观有效知识得以可能的坚实理论；相反，先验观念论的关键教训是，正是由于其自身构造，人类理性确实可以为其客观知识的主张提供正当辩护。因此，根据卡西尔的观点，海德格尔将有限性确定为康德哲学的起点大概没错，可是如果海德格尔坚持认为康德的"形而上学奠基"永远不会跃出它的起点，那他就错了，因为先验观念论在抵达其真正的顶点与所谓的终点（*terminus ad quem*）时贡献了一种理论，这种理论要证明人类关于客观真理与客观经验的主张具有合法性：

> 卡西尔：总之，这种拓展之所以必要，是因为在其核心处存在一个疑难。海德格尔强调我们的认知能力是有限的，是相对的和受束缚的。但随之而来的问题是：这样一种有限的造物如何拥有知识、理性与真理呢？现在就到了切题的问题上。海德格尔曾经提出过真理的问题，他说：根本就不可能有自在的

真理，也不可能有任何永恒的真理。相反，如果确有真理可言，那它们总是相对于此在而存在的。现在，可以得出推论：有限的造物根本不可能拥有永恒的真理（*Ein endliches Wesen Kann überhaupt ewige Wahrheiten nicht besitzen*）。对人类来说，没有任何永恒的与必然的真理，在此，整个问题于是再次爆发：对康德而言，问题就在于：在不损害康德自己所展示的有限性的情况下，如何还能有必然的与普遍的真理（*notwendige und allgemeine Wahrheiten*）？

要理解卡西尔的这些评论，我们应当记起"第一批判"的一个核心任务，即解释关于经验世界的判断如何能在所有可能的经验性体验（empirical experience）中有效，以至于可以说，它们既展示了普遍性，又展示了必然性。于是有了康德的导引问题："先天综合判断如何可能？"这个问题之所以尤为紧迫，是因为康德相信，某一类特殊的数学判断充当了自然科学解释的必要概念工具。[25] 而这种判断是非分析的（谓词并没有简单地蕴含于主词之中），但它们也享有先天知识的地位（其真理是以独立于经验性体验的方式被确定的）。"第一批判"的这个任务所面临的困难在于，要为任何这类判断辩护，求助于仅仅通过感官被给予的东西是行不通的。因此，现代科学的整个基础似乎都易于受到怀疑论的攻击。数学知识的先天综合的特殊地位由此充当了康德理论哲学的关键前提。然而，康德提出的解决方案，需要彻底革新客观性的意义。因此，康德在《未来形而上学导论》中告诫读者，不要轻率地假定数学判断可能仅仅是"我们诗意幻想的虚构"，是无拘无束的想象力的产物。[26] 相反，康德肯定了数学命题对所有可能的经验都必然有效，因而在特殊的意义上确实拥有"客观实在性"。康德还告诫说，这种命题仅仅对一切可能的经验才有效。对人类来说，这意味着其有效性仅限于使我们的经验得以可能的条件之中，也即在作为纯粹直观形式的时间与空间的范围之内。正是这个结论激发了康德更全面的先验观念论学说，根据这个学说，人类知识的客观性只能意味着知识在可能经验范围内的客观性。[27]在回应海德格尔时，卡西尔非常简短地概述了这个哲学背景，然后再次敦促他的对话者回应这种本质性的关切：

> 卡西尔：先天综合判断如何可能？这些判断如何可能不仅在其内容上是有限的，而且在其内容上还必然是普遍的？正是由于这个问题，康德才会以数学为例来阐明：有限的知识置身于与真理的某种关系中，而这种关系没有再发展成某种"仅有"。海德格尔说，康德并没有给出任何数学之可能性的证明。我相信这个问题是在《导论》中提出的，但它不是，也不可能是唯一的问题。不过，首先必须澄清的纯理论问题是：这个有限的造物要如何规定诸对象，而这些对象本身则又不受有限性的束缚？现在我的问题是：海德格尔是否想舍弃这整个客观性，舍弃康德在伦理判断、理论判断以及《判断力批判》中倡导的那种绝对性的形式？海德格尔是否想要完全撤回到有限的造物之中（*Will er sich ganz zurückziehen auf das endliche Wesen*），倘若并非如此，那么对他来说，对这个领域的突破（*Durchbruch*）究竟在何处？我之所以提出这个问题，是因为我确实还不知道。于是，确立这个突破点首先是海德格尔的责任。不过我相信，海德格尔不可能也不会愿意停留在这一点上。他必须先对自己提出这些问题，然后我相信，一些全新的问题就会浮现出来。

对卡西尔来说，就像康德维护了道德概念的客观性，数学知识先天综合地位的先验论证显然也维护了数学知识的客观特性。伦理理性与理论理性两者由此就都实现了向着普遍与必然知识的客观领域的

"突破"。然而，海德格尔不容许这种向着客观性的突破；他的哲学仍然不可救药地被束缚于"有限造物"的人类领域。

对卡西尔来说，海德格尔未能接受超越人的有限性的客观领域，这显然标志着对康德哲学真正准则的严重背离。这个裁决是否完全合理仍有待确认。毕竟，康德理论哲学的基本规则之一，就是人类知识不能逾越可能经验的界限。有人因此可能会争辩说，根据康德自己的原则，被称为客观知识的东西本身必须与那些感性直观条件保持不可消除的密切联系，而拥有有限认知能力的存在者要通过那些条件才可能从根本上认识这个世界。倘若这个推断是正确的，那么至少初看起来，海德格尔就能合理地论断康德本人从未寻求过任何朝向不受人的有限性制约的客观领域的真正"突破"。因此，卡西尔的问题——"海德格尔是否想舍弃这整个客观性"——看起来试图在假定的康德式客观主义与海德格尔式主观主义之间制造分歧，而实际上这种分歧并不存在。

卡西尔本人当然会反驳说任何这样的推断都相当离谱。在达沃斯交锋期间，他几乎没有解释为什么他相信海德格尔对康德原则的生存论修正无法获得恰当的客观性。这一指控的确切论证在数月之后才成形，那时卡西尔对 1929 年 7 月完成的《符号形式的哲学》第三卷《知识现象学》作了最后润色。[28]虽然这些论证会在本书第五章中详细讨论，但在此应当注意，卡西尔会承认海德格尔生存论环节的空间与时间是有效的，但这种有效性仅仅是暂时的：海德格尔所描述的时空领会是一种局部的或主观-实用的（"称手"）模式，它可以接受，不过只能单纯地被视为人类知识的起点。卡西尔自己的探究视空间-时间的生存论模式为理所当然，并分析了空间-时间的纯粹形式，而空间与时间的恰当领域则是更为高级的客观性范围，用卡西尔的话来说，客观性这一终点"超越了'此在'的生存论建构"。[29]

但在研讨会的实际讨论期间，卡西尔并没有详细说明他的指控，解释为什么海德格尔放弃了康德希望确保的客观主义。而海德格尔继续坚持认为，建立某种（以数学化的自然科学为模型的）"客观知识"的强迫行为只不过是新康德主义的教条，它与康德的真正目标无关。当然，如何解开这团混乱，完全取决于如何理解海德格尔的康德诠释：它是忠实的阐发，还是任意外来主张的强加。但要解决这个问题，绝不能简单地依靠文本证据。事实上，对那些在达沃斯认真倾听海德格尔将"第一批判"阐释为"形而上学奠基"的人来说，如今他显然认为忠实阐发这个理想非常幼稚。毕竟，尝试粗暴的重构只会忽视如下事实：康德本人也曾动摇过，并且被带到了"他不得不退缩的立场的边缘"。因此，满足于单纯重构的水平，就确保了康德哲学的更深层历史意义始终隐而不显。所需的不是单纯的重构，而是真正的解构，因为显然只有后者才能揭示康德哲学在更宏大的西方形而上学史上的真正意义。因此，看来可以公正地说，卡西尔这一质疑的最终效果是要明确区分诠释的重构模式与解构模式。卡西尔相信，在这一区分中处于险境的是康德自己赋予数学知识与伦理知识的客观地位，而海德格尔看起来准备放弃这种客观性，以克服理性历史的—形而上学的霸权。

我们或许可以在更宽泛的意义上得出如下结论：随着卡西尔的质疑，这场争论现在进入了新的阶段：参与者不再将注意力主要集中于"应当如何诠释康德哲学"这个问题。从这一刻起，他们全神贯注的问题就是那些一直困扰他们的问题，现在它们被提了出来：康德的诸多主题对今日有何意义？哪一种解释性的遗产在同时代欧洲思想领域中拥有更高的权威？而康德遗产中那些过去哲学最具活力的洞识、那些对未来哲学依旧有效的洞识，在谁的解释中得到了更强力与更坚定的把握？

存在论与天使

起初，在回应卡西尔的质疑时，海德格尔几乎没有谈论他自己的哲学信念，而是紧紧抓住"新康德主义者是否恰当理解了康德的疑难"这个解释问题。在新康德主义的视角下，康德的目标是关于"自然"的理论，"自然"则被理解为可供数学化科学探究的领域。海德格尔现在反对的就是新康德主义者所珍爱的这部分学说，其根据是，康德实际上打算建立一种更加全面的先天存在理论，在该理论中，自然仅仅被当作存在物的一个区域，是单纯由"现成"之物组成的领域。因此，康德更大的目标就是发展一种"一般形而上学"：

> 海德格尔：首先是关于数学化的自然科学的问题。可以说，自然作为存在者的一个区域，对康德来说绝不是随意的区域。在康德那里，自然从来不意味着数学化的自然科学的对象。相反，自然的存在者是现成意义上的存在者（*das Seiende im Sinne des Vorhandenen*）。在关于原理的学说中，康德真正想要给出的并不是关于数学化的自然科学对象的范畴结构学说。他想要给出的是关于一般存在者的理论。（抄录评论道：海德格尔支持了这一点。）康德寻求的是关于一般存在的理论，他没有假定诸多给定的对象，也没有假定某个被规定的存在者区域（既不是心理的区域，也不是物理的区域）。他寻求的是普遍的存在论，这种存在论的存在，先于作为自然科学对象的自然的存在论，也先于作为心理学对象的自然的存在论。我想要指出，这种分析工作并不仅仅是作为自然科学对象的自然的存在论，而是一种普遍的存在论，一种以批判的方式奠立的一般形而上学。康德在《导论》中阐明了"自然科学如何可能"等问题，但他自己说过：《导论》中的疑难并不是核心动机。相反，核心动机是一般形而

上学之可能性的问题，或者是这同一种可能性的实现。

在这段话中，海德格尔显然在转述康德"第一批判"第三章"纯粹理性的建筑术"中的评论，这章内容包含了对哲学探究的各项任务与领域的系统描绘：在康德那里，一般形而上学是关于先天认知的研究。自然的形而上学是"较狭隘意义上"的形而上学，它"根据先天概念来考虑一切所是的东西（而不是所应是的东西）"。[30] 这种形而上学相应地被划分为先验哲学与纯粹理性的自然学。康德继续解释说，先验哲学"只考虑知性，以及在所有与一般对象相关的概念和原理系统中的理性本身，而不假定对象会被给予（存在论）"。相较之下，理性的自然学"考虑的是自然，即被给予的对象之总和（可以是被感官给予的，如果要说的话，也可以是被其他种类直观给予的）"。但这种理性的自然研究进一步被细分为"内在"模式与"超验"模式，前者仅仅适用于经验对象，后者则适用于超出一切经验的对象——可以是"内部"对象（与宇宙有关），也可以是"外部"对象（与上帝有关）。这样区分之后，康德最终提出，整个形而上学学科被划分为不少于四个子研究领域：存在论、理性的自然学、理性的宇宙论以及理性的神学。尽管在此不需要关注这种复杂分类系统的细节，但我们必须注意其中最关键的含义：这个被称为"自然"的东西仅仅是形而上学一般学科中的一个子领域。海德格尔的观点是，新康德主义者强调数学化的自然科学的"被给予"的对象，这种强调一直过于狭隘，辜负了康德更广泛的形而上学目的。

但对海德格尔不利的是，人们或许能注意到，康德在"第一批判"中明确且频繁地声称他对形而上学的更大规划并无兴趣，这些规划可能关注的是存在者纯粹思辨的或存在论的论断，而不考虑它们是否是被给予的或如何被给予的。例如，在"先验分析论"中，康德指出，知性原理"永远不能逾越感性的限制，只有在感性中对象

才被给予我们"。康德由此拒绝在书中为纯粹的一般存在论（拉丁语
为 Ontologia）赋予正当地位。知性原理"仅仅是阐明显象的诸原则，
而存在论假设能够在某种系统学说中提供有关一般事物的先天综合知
识（如因果关系的学说），这个傲慢的头衔必须让位于那个谦逊的头衔，
也就是纯粹知性的分析论"。[31] 因此，尽管康德确实承认存在论的一
般学科，但他在"第一批判"中处理显象的认识论限制，看来只会与
海德格尔的如下提议相矛盾，海德格尔认为康德意在提供某种更为广
泛的存在论，某种关于存在本身的理论。至少就这一点而言，文本证
据看起来明显支持卡西尔的新康德主义诠释。

　　在此，人们可以辨识出更为深刻的真相，就连海德格尔自己后来
也承认了，他在达沃斯提出的康德诠释不过是阐述他自己哲学的幌子。
在《康德与形而上学疑难》第四版（1973）中，海德格尔坦率地将这
本书称为"过度诠释"（Überdeutung），他承认康德的批判问题与存
在问题"格格不入"。当海德格尔在达沃斯放弃了认识论的讨论，并
开始阐述那些与他自己的生存论存在论更紧密相关的主题时，这种隔
阂——康德与海德格尔之间的真实分歧——就显而易见了。因为突然
之间，天使降临到我们身边：

　　　　海德格尔：但现在要转向另一个关于想象力的问题。卡
　　西尔想要表明，在康德的伦理学作品中，有限性变成了超越
　　的。——在绝对命令中，我们拥有了某种超越有限造物的东西。
　　但正是这种命令概念本身，表明了与有限造物的内在关联。而
　　且这种向着某种更高级事物的超出，始终是一种向着有限造物，
　　向着被造物（天使）的超出。这种超越也仍然停留在创生性
　　（Geschopflichkeit）与有限性之中。康德谈到了作为自我保有者
　　的理性，这种理性纯粹自立于自身，它既不能遁入某种永恒或
　　绝对的东西之中，也不能遁入物的世界之中，正是在这段话中，

这种位于绝对命令本身之中的内在关联，以及伦理学的有限性显露了出来。这个介于之间的存在（*Dieses Dazwischen*）就是实践理性的本质。

卡西尔先前认定这种伦理之物已经"超越了"显象的世界，并实现了朝向理知世界的真正"突破"，这种纯粹理知的实在"不再与认知着的造物的有限性相关"。海德格尔现在提出了反对意见：即便在实践理性中，仍然存在某种与人的有限性的不可消除的紧密联系。绝对命令也确实仅仅对有限的造物才有效：

> 海德格尔：我相信，倘若我们首先按照道德行动所遵循的方向行事，而很少看到这种法则本身对于此在的内在功能，那么我们对康德伦理学的理解就会出现偏差。我们无法讨论伦理性造物的有限性问题，倘若我们没有提出这样一些问题：法则在此意味着什么？对于此在与人格性来说，合法则性本身如何具有建构性？不可否认，在法则面前存在着某种超出感性的东西。但问题在于：此在本身的内在结构是怎样的，它是有限的还是无限的（*Wie ist die innere Struktur des Daseins selbst, ist sie endlich, oder unendlich*）？

在展开这些论断的过程中，海德格尔似乎在心中想到了《实践理性批判》中的著名段落，康德在其中提请人们注意人类"敬重道德律"的情感。[32] 这种情感为人类提供了主观兴趣或动机来遵循道德律（即绝对命令，只可依据那些你愿意它成为普遍法则的准则行动）。但这些概念——动机、兴趣与准则——只有在主观意志与实践理性的客观规律之间仍然存在区别的情况下才保有它们的意义。因此，它们必然不适用于"神的意志"，而"仅仅"适用于"有限的存在者"。[33] 这一引文显然支持海德格尔的观点：绝对命令概念本身仅仅指向有限的造物。因此，在海德格尔看来，卡西尔认为人类在实践理性中找到了超越其自身构成性限制的方法，这样的观点就是错误的。

在括号中提到的天使，其意义模棱两可。根据这份文字记录，我们不知道其目的是在加强海德格尔的论断，即绝对命令仅仅适用于有限的与受造的存在者（因为天使也可被描述为受造物），还是作为反例，代表那种可能不受绝对命令约束的神圣存在者（因为天使可被描述为神圣之物）。康德在"第二批判"的其他地方表示，道德律必然适用于"一切具有理性和意志的有限存在者"（它甚至适用于"无限的存在者"，不过在这种情况下，这种道德并不采纳绝对命令的形式）。[34]这一表示激发叔本华说出那句众所周知的俏皮话："康德在此想到了那些可爱的小天使。"在叔本华看来，这种做法没有根据地求助于完全虚构的非人类理性存在者，而这么做的目的无非是要巩固康德对理性的教条式信念，他将理性作为人类坚不可摧的本质。[35]我们可以假定海德格尔与卡西尔都熟悉叔本华的这则评论，但这几乎不能解释海德格尔想要用这个相当隐晦的引证意指什么东西。倘若我们回想起《实用人类学》中关于天使的评论，这种模棱两可或许可以得到部分消解。康德在那里指出，人类的想象力缺乏充分的创造力来表现非人类的理性存在者：当画家或雕刻家试图描绘更高级的理性存在者（如天使或上帝）时，他或她通常就会赋予这种存在者以人的形式，这种策略在康德看来都要怪想象力的不足。[36]而在《单纯理性界限内的宗教》中，康德援引了哈勒尔的著名诗句："这个世界虽然有其缺陷／它仍然优于没有意志的天使之国。"[37]无论海德格尔想要表达什么，我们都应当注意，天使这个概念本身显得尤其模棱两可，这是因为它同时是被造物与神明；因此，它就为海德格尔所谓的一切受造生命的"介于之间的存在"提供了完美例证。换句话说，即便天使凭借自身的本性而免于这种居间地位，但不将其关联于我们人类命中独有的具身性与有限性限制，我们就仍然无法想象这些天使。

1946 年，海德格尔在诗人里尔克逝世二十周年之际发表了讲座《诗人何为？》，他在其中再次援引天使作为不可救药的"居间性"的象征。海德格尔将里尔克《杜伊诺哀歌》中的天使描述为典范性的存在者，它代表了一种替代选项，有别于人类对自我肯定与经济利益的狂热追求。相反，天使在"敞开的世界整体"中实现了罕见且独特的"平衡"。人类也可以将"无保护性"转化为"敞开"，从而在"这个世界的内部空间"中找到自身的平衡。[38]这里的关键主题似乎是，天使这个名称表示的是对存在者之存在的整体领会，因此，它或许充当了人类遵循的范式，以更加本真地栖居于世俗生存的"居间性"空间中。这个主题（尽管拥有诗意的晦涩）看起来与海德格尔先前在达沃斯的评论相一致，在他看来，共同的道德经验将人类与天使结合在一起。无论这种象征有多么模棱两可，显而易见的是，海德格尔希望指出，对人类来说，我们的有限性始终是不可逾越的视域，在我们设想道德准则似乎超越了我们的生存时，也依然甚至尤其如此。

上帝、有限性、真理

随着辩论的展开，海德格尔越发坚定地主张，在整个康德哲学中，某种牢不可破的有限性支配着其关于人的概念。考虑到这种解释，海德格尔求助于诸如天使这样的宗教例证来证实他的论题，这种做法就既不令人意外，也非无关紧要。他的经院哲学教育背景以及早期应用于奥古斯丁与保罗文本的宗教现象学研究，使他对现代哲学范畴中的神学遗产有着敏锐的感受。事实上，在 1921 年写给学生卡尔·洛维特的信中，海德格尔甚至称自己为"基督教神—学家"。[39]当然，人们普遍承认，到了 1920 年代末，他大大放松了对基督教教义的热情，

不过对那些有着神学渊源的主题，他仍然保留了显著的兴趣。迟至
1953 年，海德格尔还会提到思之"虔诚"。[40]无论如何，在达沃斯争
论的评论家看来，海德格尔研究工作的宗教维度不言而喻。[41]对那些
出席达沃斯会议的人来说，这种印象大概还有所加强，这要归功于耶
稣会士埃里克·普日瓦拉，他的讲座将海德格尔的生存论方法用于明
确的宗教目的。卡西尔也并非没有意识到他的对话者与宗教的持久联
系。第三章指出，卡西尔关于舍勒的天主教现象学讲座，被广泛视为
对海德格尔的含蓄批判。在达沃斯这次交流之后的几年里，卡西尔将
会主张，海德格尔的哲学带有一种神话–宗教的宿命论色彩（这一指
控将在第六章中详加考察）。

特别是在讨论的中间阶段，海德格尔使用了神学语言来阐明他的
主张。起初，海德格尔使用这些例证似乎只是为了呈现出一种逻辑上
的对比：人的有限性概念本身就以无限性的概念为前提。因此在《康
德与形而上学疑难》中，海德格尔呼吁人们注意"神的认知"与通过
感性直观而获取的人的知识之间的区别：神的认知是一种直观，这种
直观"首先创造出可被直观的存在者"。但这种直观在没有概念中介
的情况下，就可以把握整个存在。"思维本身，"海德格尔得出的结论
是，"因而就已经是有限性的标志。"这个对比十分鲜明：有限的知识
被"交付给了已经存在的存在者"，而无限的知识实际上创造其所知
的东西，而不是仅仅去符合它。有限知识的符合是"一种领受事物的
直观"（*hinnehmende Anschauung*），并且它本身表现出了对世界性的
"依存性"（*Angewiesenheit*），而这个世界并非由它创造。[42]在达沃斯，
海德格尔灵活地调用康德的术语来阐明这些主张：

> 海德格尔：在这个超越有限性的问题上，有相当核心的疑
> 难。我说过，它是个特殊的问题，追问的是有限性本身之可能性。
> 因为人们可以单纯地在形式上加以论证：一旦我对有限的事物

下论断，一旦我想将有限之物规定为有限（*als Endliches*）时，我必定已经拥有了关于无限性（*Unendlichkeit*）的理念。目前来说，这并没有说明太多东西，但这足以表明我们面前存在一个核心疑难。如今，正是在我们所强调的有限性的构成性特征（*als das Konstitutivum der Endlichkeit*）中，无限性这个特征才显露出来，根据这个事实，我想明确表述的是：康德将图型法的想象力描述为源始的展现（*exhibitio originaria*）。但这种源初性是一种展示，一种对自由给予自身的表现的展示，其中有着一种对领受活动的依存性（*eine Angewiesenheit auf ein Hinnehmen*）。因此，在某种意义上，这种源初性确实是作为创生性的权能而存在的。作为一种有限的造物，人类在存在论上具有一种确定的无限性。但人类在存在者本身的创造中从来都不是无限与绝对的；相反，人类只在存在之领会的意义上才是无限的。

海德格尔在上述发言中再次提到了《实用人类学》，康德在那里将想象力定义为"一种没有对象在场的直观能力"。这种想象力可以是生产性的，也可以是再生性的：也就是说，它可以是一种先于任何实际经验的生产对象的能力，康德称之为"对象的源始展现"（用拉丁语是 *exhibitio originaria*），它也可以是一种"对象的派生展现"（*exhibitio derivativa*）的能力，也就是说，它"把先前的经验性直观带回心灵"。[43]康德在这时主张，空间与时间的纯粹直观需要的是生产性的想象力，而所有的经验直观只需要再生性的想象力。但海德格尔坚持认为，尽管纯粹直观是源始的，但它们仍然涉及直观对心灵的"表现"。在这个意义上，它们对被给予之物有一定依存性，换句话说，它们需要在直观被接受时"领受"它。海德格尔的这一评论意在重申人类构造性的有限性。[44]人类不能创造存在物，而是依赖在一切领会中被给予的事物。[45]即便存在之领会确实涉及某种创造性（因为纯粹空间与时间形式诞生于心灵自身），这种表面上的"无限性"也只有在我们经验被给予之物时才有效。这就是我们作为人类的特质，它表明了我们自身与上帝之间的根本差异。于是，海德格尔继续说道：

　　海德格尔：不过，如康德所言，假如对存在的存在论领会只有在存在者的内在经验中才有可能，那么这种存在论上的东西的无限性，在本质上就受到存在者层面的经验的束缚，以至于我们一定会反过来说：这种在想象力中爆发的无限性，恰好就是对有限性的最强力证明，因为存在论是有限性的某种标志。上帝并不具有有限性。而人类拥有这种**展示**，这个事实是对其有限性的最强力的证明，因为存在论需要的仅仅是一种有限的造物。

　　海德格尔声称，像上帝这样的无限存在者不会需要存在之领会，因为在无需中介且不受约束的单一直观行为中，上帝就可以理解存在者整体。因此，存在之领会——存在论——是一种独特的人类禀赋。

　　这个论点让人回想起《存在与时间》导论中那段著名陈述："存在之领会本身就是此在之存在的一个明确特征"，而此在"在存在者层面的与众不同之处在于以下这个事实，即正是在它的那种存在中，存在对它来说是一个问题"。[46] 但为什么海德格尔要说到上帝？在这一点上，人们或许会问：神的领会这个概念对海德格尔的论证是否真的必要，还是说它只是人的有限性的一个反例？这个问题并不容易解决，但这至少说明，海德格尔引入这个神学例证，是为了通过它阐明人类不是什么。持续关注人的有限性承载着不幸，部分是因为它与由宗教衍生的不同宇宙观形成了最鲜明的对比，在那种宇宙观中，人类至少有望获得神赐的形而上学安全感。换句话说，海德格尔关于人的有限性的见解显然在逻辑上并不需要上帝的现实存在。它需要的仅仅是与替代性存在方式的概念对比，以加深我们对自身所是的那种存在者的领会。在回应卡西尔与奥德布雷希特对"康德书"的批评的私人笔记中，海德格尔就指出了这个要点（参见第六章中的"海德格尔的回应"）。

海德格尔之后的评论突然从神学转向了真理问题。卡西尔认为，海德格尔放弃了永恒且必然的真理的可能性，因此真理失去了非相对的特征，而变得仅仅"相对于此在"。对这一点，海德格尔给出了漫长且复杂的回复：

海德格尔：卡西尔关于真理概念的反问，其重要性于是得以提升。对康德来说，存在论的知识是普遍必然的知识，它预先设定了所有实际性的经验，与之相关的是，我可以指出，康德在另外几段文字中说过，那让经验成为可能的东西，即存在论知识的内在可能性，是偶然的——真理自身在最密切的层面上与超越的结构相一致，而这是为了让此在成为一种既向他者又向自身敞开的存在者。我们这种存在者，让自身保持在诸存在者的去蔽状态之中（*Wir sind ein Seiendes, das sich in der Unverborgenheit von Seiendem hält*）。以这种方式将自身保持在诸存在者的敞开状态之中，我称之为在—真理—中—存在（*In-der-Wahrheit-sein*），而我还要更进一步地说：在人类的在—真理—中—存在的有限性的根基处，同时还存在着在—非真理—中—存在（*In-der-Unwahrheit-sein*）。非真理属于此在之结构的最内在核心。我相信正是在这里，可以找到康德的形而上学"幻相"（*Schein*）在形而上学上得以奠基的根源。

这个答案可以追溯到海德格尔在《存在与时间》中的努力，他试图修正传统的真理符合论概念，代之以一种"更加源始的"解

释，将真理等同于去蔽。[47]海德格尔解释道，真理在传统上被定义为
adequatio intellectus et rei：思维与其所指之物间的符合。但任何这
样的符合都预先假定现象必定会以某种方式作为存在物出场。这种现
象的展现就是所涉存在者的"被揭示的存在"（*Entdeckt-sein*）。用亚
里士多德的话说，则是 *Aletheia*，即该存在者存在方式的解蔽。因此，
根据海德格尔的观点，这种被揭示状态或去蔽状态（*unverborgenheit*）
配得上源始真理的头衔，因为对现象的先行揭示是符合论真理的必要
先决条件。[48]作为一种存在者，此在的超越性（存在论领会）让世界
显示自身，此在的特点就在于它发现自己面向存在者的解蔽状态敞
开。因为"此在就是它的展开状态，"由此可以得出，"此在'在真理
之中'"。[49]然而，海德格尔还相信，人的生存背负着某种几乎不可抗
拒的冲动，这种冲动让他自身迷失于公众解释之中，现象之真理在其
中受到歪曲。这种倾向被海德格尔称为沉沦（*Verfallen*），据说这种
倾向歪曲与掩饰了被展开的东西。由此可以推断，此在同时既存在于
"真理之中"，又存在于"'非真理'之中"。[50]海德格尔接下来的补充
更像是某种事后找补，他说非真理的概念可能更好地阐明康德的形而
上学幻相，也就是人们错误地将时空的客观实在性归于超越任何可能
经验的概念的辩证法。这两种情况——辩证法与沉沦——的明显相似
之处在于，人的理解力据说都苦于特殊的命运，展现出几乎不可避免
的形而上学谬误倾向：这种命运赋予现象虚假的客观性，而事实上，
为人类领会展开的东西以我们自身能力的有限性为条件。

　　海德格尔这时解释说，由于人的生存是展开现象的条件，可以推
断，真理不仅是相对于人类的，而且还依赖人类：没有此在对真理的
展开，就不可能有任何真理。这并不意味着不可能存在超主体的真理，
也即所有人都赞同其有效性的真理。但重要的是要承认，由于此在自
己的"在真理中存在"也是对其世界的展开，人的生存本身不仅牵涉
其中，而且有可能被展开事件所改变：

　　海德格尔：现在来谈谈卡西尔关于普遍有效的永恒真理的问题。倘若我说：真理是相对于此在而言的，那么这并不是那种存在者层面的论断，在那种论断中我会说：真实的东西始终仅仅是个别人的想法。相反，这是个形而上学命题：真理一般只能作为真理而存在，倘若此在生存着，真理作为真理就仅仅拥有一种一般的意义。倘若此在并不生存，那就不存在真理，进而就根本不存在任何东西。然而，正是伴随着某种像此在这样的东西的生存，真理才首先来到此在自身之中。但现在的问题是：此在如何与真理永恒的有效性相一致？关于有效性问题，这个追问总是将我们导向先前已经表达的命题，而且由此出发，我们发现了价值或类似的东西。我相信，这个问题必须以另一种方式加以展开。真理是相对于此在而言的。这并不是说每个人都不可能让存在者如其所是地显现出来。但我要说的是，真理的这种跨主观性，这种超出在—真理—中—存在的个体自身的真理之突破，已经意味着被这种存在者本身所支配，被置入其形成自身（*es selbst zu gestalten*）的可能性之中。

　　显然，要理解这样的论断，主要参照康德是行不通的。事实上，海德格尔这时解释的是他自己对真理、此在与时间性的哲学见解：此在，他解释说，就是作为展开的源始真理的条件。由此可以得出，这个意义上的真理是相对此在而言的。但此在的"内在超越性"（也即此在对存在者之存在的领会）只有在时间视域中方才可能，这一视域属于此在的"在世之在"的本质。于是，倘若非相对的真理意味着无论局部经验发生什么变化，事实总是如此，那么，甚至那种被算作"永恒真理"的东西显然也必须在此在的时间视域中作为某种永恒（用希腊语说是 ἀεί）出现。因此，即便是明显的永恒真理，也不会且不能免除此在的时间性：

海德格尔：在此可以作为客观知识加以兑现的东西，则按照各自实际性的个体生存而拥有了某种真理性的内容，这种真理性的内容作为内容述说着这个存在者的某些事情。倘若我们说：与经验之流相反，存在着一种持存且永恒的事物、意义与概念，那么他所谈论的特定的有效性就得到了糟糕的解释。我提出的相反问题是：永恒事物在此的真实意义究竟是什么？我们究竟从何处得知这种永恒性？难道这种永恒性不仅仅是时间之 ἀεί（希腊语：永恒）这一意义上的持存性？难道这种永恒性不只有在时间本身的内在超越性的基础上才可能吗？我对时间性的整个解释就是在追问这种形而上学意图：先验形而上学的所有这些名称，如先天、ἀεί、οὐσία（希腊语：实体），难道都是偶然的吗？或者说，它们来自何处？倘若它们谈到了永恒的事物，那么如何去理解它们呢？它们只能被领会，而且这种领会之所以可能，仅仅是由于以下这个事实，即在时间的本质中就存在一种内在的超越性；时间不仅仅是使超越成为可能的东西，而且时间自身还本己地拥有视域的特征；在先行到过去的行为中，我始终同时拥有一种与当下、将来和过去普遍相关的视域；在此可以发现时间的先验的存在论规定，在这种规定中，类似实体持存性的那种东西就首先被构建出来。——从这个角度来看，我对时间性的整个解释就应当可以理解了。

海德格尔在此的论证直接反对了卡西尔先前的陈述，卡西尔认为，通过理性，人类就能够掌握某些远远超越我们有限时间视域的真理。而海德格尔想要主张，永恒真理这个概念，连同其在形而上学上相关的永恒实体，只有在我们的时间视域内才可以设想。实际上，存在论领会本身，也即一个人自身及其世界的任何展开，都奠基于属于人类"在世之在"的本质的时间性。海德格尔指出，这些正是《存在与时间》详细阐述的主张。因此，将他的工作仅仅理解为哲学人类学的变种（像卡西尔在讲座中暗示的那样）是错误的：

> 海德格尔：为了强调时间性的这种内在结构，为了表明时间并非仅仅是经验在其中展开自身的一个框架，以使时间性这个最内在的特征在此在自身中显现，我在我书中所做出的努力就是必要的。这本书的每一页内容都纯粹为了这个事实而撰写：自古以来，存在问题都是在对时间完全不理解的意义基础上加以解释的，时间始终被归于主体。为了将这个问题与时间关联起来，为了追问一般的存在问题，首先要将此在的时间性显现出来，但这并不是通过如今的任何理论来完成的，而是在这样一种意义上来完成的，即在一种完全确定的疑难问题中提出对人的此在的追问。——在《存在与时间》中论述人的此在的整个疑难问题，绝不是什么哲学人类学。因为哲学人类学实在太狭隘，太初步了。

对海德格尔来说，暗示他迄今为止的工作只不过是阐述哲学人类学衍生的各个主题，不仅是误解，还严重贬低了他工作的哲学重要性。我们在先前的章节中就已看到，海德格尔承认近期去世的马克斯·舍勒为他提供了重要的灵感来源，而且从达沃斯返回后不久，海德格尔就把《康德与形而上学疑难》题献给舍勒以作纪念。但海德格尔自身的哲学主张，绝不仅限于人类学对人类生命的意义、人类文化、历史以及类似问题的思考。因此海德格尔急不可耐地指出，尽管生存论存在论对人类经验的各种问题提供了深刻洞识，但其对象实际上主要是他口中的"人的此在"。这个说法值得注意，因为它意味着需要区分存在者层面的考察与存在论层面的考察，前者视人类为存在者，后者涉及这种存在者所是的人类存在方式。前者可以作为哲学人类学的正

当主题；后者则需要独特的工具与方法。海德格尔在《存在与时间》
中坚持这种区分，并由此得出结论：人类学连同心理学与生物学，都
无法对"属于我们自己所是的那些存在者的存在方式"给出"在存在
论上恰当的"回应。[51] 然而，随着辩论的推进，海德格尔与卡西尔都
越发大胆地谈到二人分歧的更广泛的人类学与文化后果，这一事实让
人无法忽略。接下来我们会看到，二人的概念发生了分化，论点也随
之变化，成了相互对立且可能无法调和的"世界观"，而这大概并非
两位哲学家原本的意图。

畏、文化、自由

作为更广泛主题的前奏，海德格尔首先提出，存在之领会
（*Seinsverständnis*）的时间性特征可能会揭示我们"面对诸存在者的
行为"，也即人类将自身与周围的对象关联起来的特定方式。而这反
过来或许最终有助于我们领会"人类世界史上的历史事件"。但所有
这一切都需要对人类自身的时间性进行预备性分析，这种分析的关键
主题之一则是"向死存在"的先行现象。

海德格尔在《存在与时间》中解释道，对此在时间性的严格分
析始于这样一个事实：不了解给定行为意在实现的目的，人类就无法
理解这种行为。这意味着行为必然具备某种先行的结构：只有谈及将
来，行为才能成为它所是的那种行为。用海德格尔的术语来说，这意
味着此在始终"先行于自身"。现在倘若人们想要探究此在的存在本
身，会发现要解答这个问题就必须谈及此在生存之整体，也就是此在
的"整体存在"。人自身的死是一种未来的可能性，这种可能性完全
是个体化的，每个人都必然仅仅为了他或她自己而体验到这种可能性。
但由于它无论如何都会终结"我的"此在，死亡本身就不可能是现象

学反思的对象。因此，只有在对死亡的先行预期中，理解自身之整体
的可能性才会出现，这种指向未来的"尚未"的结构被海德格尔称为
"向死存在"。海德格尔因此坚持主张，他对死亡和畏的现象学论述既
不应当被误认作病态的迷恋，也不应当被误认作人类学评论，以反映
死亡在人类经验中的中心地位。实际上，向死存在的先行着的畏，照
亮了此在的存在论结构中的将来在时间上的首要地位：

> 海德格尔：我相信，在这里存在着一个迄今尚未被提出的
> 疑难，该疑难通过如下这些追问被规定：倘若存在之领会的可
> 能性，连同人类之超越的可能性，对诸存在者的构形性行为的
> 可能性，以及人类自身世界历史上的历史事件的可能性都应当
> 是可能的，而且倘若这种可能性奠基于存在之领会，倘若这种
> 存在论领会的定向在某种意义上与时间有关，那么任务就是这
> 样的：通过参照存在之领会的可能性来显现此在的时间性。所
> 有问题导向的正是这一点。根据某个视角，对死亡的分析具有
> 一种功能，它能够显现此在彻底的将来性，但这种功能并不会
> 催生某种关于死亡本质的终极形而上学论题。

所有这些论断在《存在与时间》中都已经得到某种程度的细致阐
述。不过，在达沃斯争论之后不久，海德格尔在弗莱堡大学就职演说
《形而上学是什么？》（完成于 1928 年，但公开发表于 1929 年 7 月
24 日）中将补充解释畏对存在论探究的重要性。[52] 海德格尔认为，当
一个人被畏俘获时，这个人会发现"存在者整体脱落了"，因为畏并
非对这个或那个事物的怕，而是面对整体存在的总体领悟。畏展示了
一个人失去对一切存在者的控制的可能性，畏于是"启示了无"。在
研讨会中，海德格尔对此解释道：

　　海德格尔：畏之分析的独有功能并非让人的某种核心现象
变得可见，而是为如下问题做准备：在此在本身的何种形而上
学意义的基础上，一般的人才有可能被置于像虚无这样的东西
之前？在回答这个问题时，畏之分析就被提了出来，以让类似
虚无的东西有可能被单纯思考为一种理念，而它同样奠基于畏
的现身情态（*Befindlichkeit der Angst*）这个规定性。只有当我
领会了虚无或畏时，我才有可能领会存在。

　　值得强调的是，这些论点在 1929 年仍然很新颖。海德格尔在《存
在与时间》中断言，此在作为被抛的筹划，在本质上是有限的，因此
它必然会选择不去实现某些可能性。海德格尔说这种否定的紧迫性揭
示了此在之存在核心处的"虚无"或不之状态。良知呼唤人注意的正
是这种不之状态或"不之根据"（*nichtiger Grund*），它要求被纳入人
对自身生存的真实领会之中。但在《存在与时间》的任何地方，海德
格尔都没有直接提出虚无（*das Nichts*）对存在之领会的决定性作用，
甚至没有将它与存在之领会紧密关联起来。这个主张在弗莱堡大学就
职演说中首次系统提出。但在三个月之前的达沃斯，这一主张好像第
一次公开：

　　海德格尔：倘若虚无不可领悟，那么存在也不可领悟（*Sein
ist unverständlich, wenn das Nichts unverständlich ist*）。只有在
存在与虚无之领会的统一性中，起源（*Ursprung*）问题才会从
（*auf*）"为什么"中喷涌而出（*springt*）。人为什么能够追问"为
什么"？为什么他必须追问？存在、虚无与为什么的核心疑难
既是最基本的，又是最具体的。它们是此在的整个分析工作所
导向的疑难。我相信，凭借这种最初的把握，我们已经可以看到，
对《存在与时间》的批判立场所依据的整个假定，并没有切中

这个意图的真正核心。

因此，从《存在与时间》到达沃斯争论之间的两年，似乎在论证上带来了微妙的转变：在 1927 年，海德格尔将"虚无"视为此在自身的存在方式，它是人的有限性或缺乏形而上学根据的另一个名称。到了 1929 年，海德格尔声称，"虚无"是某种形而上学的条件，它可能面向此在被揭示。因此，在他发表《形而上学是什么？》这个演说时，海德格尔可以争辩说，当此在被畏俘获时，此在实际上被"困在虚无之中"，这个洞识在当时应该有助于回答"究竟为什么存在者存在而无反倒不存在"这个问题。这两种主张的不同之处在于，前者主要关注人的生存，而后者更强调存在问题本身。因此，这个变化表明，所谓的转向——海德格尔将重心从此在之分析转向非人类中心的存在论——或许早在 1929 年就已开始。

在达沃斯，海德格尔想要使畏对于"人的现象"的重要性最小化，现在我们能够更为充分地解释这一做法。面对卡西尔对哲学人类学的批评，海德格尔煞费苦心，远离任何让他的工作容易遭受人类学解读的诠释。但辩护的手段同样也可以用于论战。通过尽可能撇清与哲学人类学的关系，海德格尔得以增强他的批评，抨击激励了卡西尔文化哲学的人类学前提：

> 海德格尔：另一方面，我完全可以承认，倘若我们在一定程度上将《存在与时间》中的此在分析完全当作关于人的研究，进而提出问题，根据这种对人的领会，对文化构成与文化领域的领会如何可能，倘若我们以这种方式提问，那么就绝不可能对在此考虑的东西说些什么。涉及我的核心问题时，所有这些问题都不恰当。

海德格尔的结论是，任何试图按照哲学人类学思路来理解其哲学的尝试都注定要失败。《存在与时间》中展开的对生存的分析，其目标才不是什么"关于人的研究"。其目标实则是临时性地追问已经生活于存在之领会中的存在者，并以这种方式启动存在论探究的规划。[53]这种临时性的探究仅仅是为了准备提出存在本身的问题。而这意味着他的哲学使命主要是存在论意义上的，而不是主要关注"关于人的研究"。因此，从海德格尔的视角来看，卡西尔哲学的人类中心主义的目的（旨在形成一个"文化领域"）似乎无关紧要。因为倘若人们的注意力仍然仅仅集中于人类的文化成就，那么存在论的一般问题就很可能仍被忽视，甚至被遗忘。

海德格尔轻蔑地评论了卡西尔文化哲学的所谓不充分性，这催生了这样一个问题，即海德格尔自己是否承认哲学具有形成和维护文化价值的作用。由此，哲学与世界观（Weltanschauung）的关系成了备受争议的问题。胡塞尔在 1911 年的著名论文《哲学作为严格的科学》中就认为——反对当时主流的历史主义解释学哲学家，比如威廉·狄尔泰——世界观在哲学中不可能有正当地位：在狄尔泰眼中，人的意义视其历史背景而定，其研究工作的一项基本原则在于，对于人类过去的行动或思想，需要按照行动者过去亲自体验世界的方式，同情性地"重新体验"（nacherleben）那个世界。狄尔泰所谓的历史理性批判的一个核心动机在于，维系自然因果关系领域与有意义的人类行动领域之间的区分，这种区分最初来自康德。但从胡塞尔的角度看，这种方法带来了啼笑皆非的后果：在逻辑与数学中得到最好体现的真理论断的先验地位，在历史相对主义与心理相对主义的语境中消解了。胡塞尔的结论是，任何希望主张自身是一门科学的哲学，都必定会认为其论断拥有本质上非历史的有效性，都必定会切断与受历史制约的世界观的任何关系。

但对海德格尔来说，哲学与世界观之间的关系存在更多问题。早在 1919 年评论雅斯贝尔斯的《世界观心理学》时，海德格尔就对雅斯贝尔斯的尝试表达了严重保留意见，后者试图发展一门全面的类型学，囊括制约精神生活的各种世界观。雅斯贝斯将世界观称为"外壳"（ *Gehäuse* ），它们充当了个体防御性的对象化手段，以应对生存所面临的挑战。只有诸如畏或罪责这样的所谓临界境况（ *Grenzsituation* ）才能突破对象化的世界观，为个体提供不受约束的可能性视野。[54] 海德格尔批评雅斯贝斯试图用实证科学虚假的客观主义来描述世界观：只要人类本身是历史性的存在（海德格尔援引约克·冯·瓦滕堡伯爵的格言"我们就是历史"来支持这一论断），人类的生活现象就只能以历史的方式，而不能以"美学的"或科学沉思的方式加以研究。[55] 在 1925 年关于狄尔泰的卡塞尔讲座中，海德格尔甚至更加强烈地认为，"争取历史性世界观的斗争"不能留给历史研究，而是需要与此在将自身视为历史性存在者的意识进行真正的哲学争辩。[56]

即便海德格尔本人与胡塞尔激进的反历史主义保持了距离，并将历史性接受为人的生存的构成性要素，他仍然呼应了他老师的观点，认为必须区分哲学与历史性的世界观。在 1927 年的马堡夏季学期讲座中，海德格尔承认，世界观"在每种情况下都源于实际性的此在"，因为由历史决定的世界观从属于人类之为历史性生存这一特征。但他赶紧补充说："世界观的形成不可能是哲学的使命。"[57] 一方面，海德格尔将历史性与历史性的世界观视为实际生活的生存论基础，因此他摒弃了胡塞尔的企图，拒绝将现象学实践成剥离我们过于人性的历史性生存处境的先验探究。[58] 另一方面，海德格尔与胡塞尔共同坚信，只有避免在历史价值的实际建构中发挥任何作用，现象学才能实现自身固有的理想。在 1928 年夏季马堡课程《逻辑学的形而上学始基》中，海德格尔以更为明确的方式重申了这一点。海德格尔解释说："我们进行哲学思考不是为了成为哲学家，也不是为了给自身与他人塑造一种有益的世界观，好像这种世界观可以像外套和帽子一样被人们获得。

哲学的目标不是某种有趣的知识体系，也不是为犹豫不决的灵魂提供情感教化。"[59]

在达沃斯回应卡西尔时，海德格尔重新审视了这两个主张。他支持将历史性的世界观作为哲学的基础，但他否认哲学在世界观的建构中发挥了任何积极的作用。不过他承认，真正认可此在超越能力的哲学，可以为此在与其世界之间更深刻与更彻底的关系开辟道路：

> 海德格尔：与此同时，我提出了进一步的方法论问题：此在的这种形而上学在为形而上学之可能性问题赢得基础的疑难中有其规定性的根据，那么此在的这种形而上学必须如何提出？难道没有确定的世界观可以作为基础吗？倘若我说，我给出的哲学不带有任何立场，那么我就会误解自己。在此体现的问题是：哲学与世界观的关系。哲学的使命不是提供世界观，尽管世界观又是哲学思考的前提。哲学所给予的世界观，并不是直接在学说意义或效应意义上的世界观。相反，哲学家所给予世界观的立足点在于这个事实，即在哲学思考中，它成功地将此在自身的超越推向极端，也就是说，它成功地让这种有限造物自身的内在可能性与存在者整体相协调。

带着这个结论，海德格尔准备宣称哲学确实能够在人类生活中发挥变革性的作用：哲学并不仅仅是一种学院事务或学术话语模式。它其实是一种活动——"哲思"对阵"哲学"——这种活动诞生自人类的形而上学本质。在1928年的逻辑学讲座中，海德格尔解释道："哲学仍然潜藏于每一个人的生存之中。"[60]因此，哲学的追求拥有一种潜能，可以唤醒我们加深对"人是什么"这个问题的理解。但我们发现，这种本质无法作为理论理解所把握的对象，我们也不应当试图发展一种"生活的实用秘诀"，不应当根据某个哲学家对伦理学的评论来得出一种世界观。[61] 因此，卡西尔专注于阐明特定自由概念的做法就错了：倘若哲学是一种变革性的活动，这并不是因为它提出了伦理学的各种概念，而仅仅是因为它致力于"人的此在的解放"。海德格尔暗示，展开此在超越能力的哲学思考，必须被视作其他任何哲学问题的先决条件。只有确保了存在论的基本问题，卡西尔的"文化哲学"才能有所进展：

> 海德格尔：让我们换个话题，卡西尔说：我们并没有把握到自由，而只是把握到了自由的不可把握性。自由不允许自己被把握。"自由如何可能？"这样问很荒谬。但由此并不能推断出这个问题在某种程度上是非理性的。相反，与其说自由是理论理解的对象，不如说是哲学思考的对象，而这只能意味着一个事实，即自由仅仅存在于且只能存在于解放活动（*Befreiung*）之中。与人的自由唯一恰当的关系是人的自由的自我解放。为了进入这一哲学思考的维度——哲学思考并不是什么学术讨论的问题，而是每个哲学家都一无所知的问题，它是哲学家为之献身的使命——人的此在的这种解放活动必须成为哲思的哲学能够践行的独特的与核心的（事情）。在这个意义上，我愿意相信，对卡西尔来说，在文化哲学意义上还有另一个完全不同的终点。我进而相信，倘若文化哲学既不像现在这样也从来不是对各种不同领域的单纯描述，它同时还深刻地扎根于其内在的动力，如此它在作为基本演历（*als Grundgeschehen*）的此在本身的形而上学中明确地、事先而非事后地可见，那么对卡西尔来说，文化哲学的问题就在人类历史进程中首次获得了形而上学功能。

虽然海德格尔没有直接说出结论，但他这些评论的主旨明确无

误:"此在的形而上学"将充当所有其他哲学追问模式的必要基础与
前提。由此可以推断,对海德格尔所谓的"文化哲学"的任何追求都
注定徒劳,除非它承认存在论拥有更高与更优先的地位。我们姑且把
它称为"优先权论证"。在第五章中我们将看到,海德格尔与卡西尔
之间分歧的一个核心特征在于,两位哲学家都试图为自己主张这种优
先权。

有限性与无限性

与此同时,海德格尔向卡西尔提出以下三个问题,结束了这轮评述:

海德格尔:

1. 人有哪些通往无限性的道路? 人能够参与这种无限性的
方式是什么?

2. 无限性可以作为有限性的褫夺性规定来获得吗? 还是说,
无限性凭借本身就是一个领域?

3. 在多大程度上,哲学的任务是让人从畏那里解放出来?
抑或,哲学的任务不是让人更极端地屈服于畏吗?

卡西尔依次回应了这些问题。对于第一个问题,他立即诉诸《符
号形式的哲学》中发展的各项原则:海德格尔反复声称所有人类思想
与行动都无可挽回地打上了有限性的印迹,针对这一主张,卡西尔坚
持认为,由于人类的符号化能力,人类可以取得"内在的无限性"。
形式最初产生自人类经验的有限条件,但随后它就呈现出相对于这些
条件的客观性与独立性。这种从有限性到无限性的运动,可被描述为
种类转换(*metabasis eis allo genos*)。但倘若将这种形式领域当作真

正形而上学的维度，存在于有限人类经验之外并与之分离，那就错了。相反，它纯粹是人类的创造，因而是"内在的"。卡西尔的完整回应如下：

> 卡西尔：关于第一个问题：除了通过形式的中介之外，不存在其他道路。这就是形式的功能，当人改变了其此在的形式时，也就是说，当他现在必须将在他之中活生生体验到的一切都转化为某种客观的形态时，他就按照这种方式将自身客体化，当然，他并没有因此就彻底摆脱起点的有限性（因为这仍然关联于他特定的有限性）。相反，虽然它源于有限性，但它将有限性引向某种新的事物之中。这就是内在的无限性。人无法从自己固有的有限性跳跃到实在的无限性之中。不过，他能够实现而且必然实现某种转换（*metabasis*），将他从生存的直接性带入纯粹形式的领域中。只有在这种形式中他才拥有其无限性。"从这个精神王国的圣杯中，无限性向着他涌流而出。"（*Aus dem Kelche dieses Geisterreiches strömt ihm die Unendlichkeit.*）这个精神王国并不是形而上学的精神王国；真正的精神王国正是被他自身创造出来的精神世界。他能够创造精神世界，这就是他无限性的印迹（*das Siegel seiner Unendlichkeit*）。

为了阐明内在无限性这个观念，卡西尔（略有改动地）援引了弗里德里希·席勒的诗歌《友谊》结尾处那几行著名诗句："伟大的世界主宰没有朋友 / 深感欠缺，为此他创造出诸多灵魂 / 这些反映了他的幸福的神圣之镜！——/ 但他在自己这些最高级的作品中不曾找到对等者 / 从这个精神王国的圣杯中 / 向他涌流而出的是——无限性。"[62] 这首诗的最后两行对德国观念论的历史始终具有特殊的意义，因为它们出现于黑格尔《精神现象学》结尾那几行文字之中。黑格尔用它们来阐明辩证叙事的实现：精神的自我外化与回归。但对卡西尔来说，它们提供了恰当的例证，说明人类自身拥有一种构形的精神能量，以至于他们能够用各种符号形式填充其世界，这些符号形式呈现出一种独立的与客观的存在，同时也证明了其作者的创造性。

这种差异具有启发性：黑格尔保留了这首诗歌的准形而上学地位，用它来描述诸神谱系的自我异化以及世界精神的和解。卡西尔则借用了神的自我创造形象，但用它来阐明人道主义的自我表达的纯粹内在现象。而最具挑衅性之处大概在于，卡西尔对这首诗的运用直接驳斥了海德格尔关于人神关系的设想。我们在上文中看到，海德格尔在数个场合都提到无限且神圣的理解，但他仅仅将这个概念作为反例，以强调神圣心智的无限创造能力（本源的直观）与人类纯粹有限的或纯粹接受性的能力（派生的直观）之间的根本区别。卡西尔也援引了神性的概念，但他这么做并不是为了强调对比，而是为了强调连续性。换句话说，他先是收回了神圣心智的创造能力，但随后他恰恰又为人类重新夺取了这些能力。更具启发意味的是，卡西尔根本没有提到席勒原先使用的神学语言："世界主宰"的"幸福"在卡西尔的阐释中没有发挥任何作用。最后那句"向着他涌流而出"仿佛指的并不是一位神圣的创造者，而仅仅是一位凡人。

宗教形象的世俗运用表明卡西尔相信，人类本身可能享有潜在的无限创造力。因此，在回答海德格尔的第二个问题时，卡西尔断言，确实存在某种"无限性"，人类可以合法地主张这一点。这种无限性不应被误解为单纯逻辑上的匮乏状态，不应被视为缺乏限制（就像德语单词 *Unendlichkeit* 可能暗示的那样）。相反，它最好被理解为充实性或丰富性，它们是人类符号能量拓展到每一个可能的活动领域的结果。为了阐明这个观念，卡西尔引用了歌德的著名格言："若你想迈进无限 / 就从各方探索有限！"（*Willst du ins Unendliche schreiten, geh nur im Endlichen nach allen Seiten!*）[63]

卡西尔：至于第二个问题，它并非某种褫夺性的规定性，但它拥有自己的领域，不过这并非通过纯粹否定有限事物来获得。在无限性中，它并非通过与有限事物的对立构成自身，它在某种确定的意义上就是总体，就是有限性本身的充实（die Erfüllung der Endlichkeit selbst）。但有限性的这种充实正好构成了无限性。歌德说："倘若你想迈进无限／就从各方探索有限。"当有限性得到充实之际，也就是说，当限性走向各方时，它就步入了无限性。这是褫夺的反面，它是对有限性本身的完美充实（vollkommene Ausfüllung der Endlichkeit selbst）。

值得注意的是，卡西尔早在两年前就在历史研究《文艺复兴哲学中的个体和宇宙》（1927）中阐明了这个观念。在歌颂焦尔达诺·布鲁诺的新实在观时，卡西尔解释说：在布鲁诺眼中，"人将无限的宇宙拉入他自身之中，反过来又将他自身扩展到无限的宇宙之中，以此来发现他真实的自我"。由此可以推断，宇宙的无限性并没有让灵魂感到自身的局限性或不足，相反，它是丰富性与自我提升的源泉："自我能够面对无限的宇宙，因为它正是在自身之中发现了各种原则，通过这些原则它才知晓了宇宙的无限。"[64]数年之后在《人论》（1944）中，卡西尔会重新审视这些主题，他使用的语言会让人回想起他在达沃斯的评论：在古希腊思想中，无限性是否定的概念，它代表了无止境的扩张，它没有界限，因此"没有形式"。但由于人的理性只能理解有形式的东西，由此可以推断，这种无限性不可理解。柏拉图是这种古典观点的典型代表，他的结论是，有限性与无限性是两个根本对立与彼此排斥的原则。但到了文艺复兴时期，无限性不再意味着纯粹的否定或限制。相反，它意味着"不可穷尽的丰富现实与不受限制的人类理智能力"。因此，布鲁诺在哥白尼的科学中看到了"迈向人类自我解放的决定性步骤。人不再像被封闭于有限物理宇宙的狭

隘围墙内的囚徒那样生活于世。他能够穿越空间，突破错误的形而上
学与宇宙学所树立的天球的一切虚构界限"。在布鲁诺的哲学中，卡
西尔看到了朝向人类尊严的新观念的巨大突破："通过用无限的宇宙
来衡量自身的力量，人的理智意识到了自身的无限性。"因此，尽管
人类无法抛开其认知宇宙的诸多条件，但只要他能在宇宙中辨识出自
身无限认知能力的倒影，他就仍然可以"突破"他的有限性。[65]

在达沃斯，卡西尔似乎（尽管只是含蓄地）诉诸这种文艺复兴
时期的思想，不过，其评论更加明显的参照标准是康德的人类概念，
它同时在人类身上看到有限与无限：在《实践理性批判》的著名结论
中，康德解释道，人类同时是"外部感官世界"和"不可见的自我"
这两个世界的公民。卡西尔忠实于康德，坚持这两种刻画。他接受
了人类经验有限性的批判学说，但他也相信，人类作为实践的施动者
（practical agent）被赋予了无限的尊严。然而，在卡西尔求助于这个
观念的做法中，最引人注目之处在于，他并没有追随康德将无限性的
意义仅仅局限于实践理性。相反，他借用了无限尊严的形象，将之应
用于他的人类概念：人是一种产生他自身符号现实的造物。因此，对
卡西尔来说，人类就被理解为一种自发的与创造性的能动主体，他自
身作为符号动物的活动清扫出一条通往"内在无限性"的道路。

随后，卡西尔回答了海德格尔的第三个也是最后一个问题："在
多大程度上，哲学的任务是让人从畏那里解放出来？抑或，哲学的任
务不是让人更极端地屈服于畏吗？"这个问题的地位非同寻常——卡
西尔说它"极端"——他的"坦诚"回答似乎流露出几分不自在。他
的第一句话近乎同义反复：哲学必得足够自由，以让人也如他所能的
那般变得自由。在这个论断背后有着深深的不情愿，因为如此提及自
由，可能会赋予自由某种强硬的形而上学地位：对卡西尔和康德来说，
自由并不是理论的对象，而是实践理性的公设，因此它是在"不断前
进的解放道路"上并通过这条道路才被发现的。参照海德格尔先前的

评论（见上文），由于自由并非"理论理解的对象"，只有在"解放"（*Befreiung*）活动中方可为人所知，卡西尔得出结论：海德格尔应该会赞同他的看法，同样认为自由只能被设想为无限的过程。

　　不过，卡西尔自然明白海德格尔的自由概念发生了不同的分化。对卡西尔来说，自由必须意味着人从"畏这种纯粹的现身情态"中解放出来，这些术语指的是海德格尔本人的哲学：在《存在与时间》中，"现身情态"（*Befindlichkeit*）是通常在日常情绪中揭示自身的一种存在方式，而畏（*Angst*）是极端的现身情态，为此在照亮了"在世之在"的整个关切结构，从而让此在得以本真地认识到自身的有限性。因此，被暴露于畏之中就提供了一种解放，因为只有在畏的向死存在的先行中，一个人才能接受自身生存核心处的有限性，并本真地决心成为他真正所是的人。但海德格尔认为，此在通常以逃避这种认识的方式存在：它从畏那里逃离，反倒宁愿生活在日常平均状态循规蹈矩的非真理之中。因此，此在典型的存在模式是"溺乐、逃避与拈轻避重的"模式。[66] 现在，卡西尔显然不会赞同这种对人类可能性的描述；对卡西尔来说，通过畏并不能发现关于人的境况的更深刻真理，因此他也不会赞同海德格尔的原则，不认为畏在我们摆脱非本真状态的过程中发挥了至关重要的作用。相反，卡西尔相信，不论自由可能需要什么，都肯定包括从畏那里解脱。作为例证，卡西尔引用了弗里德里希·席勒的著名诗句：

　　　　卡西尔：至于第三个问题，它相当极端，只能用坦诚的方式来回答。哲学必得足够自由，以让人也如他所能的那般变得自由。当哲学如此行事，我相信它的确会在某种极端的意义上，将人从畏这种纯粹的现身情态中解放出来（*in gewissem Sinne radikal von der Angst als bloßer Befindlichkeit*）。我相信，甚至根据海德格尔今日早些时候的解释，只有沿着不断前进的解放道路（*nur auf dem Wege der fortschreitenden Befreiung*），才能真正找到自由，对海德格尔来说，这实际上也是一个无限的过程。我相信他会同意这个解释。尽管如此，我看到这里也存在着最困难的问题。我的目标，实际上也就是解放，我希望它的意义得到如此理解："请从你们自身那里抛开对世间事物的畏惧吧！（*Werft die Angst des Irdischen von euch!*）"这就是我一直坦然承认的观念论立场。

结束这一回应的引文来自席勒的诗歌《理想与生命》的第三节。[67]考虑到它的历史，卡西尔将之作为阐明他哲学的恰当例证，应当不会使我们惊讶。席勒于 1795 年最初创作这首诗歌时，取的标题是"影子的帝国"，后来又改成"形式的帝国"。它显然是这位诗人最爱的诗歌之一，在整个 19 世纪后期，它经常成为新康德主义运动的参考点。在短篇著作《作为哲学家的席勒》（1859）中，库诺·费舍尔将该诗描述为席勒"诗性哲学"最重要的例证。赫尔曼·柯亨在马堡大学的前辈 F. A. 朗格认为它不仅是"席勒最难的一首诗歌"，还是席勒"理念诗"的最伟大例证。卡尔·福伦德是柯亨和纳托普的盟友，后来因 1924 年出版的康德传记闻名，他在 1894 年称赞这首诗是席勒所有哲理诗中"最具哲学性的"，是"席勒天才最成熟的花朵"，"用崇高的语言"表现了"……自柏拉图那个年代以来从未实现过的最高哲学理念"。[68]对卡西尔来说，这首诗也是他自身哲学原则的恰当例证。康德在自由与必然之间所做的更广泛的区分，再现于诗意的对比之中，一边是"神圣形式"的理想王国，另一边则是受时间束缚的"枯燥生活"的狭隘领域。因此，在回应海德格尔时，卡西尔便得出了这样的结论：我们身为在时间上有限的存在者，哲学的任务就在于帮助我们抛开畏惧，以便我们可以为自己创造理想的形式世界。

在这个问题上，两位哲学家之间的裂痕着实巨大，因为海德格尔哲学的一个基本原则就在于，人类无法摆脱其被抛入（geworfen）这个世界的时间性境况。此在的自由受制于被抛性，以至于本真的自我存在不可能意味着从被抛性那里释放出来，它反而意味着加深领会并接受自身所是的那个被抛的存在者。并且，由于畏对这种领会至关重要，因此为了追求表面上理想的世界而逃避畏的尝试就不会有任何收获。对海德格尔来说，这种尝试只能被理解为逃避。[69]卡西尔则颠倒了这些论断：尽管人类的普遍状况中无疑存在着少量的畏，但为了获得超越世俗生活的自由，这种畏不仅能够而且应当被"抛开"："从你自身那里……抛开畏惧"（Werft die Angst... von euch）。虽然我们有时可能觉得自己"被抛"向时间性，但它并非我们必须欣然接受的处境，就好像它是我们存在的本质那样。这种差异几乎不可能更为深刻：在海德格尔哲学中看起来是一种生存论处境的东西（作为有限性标志的被抛性），在卡西尔哲学中则被揭示为一种行动（证明我们作为行动者拥有解放能力的抛开）。这些原则（被抛性与自发性）之间的差异现在被揭示为整场论辩的关键。

　　鉴于这种裂痕的重要性，一系列问题立即涌现：这是何种类型的裂痕？它仅仅是一种分歧，还是一种不可通约性？事实上，这两位哲学家是否有共同语言来展开他们的讨论？在他们各自的哲学之间是否仍然存在着翻译的可能性，还是说，共同语言的理想只不过是一场梦？

翻译、死结、差异

就在这时，荷兰语言学家亨德里克·J. 波斯介入了对话，他评论道：

　　波斯：做一点语文学方面的评论：这两人说的是完全不同的语言。对我们来说，这就是从两种语言中提取某种共同点的问题。卡西尔在其"行为空间"（*Aktionstraum*）中已经尝试过去翻译。我们必须从海德格尔那里听到对这种翻译的认可。这种翻译的可能性一直延伸到不可翻译之物出现为止。这些事物是区分一组语言之特征的术语。我试图从这两种语言中收集一些这样的术语，我怀疑它们能否被翻译成另一种语言。海德格尔的表述我要提及：此在、存在、存在者层面的。另一边，卡西尔的表述我要提及：精神的功能项、源初空间向其他空间的转换。倘若双方都不能为这些术语找出译法，那么它们就是区分卡西尔与海德格尔哲学精神的术语。

从这个评论看，可以察觉到人们越发意识到两位哲学家之间的隔阂大概不仅是智识上的分歧：他们各自使用一门独特的语言，术语截然不同，甚至无法相互转译。在战后的回忆中，波斯调整了他的论断："这两种立场可以相互澄清，"他写道，"但无法拉近彼此的距离。"[70]波斯所有的同情，无论是智识上的还是政治上的，显然都放到了卡西尔这一边（根据战后波斯对这场争论的概述，这个事实变得非常明显，参见后文）。这个事实必须牢记，因为波斯可能倾向于夸大二人的分歧。尽管如此，这位达沃斯听众诉诸的类比是不同语言之间的翻译，这仍然值得我们注意。

此处有一个令情况复杂化的因素，那就是波斯提到的"行为空间"，它来自卡西尔独立讲座中的一则评论。不难揣测卡西尔想要表达的意思，因为他先前对哲学人类学的讨论聚焦于人类与动物的行动领域问题。此外，在卡西尔《符号形式的哲学》第三卷中，可以找到一些关于海德格尔哲学的脚注，其中最长的一条试图调和海德格尔的生存论空间范畴与卡西尔自己的科学-数学空间理论。简单地说，卡西尔赞同海德格尔对"空间的源初经验"的分析，这种"源初经验"是在"日常生活的来来往往"中"称手"（*zu-handen*）之物的空间性。

但卡西尔接着声称，这种源初的日常行动的空间性不够充分，而"在不质疑海德格尔立场的情况下"，卡西尔自己的分析将"超越这种立场"，进入作为纯粹符号形式的非主观空间。[71]第五章将讨论卡西尔这一修正的细节。在此只需指出波斯将这个概念视为卡西尔的"翻译"尝试就足够了。波斯没有提及的是，这种翻译也是一种含蓄的批评，因为它将生存论空间仅仅判定为临时性的主观阶段，倘若人们希望达到科学客观性的更高境界，就必须超越这个阶段。

　　卡西尔在达沃斯评论了海德格尔的空间，但从文字记录本身，无法得知他给人的印象是批判还是赞赏。波斯本人显然将之视为赞赏的姿态，而海德格尔在道义上应予以回应。但鉴于哲学词汇的显著差异，波斯也怀疑彻底的相互理解能否实现：某些术语可能完全无法翻译。在海德格尔的语言中，这样的术语包括此在、存在、存在者层面的；在卡西尔的语言中，它们是精神的功能项、源初空间向其他空间的转换，等等。这样的术语并不仅仅表明了哲学学说上的差异；它们暴露了更为深刻且大概不可调和的哲学"精神"的分歧。海德格尔抓住机会，极为详细地回应了波斯的建议，强化了哲学上的对比：

　　　　海德格尔：卡西尔在第一场讲座中使用了起点和终点的表述。人们可能会说，在卡西尔那里，文化哲学阐释了构形意识之形式的整体性，在这种意义上，终点就是整个文化哲学。对卡西尔来说，起点是完全成问题的。我的立场则与之相反：起点是我展开的核心疑难。问题是：我是否同样清楚这个终点？对我来说，这个终点并不存在于某种文化哲学的整体中，而是存在于这个问题中：τί τὸ ὄν，换言之，什么叫存在之一般？对我来说，之所以产生此在的形而上学的疑难，正是因为从这个问题出发，需要为形而上学的基本问题提供基础。或者，需要再次进入康德诠释的核心：我的意图不是要提出某种与认识论诠释相对立的新东西，也不是要为想象力赋予荣耀。相反，应当澄清的是，《纯粹理性批判》的内在疑难问题，即存在论之可能性问题，迫使人们回头，彻底解构传统意义上的康德起点概念。在为形而上学奠基的尝试中，康德因而被迫让真正的基础（*Grund*）变成了深渊（*Abgrund*）。康德说三个基本问题都要回溯到"人是什么？"这第四个问题，如此一来，最后这个问题作为问题的性质就成了问题。我想表明，从逻各斯的概念出发，这根本就不是自明的事情，相反，追问形而上学之可能性，要求此在自身的形而上学作为根本上追问形而上学的可能性。如此，"人是什么？"这个问题就不必过多地在人类学体系中加以回答，而是必须首先真正地澄清令它想要被提出的那个视角。

海德格尔最初的回应单纯重申了达沃斯康德讲座以及后来《康德与形而上学疑难》中提出的一些核心主题：海德格尔解释说，他最关心的是哲学的基本问题，也就是哲学的起点。这个问题就是存在问题（*Seinsfrage*），它是古希腊人形成的源初哲学问题。海德格尔在发展他的康德诠释时，就着眼于这个被忽视的形而上学问题。在"第一批判"中，康德写道，理性的所有旨趣都可以被概括为三个问题："1. 我能知道什么？ 2. 我应该做什么？ 3. 我可以希望什么？"[72] 但在《逻辑学讲义》的导论中，康德提出这三个问题都可以关联于第四个也即最后的问题："人是什么？"[73] 这自然引起人们猜想，形而上学的基本问题或许都可以在哲学人类学中找到它们的共同起源。但海德格尔"康德书"的解释要旨则认为，像哲学人类学这样的东西永远不可能恰当地解决存在问题。[74] 因为哲学人类学对人类本质的答复是被预先决定的，而实际上需要的则是对人类存在方式本身的先行探究。由此可以推断，按照海德格尔的判断，卡西尔求助于"精神"以及诸如文化哲学、创造性意识形式等相关主题的做法不仅无关紧要，并且事实上也缺乏形而上学基础，因为哲学的最高关切不仅必定源自其出发点，而且始终扎根于这个出发点。但对于形而上学基础的这一规则，卡西尔显得并不关心。符号形式刻意的非形而上学语言，并没有为生存论存在论所称的此在命名：

> 海德格尔：我在此回到了起点和终点这两个概念。这仅仅是启发式的追问，还是说它存在于哲学自身的本质之中，也即哲学拥有必定会成为问题的起点，哲学拥有关联于起点的终点？在我看来，在卡西尔哲学中，这个疑难迄今尚未被明确提出。卡西尔的观点是依次强调构形的各种形式，着眼于这些构形活动，随后指出构形力本身的某个维度。现在有人可能会说：这个维度与我所称的此在基本相同。但这就错了。

海德格尔认为，创造性意识与此在之间完全不相似，这在自由的例证中表现得最为明显：对卡西尔来说，自由是"形成意识形象"的能力。在这个意义上的自由，就是首先在符号化的创造性活动中揭示自身的心智自发性。对海德格尔来说，自由是"为了此在的有限性而变得自由"。自由在此并不是心智的自发性，而是最终认识到自身不可救药的有限性。用海德格尔的话来说，就是"进入此在的被抛性之中"。

这是个鲜明的分歧。根据海德格尔的观点，赋予符号形式哲学活力的具体自由概念，必然让卡西尔信奉一种关于人类的形而上学概念，人类成了"中立的地基"，他必然先于自身时间性的纠葛而存在。但对海德格尔来说，此在只能被设想为"本真性的基本演历"。此在是"人的生存"，其本质只能作为时间性的事件来把握：

> 海德格尔：这个差异在自由的概念上表现得最为明显。我谈到过解放的一种意义，即此在的内在超越的解放是哲学思考

本身的基本特征。在此，解放的本真意义，并不在于在某种程度上对形成着的意识图像和形式领域而言变得自由，而在于对此在的有限性而言变得自由（*der eigentliche Sinn dieser Befreiung nicht darin liegt, frei zu werden gewissermaßen für die gestaltenden Bilder des Bewußtseins und für das Reich der* Form, *sondern frei zu werden für die Endlichkeit des Daseins*）。一旦进入了此在的被抛性之中（*hineinzukommen in die Geworfenheit des Daseins*），也就进入了那处于自由的本质之中的冲突。我并不赋予自身自由，不过正是通过自由存在，我才能够首先成为我自己。但现在，本真性的基本演历（*das eigentliche Grundgeschehen*）并不是处于中立的解释地基上的我自己，而是此在，在此在这种基本演历中，人的生存（*das Existieren des Menschen*）以及随之而来的生存本身的一切疑难，就成了本质性的东西。

带着这种解释，海德格尔准备承认波斯的猜测是正确的：事实证明，某些关键术语可能无法有意义地转译：此在并不等同于意识。因此，海德格尔反驳了席勒不受身体与尘世束缚的精神的诗意形象：人类不是一种先天意识，不能简单地从自身生存的外部有利位置来静思其世俗的纠葛。相反，作为此在的人类发现自己始终已经被抛入某个处境，这种处境甚至可以被刻画为困在世间存在者之中的束缚（*Gebundenheit*）。这就是此在的日常处境与逃避到世内存在者之中的现象，海德格尔称之为"非本真性"。[75] 在最通常的情况下，此在留在非本真的存在模式之中，即便是通过对"最本己的"可能性的畏而获得的本真认识，也是罕见与特殊的展开，而这种展开本身就以此在的非本真性为条件。海德格尔将这种认识描述为"进入此在被抛性"的入口。但他注意到，卡西尔的哲学不允许任何这样的认识。实际上，此在这个概念本身对卡西尔的整个思维方式来说都是陌生的：

> 海德格尔：基于此，我相信，我们就能够回答波斯的翻译问题。我相信，我用此在描述的东西不可被翻译成卡西尔的概念。倘若人们说的是意识，那它正是我要拒斥的东西。被我称为此在的东西，在本质上是被共同规定的——不仅仅透过我们说的精神，也不仅仅透过我们说的生命。相反，它取决于人的关联的源初统一和内在结构，人在某种程度上被困于身体之中，而在这种困顿中，人遭遇了特殊的处境，他被束缚于诸存在者之间（*Gebundenheit mit dem Seienden*）。他在这种状态中发现了自身（*sich befindet*），但他并不是在精神向下凝视的意义上发现自身的，而是在被抛入存在者之中（*inmitten des Seienden geworfen*）的此在的意义上发现自身的，它自由地侵入诸存在者之中，而这种侵入始终是历史性的，而且从根本上来说是偶然的。这样的偶然性，使得此在生存的最高形式，只能在持存于生死之间的此在的极少数罕见瞬间中被回溯到，也是在极少数的瞬间中，人才生存于他本己可能性的顶峰之上，除此之外，人只是混迹于他的存在物之中。

海德格尔继续解释说，他自己的哲学兴趣旨在澄清存在的方式（*Seinsart*），而存在方式构成了任何给定存在者区域的存在者层面的知识基础。这种存在论领会由生存论–存在论领会的先行分析来规定，后面这种领会仅仅由于人类的在世之在而归属于人类。因此，要确定任何领域的存在者的存在方式，就都需要"此在的形而上学"。这同样适用于被卡西尔命名为"符号形式"的存在者，它们的存在论地位需要先行加以澄清。但这个任务要避免未经仔细考察就接受任何划分人类知识的传统构想。卡西尔将知识划入各种不同领域（神话、语言、艺术、科学，等等）的准学院式划分只是一种惯例，这是哲学探究的本真关切被遗忘的征候：

> 海德格尔：在符号形式的哲学中，对存在方式的追问，也即对内在的存在之构造的追问，是由此在的形而上学规定的——但这一规定的目的并不在于文化领域与哲学学科的预设系统。在我的整个哲学努力中，我完全抛开了各哲学学科的传统形态与传统划分，因为我相信，那样的导向是最大的灾难，会令我们再也无法回到哲学内在的疑难之中。无论是柏拉图还是亚里士多德，他们对于那种哲学划分都一无所知。那种划分是学院的关切，也就是说，是那种丧失了追问的内在疑难的哲学的关切；因此，就需要努力去突破这些学科划分。而且，这也是我们完成了美学这样的学科，就会再次回到只涉及相关领域的特殊形而上学的存在方式的原因。艺术不是单纯的自我构形的意识形式（ *eine Form des sich gestaltenden Bewußtseins* ）；实则，艺术自身在此在本身的基本演历中具有某种形而上学的意义（ *innerhalb des Grundgeschehens des Daseins selbst* ）。

在上述评论中，人们很难忽视海德格尔对卡西尔哲学方法的严厉批评。因为符号形式哲学的一个基本前提就在于，尽管人类构形性表达（仅列举最基本的一些：语言、神话、艺术和科学）的各领域共同发源于意识的自发性，但它们以不同方式发展这种基本能力，并追求各种截然不同的目的。卡西尔承认表达领域的连续性，但也希望在这些领域中保留多种多样的差异。对区分的关注在《符号形式的哲学》的结构中就显而易见，这部论著以逐步前进的方式展开，分析了从神话到科学的各个人类符号化领域。第一卷中的方法论介绍正是为了解决这个问题：对知识的哲学批判，卡西尔写道，必然会提出这样的问题：

"专业化学科用以反思与描述实在的智识符号，仅仅以并列的方式存在，还是说它们是人类同一种基本功能的多元表现？"倘若后一假设最终得到证实，那么这种哲学的目标就会是"明确表达这种功能的普遍条件，并界定其背后的原理"。卡西尔连忙补充说，这种统一的功能不会具有"教条的形而上学"特征，"教条的形而上学寻求的是在实体之中的绝对统一性，所有特定存在者都可以被还原为这种实体"。哲学批判的任务就会是寻找"支配认知功能具体多样性的规则"。卡西尔的主要任务是在多样性这种明显跨越数个不同表达领域的"源初构形力量"中识别出统一性。但他也审慎地表示："没有任何这类形式可以简单还原为或派生自其他形式；每一个这类形式都指明了一种特定的智识方法（*eine bestimmte geistige Auffassungsweise*），凭借并通过这些方法，形式构成了自身那方面的'现实'（*eine eigene Seite des 'Wirklichen'*）。"[76]

对统一性中的多样性的关注，自始至终是符号形式哲学的不变主题。在1944年的《人论》中，卡西尔坚持主张科学与艺术之间有着鲜明的区别，这两个领域在它们描述的对象与它们应该实现的目标上都有所不同：科学让多种多样的感觉印象服从于普遍原理，由此致力于"实在的简化"，而艺术努力"揭示事物诸方面的无穷无尽的属性"，由此致力于"实在的具体化"。[77]不过，关键是要注意到，卡西尔一贯拒斥任何关乎实在本身之特征的教条结论：他强调各符号形式与符号领域的多样性，但否认对象化领域的多样性可以追溯到形而上学对象的潜在多样性。但如上文所述，海德格尔的批评似乎正将这个推论归咎于卡西尔：在海德格尔看来，卡西尔从学院派那里非法借用的不仅仅是"文化领域与哲学学科的预设系统"，他还继承了对各领域对象之形而上学特征的更深刻偏见。海德格尔毫不犹豫地将之称为"最大的灾难"，因为它保留的分析习惯明显错失了哲学的真正疑难。

初看起来，鉴于卡西尔明确表示对形而上学持不可知论，海德格尔的批评似乎并不公允。但如果换一个视角，这一批评就颇具启发性，因为它揭示了卡西尔整个哲学的一个基本人类学假设，即符号实在的所有领域都源自某种本质上属于人类的力量。认可这个推论的是卡西尔表面上清白无辜的方法论抉择，它根据多少有些传统的知识领域划分来组织符号形式的分析。这个抉择自身带有假设，认定这些领域最终表达的是人类的认知方式，因此必须在单一的人类学能力中找到共同的根源，海德格尔将这种能力认定为"自我构形的意识"。海德格尔反对这一推论的根据在于，它不正当地诉诸一种人类学的形而上学，他认为，不同知识领域实则应当在"此在本身的基本演历"中找寻根源。海德格尔详细展开了他的反对意见：

> 海德格尔：我有意突出了这些差异。倘若我们的目标是敉平差异，那就无益于手头的任务。相反，只有通过尖锐的阐释，问题才会得以澄清，因此我想在康德的《纯粹理性批判》的标识下再次确定我们整个讨论的方向，并重新将"人是什么"（was der Mensch sei）把握为我们的核心问题。但与此同时，这个问题却并非在某种孤立的伦理学意义上提出，它提出的方式，是为了在这个疑难的基础上，让双方的立场变得清晰起来，以致对哲学家来说，人的问题要成为本质性的，需要他完全抛开自身，不按照人类中心主义的方式（anthropozentrisch）来提出这个问题。与之相反，必须表明：由于人是超越的造物，是向着存在者整体与其自身敞开的造物，而通过这种出格的特质（exzentrischen Charakter），人同时也存在于一般存在者的整体之中——只有这样，哲学人类学的问题与理念才有意义。

在海德格尔看来，只有基于哲学学说不存在真正死结（aporias）这种幼稚的假设，才会认为哲学词汇可以简单转译。因此他觉得有必

要宣布他反对任何敉平哲学差异的做法。海德格尔再次从争论的指定
主题——"人是什么"这个康德问题——中得到启发，他认为，这个
问题或许有助于更清晰地揭示卡西尔与他自己之间真正存在分歧的领
域。海德格尔坚持认为，不应从"孤立的伦理学意义上"提出这个问
题，哲学家必须"完全抛开自身"，以避免人类中心主义的偏见。倘
若哲学人类学真有什么重要性，要发现这种重要性，必须先将哲学的
起点确立为此在的超越性，承认此在在存在者–存在论层面的优先地
位，正是为了此在这种存在者，诸存在者才得以展开。[78]

　　但任何经验性质的人类学探究都不可能公正地对待这个事实。哲
学之为哲学的使命正处在危险之中：在向死存在的畏的先行中被揭示
的人类处境，其基本真相就在于，除了被抛到在世之在的生存的不之
状态或无根基性（Abgrund）之外，它没有任何本质。哲学的最高使
命在于，使人类摆脱日常生存的非本真状态，进入对自身处境的本真
领会之中。否认这种领会，就是要保持"惰怠"，就是要"逃离"真相，
宁愿选择"溺乐"与"逃避"的"拈轻避重"。[79]颂扬人类精神创造
性的观念论人类学只能提供这种肤浅的满足：

　　　　海德格尔：人之本质的问题，其意义既不在于把人视为
　　被给予的对象而加以经验研究，也不在于我所规划的关于人的
　　人类学。相反，人之本质的问题的意义与合理性，只在于其动
　　机源自哲学自身的核心疑难，这一疑难引导人超出自身并进入
　　存在者的整体之中，以在此运用其所有的自由来显明其此在的
　　虚无性。这种虚无性并不是悲观和消沉的理由；相反，它是领
　　悟的机会：哪里存在反对，哪里才会产生本真的活动。而哲
　　学的使命在于，将单纯利用精神产品的人从惰怠的观点中拽
　　出来，抛回到他命运的严酷之中去（*und daß die Philosophie*
　　die Aufgabe hat, aus dem faulen Aspekt eines Menschen, der bloß

die Werke des Geistes benutzt, gewissermaßen den Menschen zurückzuwerfen in die Härte seines Schicksals)。

在海德格尔与卡西尔的整个辩论中，以上这几句话的激烈程度独一无二。因为海德格尔显然已经远远超出了康德学说的阐释，甚至超出了他自身哲学信念的阐释。他正在陈述的是哲学本身想要达到什么目的，以及它在人类历史与生活的更广泛语境中应当发挥什么作用：海德格尔以否定的方式告诫道，哲学不应用关于精神成就的高尚话语来诱惑人类。然后他以肯定的方式宣称，哲学应当让人类抛弃对人道主义偶像的崇拜，回归到对自身作为在世之在的虚无性的本真认识之中。这两种哲学概念之间的对比着实明显，它们之间的冲突看起来不可避免：一方面，我们发现的是"精神产品"，另一方面，我们发现的是"命运的严酷"。海德格尔更广泛的历史—哲学信念导致了这一冲突；在他看来，存在论的历史是一场不断升级的动机性错误的悲剧，在这种特殊的意义上，诸如理性、心灵、意识与精神这样的形而上学概念，不仅让我们误解了我们的生存以及我们在世上的地位，还通过将我们移交给对形而上学基础的权宜信念，事实上密谋掩盖了我们处境的真相。因此，在海德格尔看来，乞灵于"精神产品"的人道主义哲学家可不只是出了差错。在存在之遗忘状态的泛历史戏剧中，这样的哲学家简直是服务于形而上学谬误的密使。

人们很难不进一步认为，海德格尔所说的"单纯利用精神产品的人"意指的就是卡西尔。倘若如此，这一意指至少带有一定冒犯：其言外之意是想说卡西尔本人就是这种人道主义哲学家的范例，他所珍视的理想正是形而上学逃避与存在论遗忘的征候。然而，并没有直接证据来支持这种解释（笔录本身没有提供这样的证据，海德格尔这里的话最多算有些暧昧）。但考虑到海德格尔对卡西尔的人类中心主义与人道主义倾向的全面批评，这一意指就显得并非完全没有根据。这个未指名道姓的单纯利用精神产品的人拥有"惰怠的观点"，这一细节似乎只是加剧了冒犯。但在此得出任何强硬结论，都必须极其谨慎。很有可能海德格尔指的是"第一批判"中关于"惰怠的理性"（*ignava ratio*）的各种评论，康德在那里告诫读者不要将调节性原则转变为构造性原则，前者在引导理性研究自然（比如神圣的创造者或至高存在的理念）时发挥了必要与正当的作用，后者则会让理性错误地赋予客观实在性。康德解释说，犯下这样的错误，就是"逃避到让理性感到十分舒适的单纯理念中去"（*um in einer bloßen Idea, die der Vernunft sehr bequem ist, zu ruhen*）。[80] 至少在表面上，这种对照合乎情理，只要海德格尔跟康德一样批评的是人类的典型错误：将无根据的价值赋予形而上学原则，进而非法越过将我们确定为人的世俗限制。康德还提到各种神学的理念，更是强化了这种对照，因为海德格尔倾向于将（传统意义上的）上帝视为与理性、意志、精神等并列的又一个形而上学偶像。尽管如此，人们仍然可以正当地得出结论：在海德格尔看来，卡西尔的符号形式哲学确实犯下了"惰怠"之罪，因为它代表了人类在自身的智识创造中寻求逃避与舒适的形而上学尝试。仅仅一年之后，海德格尔在 1929—1930 年冬季学期讲座《形而上学的基本概念》中重申了相同的见解，海德格尔那时告诫听众："文化哲学……并没有把握住我们"，更极端的是，它"还把我们从自身松绑，在世界历史中赋予我们某种角色。它把我们从自身松绑，却是按照人类学的方式"。文化哲学并不是当前危机的解决方案，它只会加剧"我们的逃避与迷失"。在当代世界的"深度无聊"中，尝试通过文化来确保救赎，注定会以失败告终，因为"晦涩的文化空谈"最终不过是我们"逃离自身"的一种策略。[81] 这一判断不仅反对卡西尔，还反对文化哲学的所有模式。因为海德格尔哲学的一个根本教训就在于，这种尝试只会分散人类对自身实际历史性处境的注意。[82]

最后的交流

上述论断十分激烈地抨击了卡西尔哲学的要旨，在给出回应时，卡西尔现在发现自己处境堪忧。带着特有的镇定，他开始强调他基本赞同海德格尔的看法：海德格尔主张应当避免任何"敉平"二人差异的做法，卡西尔回应道（大概带着诙谐，大概没听出挖苦），他赞同海德格尔的这一主张，敉平差异并不明智。但他也告诫说，哲学理解至少得认识到对方的立场可能包含什么。倘若一个人坚持主张哲学视角的根本分歧，那么他最终会被迫放弃哲学洞识的根本理想。坚持分歧而不去设想更高层次的和解，就会让自己陷入经验个体徒然的相对主义之中，就像费希特的格言所表达的："一个人选择什么样的哲学……取决于他是哪种类型的人。"[83] 必须与这种相对主义作斗争，卡西尔告诫道，因为它会让哲学自身走向终结：

> 卡西尔：我也反对敉平差异。我们都想去努力争取，也必须去争取，并且也能够实现的是，对于任何完全保留自身立场的人来说，他会不仅看到自己，还会看到其他人。在我看来，这种情况必定有可能存在于一般哲学知识的理念之中，必定有可能存在于海德格尔也会赏识的理念之中。我并不试图让海德格尔脱离他的立场，从而迫使他进入另一种审视的方向。相反，我仅仅想让他的立场对我来说变得可以理解。我相信，分歧所在已经变得更加清楚。但是，反复强调这种分歧并无裨益。我们所坚持的立场，仅靠逻辑论证无济于事。不能强迫任何人去接受这个立场，也没有纯粹逻辑的强制可以迫使他人从我眼中的根本性立场出发。我们在这里注定陷入一种相对性。"一个人选择什么样的哲学，取决于他是哪种类型的人。"这种相对性将经验性的人置于中心，而我们不可以持守这种相对性。

这些评论中最值得注意的，大概是卡西尔痛切地希望建立一种共同的语言，即便在面对不断增加的分歧时也依然如此。在呼吁相互理解的同时，卡西尔也向对手提出了强力的反驳：海德格尔批评符号形式哲学背后有着人类中心主义的前提，卡西尔在鼓动下回应说，海德格尔自己无法融贯地坚持哲学分歧的单纯事实，因为将自身哲学建立在差异之上的做法本身就是对人类中心主义的让步，也就是说，各学说的主观主义差异不过基于个体哲学家的经验差异，而海德格尔并不承认这种主观主义。不同于海德格尔，卡西尔坚持认为，倘若要克服不同主观性的人类中心主义，共同的客观世界这样的东西就必须确实存在。这种跨越差异的统一性通过"语言的源初现象"确立起来，因为虽然每个个体"都说自己的语言"，但一群个体只有通过共同的语言中介才能相互理解。用卡西尔的话说："存在着某些类似于语言的东西。"《符号形式的哲学》第一卷就已预见了这一主张，卡西尔在那里声称："虽然诸语言在它们的'世界观点的立场'（*Standpunkt der Weltansicht*）上有所不同，但存在着一种语言自身的世界观点（*es gibt...eine Weltansicht der Sprache selbst*）。"[84] 海德格尔批评了相互转译的理想，卡西尔回应说，某种共同的中介必然充当了所有交流的逻辑前提，没有这种前提，甚至连承认差异也做不到：

> 卡西尔：海德格尔最后所说的那个观点非常重要。他的立场也不能是人类中心主义的，而倘若他也不想要这样的立场，那么我就会问，我们分歧的共同核心在哪里？很明显，它不可能存在于经验的事物之中。我们必须就在这种分歧中重新寻找共同的核心。而且我要说，我们并不需要去寻找，因为我们已经拥有了这个核心。之所以如此，是因为存在着一个共同的和客观的人类世界，在这个世界中，个体之间的差异虽然现在决不会被抵消（*aufgehoben*），但有一个条件，就是个体与个体

之间的桥梁如今已经在此建立起来。对我来说，这在语言的源初现象中反复发生。我们每个人都说自己的语言，但不可思议的是，我们每个人的语言都可以被转换成另一个人的语言。而且我们通过语言的中介来理解我们自身。因此，存在着某些类似于语言的东西。进而，存在着某种超越了无限多样的说话方式的类似统一的东西（*Und so etwas wie eine Einheit über der Unendlichkeit der verschiedenen Sprechweisen*）。

在兜了一大圈之后，卡西尔这时返回了他眼中这场辩论的关键问题：即便承认海德格尔对处境化生存的分析，卡西尔还是坚持认为，必定有某条通往客观性的道路。主体间交流的可能性，乃至个人自身主观经验的可理解性，都预设了某种共同的基础。因此，知识那客观的－且－主体间的有效性就是嵌入这种交流中介的公设。在《符号形式的哲学》第一卷中，卡西尔已经注意到，所有符号系统（如语言）都"宣称拥有客观的价值。它们超越了单纯的个体意识现象，它们主张自身要面对的是某种普遍有效的事物"。这种跨主体有效性的诉求提供了额外的证据，表明这种形式系统诞生自"一种纯粹的精神活动"（*eine reine Aktivität des Geistes*）。[85] 相互理解的中介本身就是个体主观性的共同创造，个体的交流首先在他们之间建立起联结。但他们创造的网络催生了更高级的领域，该领域本身作为一种非主观的且普遍有效的实在发挥着作用：

卡西尔：对我来说，这就是决定性的观点。正是出于这个原因，我才从符号形式的客观性出发，因为在此要处理的是那种难以把握的东西，而语言则是最清晰的例证。我们断言，我们在此踏上了一种共同的地基。我们首先将此断定为一个公设（*als Postulat*）。尽管存在着种种幻觉，但我们的这种要求是不会错的。这样的东西我想称之为客观精神世界（*die Welt des objektiven Geistes*）。此在编织出来的线索，通过这种客观精神的中介，将我们又和另一个此在联结在一起。而且我相信，除了通过这种形式的世界，就不存在其他途径从此在通往其他此在。这就是事实。倘若情况并非如此，那么我就不会知道，怎么会存在某种像自我理解这样的东西。认知活动也仅仅是这个论断的一种基本情形：一种客观的陈述能够明确表达一个实事，它拥有必然性的特征，而这种必然性不再回过头来指向个体的主观性。

卡西尔赞同海德格尔所认为的形而上学的基本问题是存在问题。但他抵制海德格尔的另一暗示，不认为只有通过回忆其古希腊起源，才有可能理解这个问题。卡西尔解释道，在康德的"哥白尼革命"中，形而上学得到了现代主义重塑，伴随这一变化，存在的意义本身也经历了深刻转变。这场革命的基本教训在于，人类不再以被动接受者的身份面对世间的诸多对象，而是自发地规定世界的秩序与形式。而据此可以推断，人类在客观性本身的创造过程中扮演了积极的角色。早在 1910 年的《实体与函数》中，卡西尔就已经得出了这个结论，他那时认为，对科学来说，当且仅当一个对象在构成科学世界的概念系统中拥有函数 / 功能性位置时，才可以认为它具备了实在性。在卡西尔从科学批判转向文化批判之后，在他先前对科学符号主义的关注让位于符号形式的多元主义理论之后，这个基本结论也依然没有改变。在《符号形式的哲学》第一卷的引言中，卡西尔就已发现："无论是在科学中，还是在语言、神话、艺术与宗教中，'实在'的世界都是构造而成的（*die Welt des 'Wirklichen' ...aufbaut*）。"[86] 在达沃斯，卡西尔在反驳海德格尔的过程中提出了一种现代主义的构造存在论，根据这种存在论，实在本身由符号构造而成，但正因如此，它也被视为客

观的。因此，海德格尔所设想的存在问题必须得到修正；如今它必须
被赋予全新的意义，被理解为客观性存在的构造问题：

> 卡西尔：海德格尔说，他的形而上学的基本问题与柏拉
> 图和亚里士多德所界定的相同，即存在者是什么（*Was ist das*
> *Seiende*）？这是正确的。他还进一步说，康德再次提到了所有
> 形而上学的这个基本问题。我毫不犹豫地承认这一点。但在此，
> 也就是在被康德称为哥白尼转向的地方，我认为似乎存在着一
> 种根本性的差异。在我看来，存在问题（*die Seinsfrage*）确实
> 没有通过这个转向而被消除。那将是完全错误的解释。但由于
> 这个转向，存在问题如今获得了新的形式，比它在古代所曾有
> 过的形式远为复杂。这个转向发生在哪里？"人们先前接受的
> 是，认知必须符合对象……但现在我们试图颠倒这个问题。倘
> 若不是我们的认知必须符合对象，而是对象必须符合认知，那
> 么情况将会怎样呢？"这就意味着，一般对象性的存在构造
> （*Seinskonstitution einer Gegenständlichkeit überhaupt*）问题，先
> 于对象规定性问题。凡是适用于这种一般对象性的东西，如今
> 必定也适用于这种存在结构（*Seinsstruktur*）内部的每一个对象。

在卡西尔看来，他自己的哲学直接呼应了源自康德哥白尼革命
的存在论现代主义转向。尽管存在被古代形而上学家理解为实体或
hypokeimenon（未成形的基底），但在康德及之后的形而上学中，存
在仅仅具有功能性的意义，因为什么东西可以算作客观实在，只有参
照给定物体在其中运作的符号形式体系才能确定。无可否认，卡西尔
大大拓展了康德最初的疑难问题：康德只承认"存在的单一结构"，
卡西尔承认的则是"存在的完全多样的结构"。由此他不仅使康德的
建构主义存在论多元化，同时还将其从先前的科学束缚中解放出来：

卡西尔：在我看来，这个（哥白尼）转向的新颖性在于，现在已经不再拥有任何这样单一的存在结构了，相反，我们有着完全不同的诸多存在结构（*ganz verschiedene Seinsstrukturen*）。每个新的存在结构都拥有其新的先天预设。康德表明，他被束缚于经验可能性的条件之上。康德表明了每种新的形式如今以何种方式也指涉了对象性的一个新世界，审美对象如何不受经验对象的束缚，它如何拥有自己的先天范畴，艺术如何也建立起了一个世界，以及这些法则如何不同于物理法则。由于这个原因，一种全新的多样性就进入了一般对象的疑难之中。因此，新康德主义的形而上学正是从古代教条式的形而上学中产生的。在古代的形而上学中，存在曾经是实体，是构成基础的东西（*das eine Zugrundeliegende*）。用我的语言来说，在新的形而上学中，存在不再是一种实体的存在，而是肇始于各种功能性的规定与意义（*nicht mehr das Sein einer Substanz, sondern das Sein, das von einer Mannigfaltigkeit von funktionellen Bestimmungen und Bedeutungen ausgeht*）。在我看来，区分我与海德格尔立场的关键点就在这里。

应当指出，在对比古代的存在与康德的存在时，卡西尔谈论的不再是海德格尔所理解的"存在问题"。海德格尔本人对存在论问题的探究既不针对作为实体基础的古代存在概念，也不针对作为心智形式的康德式存在概念；它的目标实则是存在的意义（*Seinssinn*），这种存在的意义存在于此在的现实行为之中，而此在是具身的被抛存在者，其自身的存在方式是在世之在。这种差异着实深刻。绝无任何明显的可通约性可以让卡西尔将海德格尔与上述两种历史定义联系起来。事实上，海德格尔相信，这两种历史定义都暴露出"对存在的遗忘"，因为它们根据非时间性在场的形而上学模式来构想存在。

卡西尔看起来无法用海德格尔会认可的术语来描述这个基本问题，这确实是二人真正分歧的表现。但这并不能简单归咎于理解上的失败：在其他场合，理解海德格尔的诸多主张对卡西尔来说几乎没有什么困难。这单纯是因为二人的分歧过于基本，以至于卡西尔只能回过头来谈他自己对这个问题的理解，即便这样做带了令人遗憾的后果，他的历史评论看起来是在谈论他的对话者，而不是与这位对话者交谈。人们或许会得出结论，认为卡西尔与海德格尔二人一道对破坏哲学对话负有责任，每个人都希望驳倒对方的学说，却未能诉诸更好的论证力量，反倒求助于重述历史：海德格尔将卡西尔的哲学写入存在之遗忘状态的历史。而卡西尔以类似方式做出回应，暗示海德格尔的哲学支持某种已经失效的实体形而上学。我们或许可以将这样的结果称为相互历史化的僵局：两位哲学家似乎都相信，他们自己占据了更优越的历史知识立场，据此他们可以刻画对手的诸多错误。事实上，二人都没能仅从论证层面表明对方的哲学出了差错。他们完全分裂了。

卡西尔这时最后一次评论了柯亨的遗产问题：在柯亨的新康德主义学说中，先验探究的基本方法仍然是正当的，根据这种方法，人们从一个事实开始，接下来则追问这个事实的可能性条件。不过，根据卡西尔的意见，柯亨未能领会康德哲学的更大前景，因为他对先验方法的理解过于狭隘，他坚持将之仅仅适用于数学化的自然科学。卡西尔这时提出，康德学说中真正有前景的洞识在于，先验探究可能存在多个领域，并且可以证明各个领域（语言、艺术，等等）都拥有自己的一套先天形式。卡西尔承认，或许并非所有哲学问题都能在康德的框架内解决。他最后大胆建议，先验方法至少应被视为当前哲学问题的普遍出发点，包括海德格尔所关心的问题：

> 卡西尔：我仍然保留了康德对先验事物的提问方式，就像柯亨经常阐述的那样。在他看来，先验方法的本质在于，这种

方法从事实出发；只是对他来说，这个一般性定义——从事实出发，以便询问它的可能性——被进一步缩小了，因为柯亨时常将数学化的自然科学视为（唯一）真正成问题的东西（*das eigentlich Fragwürddige*）。对康德来说并不存在这样的限制。现在我询问的是语言事实的可能性。我们的领会能够在这个中介下从此在转到另一个此在，这是如何发生的？这是如何可被设想的？现在我们一般将艺术作品视为客观规定，视为客观存在者（*als objektiv Seiendes*），视为有意义的整体（*als dieses Sinnvolle in seiner Ganzheit*），这些是如何可能的？必须要解决这个问题。或许并不是所有哲学问题都从这个问题开始解决。或许有很多领域是无法从这里到达的。但我们有必要首先（*zunächst einmal*）提出这个问题。我相信，一旦提出了这个问题，接下来就会开启一条道路，通向海德格尔所提出的问题。

值得注意的是，卡西尔在最后的发言中感到有必要回到柯亨的遗产问题，因为人们可能会认为，到了 1929 年，与新康德主义马堡学派争辩的热情已经完全消退了。卡西尔以这个问题来结束对话，或许意味着，在新康德主义热度渐退的环境中，卡西尔觉得有必要强调他与马堡学派之间的真实距离，即便他仍然声称忠于该学派最重要的哲人。[87] 但这个问题主要是学术性的。更为重要的是卡西尔的主张，他认为先验方法必须充当所有哲学问题的普遍出发点，甚至对它最终无法提供任何解决方案的问题也是如此。这个陈述异常强势，毫不客气，不过它的靠谱程度倒是与海德格尔本人经常重复的主张不相上下，后者认为存在问题是哲学的首要问题，并且优先于所有实证科学的问题。[88]

诚然，这两个主张之间存在着密切的相似之处：两者都主张某个独特哲学问题的优先性是其他所有哲学问题的必要前提。此外，二人都断定，倘若要恰当理解对方的问题，就必须首先提出自己的问题。结果，二人上演的更像是在哲学上让自己高人一等的游戏。但他们的主张之所以看起来如此相似，却有着内在的哲学原因：这种相似性主要是因为先验问题与存在论问题有着很强的相似性。海德格尔本人在《存在与时间》中提出，康德在《纯粹理性批判》中建立的先验逻辑学说旨在揭示自然的存在，就此而言，它具有存在论的意义。[89]无论是在达沃斯康德讲座中，还是在"康德书"中，海德格尔都认为，"第一批判"的先验探究远远超出了自然科学的关注范围，它实际上探究的是人的存在论知识的能力。这种相似性实际上相当接近：康德意义上的先验论证结构在于，人们从给定的知识出发，接下来追问：要使这种知识得以可能，人类的理解究竟具备何种功能。因此，海德格尔所构想的生存论存在论规划也可以说具备一种先验的结构，它从日常平均状态中给定的存在论知识出发，接下来追问：既然存在问题对此在是可能的，那么此在这种存在者究竟具备何种条件。卡西尔认出了这种相似性，正是基于这种相似性，他才在开场评论中表示海德格尔也是新康德主义者。

这种相似性海德格尔既不能接受，也不能完全否认。他自己关于康德"第一批判"的讲座，因为主要目标在于将"第一批判"刻画为形而上学奠基（也即此在的存在论知识），故而显露出先验哲学与生存论哲学之间深刻的亲缘。但在海德格尔看来，两者间仍然存在决定性的差异：康德关于先验事物（特别是新康德主义者与卡西尔所理解的先验事物）的问题指向心智自发性，它是先天形式的最终源泉；而海德格尔所构想的先验问题则指向人的有限性或被抛性，这种生存论的时间视域要先于心智自发性。因此，海德格尔不能接受卡西尔的判定，他要重演古希腊源初意义上的存在论问题，他并不认为康德的哥白尼革命让任何这样的重演都变得站不住脚。此外，尽管卡西尔正确地注意到存在以多种方式被揭示，但这并未排除在存在的一般意义

（*Sinn von Sein überhaupt*）上寻求更高统一的可能性。对海德格尔来说，我们不应当将这种统一误解为"人类的创造性成就"，这一点至关重要。他解释道，即便是哲学的最高抱负也永远与人类的有限性联系在一起，这就是哲学的本质：

　　海德格尔：卡西尔提出的最后一个问题将康德与古人对照，这给了我又一次机会来刻画整个工作。我说过，必须重提柏拉图的问题。这不可能意味着我们要退回到希腊人的答案之中。事实证明，存在自身已经分散到了多样性之中，其中一个核心疑难在于，为了领会存在方式的内在多样性，需要从存在的理念那里获得基础（*die innere Mannigfaltigkeit der Seinsweisen aus der Idee von Sein zu verstehen*）。对我来说，我渴望的是将存在的一般意义（*Sinn von Sein überhaupt*）确立为核心的意义。因此，我的研究唯一关注的目标在于，为追问存在、其结构与多样性而去获取发问的视域。单纯的调和（*bloße Vermitteln*）永远不会产生任何富有成效的东西。哲学作为人类的有限关切，其本质就在于它被限制在人类的有限性之中，它并不是人类的某种创造性成就（*Es ist das Wesen der Philosophie als einer endlichen Angelegenheit des Menschen, daß sie in die Endlichkeit des Menschen beschränkt ist, wie Keine schöpferische Leistung des Menschen*）。因为哲学向人的整体性与最高层次的东西敞开，所以在哲学中，有限性必然以一种完全彻底的方式显现出来。

通过重述哲学原则，海德格尔这时准备向与会宾客做最后总结。他告诫他们应当谨慎，不要将这场辩论误解为单纯的私人冲突："不要执着于卡西尔和海德格尔。"他告诫道。争论的焦点并非立场或经验视角的问题，而是根本上属于"形而上学的核心问题"的关切。尽管两位哲学家之间存在着众多差异，但他们都致力于追问这个核心疑难，任何将二人的争辩仅仅理解为敌对观点冲突的人，都无法把握这一疑难。当然，这场争辩仅仅是哲学史上的小小篇章。但哲学史本身并不是可能视角的多元化堆砌。为了把握"统一的疑难"，人们在此也必须从单纯多元化的不同立场中解放自己。只有这样，人们才能认识到，真正的哲学需要观点的分化：

> 海德格尔：从我们的争辩（*Auseinandersetzung*）中，您要得到的东西可以被归结为这样一点：不要去辨别人类哲思的多种立场，也不要执着于卡西尔和海德格尔。相反，重点是您已经走得足够远，可以感受到，我们正行进在道路上，以最热诚的方式重新专注于形而上学的核心问题。除此之外，我想向您指出，往小了看，您在此处看到的是人类在思索统一的疑难时的差异，而往大了看，它则表达了某种完全不同的东西：从诸多立场和观点的差异中解放自我，正是哲学史争辩的精髓，它是进入哲学史的第一步，由之才能看到诸观点的分化为何正是哲学工作的源泉（*wie gerade die Unterscheidung der Standpunkte die Wurzel derphilosophischen Arbeit ist*）。

以上评论表明，海德格尔清楚意识到了这场争辩的时代性或历史性。事实上，他看起来非常担心，害怕观众在未来几年的回忆中将这场辩论仅仅视作私人的或世界观的冲突。海德格尔的担忧或许有其道理。事实上，在辩论期间，批评家就热衷于从历史－哲学的角度来重新设想辩论的意义，两位参与者受到美化，远远超越了托马斯·曼宏大寓言中的那两位巨人。辩论仅过了一个月，《法兰克福日报》的一名记者就写道，这场争论"不仅仅被视为教授间的学术争论，更是两个时代的代表性人物之间的对抗"。[90]

　　对这场辩论的许多解释都集中在历史象征意义上，我们已经看到，卡西尔与海德格尔本身都鼓励了这种看法：他们的哲学被铭刻于历史之中。这有点讽刺，因为二人都极力抵制任何形式的历史还原。卡西尔声称，在哲学话语中有可能达到某种稳定的理解状态，这种状态不再相对于经验个体或个体所属的历史时代。类似地，海德格尔断言，哲学洞识迫切要求人们必须从纯粹立场或世界观中实现某种程度的自我解放。

　　不过，二人讨论的一个显著特征在于，卡西尔与海德格尔本人都已经领会到，他们的哲学将被铭刻到历史之中：卡西尔将符号形式哲学视为文化与智识现代主义的一种发展，将其对人类创造性或自发性的赞颂与源自启蒙运动的诸多哲学思潮结合起来。海德格尔将他的哲学视为一种展开的活动，借此可以恢复人类对自身在历史时间中的被抛性的深刻认识。在对话的过程中，两位哲学家都利用了这些彼此竞争的铭文，以便在争论中获得一定优势：卡西尔将海德格尔的哲学描绘为向着古代实体形而上学的倒退，而海德格尔让卡西尔的哲学牵扯进存在之遗忘状态的现代叙事中。人们或许会说，这就是二人交锋的最终结果：一开始只是哲学上的分歧，后来却获得了寓言的意义，他们之间的裂痕加深了，直到几年后，它终于分化成一种历史－政治的危机。

第五章

达沃斯之前

神话、科学、现代性

形而上学是一门致力于摒弃符号的科学。

——亨利·柏格森,《形而上学导言》(1903)

导言

本章标志着暂停。到目前为止,我们一直试图将达沃斯的交锋当作在时间中展开的事件来理解。我们得知了当时谁在那里,他们说了什么,为此我们大致上遵循了惯常叙事的时序结构。但哲学争论并不以线性的方式展开:它的节奏并不跟从历法时间的平稳脉搏。倘若要将达沃斯的争辩理解为一起哲学事件,我们就必须相应地脱离历史,停下来思量一些更加深刻的紧要概念问题。本章将回溯达沃斯争辩之前的年份,更深入地审视卡西尔与海德格尔在该时期的对话。接着第六章则转向达沃斯随后的年份,审视双方哲学与政治分歧加剧的时期。

在抵达达沃斯之前,海德格尔与卡西尔就对彼此的工作有所了解，其程度或许会令人惊讶。早在1923年，卡西尔就结识了海德格尔，二人既有私交，也有职业上的互动。他们在康德学会汉堡分会的会议上首次相遇，并就神话作为哲学探究对象的重要性交换了意见：在《存在与时间》中，海德格尔明确回顾了这次会面，并称赞了卡西尔的《符号形式的哲学》第二卷，称其"让神话的此在成为哲学诠释的一个主题"。1928年，海德格尔公开发表评论，详细阐述了他对《符号形式的哲学》第二卷的想法。与此同时，卡西尔也知晓了海德格尔工作的更多情况。卡西尔丰碑式的研究《符号形式的哲学》第三卷《知识现象学》于1929年首次出版，总结了他在多卷作品中对所有表达领域的人类符号活动的广泛研究。应当指出，书名中的"现象学"严格指向黑格尔意义上的现象学，卡西尔很少提及胡塞尔及其日益出名的诸弟子所推动的同时代运动。事实上，卡西尔尽可能少地明确谈论战间期欧洲哲学中的方法论对手。该书的整个文本在1927年已大体完成，虽然卡西尔原先计划添加一个最终的批判性章节，来论述更为新近的哲学，但接下来两年的经验使他相信，要充分评价最新的各个学派，少说得再写一卷。卡西尔与海德格尔辩论的线索，则断断续续以随机的脚注和题外话的形式出现，看来是在正文完成后悄悄塞进去的，最晚的那些要到1929年最后几个月该卷临出版时才加入。[1] 这些零散的评论虽然规模不大，但它们为考察卡西尔与海德格尔的哲学争辩提供了至关重要的证据。

总而言之，1923年到1929年这段时间里，卡西尔与海德格尔间的各种认可与批评，共同构成了不可或缺的框架，帮助我们理解达沃斯争论的真正哲学利害。卡西尔与海德格尔在达沃斯之前的交流透露出，由于哲学学说与哲学方法上的深刻差异，二人在那时就已经产生了分歧，这些差异也使得未来和解的希望变得渺茫。

卡西尔、现象学、科学

为了理解达沃斯之前卡西尔所萌生的对海德格尔的批判，我们必须回顾他在《符号形式的哲学》第三卷中谈论的某些更为重大的主题。说得宽泛些，该书将所谓的科学知识的现象学作为符号形式哲学的最高阶段。具体来说，卡西尔挑选了空间与时间概念作为最生动的例证，来阐明这种跨历史的过程。并且，我们将看到，他与海德格尔的早期分歧，最初正是因为二人在空间与时间的地位问题上持有迥然不同的理论。

卡西尔解释说，自 17 世纪以来，物理学的解释越发倾向于认为，空间与时间不是实体或形而上的实在容器，而仅仅是关系的概念，这一发展源于笛卡尔对空间的数学化，后来在莱布尼茨与牛顿学说的论战中得到大胆推进，随着 19 世纪群论与非欧空间的发展，以及更为新近的相对论与量子理论的发展，这一观点最终形成。因此，卡西尔的科学发展理论预设了时空场的逐渐去存在论化，并被一种符号化的、纯粹概念性的关系理论所取代。[2]

然而，除了空间与时间的严格科学模型之外，卡西尔还将大量注意力投入了人类符号化的其他领域（最显著的是美学与"原始思维"或神话思维）的时空形式的本质：科学思维逐渐脱离时空的实体概念，而神话思维的一个明显特征在于，它无法达到可以比肩科学的抽象程度，因为其时空视域仍然充满了实践的与情感的意义。正是在这里，卡西尔与海德格尔的分歧首次显现：卡西尔的哲学现代主义信念要求哲学本身概括出科学解释中清晰可见的抽象化及函数化过程。就像科学必须摒弃关于实在的终极本质的"存在论"主张那样，哲学本身也只有在与神话决裂时才首次产生。因此，尽管卡西尔大方承认了《存在与时间》中海德格尔对时空环境的"存在论"分析的重要性，但他也暗示，对世界的恰当哲学理解不能满足于这种层面，必须"超越"

生存论视域，走向一种纯粹功能主义的符号化领域。然而，为了解释
这种分歧，我们必须首先回顾海德格尔哲学的部分基本特征。

海德格尔的生存论现象学

有一点值得反复说明，那就是在《存在与时间》中，海德格尔
的整个规划仅仅意在为存在问题这一终极探究奠定基础。海德格尔相
信，存在问题在整个现代性的大部分时间里都处于休眠状态与半遗忘
状态。在《存在与时间》中，几乎没有去接收存在发送的"信息"的
尝试；这种末世论的且自相矛盾的反现代主义的尝试是 1930 年代中
期才会出现的主题。在某些方面，海德格尔的早期哲学更具科学野心，
这种野心源自胡塞尔意向性分析的现象学方法，海德格尔改造了这一
方法，然后用在了他的老师几乎不可能预见的地方。但其中的关系是
明确的："存在的意义"（*Sinn des Seins*）是基本的领会，只有通过这
种领会，意向对象才能存在。[3]

海德格尔的存在问题首先是对存在"意义"的探究，这种探究不
仅先于而且支撑着意向性的视域。同胡塞尔一样，海德格尔相信，要
描述这种视域的构成性特征，无需诉诸哲学传统中可能存在成见的概
念与方法。事实上，海德格尔早期工作中对过往哲学的明显冷漠甚至
反感，直接继承自胡塞尔，这一现象学传统的特点在于，它旨在仅仅
通过描述来复原经验的样子，避免像典型的欧陆思想那样频繁地引经
据典。换句话说，现象学描述应该始于对现象的分析，并且按照现象
对意向性意识显现的样子来分析它。不同之处在于，胡塞尔发展了现
象学悬置（*epoché*）的方法，以便分离出意向性的纯粹先验特征。通
过这种还原，哲学将视野从自然态度转向现象学态度：为了更好地探
索意向性意识的本质特征，经验自我的所有特征以及对日常世界的所

有生存论信念都将被暂时搁置。然而，海德格尔走上了一条截然不同的道路，他发展了一种关于自然态度本身的现象学。在海德格尔看来，他要探索的作为展开世界的意向路径的意向性，只能显现于人的生存的"日常状态"中。胡塞尔的"先验"分析是对先验意识先天结构的探究，与这种准笛卡尔式的规划针锋相对，海德格尔将自己的规划称为"生存论分析"。[4]

这一诠释的指导性假设在于，只有此在是"存在论的"，它才能"存在"。也就是说，人的生活伴随着对生存意味着什么的基本领会，这种领会具有生存论上的必然性。在生存论分析中，海德格尔逐个环节精心检视的就是此在的这种存在论领会。当然，这些环节共同构成了一个解释的统一体（hermeneutic unity），因此这种拆解仅仅是概念上的技法，海德格尔辩称他的这些术语仅仅充当了这个整体结构诸维度的"形式指引"。这些"指引"包括作为社会特征的"共在"，作为语言结构的"领会"与"在之中"本身，以及世界所谓的世界性。[5]

世界性与交往

在《存在与时间》第三章所构造的世界性分析中，引入了空间与时间的独特"生存论"主题，这尤其引起了卡西尔的兴趣。海德格尔首先试图避免可能的误解：有待分析的"世界"并非在存在论上独立于此在的客观"自然"世界。此处的世界不应当被解释为此在之外的东西，因为分析的目的就在于考察作为此在自身意向性结构构成性部分的"世界性"。因此，用海德格尔的术语来说，"世界性"（Weltlichkeit）本身就是一种"生存论环节"；因为它是可能经验的先天构成条件，就此而言，它是与康德的范畴类似的生存论范畴，不过与康德理论不同，它并非可能表象的某种心智条件。[6]海德格尔不想让他的分析偏向认知主义或表象主义。但他相信，这种偏见在我们与这个世界的习惯性联系方式中根深蒂固，以至于被当作日常生活的常识形而上学。因此，从描述世内"存在者"（Seiendes）开始并不明智，因为任何此类描述都必定预设了我们需要考察的生存论视域。我们总是面临退却的风险，没能注意到把这些存在者视为"物"的特定存在论诠释，它们被视为客观物与广延物（res extensa），以某种方式"存在于外部"，"超出"了想要认识它们的主观心智（res cogitans）。海德格尔声称，这是我们从形而上学传统（主要是笛卡尔）那里继承下来的一种诠释。海德格尔煞费苦心地驳斥了这种观点，因为他相信这种观点忽略了"世界性"的存在论特征，这种存在论特征刻画了此在自身对在世这种存在方式的自我领会。

海德格尔自己的分析以存在的意义作为出发点，人类对其世界处境的领会中充斥着存在的意义。海德格尔解释说，最接近此在的世界并非科学解释的世界，而是周围世界（Umwelt）。[7]虽然海德格尔提醒读者，周围（Um）这个前缀不应按照字面的空间意义来加以解释，但他随后还是在这一章投入了大量精力来区分不同的空间性：一种空间性最常与笛卡尔式物理科学的世界领会相关，这种领会将世界视为自然；另一种空间性与他自己的世界领会相关，这种领会将世界视为周围世界。然而，对"周围性"的分析并不是从周围世界的空间性开始的，而是从我们与周围世界的实际关联开始的，海德格尔将之称为"打交道"或者"交往"（Umgang）。[8]海德格尔解释道："最切近的交往……并非单纯的知觉认识，而是操作事物、使用事物的关切；而关切有着它自己的'认识'。"因此，对周围世界存在者的基本的前哲学的诠释并不把它们当作"物"，而是当作有用途的物，当作"用具"（Zeug），用希腊语来表达就是 pragmata。海德格尔的基本思想是，人与世内事物的关系主要是一种实践和关切的关系：我们并不把物当作理论分析的对象，而是如它们在实践情境中首次出现时那般领会它们，也就是说，在我们与它们交往的情境中并通过这种情境来领会它们。为了强化这个观念，海德格尔引入了称手（*zuhanden*）状态与现成（*vorhanden*）状态的著名区分，前面这种存在方式按照用具的方式来领会物，后者则为了知觉认识而揭示物。称手状态是我们"日常的"与前哲学的领会，海德格尔声称，它是事物向我们显现的"源初"方式，而现成状态是理论的结果，脱离了更基本的关联。

　　这个论证的一个显著特征（也是卡西尔觉得尤为麻烦的主题）在于它的整体论前提：鉴于上文所描述的那种与世界的实用关系，海德格尔表示，物是根据目的论的网络获得先行解释的，周围世界的每个方面之所以具有最基本的意义，仅仅是因为它被赋予了某种目的。因此，周围世界的物是"某种'为了做'（*etwas um-zu*）某事的东西"，而这种意义立即表明它与世内的其他物有目的地相互关联着。实际上，海德格尔指出，这种相互关联正属于用具之物的本质，因为每个物只有在指引其他物的条件下才会被指任到其位置上。因此，并不存在诸如"一件用具"这样的东西，个别的物需要根据任务的指引整体性来加以理解。因此，这种整体呈现出了一种超越的状态，这是因为整体是理解其任何组成部分的可能条件。换言之，人们所遇到的世界始终已经是"用具的整体"。于是这种周围世界就是关切的整体结构，其中的物向来以集合的方式从实践上得到领会，这种领会先于对任何被挑出来加以检验的个别物品的明确认识。为了强调这一点，为了把握伴随着我们周围世界关系的那种领会模式，海德格尔额外创造了一个术语：相对于理论的"视"（*Sicht*），我们在寻视（*Umsicht*）的模式中进行领会。因此，我们不应将"交往"当作我们事先以理论方式加以理解，继而在实践中加以完成的明确"任务"。海德格尔解释道，我们绝大多数的交往"已经分散在形形色色的关切方式中了"。以未来为导向的意图植根于人的领会之中，这意味着我们与物的实践关系最好不要被当作旨在实现某些指定目标的工具主义关系，而应当被理

解为一种含蓄的投入，它关涉事物会有怎样的发展、我们的整个世界
会有怎样的展开。[9]

生存论的空间性与函数的空间

海德格尔进一步声称，此在自身的在世的空间关联——"生存论
的空间性"——本身就取决于此在的用具情境。因此，生存论的空间
性（*Räumlichkeit*）从根本上不同于笛卡尔的广延概念或牛顿的作为
容器的空间概念。后者只有在涉及现成对象时才有意义，它们并不适
用于主要与世界打交道的存在者。[10]事实上，海德格尔注意到，虽然
我们或许会以形式的方式将用具的情境理解为"关系"结构（即一个
整体，其中每个要素都在与其他部分的"关系"中获得其意义），但
这种形式的定义不应被存在论化，变成实际负责将这种结构结合在一
起的明确原理：嵌入用具背景的"物""抵制任何形式的数学函数化"。[11]
换句话说，情境化的意义既不是某种心智努力的成果，这种努力首先
将诸多先前独立的存在者结合在一起，有意义的物也绝不是"某种想
出来的、只存在于'思维活动'中的东西"。但这意味着，在海德格
尔看来，与用具打交道是一切"关系"的函数性讨论的先行条件。海
德格尔得出的结论是，新康德主义的观点必定是错误的，因为它断定
在数学—科学的解释中，实体将完全被函数取代。尽管海德格尔并没
有提到卡西尔的名字，但卡西尔显然是这种批评的目标。海德格尔在
《存在与时间》中如此总结道：

这种"关系系统"（是）某种构成世界性的东西，（而且）
……正是世界性……提供了基础，使得这些存在者能就其"实
体的""自在"得到揭示。只有当世内存在者能被遭遇（即处于

用具的情境中），它们才有可能在这种存在者的领域中达到单纯现成的东西。由于它们仅仅是现成的存在，后面这些存在者（只有这时）才能用"函数概念"的数学方式来界定它们的"属性"。只有关联于纯实体性的存在者时，这种函数概念在存在论上才是可能的。除非作为形式化了的实体概念，否则函数概念绝无可能。[12]

　　海德格尔的意思是，只有当事物首先被设想为"现成"之物，被当作笛卡尔空间中的"实体"时，才有可能为了理论解释的目的，选定事物互不干连的"概念"，再将它们彼此关联起来。但这种概念与此在的空间性相左，通过其空间性，此在首先理解了自身的在世之在。因此，关系并非在逻辑上先于实体，而仅仅是实体的概念产物。事实上，只有与构成人的领会真正基础的工具情境"决裂"时，关系才是可能的。进而可以推断出，我们必须从这种交往的方式中发展出一种生存论的空间性观念，而且我们必须注意区分此在的空间性与现成事物的"笛卡尔"空间。
　　于是，在海德格尔看来，此在的空间性就是从此在世界的用具整体性中涌现的定向。用具需要在任务的整体中获得其位置，就此而言，称手之物拥有其自身的空间性。这种位置暗示了对某种称手事物之"切近"（in der Nähe）的领会，但这不是距离意义上的切近。它更多地表示这种物在交往本身的情境中"归属于某处"（Hingehörigkeit）。这种合适性的感觉首先为这个情境赋予了特定的方向：由此，该情境中的一切事物都被分配了特定的位置，在"那里"或"这里"（"Dort" und "Da"），以致整个情境在我们面前显现为一种空间的"场所"（Gegend）。笛卡尔空间的三维坐标系既没有左右，也没有上下，与之不同的是，此在交往的空间性首先为我们的经验提供了明确的方向。[13]
　　因此，伴随着称手用具情境的空间性不可还原为笛卡尔空间。笛卡尔空间始终将事物置于可测量的距离上，而此在的空间性则根据其自身的意义情境来确定距离，考虑到这一事实，二者间的对比就再明显不过。因此，此在从世间挑选事物，为的是先行消除任何落入其视域的事物的距离。海德格尔认为，鉴于身体的方位感与方向性伴随着我们在世上打交道，这一点已经是事实了。更宽泛地说，我们对什么东西离我们近的感觉是与意义有关的函数，而不是与测量有关的函数。例如，一般来说，人的鞋底通常会消失在称手用具的不起眼状态中，而在走路时遇到的人却近在跟前，即便她可能还身在远距离之外。（海德格尔在这里补充了一段有趣的题外话："现代"通信设备，如收音机或电话，具有克服一切远距离的独有特征，但在交往的情境中，它们的现成存在可能常常不受注意。我们应当想到，这本书出版于1927年，当时这些仪器的新颖性似乎值得哲学做出评论。）为了澄清此在生存论构造的这种独有特征，海德格尔引入了"去远"（Entfernung）这个术语，来表明我们在用具情境中定向时总会消除与物的距离。[14] 重要的是要注意到，这种消除不是某种解释行为的结果，好像被放置在可测距离上的事物由于主观的强加而被拉近了似的。海德格尔解释道，"去远"是一种生存论性质，这意味着此在的世界首先由这种生存论空间结构构成："在此在之中，"他总结道，"有一种求近的本质倾向。"[15]

科学与认知怀旧

我们稍后将看到，正是将生存论空间刻画为亲密乃至切近视域的做法，让卡西尔与海德格尔的潜在差异变成了鲜明对比。实际上，海德格尔总体思维方式的特点在于，他假定在解释学的理解与自然科学的理解之间存在着强烈的区别，而对空间的分析也不例外：笛卡尔空间是可测距离的空间，而生存论的空间性是一种"拉近"的视域。笛卡尔空间是具有纯粹维度，却缺乏任何确定方向感的世界，而"与左右有关的"生存论的空间性本身奠基于"在世之在的先天性"，却"缺乏三维的纯粹多重性"。此外，生存论的空间性是我们理解笛卡尔空间的前提，因为前者归根到底是领会本身的生存论条件。由此可以推断，在我们尝试更好地应付我们周遭环境的过程中，无论我们创造出何种形式化的测量结构，这种结构本身都不过是将此在日常周围世界的空间性"主题化"的某种方式。因此，不存在从生存论的空间性到空间的"突破"：

> 作为在世之在，此在本质上将自身保持在去远活动中。这种去远——称手事物离此在本身的远近——是此在绝不能跨越的东西。当然，某种称手事物离此在的远近，可被揭示为相对于此在的距离……（而）此在事后就可以跨越这段"间距"，不过，距离本身也成了已被去远的距离。此在说不上跨越它的去远，不如说，此在一直携带着它，并且始终如此行事；因为此在本质上就是去远。[16]

当然，海德格尔并不否认，人们有可能发展出对形式化的笛卡尔空间的纯粹心智表象。但是，他拒绝就此得出结论，认为这种表象能够让人们接触到某种比此在的空间世界更为"真实"或"客观"的东西。尽管海德格尔并没有详细展开这种观点，但接下来这段文字显然符合海德格尔更一般的观点，即生存论情境的构造先于科学的概念谋划：

> 倘若人们放弃寻视的算计——先前得以通达空间的唯一可能通道，那么空间……就可以通过纯粹观望的方式来加以研究。空间的"形式直观"揭示了空间关系的纯粹可能性。在此，人

们要揭示这种纯粹的单质的空间，或许就要经历一系列阶段：从空间形态的纯粹形态学到位置分析，最终直到纯粹的空间计量学。[17]

海德格尔在这里引入了一个棘手的主题——生存论条件与科学概念的优先次序——他对此未能提供恰当的解决方案，而这就成了卡西尔批评的一个焦点。在转向抽象科学概念的过程中，"放弃"生存论条件究竟意味着什么，这一点尚不清楚。所谓生存论条件，当然是构成性的，它不能被放弃。事实上，海德格尔自己先前就已经注意到，此在于其中拉近世内用具的解释视域，根本不可能以某种方式"跨越"。"在当前的研究中，"海德格尔辩称，"不会考察所有这些阶段的关联。"这种关联的次序在表面上是"一系列阶段"，这个术语似乎暗示着一种发展的过程。然而，尽管这个评论好像暂时为科学的概念化赋予了在人类理解中较为先进的地位，但海德格尔很快就撤回了这种暗示，并表明这不是一种进步，而是一种损失：

> 不以寻视而仅仅以观望的方式揭示空间，周围世界的场所就会被中和为纯粹的维度。诸位置——以及归属于称手用具的，实际上由寻视完全定向的位置整体性——沦落为*任意事物的地点多重性。世内称手事物连同其空间性一道失去了合适性。世界失去了它特有的周围性质；周围世界变成了自然世界。"世界"作为称手用具的整体，被空间化为仅仅现成的广延物的情境。在揭示我们遭遇的存在者时，只有将称手事物的合世界性去世

---

* 注意这里的"沦落为"，德语原文为"sinken zu"，本书作者译为"get reduced to"。本章接下来将反复用到 reduction 一词的两重含义，一是卡西尔眼中的科学的"还原"，二是海德格尔眼中的意义的"沦落"。

界化（*Entweltlichung*），单质的自然空间才会显现自身。[18]

　　尽管这段文字看起来晦涩，但其重要性不应被低估，后面将会证明，它对于我们理解卡西尔的批评来说至关重要。海德格尔基础存在论的一个核心问题在于，如果人们有可能区分"自在的"世界与人类理解所塑造的解释学世界，那么，海德格尔所描述的解释学条件是否类似于康德式的条件？倘若这种区分站得住脚，那么海德格尔就可能面对如下指责：解释学条件不过是"主观的"，因为无论其结构效果有多深刻，人们还是可以——哪怕只是反事实地——诉诸现成事物的领域，而这个领域看起来独立于此在的世界。

　　无论如何，这种主观主义的解读带来的风险相当大，因为它与海德格尔形而上的反自然主义基本假设相冲突。根据海德格尔的看法，自柏拉图以来的哲学一直受制于"在场"的形而上学，这种形而上学认为：作为可理解的实在之基础的"存在"，只能被理解为占据了某种超越实在的形而上学区域，只有这样，它才可以充当自身自足的根据。然而，这一存在概念受到这样一种时间观念的启发，它把时间看作一系列的"现在"，于是存在本身也自然地显现为永恒的当下。看起来正是这种想法担保了理性主义者的观点，认为存在本身可以在完备与完美的思想中加以把握。此外，正是这种想法，倾向于在认知者与被认知者之间想象出一道陡峭的沟壑：这种观点暗示，只要脱离这个世界，就可以在表面上获得一种完全中立的立场，这也就是伯纳德·威廉斯在论及笛卡尔时曾经提到过的那种"实在的绝对概念"。[19]然而，在海德格尔那里，"后形而上学"洞见了存在本身就奠基于时间之中，因而海德格尔哲学的指导性洞识便在于，要代表"后形而上学"坚决反对在场形而上学这种谬误。进而，哲学家再也不应宣称存在着诸如"上帝""理性"或"自然"这样的毫不动摇的形而上学实在。海德格尔力图杜绝这种宣称，为此，他要在反形而上学（或非实在论）

的立场上重塑对存在的探究。

如此一来，现代自然科学就让海德格尔面临了严重的挑战。因为倘若科学能够断定自身知晓何谓"实在"，那么作为日常经验条件的生存论范畴就无法让自身摆脱纯粹主观的地位，如此一来，海德格尔哲学通体标榜的摆脱主观主义，多少就有点令人困惑了。然而，重要的是要意识到，海德格尔对解释学视域的"中和"评论表明，他自己也不能确定如何以最佳的方式来解决这个困难：一旦交往的结构被托付给依赖人类的"解释"，科学便可以宣称，未经解释、如其所是般被揭示的世界就是它自己的领域，进而宣布，只有通过科学的"客观性"，人们才可通达在形而上意义上实在的东西。当然，康德本人也拒绝对他的学说做主观主义的解读，他断言，先验观念论不仅与经验实在论相容，而且事实上还为一切被当作"实在"的东西作了担保。对于康德来说，科学客观性与理解的结构相关。我们稍后就会看到，卡西尔在这一点上追随了康德。然而，对于海德格尔来说，他无法使用这种解决方案。海德格尔坚持认为科学的实在作为现成之物向此在展开，如此一来，不同于康德的那些条件，海德格尔的先验—生存论条件就得呈现出偶然性和主观性的样子。根据海德格尔自己的逻辑，摆脱解释是可能的，一个人自身的生存论视域也可能被中和，以便与单纯"给定的"实在的科学领域相遇。但之后，海德格尔还是提出了异议，他形而上的反自然主义——这个学说主张，世界本身就是此在解释的世界——似乎在解释与自然的实在间设置了某种前批判的区分。

在他求助于可被称作"认知怀旧"的现象（在上面刚刚引述的文字中表现得最为明显）时，海德格尔的窘迫并没有得到很好的掩饰：此在交往的解释条件有可能"丢失""被中和"，或者不那么夸张地说，"沦落"，这个过程被去世界化（有时译为"异世界化"）这个全局性术语所把握，该术语似乎是对被马克斯·韦伯称为"世界的祛魅"（*die*

Entzauberung der Welt）的理性化过程的凝缩与强化。倘若去世界化是一种真正的损失，那么海德格尔或许仍然有理由坚持认为，交往的人类世界是"根本的"，而现成的科学世界仅仅是"派生的"。但现在看来，这仅仅是诗意的或准说教的判断，而不是存在论的学说。事实上，用祛魅的悲伤语言来描绘人们从交往到科学客观性的转变，丝毫无法避免对海德格尔哲学的主观主义解释与形而上的自然主义解释。它仅仅意味着，相较于用那种冷冰冰的，但在形而上意义上无可指摘的方式与实在物相遇，主观的交往更为可取。

不过，倘若这些确实是海德格尔诠释的含义，那它现在也不过是某种常态性的抗议，反对科学的兴起及其随后对人类意义的侵蚀，这种抗议与马克斯·韦伯在 1919 年著名讲演《学术作为一种志业》中嘲笑的那种颇为类似：

> 除了几个年纪不小的孩子——在自然科学中，真有这样的人——谁还相信天文学、生物学、物理学或化学上的发现，能在世界的意义问题上对我们有所教导？……硬要说（这些）自然科学导向了什么……照它们的倾向，那种相信存在宇宙"意义"的信念，将被连根铲除。[20]

可以肯定，海德格尔的目的并不是要沉迷于倒退的幻想，哀叹世界如今丧失了其丰富的意义。但是，主张空间的"自然"位于此在空间性"之外"并且依旧能以某种方式（也即所谓的失去合适性）抵达，这一暗示带来了威胁，生存论存在论将被转化为这样一种学说，它一方面是观念论与主观主义的学说（涉及构成此在世界的生存论空间–时间），另一方面是形而上的实在论学说（涉及客观存在者的领域，这些客观存在者通过科学实践对生存论世界的"去世界化"而得到认识）。海德格尔早期思想中这个潜在的致命环节，最大的弱点在于它提供了关于科学概念（具体来说，是空间与时间）地位的自相矛盾的含糊理论：交往的实践结构所刻画的"空间性"，尽管并不等同于空间，但被视为比空间更为深刻，乃至是空间的先决条件。但这无法充分与如下观念相协调，即人们可以打破交往的空间性，来为数学化的"自然"构筑现成领域的理论。这种突破被视为意义的丧失，如此怀旧的刻画对缓解海德格尔形而上学承诺中可能存在的冲突几乎没有任何帮助。

源始时间性与世界时间

海德格尔对时间的讨论更为全面，但也同样包含矛盾。海德格尔认为，空间性仅仅是生存论交往的一个特征，而时间性则是生存论交往的必要先决条件，它是一切世界性的不可逾越的视域。因此，关于时间的论证会让《存在与时间》的各种论证层次紧密结合，这就不足为奇。无可否认，这本书的前半部分题为"准备性的此在基础分析"，用罗伯特·多斯塔尔的话来说，它主要是"静态的"，缺乏任何对此在时间性的丰富描述。[21] 这本书的后半部分"此在与时间性"非常类似康德的范畴图型法，它解释了"生存论环节"（话语、共在、现身情态，等等）的静态结构如何实际地从此在始终具有时间性的世界中显现出来。但这种区分过于刻板，就像海德格尔欣然承认的那样，他的现象学展示了一种解释学循环，对此在的任何领会都必须依赖被考察的这些结构。由此可以推论出，即使这种"静态的"分析也难免是时间性的。交往本身预设了意向性的目的论结构，这种"为了做某事"刻画了我们对如何展开诸事物的实践投入，从过去的任务一直到未来的目标。我们无法在没有"关切"的世界中存在，也就是说，我们的存在总是"有问题的"，通过交往发现我们的存在就是这个意思。由于关切有一种时间性的定向，由此可以推断，正是这种时间性构成了一切关切本身的基础，与关切相关的交往与空间性同样如此：根据这个见解，海德格尔发展了他可能影响最为深远的洞识——此在在世的整个"关切结构"被所谓的源始时间性（*ursprüngliche Zeitlichkeit*）所统一。[22]

然而，《存在与时间》的整个体系却要被打上一个问号。在这本书的开头，海德格尔做出承诺，暗示时间——此在自身的"源初"时间性——将会充当"存在问题的超越的视域"。[23]在阐述的过程中，海德格尔表明了此在领会自身及其世界的方式如何始终是"绽出的"，此在根据一种"到时"结构来展开世界，这种"到时"结构将过去、当下、将来三种所谓的绽出统一起来。这个论述的前提在于，源始时间性从根本上是此在在世的最深刻条件。海德格尔在这一点上重复了奥古斯丁的观点，认为时间是"心灵自身的延伸"。康德以类似的方式断言，时间不能被认为具有形而上学的实在性，它反倒是"内部直观的纯粹形式"，因此是所有表象的一种条件。[24]胡塞尔早在1905年的讲座《内时间意识现象学》（在海德格尔的主持下于1928年出版）中，就已经确定了滞留（过去）与"前摄"（将来）的结构，该结构启发了海德格尔自己关于源始时间性的理论。此后在《观念I》中，胡塞尔认为，"现象学时间"是"一切生活体验的统一化形式"，但它本身隶属于"自我论的"视域结构。通常被认为"在外部存在的"、独立于人自身体验的时间——胡塞尔称之为"客观的"或"宇宙的"时间——本身奠基于"内在的"或现象学的时间之上，现象学的时间"在本质上属于体验本身……来自这些以模态方式确定的现在、先前和此后、同时性、连续性，等等——（并且）无法被太阳的任何状态、任何时钟或任何物理手段所测量，就总体而言它根本无法被测量"。[25]海德格尔从胡塞尔那里得到启发，同样坚持主张，钟表的"世界"时间与可测量的绵延是派生性的：它奠基于此在自身生存论结构的那种更为"源初的时间"——胡塞尔称之为"绝对的体验流"。

　　然而，众所周知，海德格尔处理"存在问题"的努力并没有超出对此在自身存在方式的分析。这本书在结束时没有得出结论，但它主张："绽出时间性本身的一种源始到时模式必定让存在本身的绽出的筹划成为可能。"[26] 只不过，这到底意味着什么尚不确定：因为存在问题本身只能由此在提出，重复主张"存在的筹划"只有基于人的（时间）领会才有可能，显得无关紧要。该书结尾的评论似乎暗示了更多的东西，好像根据人的领会结构，人们可以得出类似这样的结论："存在"是一种可与其预备性视域分离的基础。这个暗示泄露出一种形而上学实在论的气息，为了抵制完全投向这种实在论，海德格尔在该书结束语中只挑选以下三个逐渐尖锐的开放式问题："如何阐述时间性的这种到时模式？从源始的时间到存在的意义有路可循吗？时间本身是否揭示自身为存在的视域？"[27]

　　在讨论空间时，海德格尔似乎准备承认一种独立的、非生存论的空间，同样，海德格尔现在差不多步入了关于"存在"的形而上学实在论学说，认为"存在"本身是在"时间"中构成的，而后者则看上去独立于此在。但这种学说看起来与将空间—时间作为独立于人类的连续统的科学实在论观点相一致。然而，为了避免这种实在论观点，海德格尔偶尔会滑向先验主观主义这个对立的极端，其中的"时间"仅仅意味着此在自身的到时，而在生存论意义上的时间无论如何都没有在自然本身的构成中扮演任何角色。在《存在与时间》出版前两年，海德格尔在 1925 年"时间概念史"讲座中就已经指出，"自然"就是"在我们自身所是的时间'之中'与我们相遇的"。但他在给出进一步暗示时，这个论断发生了实在论的转向："它们（自然的运动）本身是全然脱离时间的。"[28] 因此，这种时间学说就像空间学说一样模棱两可，因为，要提出一种"脱离时间"的自然，意味着又要对比此在时空领会的生存论结构与超出这些结构的形而上的"实在"科学对象。仿佛是为了验证这种可能性，海德格尔在 1927 年"现象学的基本问题"

讲座中指出：“此在不存在时，自然也能存在。”[29]

　　此处，海德格尔的分析暴露出明显的暧昧，这也成了卡西尔批评的焦点。本质问题在于，海德格尔似乎无法根据形而上的反实在论问题来决定他的时空观。一方面，他清晰地将生存论的空间与时间视为世界的组成部分，因此它们不是主观的。另一方面，通过假定独立于此在的“脱离时间的”自然，他暗示空间与时间既是主观的，又是偶然的。这大概仅仅表明，在早期作品中将此在与存在的关系理论化时，海德格尔始终无法摆脱陷入观念论或主观主义的情况。这种窘境在他零散评论科学的时候最为明显，因为在《存在与时间》中，对于纯粹现成的存在者领域，也即被认为脱离此在生存论构成性视域的存在者领域，享有最大垄断特权的大概正是科学。[30]

　　例如，在对“真理”的讨论中，海德格尔努力区分了相对于此在展开世界活动的“源始真理”与作为符合的传统真理概念，他断定后者依赖源始的真理。[31] 海德格尔在此还想坚持主张，甚至科学的真理本身也与此在有关：

> 　　唯当此在存在，并且只要此在存在，才“有”真理。当此在存在，诸存在者才被揭示；唯当此在存在，牛顿定律……才是真的。任何此在存在之前，不存在任何真理；任何此在不再存在之后，也不会存在任何真理……牛顿定律被发现之前，它们不是“真的”；（不过）无法由此推断出，它们就是假的，或它们甚至会变成假的。说在牛顿之前他的定律既不真也不假，这也不可能意味着在他之前被这些定律所揭示与指出的存在者并不存在。这些定律通过牛顿而成为真理；凭借这些定律，这些存在者本身对于此在来说就变得可以理解。这些存在者一旦得到揭示，它们恰恰就会将自身显示为先前已经存在的存在者。[32]

　　这大概是海德格尔 1927 年代表作的所有内容中更加令人困惑的一段文字，看起来它用一只手给出的东西，又用另一只手收回了：它表明，科学对象的存在恰恰取决于此在的生存论视域，但与此同时又暗示，这种如此被展开的对象在展开之前就"已经"存在。海德格尔又一次面对了其方法的反实在论暗示。但是，当他面对科学史上的典范例证时，他看起来又撤销了这些暗示，他承认科学的现成存在者实际上根本不取决于此在，因为它们在自身被展开之前就已经存在。

　　科学发现的历史，更具体地说，关于时空本质的科学论断的地位，让海德格尔的反实在论面临了最顽强的挑战，这大概并不令人惊讶。过往的例证表明，科学真理是人类在特定时刻发现的，因而看起来至少潜在地牵扯到了人类领会本身的时间性与历史性。但作为关于自然的真理，它们的实在论地位看起来大概与发现它们的情境无关。海德格尔不仅未能恰当地区分发现的情境与辩护的情境以及真理本身的地位，而且还主张此在的展开"先于"科学真理，从而似乎使后两者陷入了一种历史主义的存在论。将历史主义存在论与经过修正的科学实在论结合起来所产生的某些困难，后来的理论家，比如库恩、费耶阿本德与哈金，大概处理得更为成功。然而在《存在与时间》中，这些问题仍然没有得到解决。海德格尔自己很快就放弃了生存论存在论的基本前提——此在是享有特权的视域，存在问题通过它才首次提出。在所谓的"转向"之后，海德格尔转而选择了"存在的历史"（Seinsgeschichte），这个概念似乎摆脱了他早期哲学的先验前提。一种非主观主义且彻底历史主义的存在理论，后来接管了先前被保留给人类领会的展开功能。这种新历史主义存在论是否真正解决了科学解释与形而上学实在论之间的疑难关系，仍然是一个悬而未决的问题。然而，在早期作品中，海德格尔让他的论证很容易遭受如下指控：生存论的空间与时间只不过是主观体验的图型，它们是暂时的与纯粹实用的。这将成为卡西尔批评的开端。

卡西尔论神话的空间－时间

卡西尔在 1925 年首次出版的《符号形式的哲学》第二卷《神话思维》中阐述了他自己对神话时空的分析。值得重复的是,卡西尔相信,语言与神话的符号系统类似于科学的符号化,因为它们也将自身奠定于先验构造的基础之上:神话－语言的宇宙是人类普遍"形式"能力的早期表现,这种能力依照在心智自发性中产生的基本原则构造可理解经验的表象领域。进而可以推断,神话不能被视为纯粹的谬误而被抛弃,因为它恰恰为科学奠定了基础,尽管科学本身不得不以辩证的方式超越神话,并最终摒弃神话对经验的实体性理解,以便实现符号化的纯粹函数体系。尽管如此,卡西尔坚持认为,神话这种生动的例证阐明了康德的原理:经验世界的原始秩序应当归功于人类心灵所投射的先验法则。

对于神话思维来说,卡西尔注意到,世界与人之间存在着一种空间－物理的"对应关系",一种特别构造了神话的空间符号化的"原始亲缘关系"。"逐个部分地协调特定空间整体的微小可能性就足以让它们合并,"他写道,"凭借这种特有的原则,神话思维似乎否定与暂时剥夺了空间的距离。"因此,"远处的东西与近在眼前的东西融为一体"。此外,卡西尔断言,即使在科学的推理中,这种原则仍然在发挥作用:"这种特征的根基如此之深,以至于尽管发生了所有这些进步,纯粹的知识,'精密的'空间观从来也没有完全克服它。"[33] 但神话不同于科学,因为"不存在纯粹几何学的特质……没有纯粹理想的……特质","一切思维、一切感性直观和知觉都依赖一种原始的感觉基础(*ruht auf einem ursprünglichen Gefühlsgrund*)"。这种本质上的情感基础所造成的结果是,无论它变得多么精妙与清晰,神话空间作为整体仍然"嵌于,或可以说沉浸于这种感觉之中"。神话思维中固有的这种空间定向感本身,就建立在这种"原始的基础"之上。实际上,在空间中的地区与方向（*Orte und Richtungen*）彼此突出，因为一种不同的意义重点与它们关联在一起，它们在神话上按照不同且相反的意义被评估……神圣事物与世俗事物的典型神话重点，以不同的方式分布在不同的方向与区域之中（*Richtungen und Gegenden*）。[34]

因此，神话的基本逻辑在于，它自发地将所有意义都转换为空间秩序。"只要神话思维与神话感受赋予某种内容特定的价值，只要它们将其与其他内容区分开来并赋予特殊意义，这种定性的区别就倾向于在空间上分离的形象中表现出来。"[35] 就其本质而言，这种转换过程将神话思维托付给了一种根本上整体论的实在概念。每个"区域"和"部分"将它的定向与基本方向性归因于它与整体的联系。于是，不同于纯粹数学的"函数"空间，"神话空间（是）结构性的"。因此，除了基于"原始的感觉基础"的空间区域，任何空间区域都不会在神话的心灵中显现，卡西尔将之称为神话思维对距离的"否定"。"不管划分到什么程度，"卡西尔总结道，"我们在每个部分都能找到整体的形式和结构（*die Struktur des Ganzen*）。"[36]

神话时间性的情况与此类似。卡西尔解释道，神话的时间世界预设了一种对源于过去事物的神圣统一性的领会："当神话的存在作为起源的存在（*Sein des Ursprungs*）登场时，神话存在的真正特征才得到首次揭示。"[37] "通过被推回到遥远的时间，"卡西尔继续写道，"通过位于过去的深渊，某种独特的内容不仅被设定为神圣，被设定为在神话和宗教意义上具有重要性，而且还得到了相应的辩护。"因此，神话时间性的基础是一种时间"起源"感，它接下来神圣化了人类主体间的所有关系："特别是人的生存——习惯、风俗、社会规范与联系——就以这种方式得到神圣化，因为它们源于从前盛行的制度，源于原始神话的过去……这种神话的'原始时间'（*diese mythische*

'*Urzeit*')。"[38] 但考虑到这种以"起源"为前提的整体论结构，神话的
时间性无法决定性地打破时间秩序。

在此，卡西尔预演了海德格尔本人对生存论时空与科学时空之间
差异的解释："对在数学—物理学概念中表达的那种客观性，或牛顿的
'不涉及任何外在对象的自在自为地流逝'的绝对时间的客观性，神
话一无所知。"现代时间关乎可分离的瞬间，与此不同，神话所理解
的是不可分割的时间流。它对"历史时间"的了解，并不比对"数学—
物理时间"的了解好多少，相反它解释了经验世界，使离散的实例消
融于纯粹的同一性之中：

> 时间的诸多阶段——过去、现在、将来——并没有保持明
> 显的区别；神话意识总是一再屈服于这样的趋势与诱惑，要夷
> 平差异并最终将其转化为纯粹的同一性……神奇的"现在"绝
> 不是单纯的现在，不是一种简单的、分化的当前，援引莱布尼
> 茨的话来说，"*chargé du passé et gros de l'avenir*"——它负载
> 着过去并孕育着未来。[39]

卡西尔得出结论，神话的时间性因而是一种关系，而不是一种时
刻。恰如神话的空间性有所去远并赋予经验在现实中的基本方向，神
话时间也统一了世俗的瞬间并让它们扎根于神圣的过去。总的来说，
神话的时空结构是彻底整体性的；脱离了它自己的情感标准和规范标
准，它无法区分时空领域中纯粹的时刻或地点。

卡西尔在 1925 年就已经形成了这些主张。尽管如此，卡西尔分
析的看起来"原始的"时空领会，与海德格尔两年后呈现于《存在与
时间》中的对此在时空结构的据说是"生存论"的解释之间，相似点
很难被忽视。神话的空间性与生存论的空间性都展示了海德格尔称为
去远（*Entfernung*）的现象学效应，能从指引情境的背景中"拉近"

它发现的任何重要事物。二者据说都赋予经验其整体统一性，正因如此，才首次出现了基本的定向感或"方向"（*Richtungen*）感——如"左""右"或"这里""那里"——以及人们可以将经验整体辨别为"区域"（*Gegenden*）的不可或缺的感觉。这种比较不只向我们表明了术语上的相似之处，还表明了卡西尔与海德格尔的分歧有多么深刻，甚至在他们思想的最内在前提上也是如此。从海德格尔的视角来看，神话的时空可以充当恰当例证，来阐明属于此在日常行为的实用时空。但对卡西尔来说，海德格尔的时空分析看起来几乎就像退回到了原始的与准神话的领会模式。

关于神话的争论

　　《符号形式的哲学》第三卷对海德格尔哲学的最早反思，直接处理了海德格尔哲学在科学实在论与解释学反实在论间的暧昧理论定位。卡西尔本人试图从理论上研究时空符号化在神话思维与科学中的地位，只有在这一背景下，这些反思才有意义。二人的理论之间相似点相当多。就像海德格尔一样，卡西尔相信，人类的符号能力在康德的意义上是"先验的"：被体验到的实在世界，无论是神话世界还是科学世界，都关乎人类理解的构成性赋形结构。此外，就像海德格尔一样，卡西尔准备承认，想象力在这些形式结构的生成过程中占据重要的乃至支配的地位。卡西尔背离了他的新康德主义前辈，希望将理性的批判扩展到文化的批判，但这需要某种理论来解释非理论表象（神话的、语言的、艺术的，等等）的性质，这些性质是非理性的，但依旧是形式—符号的。

　　卡西尔与海德格尔极大的近似性首先明显地表现为他们对神话分析的共同兴趣：卡西尔在神话中辨识出了人类符号化能力的早期表

现，而海德格尔则辨识出了人类生存论结构的简化模式。海德格尔对神话与所谓原始意识的兴趣，直接产生于他对"日常状态"的方法论关注。在《存在与时间》概说性章节的最后一节宣布"准备性的此在分析之任务"时，海德格尔告诫读者不要错误地将对日常状态的哲学关注理解为对现代性的微妙拒斥："日常状态与原始状态不相一致"，他解释说，而且日常状态必须进而被当作此在存在的恒常模式，"甚至当此在积极活跃于一种高度发达和业已分化的文化中也是如此"。海德格尔强烈反对任何的怀旧努力，这样的努力试图将人类生活更加"本真的"方面仅仅定位于"此在的某种原始阶段，我们通过人类学的中介就能获得对它的经验知识"。通过"日常状态"，他单纯希望让哲学的注意力转向以下事实：人类的解释活动多半是在全神贯注的、非理论性的关注之中进行的。因此，日常状态是所有人类理解的一种模式，除此之外这还表明，原始的此在所展示的日常状态，既不多于也不少于任何一种"发达"文化所展示的日常状态。更为重要的是，海德格尔对人类学研究持谨慎态度，在他看来，人类学研究倾向于依靠幼稚的经验主义技巧来搜集当地意义系统的信息。"人种学本身，"海德格尔警告说，"预设了一种对此在的不充分分析作为它的指导线索。"[40]

然而，尽管存在这样的告诫，海德格尔对神话的生存论分析与可追溯到布罗尼斯瓦夫·马林诺夫斯基的"功能主义"非常相似，马林诺夫斯基在神话中看到了一种普遍的人类目的：要让"压倒性的不祥预感"变得可以忍受，"甚至对于当地人来说，这种不祥预感的背后也潜藏着不可避免与冷酷无情的宿命观"。[41]马林诺夫斯基所说的"原始信仰的实用特征"与社会团体的"支柱"，如今被海德格尔认定为实用生活世界的"背景"。[42]然而，就像马林诺夫斯基一样，海德格尔认为，将注意力固定在"原始民族的生活"上可能会产生某种方法论的优势，因为

"原始现象"通常较少被此处所说的此在的广泛自我解释遮蔽、复杂化。原始此在通常用源始地同化于"现象"的方式来更为直接地同我们说话……（因此）这种从我们的观点看起来或许相当笨拙且粗糙的构想事物的方式，可能会积极帮助我们以本真的方式揭示现象的存在论结构。[43]

因此，尽管海德格尔将所有人类文化都视为自我解释的持续工作，但他指出，在更为具体地专注于原始文化时，或许会带来额外的好处，因为在原始文化那里，"日常状态"的基本轮廓仍然最为生动（顺带一提，这个论断与埃米尔·涂尔干十多年前在《宗教生活的基本形式》中提出的论点非常相似）。[44] 海德格尔在《存在与时间》中特别赞扬了卡西尔《符号形式的哲学》的第二卷，以之作为哲学家通过研究原始文化来学习的证据，这卷论述神话的作品包含了"具有深远意义的线索"（海德格尔的原话）。不过，他立马对卡西尔的先验预设表示了怀疑："仍然悬而未决的问题是，"他告诫说，"这种解释的基础是否足够透彻——康德《纯粹理性批判》的……建筑术与……系统内容能否为此类任务提供可能的蓝图，或在这里是否需要新的与更为源始的进路。"[45]

尽管海德格尔没有明确指出他不满意的地方，但他这些评论的大意是清晰的：卡西尔对神话的研究以康德的主体性模型为前提，因此它通过自发的与先验的意识的扭曲透镜来看待神话。然而，倘若神话研究要与对日常状态的哲学分析有任何关系，它就不得不扎根于一种相当不同的人类模型。海德格尔聚焦于"日常"意义的实践性与情境性的做法提供了一种更优越的人类模式，这正是由于它在解释行动之前避免提及任何自发的"意识"。但接下来就需要一种"新的"与"更源始的"方法。对于这样的任务，海德格尔认为，只有现象学才能被证明是恰当的。为了强化他的观点，海德格尔指出，在《符号形式的哲学》第二卷中，卡西尔自己就承认了现象学进路的用处。此外，海德格尔还指出，1923 年他在汉堡与卡西尔的交谈中，"我们一致同意要求进行生存论分析"[46]。

海德格尔怀疑用在神话上的先验主体性是否有效，这种怀疑在 1928 年表现得最为明确，他当时发表了针对卡西尔《符号形式的哲学》第二卷《神话思维》的长篇批判性评论。这篇评论写得很恭敬，但它的批评恰恰触及了二人分歧的核心。[47]"新康德主义对意识问题的定向，"海德格尔写道，"是如此不利，以至于阻碍了在问题中心形成稳固的立足点。"困难在于，卡西尔在研究之前就已经假定了主体的"存在论构造"，但他需要的是"根据一般存在问题建立的彻底的此在存在论"。卡西尔自己对曼纳（mana）的论述就揭示了这个问题。曼纳最初是波利尼西亚人关于超自然力量的概念，它被认为存在于自然对象或个人之中。卡西尔详细讨论了曼纳，并将之作为证据，展示人类如何将神圣的意义注入自己的周围环境。但对海德格尔来说，曼纳的现象似乎仅仅突出了"卡西尔的前提有误"这个事实：神话中人的生存并未将其意义系统设想为单纯"现成"（vorhanden）于意识面前的区区"表象"。实际上，曼纳表明，对"神话此在"来说，世界的意蕴根本不能被理解为诞生自某个表达主体的至高能力：

> 神话"生活"的哪一种存在模式让曼纳的表象能够发挥作用来引导……对存在的领会？当然，对这个问题的可能解答预设了对此在基本存在论构造的先行规划。倘若这种基本构造将会在"关切"中被发现……那么就很明显，神话此在主要是由"被抛性"（Geworfenheit）确定的。[48]

对海德格尔来说，曼纳似乎恰好指出了一种并不受人类控制的意义模式。因此，卡西尔从特定的"现代"和启蒙意识的观点来描述曼纳是自以为是的做法，神话思维似乎显然表现了康德主体的抽离与"在场"特征。"在'被抛性'中，"海德格尔总结道，"神话此在以在世的方式被交付给了这个世界，并为它被交付给的世界所压倒。"[49]

因而，对海德格尔来说，对神话意义的分析要想成功，其方法论的出发点只能是以"被抛性"而不是"自发性"为特征的人类。这首先意味着，人们不应当假设一种在存在论层面上与它表象的客体相分离的主体。被诸多表象"压倒"的感觉并不像卡西尔所猜测的那样，仅仅是原始思维由于仍然缺乏对自身创造力的合理洞识而遭受的幻觉。相反，它是所有人在"日常状态"模式下的生存经验。卡西尔假定，"支配所有发展的一项基本规则"在于，"精神只有在表达自身时才实现了真正而完整的内在性"。但即使是这种表达模式也背离了康德将主体性作为至高权威的模式，并转向了将主体地位作为从属者的模式。为了强调这一点，海德格尔明知故问道："人的此在好像只有通过迂回到世界那里才能抵达它恰当的自我，那么，解释这个事实的人的此在的存在论构造是什么？"[50]

在这个问题中，隐含着海德格尔对激励卡西尔所有工作的新康德主义基础的根本反对：按照卡西尔对人类的构想，要达到最高的现实，只有通过自我表达与自我客体化的过程，这一过程面向所有方向扩展。即便情况确实如此，海德格尔也无法理解，这种向着世界的自我异化何以允许卡西尔保留这样的教条，将意识作为先于其世间表现存在的绝对自发性：卡西尔根据什么权利来坚持主张这种人的本质的优先性与无条件的自由？倘若这种本质要通过符号成就才能为自身所知，这个问题就更值得追问了。卡西尔的新康德主义前提阻碍了他将神话的存在论结构理解为一种生活形式：

> 新康德主义对意识问题的定向是如此不利，以至于阻碍了在问题中心形成稳固的立足点。卡西尔非但没有将对神话

此在的解释置于这种存在者的存在论构造（*Seinsverfassung*）的核心特征之中，他的出发点反倒是对神话的对象意识（*Gegenstandsbewußtseins*）、思维方式与直观形式的分析。无可否认，卡西尔清楚地看到，（这种形式）必须追溯到作为"精神的原始基底"（*geistige Urschicht*）的神话的"生活形式"（*Lebensform*）……然而，他并没有表达与**系统澄清**这种"生活形式"中的思维方式与直观形式的起源。[51]

这些评论的大意明确无误。倘若人类只有通过"迂回"到世界那里的符号化来达成自我认识与自我实现，那么卡西尔就没有任何理由来坚持主张先验意识的优先性；剩下的仅仅是人类在这个世界中的展开，一种没有任何基础的展开。这在《存在与时间》中则是关键的前提："此在的'本质'在于它的生存。"[52] 人的本质这个观念除了在世之在，再无其他根据。

这种分歧几乎不容妥协。尽管如此，卡西尔与海德格尔对神话的共同兴趣来自一个共同的坚定信念，即哲学家不能让自己仅仅局限于理论科学的现象，必须开发更为开阔的技能，以便更好地领会潜藏于人类整个生活现实背后的普遍结构。这个共同出发点的核心是对康德所谓"生产性的想象力"官能的共同认可。在达沃斯的对话中，卡西尔非常强调，"不将符号性事物追溯到生产性的想象力官能那里，人们就无法解释它"，康德将这种想象力称为"类象的综合"（*Synthesis Speciosa*）。这种综合依赖想象力，部分是因为心灵必须保留过去的诸多表象，并通过时间将诸概念紧密联系在一起。卡西尔总结道，综合是"纯粹思维的基本力量"。在达沃斯，海德格尔首次提出了他自己对康德体系中生产性的想象力的分析，他认为，这种分析揭示了人类生存能力核心的"秘密"，这个秘密基本上是非理性的、与时间有关，他将在《康德与形而上学疑难》中详细阐述这个主张。

　　然而，尽管存在共同的出发点，但卡西尔与海德格尔之间的裂痕在他们对神话及其方法论前提的分析中就已经显而易见。虽然卡西尔称赞海德格尔辨别出了想象力的独特重要性，但他批评海德格尔将人类所有的先验能力都还原为这种单一的功能。这种还原有着显著的风险，所有关于客观性的论断都可能崩溃：必须要有支配直观的纯粹且普遍的诸概念规则，才能保证康德体系中的客观性。但海德格尔在达沃斯的报告中暗示，这种表面上的概念结构本身不仅扎根于想象力，还更为深刻地扎根于此在的"源始时间性"。在卡西尔看来，海德格尔因此就用一种看起来包罗万象与非理性的"想象一元论"，取代了康德关于知性与感性的二元论。[53] 海德格尔的目的不是将先验结构的哲学探究扩展为对文化的一般批判（卡西尔的"非逻辑事物的逻辑"），而是要定位心灵表面上稳定的形式之下的生存的时间结构与前认知结构（可以说是揭示"逻辑事物的非逻辑"）。尽管他们对人类生活的基本结构特征（形式—符号的结构或生存论的结构）拥有共同的兴趣，但海德格尔康德解释中隐含的非理性主义环节，标志着两位哲学家之间的决定性分歧，在达沃斯之后的数年里，二人只会加深这一分歧。

神话、危机、科学

　　在卡西尔的神话思维现象与海德格尔的生存论结构模式之间，还存在着一个更为深刻的差异。上文指出，海德格尔将他对生存论交往的写照描绘为某种"更为深刻的"理解模式，相较之下，科学—概念模式就必然显现为派生的模式，是"损失"，或者至少是"沦落"。这些关乎贫乏的准规范语言有助于解释上文描述的海德格尔的"认知怀旧"，这种常态性的情绪似乎将解释学理解与客观主义科学间的区别（哲学上看，这种区别是中性的），转化为先前的（解释学）认知模式与后来的（科学）认知模式间的准历史区别，并最终转化为一种认知祛魅的叙事。

如上所示，关于神圣性与整体深度的类似主题也充斥着卡西尔对神话思维的描述，只不过对卡西尔来说，神圣的品质仅仅是定义性的：与之相伴随的是明确被归类为神话思维并因此被如此分析的早期思维阶段，不同于海德格尔，卡西尔之所以将这种解释学境况描述为神圣的，仅仅是因为那是神话思维本身的实际倾向，而且它仅限于人类符号化的那个阶段。因此，连接《符号形式的哲学》第二卷与第三卷（从神话走向科学）的论证和历史的桥梁，并没有表现出伴随海德格尔分析的对解释学境况的怀旧。与之相对，卡西尔在第三卷开头宣称："只有在语言学概念与神话概念所表达的世界观被抛弃的地方，只有在这种世界观原则上被克服的地方，哲学的概念才能获得它全部的力量与纯粹性。"[54] 人们不可能停留在神话思维的层面上并发展出关于神话的哲学，因为只有通过"危机"——从神话到现代性的突破——哲学反思和科学才能首次登场：

> 为了获得自身的成熟，哲学首先掌握语言世界与神话世界，并将自身放在与它们辩证对立的位置……而自然科学恰恰以与纯粹哲学非常类似的方式来完成其特定任务。为了找到自己，它也必须首先实现巨大的智识分化，这种危机（*Krisis*）将它从神话和语言中分离出来。这种分离行为不仅标志着哲学的诞生时刻，而且也是经验研究与自然的数学测定的出发点。[55]

这段文字明确表示，卡西尔有时将科学与哲学的起源视为一种彻底的危机。不过，他在其他地方煞费苦心地确定了这种"辩证"准备工作的诸环节。[56] 尽管神话思维将实体的（而非仅仅概念性的）效力赋予了表象，但卡西尔声称，在神话自身之中，人们仍然可以辨别出实体与概念彼此分离的"渐进过程",而且"正是这种分离构成了特定宗教意识的开端"。因此,宗教出现于神话思维的场景中,但逐渐转向反对神话:"宗教采纳了一种在本质上与神话不同的决定性步骤:宗教在运用感官形象与符号时识别出了它们自身是一种表达的手段,尽管它们揭示了确定的意义,但这种意义对宗教来说必定始终是不充分的。"[57] 他声称,这种辩证的颠倒原型,是先知对偶像崇拜的攻击,这为未经反思和"幼稚"的神话信仰世界打开了先前未知的鸿沟。在其最高峰,反对偶像崇拜的宗教斗争以完全超越表象的方式引导心灵,走向一种道德上的"善的理念",用柏拉图的名言来说,善"超越存在"(*jenseits des Seins*)。[58]

早在 1925 年,在《符号形式的哲学》的神话分析中,卡西尔就提出了他后来在达沃斯针对海德格尔的论点:在最初源于一神论的神圣理想化的伦理学领域,人类的理解突破到了"超越存在"的善的更高境界。后来,在他对纳粹主义的政治评价中,卡西尔赞扬了一神论对神话的攻击,他将纳粹的反犹主义刻画为神话的报复,它所针对的人群最先将反神话的宗教带入了世界(第六章将重新考察这个主题)。伊曼努尔·列维纳斯更深刻地发展了类似的想法,他创建了一种关于"无限性"的伦理学理论,摆脱了海德格尔存在问题中明显的"异教信仰"。[59] 然而,关键是要注意到,这种对神话符号世界以及与海德格尔有关的特定伦理回应,绝不是卡西尔的主要关切。他反对海德格尔哲学的主张首先并非来自实践理性领域,而是来自对科学解释的纯粹的理论关切。

空间、时间与还原的政治

与时空有关的分歧深深植根于卡西尔最早的著作中。事实上,他对现代科学时空概念认知状况的哲学兴趣，早在 1910 年的《实体与函数》中就已经显而易见，他在书中称赞莱布尼茨的哲学引发了朝向概念"建构"（科学解释的先决条件）的决定性迈进。值得注意的是，在这里，解释恰恰意味着还原：

> 现代数学的发展已经接近了理想，它是由莱布尼茨……越来越自觉与成功地确立的。在纯粹的几何学中，这个现象……在一般空间概念的发展中得到了展示。度量关系被还原为射影关系，这实现了莱布尼茨的如下想法：在空间被定义为某种定量之前，它必然会按照其原始的定性特质被理解为某种"共存的秩序"（ *ordre des coexistence possibles* ）。这种调和的建构链生成了射影空间的点，提供了这种秩序的结构，而这种秩序的价值与可理解性则归功于这个事实：它并不以感官方式呈现，而是由思维通过一系列连续的关系结构建构出来。[60]

当然，并非只有莱布尼茨这位哲学家为这种发展做出了贡献。例如，笛卡尔对解析几何的研究有助于开创空间是数学表象的函数的观点，不过笛卡尔自己关于"广延"的形而上学——就像卡西尔在 1923 年的研究《知识问题》中论证的那样——将空间的广延理解为物质实体的主要特征，因此是"某种绝对的东西"。然而，莱布尼茨超越了这种"形而上学的实体化"及其错误的"空间实在性假设"，转而坚持主张空间的理想特征。卡西尔赶紧指出，空间的"理想性""绝不应当让人怀疑空间的客观性，绝不应当将其变为某种主观的、心理意义上的'纯粹观念'，而应当从其真正的且唯一正当的意义上来定义这种客观性，并由此确立几何真理无可规避的有效性"。[61]

在卡西尔早期评价爱因斯坦的广义相对论时，空间的理想性尤其重要。存在论将被函数 / 功能所取代，形而上学将被数学化的解释所取代。空间由此抛弃了它最后仅存的与实体性实体或容器的形而上学的相似性。卡西尔在《爱因斯坦的相对论》中解释道：

> 物理学给出的关于其基本概念的特征与特殊性质的每一个答案，都不可避免地为认识论假定了某种形式的问题。例如，爱因斯坦给出了他理论的基本结果，使得人们从空间与时间那里取走了"物理客观性的最后残余物"，对认识论哲学家来说，这位物理学家的答案包含了对其实际问题的精确表述。当我们在这里否认空间概念与时间概念的物理客观性时，我们还能如何理解物理客观性呢？[62]

在回答他自己问题的过程中，卡西尔随后又评论道：

> 我们不再关心空间"是"什么，不再关心它是否拥有任何确定的特征，无论是欧几里得的、罗巴切夫斯基的还是黎曼的，而是关心在根据定律解释自然现象及其依存关系时，要怎样使用不同的几何预设系统。[63]

然而，观念论的空间概念（由心智建构而成的）与空间定位的"经验"之间仍然存在着至关重要的差异：卡西尔在《实体与函数》中解释道，"我们感官知觉的空间与我们的几何空间并不相同"，它实则"在决定性的构成属性上与几何空间有所不同"。他继续写道：

> 对于感官的领会来说，每个位置的差异都必定与感觉内容的某种对立有关。"上"与"下"，"右"与"左"……并不是等同的方向……而是……在性质上始终截然不同的与不可还原的……（然而）在几何空间中，这些对立被取消了。因为这种要

素本身并不具有任何明确的内容，它的所有意义都来自它在整
个系统中占据的相对位置……更进一步的几何空间环节，例如
其连续性和无限性，都建立在类似的基础上；它们绝不是在空
间感觉中给出的，而是依赖理想的完备性。[64]

虽然日常经验的空间性是关系性的，但它仍然依赖实践定向的
"定性"意义，而科学的概念是"关系性的"和理想的。[65]

卡西尔很快就会承认，自科学革命以来，通往"还原"和概念抽
象的历史旅程艰难且富于争议。在《爱因斯坦的相对论》中，他甚至
承认，从流俗的观点看，"将'事物'彻底分解为纯粹的关系"看起
来"可疑而陌生"，因为客观性似乎需要某种直接的实体性"事物概
念"。[66] 在《知识问题》中，他进一步评论道："人们担心将会丧失真理
的首要基础。"康德本人在"第一批判"中就已经警告说，"哲学（如今）
不得不放弃存在论的傲慢头衔，这种存在论（曾）假设能够在某种系
统学说中提供关于一切存在者的先天综合判断"（此为卡西尔的转述），
而且这个目标此后必须让位于一种更"谦逊的"目标，即"纯粹知性
的分析论"。但诸多后康德体系无视这个警告："他们从存在论与形而
上学出发，他们权限范围内的每一次知识批判，都本能地转变为存在
论探究。"卡西尔补充说，这种混乱尤其困扰着空间问题。[67] 这一抱
怨写于 1923 年，它已经标明了卡西尔与海德格尔在哲学视角上的分
歧，而在接下来几年里，这种分歧只会更加明显。

卡西尔对《存在与时间》的早期批判

到 1927 年，卡西尔差不多完成了《符号形式的哲学》三部曲的
第三卷，该卷的论点毫无疑问地表明，他将科学的概念构形置于人类

符号化的最高阶段。我们已经看到，尽管他充分注意到了各种符号领域——不仅有神话的，还有语言的、艺术的、历史的等等——但他对科学的文化权威和哲学权威保持着坚定不移的信念，他相信科学必定会为经验提供"无可规避的有效性"与理论—客观形式。卡西尔在文化意义方面无疑是个多元主义者，因此将他对科学的钦佩刻画为未经反思的科学主义是错误的。然而，《符号形式的哲学》仍然是一个目的论的体系：它提出了一种强有力的现代主义哲学观，将哲学作为科学精神的"现象学"。那时仍不清楚的地方在于，这种视野如何能与海德格尔刚出版的《存在与时间》中阐述的关于人的生存论结构的完全不同的现象学兼容。在《符号形式的哲学》第三卷出版之前，卡西尔首次争取接受海德格尔的各个论点，在没有放弃自身立场必要前提的情况下，暂时对海德格尔的哲学表达了赞赏。

如上所述，二人的分歧相当之大。海德格尔将人类理解的解释学结构视为构成性的，而不是朝着科学抽象的方向发展。他承认"历史性"是一种生存论境况，尽管这种被抛—结构本身是历史性的，但其构成则不是：因此，关于该结构的现象学揭示了人类生活永恒的"生存论环节"，包括"历史性"本身的生存论环节。相应地，尽管卡西尔将科学的"还原"视为符号化的最高境界，但海德格尔只能将这种活动——从关于生存论交往的解释学领域到现成的"客观性"科学理想——视为意义的"沦落"。而且卡西尔将还原视为文化成就与认知增益的同义词，而海德格尔则将之视为生存论贫乏的证据，他将之称为世界的"去世界化"。考虑到他们之间的显著对比，人们或许会认为，卡西尔最有可能的反应是，将海德格尔的贡献简单视为可忽略的东西，或者不过是陷入了康德好像已经摧毁了的前批判存在论。然而，卡西尔以他特有的平和态度，试图解释海德格尔的工作，使它不与他自己的哲学前提有任何明显的冲突。

在科学空间讨论部分附加的冗长脚注中，卡西尔写道，海德格尔的《存在与时间》敏锐地分析了"空间的源始经验"(*das primäre Erlebnis des Räumlichen*),这种空间意味着"纯粹的'实用'空间"。根据海德格尔的观点,卡西尔解释说:

> 对基本称手的东西与被呈现为"物"的东西的任何刻画,都会遇到空间性要素。位置与位置的多重性或许不能被解释为物的任何随机出现的场所。位置是由物所归属的"那里"和"这里"来确定的……称手(*zuhanden*)之物的各种位置的区域定位构成了我们最切近环境中的周围性,我们的周围。充斥着现成(*vorhanden*)事物的具有多种三维形式的可能位置从来不会一开始就给定。这种空间维度仍然隐藏在称手事物的空间性中……所有的"场所"都是通过日常生活的来往而在我们的周围被揭示与展开的,而不是被经过反思的空间测量所确定与指明的。[68]

在卡西尔的作品中,如此大量援引另一位学者的著作很常见。但这个注释与诸多随后讨论海德格尔哲学的注释,长度都非同寻常。显然,卡西尔从一开始就看到,这位新思想家值得认真对待。

卡西尔甚至认为他们的立场是互补的:"我们自己的事业与海德格尔的事业的最重要区别在于,"他解释说,"我们的事业并没有停留在称手事物的阶段及其空间性的模式,而是在不质疑海德格尔立场的同时,超越了他的事业(*ohne sie irgend zu bestreiten, über sie hinausfragt*)。"在不影响海德格尔贡献的情况下,卡西尔提议,"从称手事物之要素的空间性沿路走向作为存在形式的空间,进而展示这条道路如何贯穿(*hindurchführt*)符号构形之领域"。因此,卡西尔将"实用"空间理论视为一种关于经验的纯粹主观结构的理论。此在的空间性是一种解释学的视域,他暗示说,但它是符号思维能够切实超越的视域。实用空间并不是存在本身的构成要素;它仅仅是通向更大的概念抽象道路上的中转站。于是根据卡西尔的观点，海德格尔对主观空间条件提出了可以欣然接受的描述。但这种描述需要科学空间概念理论的补充，这种理论似乎允许这样一条通道，它可以"贯穿"那些主观条件，并到达概念构形的客观性"彼岸"领域。[69]

卡西尔对海德格尔的时间分析做出了甚至更为明显的类似解读。这些评论再次表明，卡西尔认为自己在日常结构和主观经验结构问题上与海德格尔基本一致。但在不质疑生存论主张的情况下，卡西尔仍想澄清，他致力于发展一种超越了主观领域的符号概念能力理论。"《符号形式的哲学》的基本问题，"卡西尔解释说，"恰恰存在于海德格尔在他论著第一卷中明确且有意加以排除的领域中。"这两种哲学并不冲突，因为《符号形式的哲学》"不涉及海德格尔阐述为源初的此在的存在意义（Seinssinn des Daseins）的那种时间性模式"。因此，这些理论是互补的，而不是对立的。卡西尔用短短数行文字，概括了他自己对海德格尔分析的修正，显得相当谦和与平常：

> 符号形式的哲学并不质疑这种时间性，海德格尔将这种时间性揭示为生存论结构的终极基础，并试图用其不同的要素来加以解释。但我们的探究起始于这个领域之外，它恰恰从生存论的时间性到时间形式的转变开始。它渴望展示这种形式得以可能的条件，展示超越了"此在"生存论结构的"存在"所要求的条件。[70]

卡西尔将自己的形式哲学描述为对海德格尔分析的补充。然而，这种刻画之中隐藏着戏剧性的、潜在的重大误判，这两位哲学家之间绝无可能进一步达成一致。就像他对生存论空间的评论一样，卡西尔以主观主义的方式解读了海德格尔的生存论时间性理论：生存论的时间性仅仅适用于此在。但由于这种分析只涉及此在与伴随此在的存在

"意义"，卡西尔随意将之单纯描述为一个"阶段"，然后用自己的形式理论来补充这一分析：卡西尔写道，"关于时间和空间"，符号形式的哲学提出了一种"从生存的意义到'逻各斯'的客观意义的转变"理论。[71] 但这就意味着，生存论的时间性不过是一种主观条件。它不过是局部的与实用的"领域"，是通向客观"彼岸"的前厅，而"彼岸"本身只有通过诸概念形式才可通达。[72]

　　卡西尔似乎只是隐隐约约地意识到，对海德格尔分析的这种解读意味着对所谓生存论条件的紧缩解释：它意味着这些条件仅限于主观的立场，并且，通过纯粹功能性的概念的"还原"，它们或许仍然有望达到某种与客观性有关的思维模式。上文已经指出，海德格尔本人就为对他作品的这种解读提供了可信度，因为他试探性地提到了科学所揭示的脱离时间的对象领域。但上文也解释过，这些评论意味着什么仍然相当不确定。它们暗示了某种对形而上学实在论的承诺，但这与海德格尔消除客观主义形而上学并将整个存在论学科置于时间性—解释学基础之上的更大努力并不一致。

　　卡西尔似乎赞赏这个更大的规划。卡西尔匆匆提及了圣奥古斯丁的时间作为心灵"延伸"的理论，他承认："奥古斯丁的格言似乎仍然保留了其全部力量；时间对当下的意识来说是最确定与最熟悉的事实，但当我们试图超越这种当下的被给予性，并被吸引到反思性探究的领域时，它就将自身掩蔽于黑暗之中。"[73] 因此，根据卡西尔的观点，对时间性的恰当解释就需要一种不再参照形而上学实在论就可构想的客观性理论："只有当我们以一种根本不同的形式来表达这个问题——只有当我们将其从实在论的—教条的存在论领域中移除，并将其置于对意识现象的纯粹分析的框架内，我们才找到了可以引导我们走出时间迷宫的阿里阿德涅之线。"[74] 但卡西尔注意到，这正是后来由海德格尔发展的奥古斯丁式的观点：

在圣奥古斯丁的思想结构中，时间主题揭示其力量的地方恰恰在于以下这个事实：它导致了一种根本性的重新定位，即存在问题自身的转变。它在这里履行的功能与现代"存在论"后来发展的基本功能相同，现代"存在论"也将其任务首先视为揭示并真正领会作为"对存在的所有领会与解释的视域"的时间，并发现"所有存在论的核心问题都植根于"对时间现象的正确观点和解释（参见海德格尔《存在与时间》，特别是第五节）。[75]

根据卡西尔的观点，海德格尔完全可以跻身于现代存在论的拥护者之列，因为海德格尔支持的是一种关于时间理解的非实体论的普遍理论：他与笛卡尔和牛顿的"实在论的教条的存在论"决裂，回到了更富成效的奥古斯丁的时间观，将时间视为心智的延伸。

卡西尔是海德格尔哲学的早期解读者，一条显著证据在于，他能够察觉到海德格尔哲学的潜在优点与失败环节。但显然，卡西尔发现自己陷入了左右为难的困境：他自己的解释意味着，海德格尔的生存论分析仍然陷入了解释学的主观主义，这种主观主义承认科学对客观世界的把握。如上文指出的，海德格尔本人助长了这种解释，它在海德格尔关于科学解释地位的高度暧昧的讨论中找到了支持。但卡西尔似乎认识到，他自己的主观主义解读并没有体现海德格尔作为存在论哲学家的更大抱负。毕竟，卡西尔毫不怀疑地意识到，海德格尔并不是在阐述某种仅仅涉及人类视角的理论。相反，在上面卡西尔以明显赞同态度引用的《存在与时间》的段落中，海德格尔将生存论的时间性视为"对存在的所有领会与解释的视域"。

卡西尔无法解决这个难题。他看上去也并不特别在意将犹疑的责任归于海德格尔。但仔细阅读卡西尔著作的读者不会不注意到，他对海德格尔的时空生存论分析的称赞始终伴随着一种微妙的主张，即海德格尔断定普遍适用于存在论的那些生存论结构实际上仅仅是实用的与主观的，因此，在科学解释的客观领域内，它们必须屈从于概念时空的更高主张。倘若海德格尔自己没有提出科学的展开是认知上的"沦落"，那么这种限定就不可能；虽然海德格尔视之为生存论世界的一种损失，但在卡西尔看来，"还原"却是一项成就。

上文指出，卡西尔追随黑格尔的脚步，将《符号形式的哲学》最后一卷呈现为人类构形能力的"现象学"：因此，这条从神话到科学的道路是辩证的，并以危机为标志。它是一个不可避免的、看起来不可逆转的心智过程。然而，对海德格尔来说，这个过程并非不可避免。相反，这更像是某种失误，是人类意义构成性结构中的不寻常崩溃。[76]对比十分显著：卡西尔眼中仅仅属于神话的临时模式的东西，在海德格尔看来则是人类理解本身的构成性模式。从卡西尔的观点来看，这似乎意味着海德格尔认为，逃离神话在历史上不可能。因此，人们或许会理解卡西尔对海德格尔著作做出紧缩解读的真正意义：通过用与形而上学客观性相关的科学概念理论来补充海德格尔的哲学，卡西尔表明，这些神话结构只是暂时的，由此，他在海德格尔思想的内部与外部，为现代性本身的可能性制造了空间。

存在主义与失语症

当然，这只不过是卡西尔对海德格尔哲学的首次评价，它也最具试探性。很久以后——在达沃斯辩论之后，在海德格尔公开宣布支持国家社会主义之后，在卡西尔本人流亡多年之后——他对海德格尔的评价发生了转变。这个后来更具攻击性的阶段是第六章的主题，但我们应当注意到，卡西尔早期批评的某些主题仍将保持不变，特别是这个论断：生存论分析抓住了人类认知发展的一个重要层面，但这一层面仍然只是原始和暂时的。下面的例证表明，这个论断已经暗含了对海德格尔整个哲学的激烈批评。

1931 年春，在汉堡举行的德国心理学会年度会议上，卡西尔提交了一篇题为《语言与对象—世界的构造》的论文，其中详细讨论了约翰·休林斯·杰克逊从医学上理解脑损伤（特别是失语症）的神经科学贡献。杰克逊声称，要评估失语症损伤的真实程度，仅仅记录患者丧失个别单词的情况是不够的。失语症的最佳检测方法是观察患者是否难以构建完整的谓语句，卡西尔解释道，"这种谓语—命题'句子'（'Satz'）是客观设定（Setzung）的任何方式和模式的载体，从中首先出现的是真实的客观世界图景（Weltbild）。然而，当语言失效时，我们的对象直觉也会在某种程度上倒退到较低水平"。所谓较低水平的理解只允许"直接使用对象"，而且这种能力几乎可以完全保留，"即使人们不再能成功理解对象的纯粹'存在'（'Sein'）并确定它们的'存在方式'（'So-sein'）"。失语症患者或许能够操纵对象，但除此之外，他无法完成更复杂的过程，无法在远离对象的同时"对面地"（"gegenüber"）面对它们，以按照它们"呈现"（"vorstellig"）的样子谈及它们。[77]

卡西尔之所以感兴趣，主要是想从失语症研究中得出哲学教训。他指出，失语症患者表象能力的缺失在空间经验中尤其明显，他们的空间经验仍然是"一种单纯行动与举止的空间"（ein bloßer Aktions und Verhaltensraum），无法上升到"一种形象或表象的空间"。失语症患者保留了在空间"内"操纵物体的能力。例如，失语症患者可以将"日用"对象放置到正确的位置并直观地掌握它们之间的配合（如对熟悉的房间里的桌、椅和床之间的配合的实用理解），以此操纵它们。然而，失语症患者显然失去了将空间本身呈现为整体或个别部分以供理解的能力。只有这样才可以解释为什么失语症患者可能无法通过名称来分辨个别事物，尽管他保留了恰当使用这些事物的实践能力。根据这一点，卡西尔得出了如下哲学教训：对人们语言能力的损害，也就是对对象—世界客观性的打击。经验放弃了它的客观性："简洁起见，可以用海德格尔的术语来描述它——经验从'现成状态'领域撤退到了单纯的'称手状态'领域。"[78]

对那些掌握了海德格尔生存论分析的最基本前提的人来说，存在论领会的基本转变——从现成到称手——被随口提及，怎样看都很反直觉。因为，上文讨论过，海德格尔将实用的空间意识视为此在在世的必要组成部分。实际上，他将人的整个存在论领会中的某种源始作用赋予了它。由此可以推断，在对受挫的日常行为的著名分析（他举了锤子为例）中，从实用的空间意识到纯粹客观化空间的转变，某种程度上让此在的世界领会本身变得贫乏。因此，在卡西尔援引生存论术语的做法中，引人注目之处恰恰在于，它默默颠倒了海德格尔对实用领会与理论理解之间关系的评价。海德格尔将向理论的转变描述为部分的损失，而卡西尔则视之为认知成就。更引人注目的是，卡西尔将失语症刻画为从理论认知到纯粹实用领会的"撤退"，这带有古怪的暗示：由于缺乏更高的对象化能力，海德格尔所刻画的在世的源初经验，实际上与某些遭受严重脑损伤的人所看到的世界类似。

倘若认为卡西尔不曾认识到这种颠倒及其暗示的一切，那就太天真了。《知识现象学》的早期脚注已经暴露了这个潜在疑虑，倘若海德格尔对人类生存的分析不将更高的与更优待的地位让给客观认知，那么这种分析就极度不完整。这与卡西尔对海德格尔的神话解读的抱怨本质上一致，它重申了卡西尔在达沃斯所表达的担忧，他在那时就问海德格尔是否真的愿意放弃客观性。但失语症这个例证表明卡西尔的判断力变得更加敏锐，他更加深刻地意识到二人之间的分歧大概不可逾越。在他们于达沃斯交锋之前的那几年里，他或许还能压制这种意识。而在接下来的岁月里，事实证明，他完全办不到。

第六章

达沃斯之后

启蒙、政治、宗教

中了，很明显的一剑。

——《哈姆雷特》第五幕第二场

导言

从达沃斯回来后不久，海德格尔在给伊丽莎白·布洛赫曼的一封信中透露："我对最年轻一代新力量的希望变得更加坚定。"但他也承认，他担心"整件事变成一起轰动事件，鉴于人们如今强烈地倾向于把兴趣都放在人身上"。他还对卡西尔感到恼火，因为卡西尔"格外有礼貌，近乎热心过头。因此，我遇到的反对意见太少，这让我对这些问题给出的阐述方式无法具备必要的尖锐性"。卡西尔在性格上似乎抵制公开对抗，而该活动的形式进一步容忍了这一事实。"到目前为止，这些问题对公开阐述来说，基本上都过于困难，"海德格尔解释说，"整个对话的形式与方向只能通过举例来推进。"[1]

很难知道该如何评价这些评论。哲学家太过礼貌是什么意思？卡西尔真的"热心过头"吗，还是说，海德格尔的这些抱怨，只是他广为人知的暴躁性格的又一迹象？一些目击者回忆说，他对待卡西尔的行为即便说不上粗鲁，也算唐突无礼，不过海德格尔自己肯定相信他没有做错任何事。事实上，他很快就会发展出一种理论来支持他的观点，认为在哲学讨论的问题上，激烈的甚至攻击性的辩论才是真正理解的先决条件之一。

我们在第五章中看到，卡西尔与海德格尔1929年在达沃斯的交锋，仅仅是二人讨论的高潮，这整个过程可追溯至1920年代初。具体地说，有人认为，尽管二人表面上一致同意要分析文化的先验条件，但在对理论科学知识地位的判断上，他们存在着强烈的分歧。时空作为经验的先验条件，二人在它们的地位问题上分歧尤为尖锐：海德格尔提出了一种生存论的时空分析，将生存论的时空作为所有进一步理解的基础，包括科学理解在内。另一方面，尽管卡西尔承认海德格尔的生存论环节作为日常经验的局部与主观条件享有部分正当性，但他仍然坚持认为，科学知识实现了突破，从生存论的时空跨入了纯粹函数的、客观的时空。除了关于科学概念地位的分歧之外，还有关于神话与现代世界之间关系的争论：海德格尔在神话理解中看到了人类经验所有形式共享的生存论结构的可能线索，而卡西尔则断定在神话理解与（在他看来完全）属于哲学和科学现代性的自我意识之间存在明显的断裂。本章现在要及时向前推进，探讨在达沃斯交锋之后，卡西尔与海德格尔间的冲突如何在含义上变得愈加分化，并最终呈现出阻碍进一步对话的政治意义。我们将看到，这个结果并非早已注定。倘若纳粹没有掌权，我们对海德格尔—卡西尔争论的记忆必定会显得大为不同。

争辩的理论

从达沃斯回来之后的几个月里，海德格尔以惊人的速度完成了他富有争议的康德解读文本，海德格尔在夏季用了短短几周时间写完书稿，同年晚些时候，《康德与形而上学疑难》出版。在那时，他的声望达到了新的高度，他就任了弗莱堡大学教授职位，并发表了题为《什么是形而上学？》的公开演讲。该演讲发表于1929年7月24日的全体哲学系教师集会上。第二年夏天，他开设了"论人的自由的本质：哲学导论"研讨班，他在课上重新考察了古希腊思想中的存在问题，并就康德阐述过的自由问题大谈特谈。该研讨班在此尤其令人感兴趣，因为它为海德格尔提供了机会，深化他对康德实践哲学的论断，具体来说则是自由的形而上学问题，而在达沃斯讲座与"康德书"中，这个问题多多少少被忽视了。上文曾讨论过，卡西尔以自由为关键例证，主张海德格尔的康德诠释未能认识到康德哲学整体的一个决定性特征，也就是从有限性到无限性的形而上学突破。在1930年的研讨班上，海德格尔试图填补这个明显的空白，他审慎地考察人类的自由，并认为只有将这一真正的形而上学问题置于人类有限性的范围内，才能恰当地理解它。

研讨班在开始时明确承诺要处理作为人类决定性特征的自由问题；人被当作受造物，其生存"渺小、虚弱、无力而短暂"，与"宇宙进程的无边无际"以及世界历史的"命运和天命"对比鲜明。但海德格尔立即告诫听众，这些人类自由的定义依旧受制于形而上学的对比问题，它们只能提供对消极自由而非积极自由的洞识："长久以来，"海德格尔解释说，"有限性之伟大被虚假的与骗人的无限性所贬低，以至于我们不再能调和有限性与伟大。人类并非某种像是市侩一样的上帝按其形象所造，而这样的上帝，反倒是人类的不实臆造。"[2]自由被当作类似于因果性的东西，被当作给自身立法，这样的假设符合人

类的传统形象，在该形象中，人类这种存在者对抗的是在形而上学上
被构想为"客观"存在者的独立世界。对海德格尔来说，只有放弃这
样的假设，哲学才能开始把握人类自由的意义。但任何这样的对抗只
有在这些存在者事先敞开的情况下才是可能的，而这种敞开的前提是
人类源始的存在之领会的行为。因此，海德格尔所说的"让存在者被
遭遇"就预设了这样一种自由，它不仅先于康德将自由作为自律的观
点，相比之下还更加深刻。人类的本真自由无非是"存在者之存在得
以敞开的可能性条件"。[3]

　　卡西尔认为，康德式的自由提供了通往客观性的途径，它由纯
粹实践理性的概念所保障。而海德格尔的上述论点则微妙地反驳了
卡西尔的解释：客观性不过是让此在世界的诸存在者敞开的派生模
式，它本身预设了作为此在基本生存模式的自由。当然，卡西尔会立
即反驳这个论点，并指出它根本不忠实于康德的主张。但从海德格尔
的视角来看，忠实于文本只是附带的考虑，它有时会阻碍人们对真
正紧要的东西形成恰当的哲学理解。为了强调这一点，海德格尔告
诚读者抵制历史精确性的幻象，并接受真正的诠释可能需要"争辩"
（*Auseinandersetzung*）：

　　　　只要我们抓着文字不放，把康德哲学以及其他一切伟大的
　　与真正的哲学当作某种有趣的历史观点，只要我们不通过哲学
　　的争辩下定决心进入哲学的发生过程，那么一切都将对我们封
　　闭……然而，倘若发生了真正的争辩，那么绝对命令是由康德
　　还是由其他人表述的，都变得无关紧要了。[4]

　　这段文字几乎可以这样解读，海德格尔试图证明他与卡西尔的
分歧是正当的："当然，"海德格尔评论说，"争辩并不像通常理解的
那样，意味着批评与反驳。实则它意味着将对方连同自己，带回最

初的和源始的地方，带回本来就共通的本质所在，这样也就不需要
事后再来结盟。"[5]

假如这里真的指向了卡西尔，那确实没必要提及他的名字。在这
场哲学争辩中，他将作为一位无名却必要的对方登场，这位对话者将
被带回某种比单纯结盟更深刻且更"本质"的所在。但落入这种争辩
的双方必得同意，他们的共同基础是哲学本身的"源初"发生过程，
而不是充当他们辩论托词的历史文本。历史文本的单纯事实仅仅是偶
然的事件，倘若它们不能提供通达本质所在的道路，那么牺牲它们也
无妨。"哲学争辩，"海德格尔总结道，"就是作为解构的诠释。"[6]

学术竞争与个人偏见

在达沃斯交锋后不久，卡西尔与海德格尔在学术界的境况变得
更加复杂。1929 年 7 月 6 日，卡西尔被任命为汉堡大学校长，任期
一个学年，于 1930 年秋卸任。即使在 11 月 10 日的正式卸任演说中，
卡西尔也显示出他还把海德格尔挂在心上：在一段轻快的题外话中，
卡西尔比较了当代大学的状况与海德格尔的"关切"（Sorge）观念。[7]

就在同一年，海德格尔也获得了新的声望，科学、艺术和教育
国务部长阿道夫·格里姆正式邀请他就任柏林大学恩斯特·特勒尔奇
哲学教席。海德格尔当然清楚这个荣誉的重要性，但在 1930 年 5 月
10 日的信中，海德格尔告诉格里姆他要谢绝这次邀请。[8]甚至在他前
往柏林了解详情之前，他就已经与妻子埃尔福丽德做出了这一决定。[9]
他向伊丽莎白·布洛赫曼解释说，虽然柏林大学提供了巴登方面*无
法比拟的经济条件，但海德格尔决心遵循他所说的"我内心的声音"，

---

* 海德格尔任教的弗莱堡大学位于巴登-符腾堡州。

珍惜内心的平静而不是外在的报酬（不过巴登方面也向他许诺了两个学期的额外假期）。[10] 对于海德格尔来说，这一邀请表明了时代正在转变。"我的任命，"他在给埃尔福丽德的信中写道，"在总体精神方向上与布吕宁、特雷维拉努斯甚至格里姆这些年轻一代的崛起相符。"雅斯贝尔斯也对柏林哲学的觉醒迹象感到振奋。"J（雅斯贝尔斯）说，换作是他就肯定会去，但他完全尊重我内心最深处的决定。"虽然他在那里见到了有吸引力的同行，但他对柏林生活的厌恶促使他下定决心："这个地方完全的无根基性（Bodenlosigkeit）糟糕透顶，"他写道，"归根到底，对哲学而言它仍然缺乏真正的深渊。柏林必须从外部征服。"[11]

促成柏林大学这次邀请的审议本应保密。但在访问柏林期间，海德格尔接到了库尔特·里茨勒的电话，后者在询问文德尔班之后得知了引人注目的事实，于是打电话告诉海德格尔：柏林大学哲学系原本希望提名卡西尔。而且被提名的就他一位。海德格尔后来对雅斯贝尔斯解释说，卡西尔的提名立即被尼古拉·哈特曼否决了，后者随后提名海德格尔，尽管他对海德格尔"年纪尚轻等等有所顾虑"。接着海德格尔偷偷向雅斯贝尔斯透露了他了解到的更多审议细节："在任命提名结束之后，系里的几位成员，包括古典学家韦尔纳·耶格尔，发现他们实际上想要的是我——除了那些大佬（die Bonzen）。这不是我第一次怀疑这些胆小鬼是帮助新人道主义站稳脚跟的合适人选。"[12]

鉴于他们在业内的极佳声誉，海德格尔和卡西尔二人成为德国最负盛名的哲学教席之一的最终候选者，这一事实不应让我们惊讶。事实上，二人被当作同一职位的可能人选，不止一次。两年前胡塞尔卸任弗莱堡的教职时，卡西尔是海德格尔唯一的有力竞争者。雅斯贝尔斯与海德堡大学的同事也细致讨论过，认为卡西尔与海德格尔最有可能在李凯尔特退休后接替他。这意味着卡西尔与海德格尔至少曾三次竞争同一学术职位。

卡西尔比海德格尔更受青睐，而且在卡西尔的提名被撤销后，海德格尔才获得提名，这或许很能说明 1930 年左右他们在哲学界的相对地位。战后的哲学记忆里，人们常常记住的是海德格尔在达沃斯会面中取得了明显的胜利。但这段与柏林大学教席有关的历史表明，这种看法未能把握到局面的真正细微差别。倘若我们能相信海德格尔转述的格里姆所讲的细节，那么更喜欢卡西尔的就只有那些"大佬"（大概是系里地位较高的年长成员）。海德格尔进一步向妻子透露，他听说系里的年长成员，包括新康德主义者文德尔班在内，会尽力阻挠，让提议落空。根据格里姆的说法，大多数人显然一直认为海德格尔是更好的选择。尽管如此，海德格尔在了解这些细节后似乎格外愤愤不平。在写给雅斯贝尔斯的信中，他概述了这整个煎熬："这样看，他们是想在那四个庸才次品之外再添上第五个无害的人。现在看来，被柏林大学哲学系明确提名，是十足的灾难。"[13]

虽然海德格尔从未认真考虑过接受柏林的邀请，但在得知卡西尔事实上是该系的首选之后，很难想象海德格尔还能高兴得起来。不过，海德格尔相信，提名卡西尔只不过是"权宜之计""多此一举"，因为他怀疑柏林大学哲学系已经料到，卡西尔的提名最终会被撤销。[14] 更令人困惑的是，海德格尔进一步表示怀疑，"这些胆小鬼"（大概是柏林大学哲学系那些想要海德格尔，却又对提名卡西尔的做法让步的员工）是否有助于开创"一种新的人道主义"。显然，这意在讽刺这些学者的个人品格，他们准备在制度上为卡西尔的哲学人道主义授予合法性，但他们这么做只是因为缺乏反对它的勇气。

海德格尔相信，在这一切阴谋中，他可以察觉到一些令人不安的迹象，它们表明德国哲学的未来依旧难料。毕竟，这教席差点给了卡西尔。对海德格尔来说，这意味着哲学本身处于危险之中，因为卡西尔代表了一种"无害的"思维方式，回避了令人振奋的生存问题。但海德格尔的不满还有其他一些不那么能让人接受的理由。在争取机构优势的过程中，他很容易冷嘲热讽，他的书信则透露出精于算计的秉性。当然，关于聘用的争论很少会用最讨喜的方式描述教授们。但有一种令人不快的可能性我们无法避而不谈：海德格尔对这场斗争的理解或许沾染上了反犹的偏见。在达沃斯与卡西尔会面的几个月后，海德格尔于 1929 年 10 月写信给维克托·施沃雷尔（时任德国科学赞助协会副主席），敦促该协会考虑资助候选人爱德华·鲍姆加登，他的申请尤其重要，因为"我们面临着这样的选择，要么再度为我们德国的智识生活提供土生土长的（*bodenständige*）真正人才和教育工作者，要么干脆将这种智识生活出让给在广义和狭义上日益增长的犹太化趋势（*Verjudung*）"[15]。在他的个人记录和学术记录中，那种认为海德格尔是种族意义上的反犹主义者的指控，鲜能找到证据支持。尽管如此，很难否认海德格尔赞同如下这个捕风捉影的信念，即犹太人对本真的德国文化构成了迫在眉睫的威胁。1933 年，担任弗莱堡大学校长的海德格尔在一封公函中指出，新康德主义是"为自由主义量身定制"的"不分优劣"的哲学，只有向教育界注入他所谓"土生土长的"教师才能与之抗衡。[16] 或许没有直接证据表明，海德格尔对新康德主义哲学运动的负面评价掺杂了反犹主义。[17] 但要求用"土生土长的"教师来反对新康德主义者的呼吁至少也引人遐想。

海德格尔对卡西尔的个人感情也让人生疑。在 1948 年撰写的回忆录中，托妮·卡西尔描述了她同恩斯特在达沃斯会议前几天的共同忧虑："我们知道海德格尔仪表不凡，也知道他对新康德主义者怀有敌意，特别是对柯亨。"几乎是事后才想起来，她接着写道："而他的反犹倾向我们也并非一无所知。"[18] 鉴于海德格尔在校长任期内的公开政治活动有据可查，对他个人偏见的顺带提及就显得毫不奇怪。我们应当承认，托妮·卡西尔是在海德格尔正式参与国家社会主义之后撰写的回忆录，这些文字因而带有历史的后见之明的一切并发症。但从海德格尔自己的信件中我们得知，即使在 1929 年，他也带有反犹主义倾向。至少卡西尔夫人有这种印象，她还告诉我们，海德格尔在达沃斯意在"将柯亨的作品打入尘埃，如果可能的话，还要消灭恩斯特"。[19] 她的用词——"消灭"（*vernichten*）——引人注目。

更加意味不明但同样引人遐想的是，卡西尔在达沃斯公开抗议"新康德主义是较为新潮的哲学的替罪羊（*Sündenbock*）"。（德语 *Sündenbock* 和英语 scapegoat 给人类似的联想。）卡西尔是否意在暗示，海德格尔自己对新康德主义的敌意不过是其偏执的掩饰？这个问题仍然难以说清。仅仅一个月前（1929 年 2 月 23 日），慕尼黑大学发生了一起丑闻，当时哲学家奥特玛·斯潘应德意志文化斗争同盟以及一伙当地纳粹党追随者的要求，在慕尼黑大学发表了一场演说。报纸随后报道称，斯潘从一开始就强烈批评"文化危机"，并专门攻击了新康德主义，用他的话来说，这场运动是由"外国人"柯亨和卡西尔领导的。[20] 这起事件，无疑令卡西尔在达沃斯面对新康德主义可能受到的蔑视时更加敏感。

弗莱堡的卢梭讲座

虽然上文讨论的事实与推测可能显得足以定罪，但值得注意的是，显然没有直接的证据，表明海德格尔自身的反犹主义损害过他与卡西尔的私人交往和职业互动。事实上，大部分我们所知的海德格尔对他这位同行的行为，都表明二人仍旧能友好相处。[21] 关于海德格尔，托妮·卡西尔后来如此评论道：

在达沃斯那次交锋之后，他对待恩斯特的态度变得不明确起来。不知何故，恩斯特的个性给他留下了印象。无论如何，他从未对恩斯特的批评（指卡西尔 1931 年对《康德与形而上学疑难》的评论）提出反驳，他也从未对 1929 年出版的《符号形式的哲学》第三卷发表过批评。[22]

倘若海德格尔对卡西尔的评论感到生气（毕竟卡西尔的评论相当负面，讨论见下文），那一点也不出人意料。倘若海德格尔不喜欢《符号形式的哲学》第三卷，那也不能怪他，因为这卷作品宣布有必要超越海德格尔生存论的时空分析。尽管海德格尔有报复的理由，但他似乎从未这样做过。甚至 1932 年 4 月，他还帮忙促成邀约，请卡西尔在弗莱堡的学术—文学协会举办了题为《让—雅克·卢梭的问题》的讲座。[23]

在 1931 年的大部分时间里，卡西尔都在巴黎度过，他在那里考察启蒙运动的哲学并撰写相关研究作品；1933 年初，他和托妮一道离开德国。卢梭讲座是卡西尔与海德格尔最后一次私人会面，事实上，这也是卡西尔在德国学术界的最后一批报告之一。这次讲座为卡西尔提供了最后一次机会，让他能在海德格尔面前直接重申他的基本哲学信念，如果不是这样，那么这篇讲演在他体量惊人的出版物全集中就会显得微不足道。

这种机会不容浪费。借着卢梭之口，卡西尔发表了一个令人遗憾的结论："哲学早已忘却了如何说它的母语。"哲学本应"教导智慧"，如今反而说的是"时代的语言，让它自身符合时代的想法与利益"。卡西尔继续说道，卢梭很久以前就抱怨过人类对循规蹈矩的偏好。普通人习惯于"不断生活在他自身之外"。由于对自己的能动性和观点拿不定主意，人类"只能生活在他人的意见之中"，并且"只能通过这种派生的与间接的方法来逐渐增加对自身生存的意识"。尽管卢梭"回避了市场的动荡和战争的喧嚣"，但他仍然是那个时代的激烈批评者。他的基本要求——在所有 18 世纪同时代人中，只有康德充分理解了这个要求——在于，"人们不应当让自己迷失在对生存的苦难毫无意义的哀叹之中，而是应当理解自己的命运并亲自掌握它"。[24] 这个要求流露了卢梭对纯粹人类中心的形而上学的独特肯定：

> 人无法摆脱为其世界确立秩序的任务；在塑造和引导世界的过程中，他既不能也不应当依靠来自上天的帮助，或是超自然的协助。这个任务已经交给了他——他必须用自己纯粹为人类所特有的手段来解决这个问题。但正是在他深入了解摆在他面前的这个问题的性质时，他确认了他的自我并没有被封闭于感官世界的范围之内。从内在性与伦理的自主性出发，人现在就推进到了"可理解"存在的核心。[25]

这无异于重述卡西尔自己的哲学准则，同时也报复了关于18世纪德国哲学遗产的争论，这一争论是达沃斯交锋中的托词。再一次，康德成为这场争论背后的哲学权威：卡西尔声称，在卢梭所有的同时代人中，只有康德才完全理解了这位日内瓦人，而且他还认识到，那种对"伦理必要性"的承诺将卢梭的全部作品统一了起来。[26] 卡西尔甚至不指名道姓地含蓄抱怨了某些哲学家，他们宁愿沉迷于"生存的苦难"，也不愿承担构造世界的重任，不愿听从伦理的命令，这种命令超越了所有的感官界限，存在于纯粹的理知领域中。即便这抱怨暗指海德格尔，那也不仅仅针对他一个人。到那时，卡西尔对现代哲学的各种思潮已经形成了有意识的与多层次的批判，在其中他发现了正在萌发的非理性主义、对历史宿命论式的追捧，以及抵制实践理性的其他具体范畴。卡西尔先前对生命哲学两位倡导者舍勒和克拉格斯的攻击，促使他就自由在哲学中的最高重要性发表了同样大胆的声明。然而，大量语言似乎都表明，即便海德格尔不是唯一的目标，卡西尔也总会想到他。

如果海德格尔察觉出卡西尔这次讲座暗含挑衅，他也没有显露出任何被冒犯的迹象。事实上，两位哲学家相处得甚为融洽，卡西尔在给托妮的信中讲道："我在弗莱堡演讲时，这所大学最大的报告厅挤满了人，几乎整个哲学系都出席了；在此之后，我和弗伦克尔、沙德瓦尔特、海德格尔等人一起去了格哈德·里特尔那里。第二天早上，我拜访了海德格尔，我发现他相当坦诚，直率友好。"卡西尔随后又补充了一则令人费解的评论："无论如何，关于围绕在他身边的荒唐传闻，我什么也无法确定。他向我坦白，为了给我第三卷作品写评述，他已经苦苦挣扎了许久，但目前他还是不知该如何应对。"[27]

显然，在1932年左右，双方在情绪上都存在产生分歧的痕迹。显而易见的是，到这时，卡西尔明确反对海德格尔的哲学主张，他甚至产生了怀疑，也许海德格尔的为人不值得信任。卡西尔听到过什么"荒唐传闻"，我们只能猜测个大概。卡西尔并不是唯一有顾虑的人。1932—1933年冬季学期，汉娜·阿伦特就反犹传闻质问了海德格尔，后者回复了一封气愤的自辩信，反驳了阿伦特的质疑，列举他指导过的大量犹太学生，并提到他"与犹太人（胡塞尔、米施、卡西尔等人）的私交"。[28]1933年晚些时候，海德格尔在与卡尔·雅斯贝尔斯（他妻子是犹太人）的私人谈话中，不带含糊地谈到了"危险的国际犹太人联盟"。即便在显然没有任何公开好处的时候，他仍以这种方式说话，这或许足以证明，围绕他的反犹传闻到头来确实是真的。[29]卡西尔显然有充分理由怀疑他。不过，海德格尔声称在撰写卡西尔《符号形式的哲学》第三卷的评论时遭遇困难，这可能还是会令我们感到讶异。难道海德格尔仅仅出于在专业上对卡西尔的敬重，就克制自己不去完成这篇毫无疑问的负面评论吗？海德格尔很有可能带着偏见通过扭曲的透镜来看待卡西尔。但看起来同样明显的是，海德格尔也因为卡西尔的专业成就而敬重他，甚至可能对这位同行产生了钦佩之情——尽管他们之间存在着各种分歧。

卡西尔的"康德书"评论

我们现在必须回到这场哲学争辩本身。在本章中，我自始至终都反复强调，在紧随达沃斯交锋的那几年里，看起来海德格尔与卡西尔多多少少仍能友好相处，即便他们对彼此的文化差异（大概还有政治差异）越发担忧。然而，随着海德格尔的论著《康德与形而上学疑难》于1929年夏末出版，重要的转折点出现了。我在第五章指出，"康德书"是一次报复性的阐述，回顾了海德格尔数月前与卡西尔公开对话时刚刚提出的论点。因此，卡西尔本人成为最先一批发表评论的哲学家也就不足为奇了。这篇高度批判性的评论长文，作为1931年初春《康德研究》的主要文章发表。它的出版首次暴露了两位哲学家之间大概不可逾越的深邃断层线。卡西尔先前从未如此持续地表达过他与海德格尔的哲学分歧，从未暗示过这种分歧标志着更为分化的文化-历史分野。

不过，甚至在这里，我们也不应夸大其后果。尽管这篇评论语气严厉，但它几乎没有损害海德格尔的声誉。恰恰相反，说它标志着海德格尔到达了学术合法性的新高度，要更为准确。它用了二十六页的密集文字评估了这位哲学家的工作，到那时为止，还没有哪一篇有关海德格尔对德国内外影响的文章，比它更加广泛、更加深入。[30]即便在之前《存在与时间》收到的评论中，海德格尔也没有看到他的思想受到如此仔细的审慎考察。我们也不应忘记，海德格尔在卡西尔发表这篇评论之前，已经在弗莱堡大学当了两年多教授。无可否认，海德格尔不再是新手，但"康德书"只是他出版的第二部主要著作。一家权威期刊发表了引人注目的评论，这给"康德书"带来了前所未有的关注。总之，海德格尔有充分理由在意卡西尔的评论——而且他也有充分理由对他读到的内容感到沮丧。

在评论的开头，卡西尔回顾了康德1772年写给同事柏林医生马

库斯·赫茨的一封信，康德曾经称赞赫茨（连同所罗门·迈蒙）是为
数不多掌握了先验观念论更深刻原理的读者。康德向赫茨宣布，他终
于用他的双手握住了"打开迄今为止仍然隐藏的形而上学的整个秘密
的钥匙"。这种形而上学的关键要素是"先验对象"问题，它承诺让
整个形而上学重新定位，从对对象的传统关注转向思想本身的基本结
构。卡西尔注意到，即使在康德的时代，这种新的先验导向也遇到了
相当大的阻力，尤其是老一辈人，他们在康德的解决方案中看到的完
全是对形而上学的大规模"破坏"（Zerstörung）。门德尔松表达了那
个时代的普遍情绪，他称康德是"碾碎一切的人"（Alleszermalmer）。
自康德的时代以来，这种争论就一直没有平息：先验转向是否预示了
获得新生的、完全新颖的形而上学进路，还是说恰恰相反，它是否意
味着形而上学本身的死亡？"在回答这个问题时，"卡西尔注意到，"知
识分子和时代是有分歧的。"[31]

从一开始，卡西尔就想让读者明白，他对海德格尔的批评既是哲
学的，又是历史的。他们的分歧本身就体现了诸多智识导向的分野和
"诸多时代"的分野，可以一直回溯到 18 世纪末的德国。在评论的开
头，卡西尔为读者回顾了德国启蒙运动社会史上的一个时刻，那时德
国人和犹太人开始认识到他们共同的政治抱负，而康德本人则将德国
犹太裔医生马库斯·赫茨视为他最亲密的哲学伙伴——这样的安排不
太可能是偶然，它或许传达了这样一条信息：卡西尔明白，世道已经
变了。然而，他们分歧的关键过去是，将来仍然是哲学探究本身的本
质问题：卡西尔相信，围绕着康德对待形而上学的态度的最初争论具
有范式意义，因为自康德的时代以来，它始终是所有现代哲学的标准。
在卡西尔的评判中，康德以哥白尼的方式将形而上学修正为认识论，
这个问题现在已有定论，伴随 19 世纪后期新康德主义的反形而上学
学说，这种哲学共识早已形成。卡西尔解释道，当前的大多数学者即
便没有就康德学说的实质达成一致，也至少在康德学说的形式逻辑特

征和方法论特征上达成了一致。尽管存在多样性，但新康德主义学派至少都赞成这一点，即康德的体系是一种认识论（*Erkenntnistheorie*），一种从科学事实出发并追问其可能性的理论。正是这种认识论导向标志着康德自身哲学的根本"科学"特征；一直到 20 世纪，新康德主义圈内的所有哲学探究，始终渴求的也正是这种科学的理想。为了举例说明，卡西尔回顾了哲学家阿洛伊斯·里尔，他 1883 年在弗莱堡发表就职演说《论科学的哲学与非科学的哲学》，明确区分了科学的或"严格的"哲学的恰当批判问题，与被他归类为世界观问题的与个人生活或主观经验有关的问题。[32] 里尔小心翼翼地指出，尽管世界观问题在主观领域内有其正当性，但它们永远被排除在真正的哲学圈子之外。

在考虑卡西尔这则评论的实质内容之前，我们应当停下来考察一下这个开场挑衅：可以看到，它认可了一整套毫不妥协的区分——教条的形而上学对现代认识论，世界观对科学的哲学——卡西尔将据此裁判并最终谴责海德格尔的著作。这不仅仅事关康德诠释的局部问题。康德诠释仅仅是一例具体争论，而卡西尔要描述的对立则是"海德格尔对形而上学中心任务的解释，与具有实证主义倾向和导向的'批判'思维模式以及哲学感受之间的对立"。倘若这一对立确实如此紧要，那么明确地特别提起里尔就必定格外具有挑衅性。因为读者几乎不可能不注意到，里尔在弗莱堡发表就职演说将近四十年后，海德格尔本人在同一个哲学系担任了终身教职。因此，卡西尔这则评论隐含了这样一种暗示，即海德格尔的"康德书"标志着机构上和方法论上的一种倒退，退回了他的弗莱堡前辈努力克服的单纯世界观的"非科学的"哲学。

回到他在达沃斯提出的最初抱怨，卡西尔再度评论了海德格尔对里尔和整个新康德主义学派的强烈反感："海德格尔如此激烈且有力地加以反对的莫过于这种思维模式——它假设，康德的根本目标是将形而上学建立在'认识论'基础之上。在这一点上，海德格尔的目的明确无误：新康德主义的认识论导向，用海德格尔自己的话来说，'最终将被消灭'。"[33] 卡西尔在评论的开头就引述了海德格尔论著中的大胆陈述，这绝非偶然，因为学派间的竞争成了一种标志，指向了"科学的"哲学与"非科学的"哲学的更大区别。由此它预示了卡西尔评论的最终结论：海德格尔与卡西尔的新康德主义前辈之间的对比，是更为重大的历史－文化分野的一个组成部分，这种分野的一边是神学风格的形而上学，另一边是基于科学和启蒙运动的现代主义哲学。

将这种区分摆上台面后，卡西尔现在可以开始细细揭露和拆解海德格尔这本书了。他最终的裁决很明确：《康德与形而上学疑难》为新康德主义者压制的那种形而上学解读提供了戏剧性的报复。海德格尔认为，"第一批判"不应沿着新康德主义路线被视为对自然科学逻辑前提的认识论探究，而应被理解为形而上学探究，它要揭示的是追问存在问题（即一般存在论）的人的–存在论的前提。它的任务是研究人类，后者是理解存在本身的必要基础。正是这个预备性任务——"形而上学的奠基"——被海德格尔称为"基础存在论"。在海德格尔看来，这意味着任何关于世界的知识问题，都必须始于对能够提出这类问题的存在者状况的分析。因此："所有对存在整体的追问都必须首先从对人类的追问出发。"海德格尔得出结论，形而上学知识本身又回到了先前对人的生存之存在的追问，即此在的形而上学。[34]

从卡西尔的视角来看，这种最初的转向——从认识论到形而上学——就充满了争议。事实上，尽管卡西尔试图保持学术中立的基调，但他还是忍不住表达出对海德格尔出发点的怀疑态度：

倘若与海德格尔争论其疑难最初的和源始的前提，或想纠正他对出发点的选择，那将徒劳无用且毫无意义。倘若任何一种哲学"争辩"（"*Auseinandersetzung*"）要在任何意义上富有

成效，那么批评者就必须相应地决定站到海德格尔所选择的
基础之上。他能否坚持下去，这是一个只能通过阐述本身来
决定的问题——但是，倘若批评不想沦为单纯的论战或没完
没了的自说自话（*Auseinandervorbeireden*），那么他就必须采纳
那个基础。[35]

　　细心的读者可能已经察觉出，在这些哲学中立的精心展示中，沉
着的语调透出一股紧张。卡西尔小心地展示了他的镇定，尽管海德格
尔未能把握“新康德主义的历史工作，特别是赫尔曼·柯亨在他的康
德论著中提供的基本解释”。无论如何，这种误解都很自然，因为海
德格尔希望“抛却”——海德格尔自己的说法——新康德主义马堡学
派的基本认识论前提。更为重要的是，卡西尔写道，尽管他不同意海
德格尔的形而上学修正，但在评判这本书时还是应该遵循康德自己的
格言，不应以“教条式的笃定”持有任何哲学立场，以免哲学家沉迷
于竞争“立场”的单纯“相互较量”，并以此替代了批判性的讨论。然而，
即使是这种看起来宽容的陈述也带有批判性的攻击：在他准备放弃任
何关于“立场”的斗争时，卡西尔反驳了（鉴于卡西尔精通影射之道，
我们可以认为他是故意的）海德格尔在达沃斯的收尾评论：“诸观点
的分化正是哲学工作的源泉”。援引康德作为哲学诠释的非教条式方
法的指南，就等于暗示海德格尔自己的诠释方法不仅不康德，实际上
还教条。

　　要揭露海德格尔解读中的教条主义要素，关键要了解它如何从对
康德学说基本概念的创造性误解中产生出来。卡西尔注意到，海德格
尔的诠释的关键在于，它试图将“第一批判”刻画为对人类理解之有
限性的探究。这种解释在表面上拥有坚实的文本基础：康德自己区分
了神圣理智（*intuitus originarius*）与人的理智，前者享有无条件的自
发性，并在思维活动中直接关联对象的存在，而后者由于依赖直观所

给出的东西而从根本上具有接受性。根据海德格尔的观点，对人类心智本质的依赖性的洞识贯穿整个"第一批判"。但卡西尔指出，康德注意到心灵以纯粹知性概念的形式对人类知识做出了自己的"自发"贡献，鉴于这个发现，海德格尔的观点就极具争议。实际上，康德自己希望通过区分知性、理性和感性这三种心智官能来捍卫这种自发性。因此，即使康德承认了感性是一种依赖被给予物的官能，但在提出理性的自发性理论的同时康德也能维持这种依赖性。但根据海德格尔的解读，知性表面上的自发性是一种幻觉，因为康德在先验想象力中追查出了这三种官能的单一来源，就此而言，康德本人最终重新肯定了人类知识的有限性。并且，通过对"第一批判""图型法"的精巧解读，海德格尔随后主张，在这个"神秘"学说的根源中，隐藏着这样一种认识，即时间性本身充当了想象力的生存论条件，因而也就充当了"形而上学"的生存论条件。因此，康德最著名的心智自发性理论的基础，是对人的时间性和有限性的更深刻描绘："所有的思想本身，"卡西尔写道，"甚至知性'纯粹逻辑'的运用都打上了有限性的烙印——确实，那正是有限性的真正印记。"由此可以推断，人类的意识无论如何努力，都永远无法实现无条件的纯粹自发性的准神圣自由。这就是海德格尔"康德书"的基本教训："有限性的链条不会被打破。"[36]

在第四章中我们看到，海德格尔与卡西尔争执的一个重要主题在于人类理性本质上的有限性，以及尽管存在这种限制，我们的理性是否有能力在理论知识或伦理学上"突破"有限性。卡西尔在评论中再次强调，海德格尔仍然深信有限性无法打破的学说。尽管如此，卡西尔还是谨慎地承认，就先验想象力在康德理论哲学中的中心地位而言，他与海德格尔是一致的。尽管其他学者完全忽视了想象力这个主题，或者声称它纯粹是康德对建筑对称性的偏爱的残留，但海德格尔至少认识到，先验想象力学说和伴随它的"图型法"理论恰恰是康德学说的核心。从卡西尔的观点来看，对图型法的强调显然是海德格尔这本

书的最大优点之一：它对图型法的解释展示了"非凡的力量"，而且
整个阐述显示出"最大程度的敏锐与清晰"。[37] 而且，这也是卡西尔
本人所强调的（《符号形式的哲学》第三卷对先验想象力的仔细讨论
证明了这点）。[38] 然而，尽管他们一致同意先验想象力的重要性，但
两位哲学家就"这种重要性意味着什么"最终产生了分歧：海德格尔
发现，图型法学说进一步确证了他的主张，人类理解的有限性是无法
补救的。根据卡西尔的观点，正是在这里，海德格尔对康德学说的整
体解释开始遭遇严重且最终致命的困难。

　　卡西尔解释道，说康德哲学扎根于人的有限性理论，这种看法如
果想得到辩护，那么对有限性概念的理解就只能参照先验哲学的标志
性区分，即感觉世界与理知世界、经验与观念、现象与本体的区分。
海德格尔注意到，人类知识相对于知识对象展现了一定的有限性，就
人类心灵并不创造对象而必须接受它们而言，这当然没错。但在试图
将此作为康德学说的关键时，海德格尔忽略了一个事实：用卡西尔的
话来说，先验哲学"与对象的绝对存在以及它们存在的绝对基础无关"。
康德的探究并不直接固定在对象及其根源上，它仅仅固定在理解那些
对象的模式上。然而，一旦承认这一点，这种先验的区别就削弱了海
德格尔反复诉诸人类有限性的力量，他的做法之所以表面上说得通，
是因为他谈论的对象性概念源自旧的形而上学，而不是认识论。海德
格尔暗示康德本人就对比过人的或接受性的理解与"神的"或"创造
性的理解"，试图以此证明关于人类有限性的主张是正确的。但他没
有认识到，根据康德自己的说法，创造性的理智概念仅仅是"极限概
念"，其可能性我们"甚至根本都无法做出任何表象"。[39] 根据卡西尔
的解释，神圣的创造性理解这一概念在"第一批判"中起到完全"消
极的"作用。这意味着海德格尔让康德的认识论承担了非法的形而上
学的教条意义，康德本人不会认可。

　　更重要的是，卡西尔断定，将神的直观与人的直观间的前现代或

神学区分重新引入康德的认识论体系，海德格尔不仅误读了先验分析论的基本学说，还赋予了人的有限性概念某种绝对主义的含义，最终会让康德本人关于理性逐步获取知识的理论无法正常运作。康德（在先验辩证论中提出）的独到观点在于，尽管"无条件者的观念"在直观的范围内找不到直接的用途，但它仍然是一种必要的定位原则，理性据此构想出"综合诸条件的绝对整体"。理性必然将这种观念强加于自身，并作为所有经验探究的前提，尽管这种观念本身并不对应任何可能的感性对象，并且仍然（用卡西尔的话来说）"纯粹是符号性的"。正是在这个意义上，人的理性突破了对直观的依赖，并实现了对无限者或无条件者的把握。F. H. 雅各比这样反对康德批判哲学的同时代人阐述了这样的观点，认为人的理性永远被困于单纯的"接受性"功能之中，这不仅暴露了对康德学说的基本误解，还表明批判观念论与"信仰哲学"（*Glaubensphilosophie*）之间的"典型对立"。[40]海德格尔自己的错误描述使他与后面这个学派暗合，由此妨碍了他认识到康德对纯粹理性概念的更具"柏拉图主义"色彩的信心。卡西尔解释说，因为正是在理念学说中，"康德从……单纯暂时性存在（*bloß-zeitlichen Daseins*）的领域中挣脱出来"。[41]

根据卡西尔的观点，当人们考虑伦理学在康德体系中的地位时，海德格尔对康德原理的基本误解就会更加明显。尽管从康德的视角来看，理论理性只在实证经验的范围内发挥作用，但对于实践理性来说显然并非如此：卡西尔解释道，无条件的自由概念代表着康德超越实证经验限制进入"纯粹理知的"和"超越时间的"领域的"最终步骤"。作为自由的行动者，我们为自身立法，在这个过程中（康德在"第一批判"中写道）"揭示了这样一种自发性"，它将我们与一个理知的而不再仅仅是感官的世界联系起来。[42]用卡西尔的话来说："因此，正是道德律的无条件性最终使我们脱离了纯粹现象的存在（*bloß-phänomenalen Daseins*）领域。"在解读康德哲学时，海德格尔企图不提及伦理概念的无条件特征，这就抹煞了康德自己所说的"现象世界的奇迹"，也即意志的自发性。因为在康德的伦理学中，卡西尔写道，一个人的存在最终不再受制于这个人的感性存在。实则，"这个'我'归根到底只是它对自身的理解"。[43]

海德格尔试图最小化并最终消除这种彻底的自发性，但他的做法却毫无根据。康德认为，实践的自我通过"敬重感"而关联于道德法则，海德格尔对这一观点大加强调，仿佛这么做他自己那满载关切的有限性主题就能得到认可。卡西尔认为，这种解读并不正当，因为它混淆了伦理的范畴与心理的范畴。一个人敬重道德法则的经验感受并非道德法则的最初构成或最初基础；它仅仅充当了道德法则在经验性的有限意识中的表现手段。将康德的伦理理论解读为仅仅适用于人类，解读为植根于人类特有的情感倾向，这就把它还原为纯粹的人类学，因而就错过了康德最重要的洞识之一：道德法则确实是绝对的，因为它"对所有可能的理性存在者"都有效。在这里，卡西尔间接提到了海德格尔在达沃斯关于天使在康德体系中地位的评论，他指出，康德并非意在用"理性的存在者"来乞灵于叔本华所暗示的"那些可爱的小天使"。康德仅仅意在强调道德法则普遍合理的适用性，其有效性不受任何经验事实和人类学事实的限制。卡西尔的结论是，海德格尔的整部"康德书"试图不正当地瓦解康德学说中的必不可少的二元论，即理性在理知（本体）世界和感性（现象）世界的双重应用。卡西尔推测，海德格尔瓦解这种二元论的目的，明显是要证明一个少有人承认但据说激动人心的真理，即康德的批判哲学将理性从其虚幻的超越性中带了回来，并将其恢复到了"时间性此在的层面"。但是，海德格尔统一这两个独特理性领域的企图（通过将它们完全且决定性地扎根于先验想象力），在康德的文本中找不到真正的根据。海德格尔不过是用卡西尔所说的"想象力的一元论"取代了康德特有的二元论。[44]

因此，这个不合格的有限性主题反映的是海德格尔自己的旨趣，它与康德哲学几乎没什么关系。"因为（康德的）疑难，"卡西尔总结说，"不是关于'存在'与'时间'的疑难，而是关于'实然'与'应然'、'经验'与'理念'的疑难。"尽管卡西尔同意海德格尔将先验想象力当作康德理论哲学的基石，但任何处理康德哲学体系的所谓形而上学的尝试，都不能局限于解释康德更广泛的理念理论，都需要超越这种理论工作的局限。卡西尔宣称，康德体系的最终目标，不是守着无可救药的有限性与时间性孤立的人的此在，而是"人性的理知基底"。[45]海德格尔解读的终极问题在于，它声称自己发现了关于人类的存在论或形而上学描述，而康德仅仅意在提出一种"经验理论"（暗指柯亨的《康德的经验理论》），也就是说，一种关于可能知识的客观性条件的理论。海德格尔尤其错误地将康德的先验想象力理论解读为关于人的生存的形而上学教训，因为该理论意在描述的仅仅是关于客体而不是主体的现象学："关于主体时间性的整个疑难问题、在时间性基础上对人的生存的解释、对'向死存在'的解释——所有这些在海德格尔的《存在与时间》中得到阐述的问题，对康德来说不仅在事实上陌生，而且从根本上说也是如此。"[46]

卡西尔相当清楚海德格尔的解释，甚至意识到了海德格尔的解读显得如此奇特的原因：海德格尔希望揭示的并不是康德实际上说了什么，而是没有说出的隐秘的形而上学学说，它遭到了康德及其新康德主义追随者的压制。这就意味着要抵制康德文本的表面含义，甚至要到与其明显内容相矛盾的程度。用海德格尔自己的话来说（卡西尔引述道）："任何这样的解释都必定要使用暴力。"[47]尽管如此，从卡西尔的视角来看，这种对暴力的辩解简直为故意的歪曲打开了大门。与海德格尔一道主张"第一批判"包含了一种"纯粹接受的自发性"理论，就是将一个完全外来的术语引入了康德词典，从康德自己的视角来看，这个术语的悖谬性不亚于木的铁。"在这里，"卡西尔写道，"海德格尔不再以注释者的身份说话，而是以篡夺者的身份说话，可以说，他用武力侵入了康德的体系，使它服从自己，并让它服务于他（自己）的疑难问题。"[48]

　　更令人担忧的是海德格尔的如下推论，即康德从图型法章节的第一版（A 版）"退缩"了，因为其中包含了关于人的时间性理论的诸多激进的乃至"令人不安"的后果，因此他在第二版（B 版）的修订中"压制了"这个理论，以便巩固人的理性表面上的至高权威。从卡西尔的视角来看，任何这样的推论都应严格禁止：援引康德自己对在先验哲学中运用"假设"的评论，卡西尔指出，关于这种变化的推论仅仅是论战的工具和"战争的武器"。[49]卡西尔解释说，叔本华已经先于海德格尔断定，第二版掩盖了康德的真实意图——这种修订的动机是康德"对人性的恐惧"。尽管海德格尔的解读与叔本华"愚蠢而又粗俗的"心理主义毫无共同之处，但它仍然引入了"主观的和心理的"推论来代替客观的说明。对海德格尔的心理论证来说，最令人惊讶的大概是，康德很少表现出不愿放弃形而上学绝对真理之慰藉的态度。即使在前批判时期的《通灵者之梦》中，康德就已经宣称自己是苏格拉底的热心弟子："有多少东西是我不需要的！"他大胆否定了"形而上学的蝴蝶翅膀"，并以他自己的方式欣然接受世俗经验主义的经验"有限性"。康德关于纯粹理念的理知秩序理论与这种经验主义并不矛盾，因为它并不是关于理知实体的理论（还因为它们无法在先天的时空直观中被图型化，所以这些理念实际上并不是教条意义上的"形而上学"）。海德格尔在他的哲学中看到的类似"深渊"的东西，康德既没有想象过也没有理由去害怕。因此，海德格尔那个"焦虑的康德"形象，卡西尔几乎找不到任何根据。[50]

　　从卡西尔的视角来看，海德格尔的诠释的最终困难在于，它把一种"基本情绪"（Grundstimmung）归于康德，而这种情绪与这位柯尼斯堡哲学家真正的"智识氛围"或历史－文化感受几乎没有关系。卡西尔评论道，康德"甚至在他沉思存在最深刻与最隐蔽的'根基'

时,也在努力追求光明与清晰性"。因此,一个人读了一页康德的著作,就会觉得(如歌德所说)仿佛进入了一间灯火通明的房间。卡西尔在达沃斯提出反对意见时,就引用了弗里德里希·席勒的诗歌《理想与生命》中的一段话,以阐明康德哲学所表达的智识世界观。他现在再现了完整的诗节:

> 只有身体拥有那些权力
> 来束缚我们的黑暗命运,
> 但摆脱所有时间的力量……
> 神圣者之中的神圣者,是形式。
> 倘若你们要振翅高飞,
> 请从你们自身那里抛开对世间事物的畏惧吧。
> 逃离狭隘、阴沉的生活,
> 进入那座理想的王国。[51]

卡西尔相信,这首诗提供了完美的例证,阐明了康德哲学所表达的更广泛的历史-文化价值,康德哲学对经验主义和观念论的结合,及其对纯粹理念不曾磨灭的忠诚态度,而通过这些纯粹的理念,人性就可以保住自身所分有的无限。凭借这些价值,卡西尔总结道,"康德不仅现在是而且始终是一位启蒙运动思想家——从这个词最崇高与最美好的意义上说"[52]。卡西尔在海德格尔作品中辨识出的"风格原则"(Stilprinzip)与渗透于康德哲学的古典观念论形成了鲜明对比。因为海德格尔存在论的标志性主题——畏、命运、有限性,等等(其中许多主题在海德格尔最近的讲座《形而上学是什么?》中得到了展示,卡西尔以不拘泥于字面的方式援引了这个讲座)——似乎表达了席勒敦促我们超越的那种黑暗与限制。这些主题不过是"克尔凯郭尔世界"中的标准通货。但在康德的概念宇宙中,它们无论如何都没有任何正当性。

卡西尔对"康德书"的评价不仅在内容上，而且在语调上都引人注目。卡西尔发起了猛烈的进攻，这实属罕见。他众所周知的镇定态度到了如此紧张的程度，甚至有必要在结尾处再次强调："在这些反思中，没有什么比任何形式的个人论战更远（离我的意图）。"[53] 他赶紧补充说，这部"康德书""就像海德格尔的所有作品一样"，带有"真正的哲学感受力"的印记，受到"对其任务的真正的内在热情"所激励。它的整体价值"不应以任何方式被极力贬低或否认"。但这些安抚更加暴露出卡西尔反对的力度。相较于人们两年前在达沃斯听到的，他对海德格尔的诠释的拒斥，如今远为全面，并且影响深远。最引人注目的是，卡西尔现在准备好为他的哲学分歧赋予更为广泛与更为分化的文化–历史意义。海德格尔的哲学受到"风格原则"的支配，而这种原则在本质上与康德和启蒙运动的整体"精神氛围"有所抵牾。卡西尔没有陈述的进一步推论显而易见：卡西尔本人（而不是海德格尔）才是康德哲学更忠实的诠释者，他更忠于康德哲学的实际"风格"。这种审美–历史语言中的解释价值仍然远未明确，特别是因为两位哲学家在原则上都同意，哲学差异永远不应被解释为一种世界观与另一种世界观间的个人化与戏剧化冲突。因此，卡西尔在结尾处回忆道："我在达沃斯与海德格尔对话时就强调过，我既不希望，也不期待他皈依我的'立场'。"归根到底，哲学辩论的真正目的仅仅是澄清概念："在所有哲学争辩中，"卡西尔建议道，"人们应当努力学会正确看待对比，并且在这些对比中准确理解自身。"[54]

海德格尔的回应

不出意外，海德格尔强烈反对卡西尔的评论，一道被反对的还有新康德主义哲学家鲁道夫·奥德布雷希特的评论，这篇较短的评论同年晚些时候发表于《德国哲学活页》。[55] 在一份填满了片断笔记的手写文件中，海德格尔概述了他个人对两位批评者的反驳，尤其关注卡西尔。[56] 尽管这篇反驳直到很久以后才发表，但这些笔记特别有启发性，有力反驳了卡西尔所暗示的"康德书"在某种程度上是隐秘神学的演练。另一方面，奥德布雷希特的批评有些过头，认为海德格尔从绝对的直观或神的直观那里"演绎"出了有限的认知。海德格尔在笔记中坚持主张，"绝对的认知不过是建构出来的理念……也就是说，它来自我们的认知，其中特定的有限事物被分离出来，其本质获得了解放"。但是，在他的论证中，没有任何东西预设了上帝的存在："这里不需要实际地认识到绝对知识真实的现成存在——也就是说，上帝自身的存在。"他援引创造性或无限知识概念的目的，仅仅是为了强调人类理解的有限性："比较我们的认知与绝对的认知，我们能找到什么，或我们想要找到什么？"海德格尔问道，"这仅仅是为了解释我们认知的有限性是什么意思。"[57]

不过，最能说明问题的，是海德格尔对被抛性概念的坚决辩护，他显然相信两个批评者都误解了这个概念。在笔记中，海德格尔回顾了自己在"康德书"中将被抛性主题化为"认知有限性基础"的努力，被抛性现象首先在人类经验中显现为"对我们自身以外的存在者的依赖"。然而，卡西尔与奥德布雷希特将它误解为认识论问题："有限性首先并不是认知活动的有限性，"海德格尔反对说，"实则，它不过是被抛性的本质后果（*nur eine Wesenfolge der Geworfenheit*）。"[58]

换句话说，被抛性从形而上学洞识被大体上还原为认识论问题。这种误解的惨痛教训在于，尽管海德格尔付出了巨大努力，试图将康德的先验哲学重新置于适当的形而上学基础之上，但将"第一批判"当作认识论的支配性解释仍然占据着主导地位。在这一点上，海德格尔反驳说，卡西尔的评价暴露出理解上的彻底失败："知性自发性

（*Spontaneität des Verstandes*）的理论化应当有什么（结果）？"海德格尔问道，"就在那里，我将想象力置于中心。"卡西尔过分强调自发性，而这只不过重复与放大了马堡学派各种老生常谈的偏见："只有知性，只有逻辑，"海德格尔惊呼道，"而直观仅仅是致命的残余，它应当消失在无限的过程中！空间与时间则作为知性的概念！"

　　这场争论也不能简单地通过诉诸原文来加以解决："忠于康德本身，"海德格尔写道，"是个根本性的误解。"卡西尔最终没有认识到，被抛性和有限性一直是人类的构成性疑难，简单吟唱对人类理性创造力的赞美诗，不可能让形而上学问题就此消失。显然，卡西尔误解了海德格尔最基本的目的："因为有限性在这个人或那个人可能正好懊悔失落（*Katzenjammer*）时现身，就以这样的方式对有限性做哲学思考，这可不是哲学的动机，"海德格尔抱怨说，"看来卡西尔的确完全不得要旨！"[59]

　　但最终改变想法的，正是海德格尔本人。在"康德书"的后续版本中，海德格尔添加了序言，以表明他自己对该书最初主张的日益不满。在1950年的第二版中，他承认"读者不断被我的诠释的暴力所冒犯"，这大概暗指卡西尔。这种暴力的指控之所以得到了"支持"，是因为"沉思的对话"所遵循的诸法则实在太容易被"破坏"。在任何这样的对话中，"误入歧途的可能性更具威胁性，这种缺陷也更常见"。海德格尔现在承认了"当前尝试的缺陷"，但他补充说，"思想家从他们的缺陷中更为锲而不舍地学习"。在1973年第四版的新序言中，他似乎呼应了卡西尔早期的批评，承认"我在康德那里寻求一位拥护者，来支持我提出的存在问题"，不过事实上"康德的问题对它是陌生的（*fremde*）"。海德格尔甚至承认，这本书实际上是一种"过度诠释"（*Überdeutung*）。[60]早在四十多年前，卡西尔就这么说过。这个简短故事篇章的结局颇具讽刺意味。海德格尔常常坚持认为，真正的诠释需要争辩，但至少在这一点上，他最终承认了卡西尔一直都是正确的。

卡西尔未公开发表的批判

甚至在卡西尔完成《符号形式的哲学》第三卷之前，他就已经开始着手规划第四卷论著的工作了，他取的书名是《符号形式的形而上学》。第四卷的一个片段最初意在充当第三卷的结论，但其篇幅变得太过庞大，扩充到了将近三百页，以至于卡西尔在 1929 年决定出版不包含该片段的第三卷。在接下来几年里，为第四卷做准备的手稿和章节不断激增，但在卡西尔生前它们始终没有出版。然而，要更深入地评价卡西尔对海德格尔不断增加的批判，这些片段意义巨大。某些片段提到了海德格尔的名字；其他片段中，海德格尔无影无踪，但他的在场仍旧显而易见。

在《符号形式的形而上学》第一章中，卡西尔就批判性地部分反思了他在达沃斯讲座中提到的生命哲学。这一章的标题直截了当地叫"'精神'与'生命'"，旨在评价 20 世纪初生命哲学最杰出的代表人物格奥尔格·西美尔和路德维希·克拉格斯。与他的三卷本哲学体系的结论一致，卡西尔显然在心中想到了更为广泛的攻击目标。他针对的不仅仅是生命哲学家，还在更宽泛的意义上针对以尼采、柏格森和狄尔泰为代表的哲学非理性主义九头蛇，卡西尔拒绝将哲学非理性主义在 1920 年代的流行视为单纯的时尚（这正是李凯尔特在 1920 年的研究《生命哲学》中得出的结论）。[61] 从卡西尔的视角来看，生命哲学是一场内容广泛且影响深远的哲学运动；事实上，它可以说是 1920年代最具影响力的智识思潮。此外，它传递的信息与卡西尔自己希望推进的哲学原则和理想直接相矛盾。

卡西尔断言，生命哲学家倾向于哀叹"生命"和"精神"或理智认知之间的不幸分野，与此同时他们将这种二元论转变为基本教条，树起某种新的、傲慢的非理性形而上学。对西美尔来说，这种二元论确实是个悲剧：人类放弃了生命领域，引发了"朝理念的转向"，这强化了如下观念：理智存在于超越生命乃至对抗生命的领域之中。[62]
克拉格斯通过准尼采式的宣言更进一步，认为所有智识活动都表达了
人类支配生命的驱力，这种冲动倘若不加以控制，那么它最终必将摧
毁灵魂。卡西尔反对所有这些观点的形而上学极端主义，坚持认为生
命哲学家关于生命与精神间致命对立的观念完全错误。甚至他们理解
生命与捍卫生命免受心灵支配的努力，也还是证明了心灵的理解能力。
卡西尔解释说，这种所谓的朝理念的转向"不能被描述为生命告别自
身进入秩序，以前往某种陌生且远离自身的事物"。从卡西尔自己的
哲学视角来看，这种智力活动与生命体验之间的所谓二元论仅仅是一
种幻觉。甚至于，历史被动性的经验——例如，以生命哲学家准神话
般的命运范畴为代表的经验——最初也只有通过人类的概念努力才可
以理解，由此就证明了人类的自由。卡西尔写道，生命"必须被视为
对自身的回归，它在符号形式的媒介中'抵达自身'。它在形式的印
记中占有和把握自身，它是构成形式的无限可能性，是追求形式的意
志和力量。甚至生命的限制也变成了它自己的行动；来自外部的事物
看起来是它的命运、它的必然性，（但）事实证明，它们是它的自由
和自我形成的见证"。[63]

　　卡西尔意在捍卫的显然不仅是他自己的哲学，还有所有在"观念
论"的朴素旗帜下结成同盟的同时代哲学。根据这条分析路线，生命
哲学不过是某种古老倾向的最新表现，这种倾向贬低人类的认知力量，
转而支持某种更为深刻且更为非理性的价值根源。针对反智主义日益
高涨的浪潮，卡西尔赞扬了可追溯到库萨的尼古拉的观念论原则，后
者主张，尽管上帝是"赋予存在"的力量，但人类思维本身就是"提
供和证明价值"的力量。对卡西尔来说，这意味着任何尝试，只要试
图否认思维并将存在颂扬为更深刻且更源初的权威，都不可避免地建
立在自相矛盾的基础之上：

　　贬低思维价值的原则，无论出于什么立场或权威来尝试或实施，从一开始就受到了明确的限制。对思维的每一个纯粹消极的评价，也肯定了它最高的、真正积极的成就之一。即便整个智识领域都被理解为某种消极的东西，即便它的所有活动都被否定和拒斥，仅仅赋予消极意义本身就是一种新的行为，它将我们牢牢地扣留于我们原本希望逃离的精神领域。[64]

　　卡西尔得出结论，为了一种不加反思的、浪漫化的被动性所带来的虚假安慰，人类试图否认自身自由的尝试注定徒劳。存在或命运所谓的优先性只能通过反思行为来加以展示，而这种反思行为本身就证明了自发性："某种事物只有能够否定它自身，才有可能宣称它是幸福的或要求它是幸福的，因为这种自我否定的行为也总是代表了一种自我主张的行为。"[65]对自由的否定本身恰恰预设了自由的现实性。

　　面对生命哲学以及当代哲学中走向宿命论的智识时尚，卡西尔发出了广泛的谴责，在他的最后一部作品《国家的神话》中，这一主题再次出现，那时，海德格尔将成为明确的目标。另一方面，从1928年到整个1930年代，卡西尔断断续续地继续展开他对海德格尔哲学的批评，远远超出了达沃斯短暂交锋所考察的范围。《康德与形而上学疑难》的批判性评论发表时，卡西尔也在概述对海德格尔整个哲学的更详细和直接的评价，他希望将之纳入他规划的作为《符号形式的哲学》第四卷的《符号形式的形而上学》。这些概述明显创作于1931年左右，共分为三个部分："3：精神与生命：海德格尔""4：海德格尔与死亡问题"和"5：柏格森与海德格尔的时间"。

　　卡西尔在这些笔记中传达的基本信念，大概比任何已发表的批评都更为清晰，他相信：因其延续自神学的前提，海德格尔的哲学仍然拥有致命的缺陷。"至于海德格尔，他来……自宗教哲学"，卡西尔注意到，海德格尔的哲学所操控的范畴不是类似柏格森这样的自然主范畴，而是神学的范畴。他的任何作用堪比生命和精神的术语都是如此。对海德格尔来说，"所有的时间性都扎根于在宗教意义上领会的'Augenblick'（瞬间）——因为它是通过'Sorge'（关切），通过死亡这个基本的宗教现象而构成的——还有'Angst'（畏；参见克尔凯郭尔）"[66]。据卡西尔判断，困难在于，海德格尔对个人生存最内在领域的仔细到令人钦佩的关注，并不允许存在某种通道，以超越个体并进入主体间与超个人的真理领域。从在路德和克尔凯郭尔那里被主题化的"个体主义倾向"中，海德格尔汲取了他的"宗教目的"的"力量和深度"，但他没有关注基督教对超越的承诺："海德格尔从生命的领域走向个人生存的领域，他不懈地将个人生存领域用于宗教目的，但另一方面他也被限制在这个领域中。"[67]鉴于他的神学—个体主义开端，海德格尔一直强烈反对客观性或主体间认可的知识前景：

> 因此，在海德格尔看来，"永恒真理"的思想几乎就是一种傲慢，它超出了人类生命所能触及的范围，忽视了死亡这种基本现象。他对生存的整个分析除了颠倒这种过程，没有其他目的——这种分析再次让死亡摆脱对它的"掩蔽"（Verdeckung），并让它再度成为真正可见的事……在这里——我们并不否认——变得清晰可见的是一种真正的宗教语调，就像克尔凯郭尔那样。像克尔凯郭尔那样，畏的概念进入了这种现象学中间——畏在本质上是对有限性、短暂性和彻底毁灭的畏。[68]

在这些笔记中，卡西尔对海德格尔哲学的总体判断转向了这样的论点，即海德格尔从未真正放弃过他从神学那里继承的诸多前提。作为证明，卡西尔援引了海德格尔的新康德主义老师李凯尔特的一则评论（明显出自1931年的一篇文章），李凯尔特抱怨说，关于海德格尔的哲学，他无法确定"什么是客观的基础，什么是个人的信条，而这种混淆在任何情况下都意味着麻烦"。[69]但卡西尔赶紧对这个结论做出了限定：尽管海德格尔对有限此在的分析为了它的人类形象而求助于宗教，但它坚定地回避了任何有神论的形而上学。因此，传统宗教所提供的救赎承诺仍然超出了它的理解范围。其结果是这样一种精神分裂的哲学，它接受有神论对人类困境的描述，却拒绝了人们期待的有神论解决方案。卡西尔注意到：

> 对海德格尔来说，这个问题似乎更为深刻，因为他提出的问题完全是由神学的考虑要素来决定的，但他拒斥了对这种问题的神学解决方案。他不承认作为人类基本心态的畏，可以通过神学的形而上学或宗教的救赎福音来平息。[70]

换言之，对卡西尔来说，海德格尔哲学中更为深刻的缺陷并不在于它对宗教的普遍依赖，而在于它特别依赖一种准克尔凯郭尔式的宗教体验解释，卡西尔认为它是一种无可补救的主观主义。根据卡西尔的观点，这种解释完全忽视了西方一神论的普世主义维度，这种一神论许诺凡人的自我从有限性中获得变革性的拯救：

> （与海德格尔的哲学）相反，不管怎样，我们都坚持宗教的更广泛、更普遍的理想主义意义和历史的理想主义意义。在它之中，我们看到了离开"畏"的解放和解脱，而畏是有限此在的标志和基本"情态"。但这种畏仅仅指向了我们有限此在不可避免的限制性开端，而不是结局。[71]

毫不奇怪，这些评论让人们回想起卡西尔在达沃斯公开会面期间对海德格尔提出的各种主张。但这些评论不仅更加详细，还表达了更为不满的态度。毫无疑问，这部分是因为这些笔记仅供私人查阅。

这或许也是因为，自从几年前在达沃斯公开交流以来，卡西尔有了足够时间来更充分地思考他眼中海德格尔工作的真正后果。他如今对海德格尔非同寻常的术语表现出了更多的支持（这不是说他赞同这些术语）。因此，他的这个结论就更具决定性：海德格尔哲学的本质缺陷在于，它仍然被困在彻底的主观主义之中，而且按照它的理解，这个世界的存在恰恰依赖有限的自我。对卡西尔来说，这让海德格尔的哲学成了一种"大写的观念论"（卡西尔谨慎地将这个术语放到引号中，以便将它与先验观念论和黑格尔的观念论或绝对观念论区分开来）。海德格尔的准观念论是个体主义的，因为在他看来，真正的自我展开在畏以及个人最本己的在世的关切之中。此外，这种个体主义不仅不承认任何超越个人的现实，它还积极抵制公众或社会，将它们作为拉平的非本真领域。卡西尔写道：

> 基本上此处就是我们与他背道而驰的地方，因为对我们来说，客观精神既没有被日常的结构所耗尽，也没有退化为日常的结构。这种"非个人的"事物，不仅仅存在于平均状态的苍白、薄弱的社会形式之中，不仅仅存在于"常人"（卡西尔加了引号）的日常状态之中，也存在于超越个人意义的形式之中。海德格尔的哲学无法通达这种超越个人的事物。[72]

本真且共享的社会意识的可能性遭到了否认，海德格尔的哲学只能将历史解释为对个人现成可用且为个人服务的意义领域。"无可否认，"卡西尔承认，海德格尔的哲学

> 拥有一种历史生命感，但它将所有历史理解都视为纯粹的重复，是个人的*此在*、个人的天命、个人的命运的重复—提升（*Wieder-Herauf-Holung*）。历史的这一特征非常深刻而又清晰地（被）看

到……但是，我们在这里面对的始终是一种宗教—个体主义的历史理解。作为"文化史""意义史"和"客观精神的生命"的历史并未被展开。[73]

在海德格尔的思想中，历史的真正主体始终不过是有限的个体，对他们来说，只剩下两种选择：要么坚定承担历史传承所给予的各种机会，要么被动地屈服于被抛（Geworfensein）的历史境况。

正是在这里，卡西尔首次提出了对被抛性的批判，这种批判将在十多年后的《国家的神话》中再次出现，并将作为评判海德格尔学说的德国文化政治后果的关键。在这里，卡西尔尚且只是在仓促凌乱的私人笔记中提到了这一点。他接着表示遗憾的是，尽管不可否认海德格尔对历史性生存问题有着敏锐的感受力，但他更广泛的哲学敏锐性却被形而上学和认识论的主观主义所削弱，这种主观主义完全否认了知识的客观性或超越历史的特征："我们并不将普遍性理解为单纯的'常人'（als blosses 'Man'），"卡西尔写道，"而是将之理解为'客观的精神与客观的文化'。"对海德格尔来说，"精神无法通达这种客观性——即使是逻各斯、语言，对他来说也不过是社会现象"。[74]从卡西尔的视角来看，人类生活在历史时间中这个庸常且无可争议的事实，并没有提供任何正当理由来摒弃超越的可能性：我们的论断可能享有超越历史的有效性。海德格尔背弃了客观性，退回到了源自宗教的激进主观主义的死胡同里："至于被抛状态（Das Geworfensein）……我们在此找到了根本性的陈述：对于一个在时间中存在并在时间中消逝的存在者来说，不可能有永恒的真理。"[75]

对海德格尔式被抛性的批判性关注将不断演进，深入 1930 年代。事实上，在纳粹夺权后的几年里，卡西尔对命运和历史天命主题的关注看起来有增无减，或许这是因为被迫流离失所的经验赋予了被抛性一种鲜明的个人意义。在他位于瑞典哥德堡大学的流亡新家里，卡西尔开始做笔记，准备重新从哲学上探究所谓的基础现象，结合这种努力，他勾勒出一种关于历史特征和历史知识的理论雏形：历史，他那时写道，由两种现象组成，个人行动以及命运（*Schicksal*）。这两极之间的对比始终无法消除，至关重要的是，哲学应当承认这两者：

> 一种"命运"，某种"发生"在我们身上的事情，一种意外的事件，一种我们以某种方式被交付给它的陌生力量（海德格尔的**被抛性**），以及一种意志，它恰恰不是让它自身向命运、偶然情况、意外事件投降（*unterwirft*）——而是要向着命运投身于对抗（*entgegen wirft*），这种意志用独立的和自由的"筹划"（*"Entwurf"*）来对抗纯粹被动的"被抛性"——这种意志自身承担起了引导命运走向它所意愿的坚决**目标**的使命。[76]

这些反思中包含着值得注意的反讽，其表现出的对词源变化的偏好，人们通常更容易将之与海德格尔而不是卡西尔联系起来。但在卡西尔手中，这种文字游戏仍然相对简单，并有助于加强那两种人类形象之间有些明显的对比：被抛性意味着自我会向命运之轮"投降"（*sich unterwift*），而被赋予能动性的个体则会向着命运"投身于对抗"（*entgegen wirft*），会致力于自由选择的"筹划"（*Entwurf*）。这种对比——能动对宿命——只不过又一次重复了两位哲学家不断辩论的核心主题。卡西尔仍然坚持席勒的劝诫，即我们应当"抛弃"弥漫于我们在世的畏，而从卡西尔的视角来看，海德格尔赞同某种宿命论，沉浸于根据神话虚构的恐惧。海德格尔把人完全交给了它的历史被抛性，却没有承认人拥有能力按照自己决定的计划来创造自己的未来。这项指控的政治含义在当时仍未言明。在接下来几年里，卡西尔将它们大胆地带到了前台。

寻回启蒙

1930 年代初，海德格尔与卡西尔差不多仍然忙于研究工作。1931 年至 1933 年间，海德格尔迈出了后来被称为 "转向"（"Kehre"）的最初步伐，在方法论和主题上，他从现代哲学的技术问题转向更为丰富的反思路线：艺术和技术的问题、荷尔德林的诗歌、论述尼采的多年讲座。但在最初的两年里，他的研讨班几乎完全只关注希腊人：亚里士多德的形而上学（1931 年夏）、柏拉图的《泰阿泰德篇》和真理理论（1931 年冬），以及与阿那克西曼德和巴门尼德有关的所谓西方哲学的开端（1932 年夏）。围绕哲学现代性的开端——这个时代现在最起码要追溯到柏拉图那里——究竟犯了什么错误，海德格尔开始形成一种更为深刻的解释，而上述课程是最早的一批尝试。到海德格尔创作《哲学论稿》这部大概最为费解的著作（写于 1936 年到 1938 年）时，他已经开始提到 "另一个开端"，这是一条不同的哲学反思道路，摆脱了形而上学的主观主义，而这种主观主义如今被海德格尔视为几乎所有现代哲学和文化的命运安排。

与此同时，卡西尔并没有表现出任何放缓学术创作步伐的迹象。在接下来两年多时间里，他将更多精力投到探索现代哲学史的特定主题上。1931 年夏季学期的大部分时间他都住在巴黎，以便在国家图书馆进行泛欧洲启蒙运动的新哲学–历史研究。一年后，他出版了独特的历史论著，不止一部，而是两部：《柏拉图主义在英国的复兴》与更宏大且更全面的《启蒙运动的哲学》。上述简要概述甚至也表明，海德格尔与卡西尔在旨趣上的分野变得越来越大：海德格尔最终会得出结论，认为哲学现代性的整个传统在本质上是腐朽的，补救的办法在于诗歌的展开模式与前苏格拉底思想的 "另一个开端"。另一方面，卡西尔撰写了一篇致敬启蒙运动的综合颂词，将启蒙运动作为现代世界充满活力的资源。

《启蒙运动的哲学》展示了卡西尔在智识-历史综合方面的精湛技巧，因为它既需要解释的能力，又需要对现代思想史的诸多细节拥有惊人广博的经验知识。但它也引起了同时代的特殊共鸣：在他评论海德格尔"康德书"之后不久，他就努力全面重构启蒙运动总体持有的哲学，这让卡西尔有机会加强他先前提出的暗示：康德哲学尤其站在了现代哲学的顶峰。更具体地说，它为卡西尔提供了机会，有力证明了启蒙运动与如今困扰着 20 世纪的诸多问题的相关性。

因此，人们或许会将卡西尔这本书不仅视为对启蒙哲学的一次重构，还视为对启蒙哲学的一次寻回。正是在这个问题上，卡西尔和海德格尔之间的对比大概表现得最为深刻：当海德格尔在远离哲学现代性（他将之视为注定会遗忘存在论的时代）时，卡西尔如今则跳出来捍卫它的荣誉以及它作为现代世界哲学资源的持续重要性。在《启蒙运动的哲学》的序言中，卡西尔特别指出了与 18 世纪思想的明显缺陷有关的"大量偏见"，这些偏见"时至今日仍对公正研究和评价启蒙哲学构成障碍"。他否认自己有任何明显的"辩论意图"，并试图打消读者的疑虑，保证自己的目标并不是"营救"启蒙运动。但显而易见，他希望他的书至少能消除一些关于启蒙运动的误解，这些误解最早出现于浪漫主义时代，并一直延续到了 20 世纪。卡西尔特别提到了其中的一个偏见：启蒙运动未能理解历史性和历史差异（这一个著名批评意见由著名历史学家弗里德里希·迈内克在 1936 年提出）。[77] 即使这个具体的指控有一定道理（卡西尔没有发表意见），但用这个单一的缺陷来谴责整个时代也不公平。"'浅薄的启蒙运动'这一口号仍在流行，"卡西尔抱怨说，"倘若本研究成功地让人们不再呼喊这个口号，那么它的一个主要目标就实现了。"[78]

《启蒙运动的哲学》是一次巨大的，有时令人生畏的综合，但它远非仅仅汇总和考察了各种思想家和观念。卡西尔本人指出："启蒙运动的真正哲学不仅仅是其主要思想家……思考和教导的总和。"一部有着哲学目标的作品不能让自己仅仅局限于概述，它必须不仅"沿着时间线索串起它的各种智识结构，还要按照时间前后顺序来研究它们"。卡西尔认为，启蒙运动中真正具有哲学意义的东西，可以在他所谓的"智识活动本身的形式与方法（*Form und Art*）"中找到。因为，在他看来值得捍卫的启蒙哲学的众多主题中，只有一个主题充当了启蒙运动统一的和先验的原则：

> 这种哲学信仰的是……*思维的源初自发性*；它归于思维的不仅仅是一种模仿的功能，而且还有塑造生命本身的力量和使命。思维不仅在于分析和剖析，而且还在于以实际方式实现被它设想为必要的事物秩序，以便通过这种实现的行为来证实自身的现实性和真理。[79]

这种心智自发性的原则不仅为这本书的叙事提供了凝聚力，还为每一章所阐述的主题提供了论证方面的解决方案。

总的来说，在《启蒙运动的哲学》中最值得注意的或许是作者所强调的这则信息，即必须承认这种自发性是一项特定的现代成就和历史成就。在这里，卡西尔和海德格尔之间的对比最为鲜明：对海德格尔来说，哲学现代性的决定性缺陷在于，它对作为万物背后创造性力量的人类主体有着毫无根据的自信，而对卡西尔来说，这种自信才是启蒙运动最受人尊敬的东西，才值得人们持续为之辩护。正是启蒙运动自身"发现并热情捍卫了理性的自主性"，并"在所有知识领域内牢固确立了这个概念"。卡西尔在结束序言的评论时引用了康德的启蒙运动格言"要敢于认识"（*Sapere Aude*），以此鼓励同时代人接受历史知识。没有当前哲学概念的指导就不可能重构哲学史，同样，任何对过去的重构也必然会引发与当代的比较和自我批判。卡西尔写道："将这种自我批判运用于现时代，向它高举启蒙时代塑造的那面明晰的镜子，眼下的时机相较于以往任何时候都要成熟。"尽管他对德国（整个欧洲）面临的当代政治挑战保持着一贯的沉默，但他话语的紧迫性显而易见："这个将理性和科学尊崇为人类最高能力的时代，甚至对我们来说也不能且不许失去。"[80]

根据卡西尔的观点，总体上，启蒙运动是由对自我决定和进步发展的基本承诺所推动的。它统一于理性可以"自行决定其旅程的方向"这一信念，这样，理性的本质就不能完全先天地作为本质或实体来加以认识，而只能通过理性的自我实现、理性的活动和"功能"来加以识别。因此，理性是关于"能动"（*Tun*）的概念，它是"生成"，而不是"存在"（*Sein*）。[81] 在这个意义上，启蒙运动的自然科学赖以建立的基础就是文艺复兴及其心灵与世界关系的新构想（它由焦尔达诺·布鲁诺最先阐明），根据这种构想，"理性的力量是我们通达无限事物的唯一途径"，因为只有凭借理性，人类才能接触到"这个世界的伟大景象"。[82] 人类理性作为主动能力而不是纯粹接受能力，出于对它的新信心，启蒙运动最终与中世纪的科学构想决裂，不再仅仅让自己满足于"追踪存在的建筑术"。根据这种更为古老的经院哲学，"所有思想都知道自己受到""存在的三大坐标"（上帝、灵魂和世界）之内"不可侵犯的秩序的庇护"，"思想的任务并非创造，而仅仅是接受"。[83] 相较之下，启蒙运动，特别是牛顿的理论，证实了新的观念，虽然自然会提供证据，但只有心智才能提供理论的原理。因此，启蒙运动"在同一个智识解放的过程中"试图表明，"自然和理智的自足"直接相关，它们并不以超验力量为中介。[84] 然而，对卡西尔来说，莱布尼茨首先为启蒙运动提供了它最重要的理性模型，因为随着单子论的发展，出现了一种关于理性发展或"隐德莱希"的新理论，在从认识论到政治学、从宗教到自然哲学和历史哲学的所有研究领域中，它最终将留下它的印记。[85]

在启蒙哲学的整个时期，莱布尼茨关于认识论和形而上学的观点都一直有着核心的重要性。在莱布尼茨的单子概念中,先前被约翰·洛克这样的 17 世纪心理学家理论化的静态的和纯粹接受性的实体概念,让位于心智自发性的动态概念。印象心理学,卡西尔写道,"忽略了心灵的基本现象,心灵的本质在于活动,而不仅仅是被动性"。莱布尼茨的自我不是被动的,而是享有行动的力量,因此具有自我完善的能力。所有的存在都存在于"力"之中,这种力的强度越大,人们就越能发现"来自统一性的多样性"和"来自多样性的统一性"。根据卡西尔的观点,这些莱布尼茨的洞识总体上为德国启蒙运动提供了坚实基础,并且特别对康德哲学一直具有根本的重要性,因为康德哲学也一直忠实于关于"自我的自发性"(*Spontaneität des Ich*)的关键原则(它最初来自莱布尼茨)。[86]

　　莱布尼茨还启发了启蒙运动期间发展的宗教理论。例如,各种关于完善的观念就出自莱布尼茨的神正论以及在单子论中首次阐述的进化论形而上学,倘若没有这些观念,莱辛的"人类教育"思想就不可能存在。[87]启蒙运动的历史理论同样以莱布尼茨的原则为模型:单子要通过时间性的发展,逐步完善自身的内在本质,进而才能实现其同一性,同样,每个时代和每个民族(根据莱辛与赫尔德的观点)也必须通过历史来实现自身的个性和自发的活力。[88]可能只有在论述政治思想的那一章中,卡西尔才暂时偏离了莱布尼茨哲学中心地位的一般论点。人们会发现,赋予启蒙运动的法律和契约理论生命的基本原理其实来自格劳秀斯的洞识:"理智不仅能够,而且应当起始于在它自身之内创造的诸基本规范(*ursprünglichen Normen, die er aus sich selbst schöpft*)"。[89]即使在卢梭的政治哲学中,启蒙运动对"法律优先性"的基本承诺仍然位于恰当的位置,因为自然状态充当了一种大概反设事实的"标准和规范",通过它们可以来判断"什么是道德强制的义务",什么是"单纯的习俗约定"。因此,卡西尔可以宣称,在卢梭的众多追随者中,只有康德作为革命性的力量脱颖而出,他的哲学"让启蒙运动失色，而同时它也代表了启蒙运动的最终荣耀"。[90]

　　在最后一章中，卡西尔转而讨论启蒙运动如何实现哲学与美学间更高程度的调和。这些截然不同且看起来对立的知识领域并没有立即被协调起来，它们首先不得不经历"一系列预备性的阶段"，然后最终的综合才能在康德的著作中获得明确形态。[91]这种综合不仅实现于哲学中，还实现于诗歌中：整个启蒙运动最终既产生了一种新的"逻辑方法"（康德），又产生了一种"新的艺术创作形式"（歌德的诗歌）。它们之间的综合标志着 18 世纪文化的终点与顶峰。[92]

　　这本书最后广泛讨论了亚历山大·鲍姆加登的哲学，这种哲学为新美学与卡西尔所说的新"哲学人类学"奠定了基础。毫不奇怪，卡西尔与海德格尔持续争论的一个中心主题在此再度出现；因为鲍姆加登从莱布尼茨那里继承的关键要素，是后者对人的理解和神的理解、有限的心智和无限的心智所做的区分，有限的心智始终依赖感官经验（模仿的理智），无限的心智则享有支持"恰当理念"的特殊能力，完全包含了每个复合整体的构成要素（原型的理智）。通过这种对比而显而易见的是，由于神并不受感官现象或审美现象的束缚，任何美的体验完全属于人的或有限的理解。卡西尔断言，鲍姆加登的结论是，尽管人类必定一直被封闭于一定的界限之内，但这种局限性仍然允许人类实现我们更高的目标："人不应当超越有限的事物，而是应当从各个方向去探索它。"（ *nicht über die Endlichkeit hinausschreiten, sondern er soll im Endlichen nach allen Seiten gehen.* ）[93]因此，在鲍姆加登的美学（以及他之后莱辛的美学）中，卡西尔发现了一种"纯粹的人类理想"，根据这种理想，启蒙运动"逐渐学会了不再需要严格的形而上学意义上的'绝对'"，也就是说，"不再需要'神一般的知识'的理想"。[94]

　　卡西尔对鲍姆加登的解释在这里具有特殊的相关性，因为它直接关系到达沃斯那次交锋的后果。我们先前就看到，在卡西尔与海德格尔关于人类有限性意义的公开交流的某个时刻，卡西尔曾经答复海德格尔说，对于人类来说，有限性与无限性之间的真正关系并不是形而上学的对立关系。因为在人类的经验中，（卡西尔认为）"无限性"必定会作为"总体"或"有限性本身的充实"来理解。为了阐明这个想法，卡西尔援引了歌德的格言："倘若你想迈进无限，就从各方探索有限。"根据卡西尔的观点，将人的有限性视为某种褫夺性条件（即缺乏神的属性）是不恰当的，因为这是以形而上学的不合适的标准来判断人的能力。尽管康德自己也曾经援引过莱布尼茨区分的模仿的理智（*intellectus ectypus*）和原型的理智（*intellectus archetypus*），但神圣理智概念在康德自己的哲学中充当的只不过是"极限概念"。这意味着有限性与无限性的区别应当仅仅在人类的经验范围内来加以理解。当按照纯粹人类的标准来判断时，无限性概念就被发现拥有其自身的正当含义，因为它充当了对"整体"的调节性观念，或对经验的所有组成部分的彻底规定。[95]

通过再次回到作为启蒙思想主导范式的自发性主题，《启蒙运动的哲学》抵达了它的终点。根据卡西尔自己的哲学信念，符号表达能力支配着从科学到艺术的人类活动的整个范围——这本书的结尾评论了鲍姆加登美学的更大重要性：卡西尔写道，鲍姆加登明白，我们在美中开始意识到，"纯粹自发性"的环节甚至存在于感官之中。在这种意义上，鲍姆加登的美学有助于为一种新的、真正世俗的人类理论奠定基础，它将为人类自身赋予创造性的艺术力量。因此，审美创造性仅仅是更广泛的"创造性活动"理论或人类自我表达理论中的一个要素，它带来了心灵与世界之间的真正和解，并由此代表了启蒙运动的最终实现。[96]

先前指出，重要的是要意识到，卡西尔对启蒙运动的研究不仅仅是历史重构，它还要在哲学上寻回启蒙运动及其基本原则。根据卡西尔的观点，曾经激发启蒙运动活力的人性规范形象，与当前的历史时刻具有持久而又紧迫的相关性。只有这样才能解释卡西尔为什么会相信，启蒙运动可以为当代世界提供一面"明晰的镜子"，以至于它与过去的比较既可以批判当前的缺陷，又可以反思当前的优势。实际上，卡西尔这本书的终极前提在于，启蒙并非只是某种范式，事实上，它就是现代性的唯一范式。这样的前提不太可能在卡西尔同时代的新康德主义者中引起重大分歧。库尔特·施特恩贝格在1931年的一篇文章中就曾宣称，启蒙运动的意义并不局限于18世纪，它实际上象征着"整个现代文化"。康德哲学本身则位于其顶峰，这种哲学的"古典"意义远远超出了新康德主义追随者片面的"逻辑–方法论"解读，并同时囊括了启蒙运动和浪漫主义。根据施特恩贝格的观点，正是这种古典主义最有希望解决当前的智识危机。[97]

　　《启蒙运动的哲学》于1932年秋首次在德国出版。当然，到这个时候，卡西尔与海德格尔之间的分歧已经得到了更广泛的承认，对批评家来说，把两位哲学家之间的比较当作将当时智识与文化争辩戏剧化的手段，似乎没什么不自然之处。在1933年初的一篇评论中，路德维希·福伊希特万格（《巴伐利亚以色列社区报》编辑，也是德国著名犹太作家利翁·福伊希特万格的兄弟）称赞卡西尔这本书捍卫了理性时代，而"理性时代如今遭受了何等的轻视和污辱"。它的辩护具有"双重意义"，因为启蒙独自照亮了人文科学的道路，让它超越了"存在哲学与生命哲学的虚假光芒，不管这些哲学源自克拉格斯，还是源自海德格尔"。[98]

　　对于卡西尔和海德格尔之间的持续争执，这种政治化解释不应该掩盖对他们讨论的内在意义和哲学意义的赏识。尽管如此，在当时，这些解释及其所有私下的或明确的政治含义，横竖都变得越发常见。因为到了1933年，卡西尔与海德格尔之间的分歧不再局限于哲学：政治侵入了他们的分歧，随之而来的是，他们先前在达沃斯讨论的所有细微差别和哲学丰富性都被抛到了一边。1月30日，希特勒被任命为德国总理，纳粹开始迅速巩固对包括大学在内的国家官僚机构的控制。4 月 7 日，纳粹通过了所谓的《恢复专业公务员制度法》，将"非雅利安人"、社会民主党人和新政权的其他敌人排除在公职之外。在大学里，该法立即解除了一千多名教授的职位，包括众多拥有犹太血统的德国哲学家，其中许多人与新康德主义运动有关。1933 年 4 月 22 日，海德格尔就任弗莱堡大学校长，5 月 3 日他正式加入国家社会主义党。5 月 2 日，恩斯特·卡西尔和托妮·卡西尔最后一次离开汉堡，到国外寻找新生活（先是在维也纳，然后是牛津、瑞典，最后是美国）。到了 7 月 28 日，卡西尔根据 4 月 7 日的立法条款被正式解除职位，尽管他在几天前就已经悄悄辞职。新康德主义确实成了替罪羊，不仅是那些新哲学家的替罪羊，还是他们之中的某些人——这样的人实在太多了——所支持的政权的替罪羊。

最后再举一个例子来说明哲学氛围发生了多么巨大的变化。1936 年，马克斯·冯特在新创办的《德国文化哲学杂志》（该杂志实际上就是之前的《逻各斯》，但它的新名称透露出民族主义认证，而编辑委员会如今清除了像胡塞尔这样的创始成员）上发表文章《启蒙时代的德国哲学》，让针对卡西尔的启蒙运动诠释的民族主义攻击达到了最恶劣的极点。冯特在文章开头未指名地对"关于启蒙哲学的新表述"发起了论战，根据这种新表述，"德国启蒙运动仅仅"是"依赖英法启蒙运动的辉煌发展，而不是对它们的相当可贵的补充"。冯特反对这种解释，并承诺要公正对待德国启蒙运动"自身的本质"，解释它以何种方式"在德国土地上（auf deutschem Boden）展开"。[99] 不用说，中欧最伟大与最重要的启蒙运动史学家不再被允许生活在德国的土地上。卡西尔最后一部作品——对政治神话的攻击——将在流亡美国时的安全处所中创作。

《国家的神话》

1944 年，卡西尔正好年满七十岁。那年 7 月，在纽黑文的耶鲁大学教了几学期课后，他在纽约市不断壮大的流亡知识分子和难民间定居下来，并在哥伦比亚大学哲学系取得了他最后一个职位。在妻子托妮的陪伴下，他过去十年里一直在流徙——从汉堡到维也纳，从维也纳到牛津，从牛津到瑞典——在 1941 年秋乘坐轮船穿越大西洋后，他才以耶鲁大学教授的身份来到了美国。这是他最后的创作时期。他刚刚为美国读者完成了《人论：人类文化哲学导论》，简短而易懂地概述了他令人敬畏的三卷本论著《符号形式的哲学》。他即将完成最后一本书《国家的神话》的手稿，该书严厉谴责了从古希腊到德意志第三帝国的神话宿命论意识形态。

1945 年 4 月，《国家的神话》手稿在卡西尔去世前几天完成。编辑出版手稿的任务落到了他的耶鲁大学同事查尔斯·W. 亨德尔（1890—1982）身上。这位哲学家生于美国，接受过普林斯顿大学的教育，在第一次世界大战前曾在马堡大学短暂学习，因此他非常熟悉新康德主义运动以及卡西尔对科学哲学和文化哲学的具体贡献。亨德尔与他的北美同事对卡西尔没有持续撰写任何关于当前政治的论著而感到沮丧。尽管这位年迈的流亡哲学家因其温和的判断力而受到钦佩，但他似乎给新同伴留下了中欧博学典范的深刻印象——一个不关心政治的教授，他审视当代事件的视角有些疏远，甚至于超凡出尘。亨德尔回忆说，朋友们偶尔会敦促卡西尔："你真的不想去讲述今天正在发生的事情的意义，而是去书写过去的历史、科学和文化吗？"[100]

当然，在那些年里，许多其他讲德语的流亡者都将注意力转向了这场政治危机。1940 年代初，来自法兰克福的流亡社会理论家马克斯·霍克海默和特奥多·阿多诺开始着手写作他们的"哲学片断"，这是一部令人惊叹的跨历史谱系，将法西斯主义描绘成工具理性的顶

峰，该书于1947年作为《启蒙辩证法》首次出版。他们的盟友弗朗
茨·诺伊曼也是隶属于哥伦比亚大学社会研究所的一名流亡者，他在
1942年发表了更狭隘的马克思主义分析：《巨兽：国家社会主义的结
构与实践》。在此期间，汉娜·阿伦特于1941年抵达纽约，在为德语
犹太出版社撰写了几年文章后，她开始着手亲自探究极权主义的起源，
并于1951年成书出版。流亡知识分子论述这场政治灾难的文献日益
增多，因此，卡西尔的朋友和同事期望他也做出贡献，也就不足为奇了。
在他抵达美国两年后，在1943—1944年那个冬天，卡西尔开始创作《国
家的神话》这本书。1944年7月，《财富》杂志首次刊登了简短的节
选，最终完成的手稿由亨德尔编辑，于1946年由耶鲁大学出版社出版，
到那时，这本书的作者已经去世了。

　　这本书的迫切任务是去解释，在欧洲现代性最鼎盛的时期，神话
思维这种通常被视为原始的东西，如何以及为何能以如此强大的力量
重新确立其自身的地位。这个问题对卡西尔来说尤其令人困惑，因为
他在1925年将《符号形式的哲学》第二卷专门用于神话思维的比较
研究。我们应当记得，卡西尔早期关于神话的论著宽厚地将神话的作
用视为人类理解的一种自发形式。它提供了来自古代宗教和原住民的
人类学证据，证明了那种看起来是人类符号化的普遍能力的东西。从
这个角度来看，神话是人类经验的先验框架，它和语言本身一样都并
非可有可无。但之前解释过，这种对人类符号能力的探究是以进化的
模型为前提的：它假设人类的表达随着时间的推移从神话辩证地发展
到了现代科学。卡西尔自己在《符号形式的哲学》第三卷中就指出，
现代科学认知所造成的影响不亚于一场"危机"，它是与早期的和原
始的人类符号化模式的彻底决裂。因此，神话在现代欧洲政治中重新
出现不仅令人困惑，而且似乎标志着人类文明的倒退。卡西尔认为，
现代危机最令人担忧的特征在于，在"一场短暂而又激烈的斗争"之
后，神话思维似乎赢得了对理性思维的"清楚明白的胜利"："这次胜

利,"卡西尔问道,"如何得以可能?"[101]

要回答这个问题,就需要对神话在原始社会中的地位做预备性的补充说明,从弗雷泽和斯宾塞到列维-布留尔、博厄斯和马林诺夫斯基,不同人类学家已经就这一问题进行过理论化。卡西尔拒斥了将神话当作单纯虚构或原始"愚昧"(*Urdummheit*)的草率蔑视,他同样强烈反对弗洛伊德在《图腾与禁忌》中将野蛮人的精神生活等同于现代神经症的评论。这种不屑一顾的观点将人类的普遍能力变成了精神病理学。相反,卡西尔将神话视为类似诗歌和艺术的现象,它是意义或"符号形式"的一种基本框架。因此,相较于它在人类社会生活中发挥的功能,它的实质或表象内容并没有那么重要。这样,将神话视为单纯的幻想或情感就错了,因为神话最重要的意义在于它充当了情感的一种表达:"情感的表达并不是这种感觉本身,"卡西尔解释说,"而是被转化为形象的情感。"[102]

对卡西尔来说,这种差异是决定性的。要把握神话在原始社会中的真实功能,有必要将神话理解为一种自发的和创造性的经验构成,通过这种构成,"被动的状态变成了主动的过程"。[103]此外,神话并非完全是私人的,它不能被归因于个人的恐惧或焦虑;它为生活在相同文化中的所有人所共享。因此,神话无异于人的社会经验的客观化。通过援引马林诺夫斯基,卡西尔进而断言,神话适合发挥的最大作用在于,整理关于必死命运的体验,并让这种原本压倒一切的必死体验变得可以理解。通过这种转变,"死亡不再是难以忍受的物理事实;它变得可以理解和可以忍受"。在神话思维中,卡西尔总结道,"死亡之谜'被转变成了一种形象'"。[104]

在这个预备性的补充说明之后,卡西尔在这本书的第二部分(也是该书篇幅最大的部分),将注意力转向了从古希腊到19世纪欧洲政治哲学中的"反神话斗争"。他的主要目的是展示哲学家如何试图发展人类政治能动性的理性概念,以取代神话更为古老的社会组织作用。正是在希腊人那里，"逻各斯"首次作为新的文化–政治力量出现，它承诺要战胜"神话"，并用理性构想的国家模式来取代神话的理解。直接对立于神话中力量超出人类控制的众神，柏拉图引入了善的理念，并将之作为人类可以主动安排自己生活的更高标准："在这个世界上的所有事物中，神话是最肆无忌惮和最无节制的。它超越并藐视所有限制；就其天性和本质而言，它就是放肆且过分的。《理想国》的基本目的之一，就是要将这种放纵的力量从人和政治的世界中驱逐出去。"[105] 在明显的反讽中，《理想国》用一个新的神话抵达了它的终点，这个新神话描绘了周期性回归这个世界的灵魂。但卡西尔赶紧解释说，按照最初神话的理解，人类被善良的或邪恶的精灵所占有，而在柏拉图修改的神话中，人类主动选择他的精灵。柏拉图随后将这种本质上苏格拉底式的自我引导的理想转移到了城邦之上，城邦也被赋予了同样的自我引导的能力。希腊人并没有像面对未知的神明那样被动地屈服于他们的命运，而是颂扬我们选择自身命运的自发能力，因而仍然是我们的政治未来的创造者。

在中世纪的政治思想中，卡西尔发现了理性与信仰之间几乎无法克服的冲突。奥古斯丁在论著《论导师》中表现出对古希腊自发的理智主义的背离，他反对的理由是所有知识都应依赖神的启示，倘若世俗的知识最终并不导向关于神的知识，那么这种知识本身就无关紧要。摩西式政治理念需要预设一位立法者，而没有启示的律法，任何人类理性都无法独自达到永恒的真理："这里的神并不像古希腊思想里的那样，被描述成理智世界的顶峰和知识的最高对象（即关于善的知识）。人必须从神本身，从其意志的启示，而不是从辩证法那里来学习善与恶。"[106] 因为在犹太教和基督教的一神论中，神是立法者，他的本质不是客观性，而是意志，中世纪神学家所想象的政体仍然不可避免地受制于超越人类理性的启示。神的唯意志论与希腊的理智主义对立："这两种倾向之间的冲突，"卡西尔写道，"渗透于整个经院哲学，并决定了从圣奥古斯丁到托马斯·阿奎纳的数个世纪的整个进程。"[107] 然而，尽管存在这种表面上的僵局，但卡西尔也承认，阿奎纳那里出现了一种不同的趋势，这标志着人类自主性发挥了更大的作用。阿奎纳在《神学大全》中声称，人类在面对神的审判时不会被动地屈服。虽然恩典来自神的免费馈赠，但人类仍然保留着至少为自身救赎铺平道路的力量。对卡西尔来说，这些让步将"新的尊严"赋予了人自身的政治组织力量，并指出了一条超越神话–宗教被动性的道路，而这种被动性一直是中世纪政治思想的特征。[108]

如果说对于中世纪在政治与宗教之间游走的尝试，卡西尔显得不以为然，那么当他开始研究文艺复兴时，他分析的基调就发生了显著的变化。特别是在马基雅维里的论著中，卡西尔看到了真正世俗的政治理论的诞生。无可否认，马基雅维里对治国之道的反思没有考虑到彻底自治的理论：它保留政府的目的仅仅是为了君主，而不是为了人民。但这仍然是朝着关于能动性的非神话式理解迈出的重要一步。初看起来，马基雅维里关于命运女神的概念似乎是一种让步，是超出人类知识或诉求的神话力量。但马基雅维里理论的革新之处在于，它断言老练的君主在命运之神面前并非完全无助，实际上他能够从诸多事件的不断变动中夺得某种程度上的理性控制："人并不屈服于命运女神；他不受风浪的摆布。他必须选择他的路线并引导他的路线。倘若他未能履行这种职责，命运女神就会鄙视他并抛弃他。"对卡西尔来说，这个学说称得上"命运女神象征的世俗化"。[109] 尽管马基雅维里本人是"坚定的军国主义的头号哲学鼓吹者"，但在卡西尔看来，他的论著是"一个清晰、冷静与符合逻辑的头脑"所产出的成果，因此他关于治国之道的理论预示了后来更加理性化的政治组织理想。

但最重要的是，正是在 16 和 17 世纪的理性主义政治思想中，卡西尔找到了没有神话的现代政治学出现的真正分水岭。对物理世界的理性理解也首次充当了政治理论的模式：普遍数学（*mathesis*

universalis）的方法假设万物的自然秩序都可以通过人类理性来加以
测量与认识，这种方法不仅适用于物理环境，而且还适用于人性。斯
宾诺莎的伦理学以几何方法的有效性为前提，莱布尼茨的弟子克里斯
蒂安·沃尔夫编写了一部遵循"严格数学方法"的自然法教科书。在
政治理性主义的这些例证中，卡西尔发现了斯多葛主义及其理性"自
足"的理想在现代早期的复兴，根据这种理想，理性是"自主和自立
的"。它"不需要任何的外部帮助；即便它被提供了这样的帮助，它
也无法接受"。这种新斯多葛主义原则贯穿了从格劳秀斯到博丹的 16
和 17 世纪的诸多理论，并在霍布斯的契约主义理论中达到了顶峰。
霍布斯在《论物体》中草拟了一种全面的认识论，该理论预先假定了
人类心智拥有认识所有世俗事物最初原因的能力。对卡西尔来说，这
指的并非对生成的经验研究，而是纯粹的心智建构过程，一种"在
理性之中的起源，而非在时间之中的起源"。[110] 当霍布斯在《论物体》
和《利维坦》中将这同一种方法应用于政治现象时，他并非意在评估
从自然状态到社会状态的历史变迁，而是意在评估其有效性。而这就
意味着社会契约的机制完全容易受到人类理解的左右。卡西尔承认，
对于霍布斯本人来说，这种社会契约一旦实现，就不可撤销，而君主
的权力是绝对的。但根据卡西尔的观点，这是一个"没有正当理由的
假设"，与斯多葛主义的自然权利学说在逻辑上相矛盾：

> 作为一切政权法律基础的统治权契约有……其固有的局限
> 性。不应当有隶属的契约（*pactum subjectionis*），不应当有可以
> 让人放弃自由行动者的状态并让自身受到奴役的屈从行为。因
> 为通过这种宣布放弃的行为，他将会放弃构成他本性与本质的
> 那个特征。他会失去他的人性。[111]

在此，卡西尔对自由主义的信念显而易见，他对政治的任何神话

基础的强烈反感也是如此。社会契约论用理性控制的学说取代了屈从神话力量的观念。因为，一旦人们认为政治秩序可以还原到自由个体的行动及其对政体的自愿服从，那么随后"所有的神秘感就都消失了"。但这意味着，剥夺（dispossession）的神话体验可以完全融入自我反思的理性经验之中。因此，契约主义就标志着去神话化的终点：原则上，一份契约只有在签约者充分理解其意义和后果的情况下才是有效的，因此它以最充分的理性透明度和能动性为前提。卡西尔评论道："没有什么比契约更不神秘的了。"[112]

海德格尔与神话的回归

卡西尔这本书的第三部分也是最后一部分的标题是"20世纪的神话"，卡西尔在其中追溯了19世纪自我授权理想的崩溃与政治神话的现代主义报复。在对这种政治再神话化过程负有责任的各式理论中，卡西尔仅仅挑选了两个理论：卡莱尔的英雄崇拜理论与戈比诺的种族不平等理论。两者都以独特的方式帮助政治恢复了盲目服从的态度——在卡莱尔那里，是对英雄领袖的服从，而在戈比诺那里，是对种族历史宿命论的服从——这种态度最终将凝聚成国家社会主义意识形态。在卡西尔看来，戈比诺的种族优越论最终成了政治宗教或"种族崇拜"的一种形式。[113]但是，戈比诺对现存民族主义的所有形式的持续敌意导致了一种宿命论的信念，即所有的种族都注定要消亡。因此，倘若没有对之做出最终且有害的修正，那么关于国家的现代神话就不可能存在：根据黑格尔的历史哲学，国家本身就是作为神圣理念的世俗化身而出现的。尽管卡西尔相当清楚，黑格尔自己将历史视为一种理性的过程，但他解释说，黑格尔的宇宙理性概念允许各个国家通过否定和战争，来为展开中的历史真理做出贡献。黑格尔，卡西尔写道，"并没有试图消除历史世界的邪恶、苦难和罪行。所有这一切都是理所当然。尽管如此，他还是致力于为这个艰难残酷的现实辩护"。[114] 用黑格尔那句声名狼藉的话来说，任何特定国家的真理都"不是道德的真理"，而是"存在于权力之中的真理"。[115] 对于这个学说，卡西尔几乎无法抑制自己的憎恶："这些写于 1801 年的话，距今约 150 年，包含了所有政治学和哲学作家曾经提出过的最清晰与无情的法西斯主义纲领。"[116]

关于纳粹意识形态的前史，卡西尔的各种判断有很多可以商榷的地方。[117] 不过，无论我们如今对卡西尔的智识经典建构有何异议，"现代政治神话的技巧"仍然是他这本书的出色结论。卡西尔谈到了现代政治神话的核心悖论——它看起来既是对原始信仰的回归，又是大众宣传冷嘲热讽的工具。它同时既是前现代的，又是现代的，既是神话，又是技艺。一方面，神话政治似乎完美验证了马林诺夫斯基关于仪式魔法在致命威胁时刻的重要性的人类学洞识。卡西尔注意到，这些洞识可以"同样恰当地适用于人类政治生活的高度发展阶段。在绝望的境遇中，人类总是会求助于绝望的手段——而我们当前的政治神话就是这种绝望的手段。倘若理性已经让我们失望，就总是会出现某种终极的理性(*ultima ratio*)，也就是奇迹的和神秘的力量"[118]。卡西尔承认，认为社会组织的神话形式已经完全被理性自治的原则所取代，实在是天真。也许在"平静与和平的时期"和"相对稳定的时期"里是这种情况，但在现代世界，致命危险的经历如今已是常态。在当代政治中，卡西尔观察到，"我们总是生活在火山般的土地之上"。

在人类社会生活的所有危急关头，抵制旧神话观念兴起的理性力量都不再确信自身。在这些时刻，神话的时代又来临了。因为神话并没有真正被征服和战胜。它一直潜伏在黑暗之中伺机而动。一旦人类社会生活的其他约束力由于这样或那样的原

因而丧失力量，不再能够对抗邪恶的神话力量，这种机会就会
到来。[119]

　　如果这则评论看起来是在暗示现代政治神话仅仅是返祖现象——
原始性的复兴——那么卡西尔很快就指出，实际上任何这样的回归都
不可能发生。因为现代人的特殊困境在于，即使在被最猛烈的激情所
俘获时，他也不能完全否定理性的主张："为了相信，他必须为他的
信仰找到某些'理由'；他必须形成一种'理论'来为他的信条辩护。
而这种理论至少不会是原始的，恰恰相反，它得高度精致。"[120]

　　但这只是故事的一半。对于卡西尔的分析，同样重要的是他的进
一步见解，即现代政治神话不再像原始社会时那样是集体的自发表达。
这种差异源自工具主义的人类控制能力的历史性转变："人类最初是
巫术师（homo magus），"卡西尔解释说，"但他从巫术的时代进入了
技术的时代。"由此可以推断，现代政治领袖可以同时体现出两种独
特的活动与两种文明时代：一方面，神话领袖充当了"一种新的、完
全非理性的和神秘的宗教祭司"；另一方面，"当他必须捍卫与宣传
这种宗教的时候，他又表现得相当有条理"。卡西尔总结道，新的政
治神话"不是自由生长的；它们不是丰富想象力的野果。它们是相当
有技巧的狡诈工匠编造的人为产物。它被20世纪我们自己的这个伟
大技术时代保留下来，并被发展成了一种新的神话技巧"。现代政治
神话的这个明显悖论——既是返祖现象，又是现代诡计——由此得到
了解决："从此以后，神话可以按照与任何其他现代武器相同的意义
和方法来加以制造——比如机枪或飞机。"[121]我们可以顺便指出，这个
论点与阿多诺和霍克海默的主张有些相似，他们同意卡西尔的这个观
点，即神话既是一种自发的表达，又是工具理性的最后阶段："神话
就是启蒙，"他们断言，"而启蒙却倒退成了神话。"[122]然而，这种相似
之处仅仅是表面的。法兰克福学派的理论家谴责现代理性本身陷入了

宿命论的重复。卡西尔则继续区分作为对神话的现代操控的法西斯主义与消除神话的理性的真正承诺。

但在卡西尔眼中，谁是用科学和哲学观念赋予政治神话现代声望的新近先知呢？在这本书即将结束的那几页中，卡西尔最后一次重新考察了这个问题，以阐明即便是最为复杂和最有技术性的解释模式，也可能在神话思维的复兴中发挥作用。在许多可能被提及的德国现代哲学家中，卡西尔只提到了两个名字：第一个是奥斯瓦尔德·斯宾格勒，他关于西方没落的宏大声明有助于强化神话式的宿命感，认可了纳粹反对自由主义现代性的大规模革命。卡西尔提到的第二个也是最后一个哲学家是马丁·海德格尔。

对于追踪过卡西尔的漫长职业生涯的读者来说，卡西尔在最后一本书中做出的最终努力几乎不会令人惊讶，他要重新考察这位德国同行的哲学贡献。卡西尔以特有的慷慨态度，首先承认了海德格尔哲学工作的力量。但他也指出，海德格尔放弃了胡塞尔现象学的逻辑严谨性：哲学作为一门"严格科学"的理想被抛到一边，他转而支持一种非逻辑的生存哲学（*Existenzphilosophie*），它否认了普遍有效真理的可能性，只接受与有限生存有关的真理。海德格尔哲学的重要教训在于，卡西尔解释说，"生存具有一种历史的特征"，并且"与个人生活的特殊条件密切相关"。

> 为了表达他的思想，海德格尔不得不创造了一个新的术语。他谈到了人的被抛性（*Geworfenheit*）。被抛入时间之流，这是我们人类处境基本的和不可改变的特征。我们无法摆脱这种时间之流，也无法改变它的进程。我们不得不接受我们生存的历史条件。我们可以尝试去理解和解释它们，但我们无法改变它们。[123]

对海德格尔"被抛性"的这种解释在哲学上是否准确，这似乎并不重要，因为卡西尔并不想控诉海德格尔的哲学本身。相反，他关注的仅仅是它的文化后果："我并不打算说，这些哲学学说对德国政治观念的发展有直接影响。这些观念大多出自相当不同的来源。"换句话说，问题并不在于海德格尔在哲学上是否正确，而在于他的观念是否已经促成了政治宿命论的新氛围。在这一点上，卡西尔的教训是明确的：这种"新哲学"帮助"削弱并慢慢破坏了原本可以抵抗现代政治神话的力量"。斯宾格勒与海德格尔都应受到谴责，但不是作为哲学家，而是作为服从的神话学家：

> 一种历史哲学，以阴郁的没落预言和我们文明不可避免的毁灭为主要部分，还有一种理论，在人的被抛性中看到了他的某种主要特征，它们已经放弃了积极参与人类文化生活建设与重构的所有希望。这样的哲学抛弃了它自己的基本理论理想和伦理理想，因此，它可以被利用，充当政治领袖手中的一种顺从工具。[124]

这就是卡西尔对海德格尔的最终裁决。在 1920 年代初，卡西尔与海德格尔就已经很明显地因为哲学前提的关键差异而产生了分歧。卡西尔赞同的是康德式的心智自发性模型，而海德格尔则坚持主张人的生存在时间上的被抛性。最后，卡西尔不再用哲学术语来阐明他反对海德格尔的主张：在卡西尔看来，存在主义自身如今仅仅是一种征候，真正的问题是神话–政治的复兴，是"宿命论在我们现代世界的回归"，他总结道。[125]

这个结论最引人注目之处或许是它的暗示，即哲学的意识形态影响至少与其真理主张同样重要。这种论证上的转变——从概念的真理到实用的功效——在卡西尔 1944 年于康涅狄格学院发表的一次讲演中更加明显。该讲演紧跟《国家的神话》的论点，几乎逐字重复了书中对海德格尔"被抛性"与斯宾格勒文化没落理论的控诉，将它们作为德国以返祖方式回归"关于命运……的一般神话概念"的迹象。卡西尔那时澄清说，哲学必须履行"其最重要的教育使命"，"教导一个人如何发展其积极的能力，以便形成他的个人生活和社会生活"。但海德格尔向历史性存在屈服的学说无法完成这个使命。"一旦哲学不再相信它自身的力量，"卡西尔断言，

> 一旦哲学对纯粹被动的态度让步……它就不能教导个人发展他的积极能力，以便形成他的个人生活和社会生活。一种哲学，沉迷于人类文化的没落和不可避免的毁灭的阴郁预言，一种哲学，将全部的注意力集中于被抛性，集中于人的被抛状态，它们无法再履行自身的职责。[126]

多年以前卡西尔就谴责过海德格尔1929年的论著《康德与形而上学疑难》，因为它推翻了康德的启蒙，转而支持从克尔凯郭尔那里提炼出的黑暗宗教主题。但卡西尔如今把对神学宿命论的哲学抱怨，重塑为对海德格尔政治—神话观念的可能用途的控诉。然而，严格地说，这并不是一种哲学上的反对意见。在分歧增长多年以后，哲学上的争执最终转变为公共的争论，它争的是作为意识形态的哲学的地位。

在简短的后记中，卡西尔警告说，现代性在科学、诗歌和艺术上的最伟大成就，不过就在"向下延伸到极深处的远为古老的地层"的"上一层"而已。这尤其符合自发性与宿命论之间的冲突，因为通过理性进行政治自我授权的原则是脆弱的理想，几乎无法抵御神话的黑暗力量："我们必须始终做好准备，"卡西尔告诫说，"因为这种猛烈的冲击或许会从根本上动摇我们文化世界和社会秩序的根基。"作为例证，卡西尔（不无讽刺地）选择了援引巴比伦神话来结束这本书：至高神马尔杜克希望创造世界，但要做到这一点，他不得不首先战胜阴险的

提亚玛特和其他黑暗魔龙。接下来，马尔杜克用阴险的提亚玛特的四肢塑造了宇宙和人类："他创造了这个世界并赋予其形状和秩序。"在这里，卡西尔评论道，这是一个描绘与神话斗争的神话："人类的文化世界"在神话的能动性被征服之前是不可能出现的。但这种隐蔽的力量仍然会继续存在。人类已经拥有了不让神话力量迫近的"优越力量"："只要这些理智的、伦理的和艺术的力量足够有力，那么神话就会被驯化和制服。不过一旦它们开始失去力量，混乱就会再次来临。神话思维随后就会重新开始崛起，并渗透到人类整个文化生活和社会生活之中。"[127]

这是个惊人的结论。一本以控诉现代政治与神话的有害纠缠为重要使命的书，却在结尾处肯定它自己的神话，仿佛马尔杜克是自由主义的神明。海德格尔本人则不再是一个个别的哲学家，而仅仅是提亚玛特黑暗团体中的一名仆从。对于卡西尔来说，他以一种自相矛盾的方式结束了这本书，求助于自由理性主义者本应否认的神话理解的关键工具。它为读者留下了一个挥之不去的疑问：提亚玛特究竟是否赢得了胜利？

卡西尔、海德格尔与政治神学

《国家的神话》出版时，德国的政治神学辩论已经取得了极大推进，为了理解卡西尔这本与海德格尔哲学相关的论著的最终教训，简要地审视这个更为广泛的背景或许有所帮助。当然，众所周知，对宗教和政治关系的理论兴趣最主要应当归于卡尔·施米特1922年发表的《政治神学》，他在其中断言："现代国家理论的所有重要概念都是世俗化的神学概念。"[128]施米特针对自由主义的威权主义批判的关键在于，就像上帝的主权可以通过他用奇迹干预自然秩序的能力来加以识别一样，任何政治秩序中的最高统治者，也就是那个有权在不受法律支配的决定性的例外时刻施加干预的人。由于任何法律制度或议会结构都无法回避这种决定的必要性，所有政治的合法性最终都必须诉诸非理性断裂的主权活动。施米特后来提出了更为声名狼藉的理论，那时他对决断主义和臭名昭著的魏玛第 48 条紧急条款*表示同情，这最终使他与第三帝国正式结盟。尽管他被逐出教会，但他仍然相信宗教的重要性。施米特作品的一个关键主题是，所有政治秩序都依赖非理性的基础，它们表现出的逻辑如果不参照它们的政治－神学基础，就无法得到理解。在他 1938 年的研究《霍布斯国家学说中的利维坦：一个政治符号的意义及其失败》中，施米特评论道，没有一些可见的"实体"，国家就无法屹立，这种实体据说应该能在某种"神话"中找到。尽管这本书带有反犹主义的色彩，但它的核心论点值得注意：施米特对霍布斯的批评在于，利维坦本身就是错误的神话，因为它强化了对国家和人类的纯粹机械论的理解。[129]

　　并非只有施米特一人坚持主张任何政治制度都需要神话基础。1938 年，政治理论家埃里克·沃格林出版了《政治的宗教》，这是他对国家社会主义意识形态最为大胆的攻击。维也纳的第一版立即就被纳粹党查抄，但一年后这本书在斯德哥尔摩重新出版。沃格林在许多观点上与施米特存在分歧（例如，应当记住，沃格林是汉斯·凯尔森的学生，凯尔森是《纯粹法理论》的新康德主义作者，而施米特不依不饶地批评凯尔森的作品）。而在现代政治制度的神学基础这一问题上，沃格林仍然同意施米特的观点。在《政治的宗教》中，沃格林评论道：

---

* 指魏玛共和国宪法第 48 条，该条授权总统在特定情况下采取紧急措施，无需事先征得国会同意。该条款在纳粹党上台后，帮助希特勒建立了独裁政权。

　　人在政治共同体中的生活不能被定义为我们只需要在其中处理组织问题、法律问题和权力问题的世俗领域。这种共同体也是宗教秩序的领域，倘若对政治局势的认识不包括共同体的宗教力量与它们所找到的表达符号，或即便包含了这些事物，但实际上将它们转译为诸多非宗教的范畴，那么这种认识就在决定性的方面不完整。人的存在的所有方面，从肉体的存在到精神和宗教的存在，都生活于政治共同体之中。[130]

　　沃格林同意施米特的观点，认为现代政治必须始终建立在神话基础之上。因此，国家社会主义的病态不是由于其政治神学特征本身，而是由于它试图摆脱西方政治在基督教中的初始基础，转而力求创造崭新的和在表面上非宗教的基础。这种革新的后果是引入了沃格林所谓的纯粹"世俗的虚伪信仰"，即对单独由人类制造的事物的崇拜。但是，任何这样的崇拜都预设了没有上帝的人也可以成为善的独立来源，沃格林断定，这种对人的自主性的幼稚信念诞生自启蒙运动。沃格林因此鼓吹政治神学更深刻的前提，尽管他对纳粹主义心怀厌恶。他关于纳粹意识形态的病理学，将卡西尔的自主理想仅仅视作自由主义的神话而加以排除。

　　沃格林在 1947 年评论《国家的神话》时明确提出了这个观点。[131]要对这位已故思想家的最后作品发表看法，是一项"令人忧郁的任务"，沃格林写道，"反思的一个理由在于，在现代哲学中承载着重要阶段（即新康德主义运动）的这一代人正在消逝"。在卡西尔的分析中，沃格林似乎对其不可救药的理性主义信念最为感动，但他也认为这一点最为幼稚："人类心智在历史上从早期神话阶段进化为越发理性的世界洞识；神话的偶像让位于理性和科学。"然而，对卡西尔来说，整个人类历史似乎都显现出理性和神话之间的永恒冲突，这种戏剧类似于"在光明与黑暗力量间发生的东方式的斗争"。沃格林在这里发现了卡西尔在表面上没有察觉到的一个悖论：在他的描述中，启蒙的现代性陷入了对抗非理性的神话斗争中，这表明卡西尔自己的论证就处于他试图逃离的神话景观之中。卡西尔自己求助于神话的做法，似乎瓦解了理性的胜利，这个悖论最起码让人产生了"对（卡西尔）具体分析的某种奇特的矛盾心理"。而沃格林的最终主张正中了卡西尔政治遗产的核心，沃格林在其中发现，它"没有意识到神话是社会秩序不可或缺的形成要素"。沃格林得出了阴暗的结论：

> 理性克服"神话的黑暗"，这本身就是一场成问题的胜利，因为旧神话会不可避免地被新神话取代，而它或许相当令人不快。《国家的神话》的撰写方式，让人觉得作者从未想到，除非一个神话能有更好的神话来取代自身，否则篡改神话就是危险的消遣。[132]

对于这个批评，卡西尔可能会这样回应，沃格林的政治—神学前提并不正确：神话并非不可或缺，它不过是政治生活最初的和暂时的基础。随着人类走出康德所说的"自我招致的不成熟状态"（*selbstverschuldete Unmündigkeit*），人类最终将放弃任何求助于未知力量的做法，并依靠自身的力量来处理他们的事务，这不仅确实可能，而且还是具有政治紧迫性的问题。在这一点上，卡西尔提出了一个主题，他的流亡同胞卡尔·洛维特（当时在哈特福德神学院工作）几年后在他的论著《历史中的意义》中重复了这个主题。洛维特解释道，现代世界的政治罪恶（包括他在他老师海德格尔隐秘的宗教宿命论中辨别出来的罪恶）恰恰来自神话—宗教的时间性与世俗历史、救赎历史（*Heilsgeschichte*）以及世界历史（*Weltgeschichte*）的灾难性结合。[133]

然而，更具有毁灭性的是政治哲学家列奥·施特劳斯在1947年为卡西尔这本书撰写的简短评论。众所周知，施特劳斯早在1920年代就跟随卡西尔和海德格尔学习，他对他的老师们保持着浓厚的兴趣，而且异常关注他们争执的意义。在卡西尔的指导下，他于1921年获得了汉堡大学博士学位，他的博士论文论述的是 F. H. 雅各比的反启蒙哲学。但就在第二年，施特劳斯不仅在地理意义上，还在哲学意义上搬到了弗莱堡，他在那里被吸引到胡塞尔门徒所组成的学圈，并第一次遇到了年轻的海德格尔，他在哲学上的严谨态度和富有魅力的举止给施特劳斯留下了深刻的印象。1925年海德格尔搬到马堡时，施特劳斯的密友雅各布·克莱因定期参加海德格尔的研讨班。关于他们这段共同经历，施特劳斯后来评论道，"在我们心智朝着持久方向发展的岁月里，没有什么比海德格尔的思想更为深刻地影响了我们"，海德格尔的"思辨智慧"，他补充说，"超过了……他所有的同时代人"。[134] 施特劳斯接受了卡西尔大量的恩惠，却没有加以回报，当施特劳斯读到《国家的神话》时，它的作者已经去世了，而施特劳斯在评论中明确表示，他并非意在赞颂他的老师，而仅仅是意在埋葬他。施特劳斯写道，卡西尔视自己为启蒙坦率的、不加批判的坚定支持者，他毫无保留地欣然接受了启蒙的自我形象，并将其视为反神话的智识斗争。施特劳斯在这里发现了卡西尔作品中的一个致命错误:《符号形式的哲学》明显被设计成启蒙运动未竟工作的现代主义延伸，然而，尽管它自命不凡，但它仍然不过是幼稚的唯美主义的运作结果，因为它忽视了哲学更为深刻的规范性目的。施特劳斯认为，倘若卡西尔充分面对海德格尔等人所发展起来的现代政治神话，那么这种对抗就需要某种真正的道德回应，而不仅仅是认识论的分析。这样一种回应就需要将符号形式的哲学"彻底转变"为"一种以道德哲学为中心的教诲"。最终，它将不得不蕴含"某种即便不是对康德本人的回归，也是对卡西尔的老师赫尔曼·柯亨的类似回归"。[135]

　　当然，施特劳斯根本不相信这种转变是可能的。施特劳斯认为，像卡西尔做出的这种哲学规划，揭示的是魏玛自由主义不光彩的失败，它无法为自由主义规范提供有力辩护，以应对它的各路敌人（施

特劳斯将海德格尔也算在内）。但施特劳斯在 1940 年代后期逐渐认为，
这种失败的根源在于自由主义最深刻与最难以解决的困境：这样一种
对理性的信仰，它自身的理性主义怀疑论剥夺了它的原则，使它无法
解释为什么只有这种信仰才能经受得住理性破坏性的审查。施特劳斯
暗示了这样一种可能性，卡西尔或许可以通过恢复其哲学被忽视的前
提——实践理性的首要地位（康德与柯亨这样的新康德主义者都承认
这个前提）——来纠正他哲学中的失败。为什么这就能解决卡西尔的
魏玛自由主义难题，目前仍不得而知。倘若施特劳斯相信，自由主义
的虚无主义是启蒙对工具理性执意肯定的顶峰（他在《自然权利与历
史》中控诉韦伯的理性主义时如此暗示），那么，如果不求助于超越
了祛魅的现代性领域的非理性原则，自由主义的虚无主义大概就是不
可避免的后果。施特劳斯没有提到的是（不过他通过他特有的间接手
法暗示了这一点），任何对柯亨的"回归"都将因此蕴含某种对宗教
原则的回归，而宗教原则充当了柯亨对现代性的规范性辩护的基础。
但对施特劳斯来说，更宽泛的教训明确无误：卡西尔是魏玛时代软弱
的自由理性主义的典范，自由理性主义抛弃了伦理–宗教基础主义的
一项必要资源，这种资源原本可以作为它对抗虚无主义的防御手段。
卡西尔退回到了认识论，海德格尔赢了。

一神论的伦理–政治地位

施特劳斯对卡西尔哲学的评价当然很过分。请施特劳斯见谅，关
键是要注意到，卡西尔事实上确实承认了宗教在他自己哲学中的关键
地位，即使是《符号形式的哲学》最漫不经心的读者也能明白这个事实，
在这部作品中一神论被描绘为某种辩证地反对其神话起源的宗教。[136]
施特劳斯忽视了卡西尔历史–哲学叙事中的这个关键环节，这或许并

不奇怪：达沃斯的寓言——卡西尔软弱的理性主义遭到海德格尔非理性主义的决定性挫败——是一种自负，在战后施特劳斯批判自由主义现代性时，这个故事备受珍视。在这样的寓言中，几乎没有任何空间来让人们赏识卡西尔自己对宗教哲学的贡献。

但还存在着其他的证据。卡西尔是个不喜欢谈论私事的人，他通常对自己的宗教依恋缄口不言。或许是出于对移民群体的某种有所加强的团结感，他在1944年同意在《当代犹太记录》上发表一篇题为《犹太教与现代政治神话》的文章。虽然这篇文章只有十一页，但它意义重大，不仅涉及了卡西尔自己对当代政治的看法，还涉及了在当时刚刚走向暴力终结的德国–犹太文化的更广泛的传统："在我们的生活中，在现代犹太人的生活中，"他写道，"没有为任何种类的喜悦或自满留下任何空间，更不用说狂喜或胜利了"：

> 这一切都永远逝去了。任何犹太人都无法，而且永远也不会克服这几年的可怕磨难。这场磨难的受害者不能被遗忘；加在我们身上的创伤无法治愈。然而，在所有这些恐惧与苦难中，至少还有一种宽慰。我们或许可以坚信，所有这些牺牲都没有白费。现代犹太人在这场战斗中必须捍卫的不仅仅是他的肉身存在或犹太种族的保存……我们必须代表所有这些伦理的理想，它们由犹太教产生，并进入了普遍的人类文化，进入了所有文明国家的生活……这些理想没有被摧毁，也不可能被摧毁。在这些关键的时日里，它们还坚持着自己的立场。倘若犹太教能为打破现代政治神话的力量做出贡献，那么它便履行了自身的职责，再次完成了它的历史和宗教使命。[137]

这份宗教见证有几个值得注意的特点。第一个最明显的特点，是它对作为一种伦理理想主义宗教的犹太教迟来的赞颂。根据使命理论的一种现代变体，以色列人充当了"万国之光"，而犹太教在人性方面拥有一种独特的伦理的和普世的天赋，这种概念在 19 世纪伟大的德国－犹太历史学家（如海因里希·格雷茨）中尤为突出，并通过赫尔曼·柯亨对犹太教的赞颂而达到了它的哲学巅峰，犹太教是柯亨所谓"理性宗教"的普世主义伦理的预言学说的源泉。人们或许会将之称为过时的概念，卡西尔在 20 世纪中期仍然能以如此明显的热情来信守这样的概念，似乎令人惊讶。它辩护性的普世主义虽然非常适合解放的时代，但到了卡西尔的时代，它已经让位于存在主义和民族主义主张的新特性。最重要的是，卡西尔的犹太教形象让人回想起他的老师柯亨的晚期宗教哲学（尽管事实上，卡西尔在他自己的文化哲学中已经远远超越了 19 世纪的新康德主义学说）。第二个或许不那么明显的特点是卡西尔断言，犹太教有助于"打破"现代政治神话的"力量"。这是个非同寻常的声明，因为它在所谓的政治去神话化的叙事中赋予了犹太教特殊的位置。这暗示着犹太教不仅具有一种伦理普世主义的内容，而且这种内容可以作为一种起瓦解作用的解决办法，来反对现代政治制度将神话元素重新引入政治的不正当尝试。

这些主张的智识背景是复杂的，而且经受得住更为仔细的考察。不难理解，就像许多流亡者一样，卡西尔对纳粹反犹主义的暴行感到困惑，为了理解这种暴行，他热切地去掌握各种理论。他承认"替罪羊"理论的部分正确性，"替罪羊"是驱逐邪恶力量的原始仪式，19 世纪末苏格兰人类学家詹姆斯·弗雷泽在他关于世界宗教的比较研究《金枝》中对之做出了分析，而卡西尔详细援引了这个分析。[138] 但卡西尔觉得还需要某种更为精确的分析：尽管弗雷泽记载了各种不同的与残酷到巧妙的替罪羊案例——从古代的阿布德拉到现代的秘鲁——但这种一般现象的存在无法解释，为什么在特定场合下要选择这一个或这一群牺牲者，而不是其他人。因此，社会调节的替罪羊理论无法解决历史的特定谜团：为什么单单是犹太人充当了纳粹迫害的首选对象。

对卡西尔来说，这个答案很明确：正是犹太教首先迈出了"从神话宗教到伦理宗教的决定性步伐"。由于纳粹本身就是一种政治神话，因此，那些曾经见证了犹太教伦理-宗教要旨的人不可避免地被纳粹视为死敌。因此，犹太人并不是随意被选为牺牲者的，而是由于他们事实上构成了纳粹主义政治神话的独特威胁："在人类历史上，"卡西尔解释说，犹太人"最先否认和挑战了建立这种新国家所依据的观念"。因此，无论他们的推理多么有悖常情，在某种意义上，纳粹正确地在犹太宗教中辨识出了对第三帝国神话基础的特定威胁。[139]

　　这个论点是对柯亨的直接致敬。它应当促使我们限定施特劳斯相当脆弱的对比：一边是柯亨神学坚韧的伦理-政治，另一边是卡西尔表面上肤浅的唯美主义退缩。1935 年 6 月，卡西尔从德国流亡仅仅两年后，他就在牛津犹太协会用英语发表了题为《柯亨的宗教哲学》的讲演，他在其中概述了他已故老师关于犹太教的作品中的某些关键原则。卡西尔解释道，柯亨欣然承认了神话在人类经验和社会秩序中的根本意义："在所有积极和实际的宗教中都包含着神话元素。在某种意义上我们甚至可以说，神话思维不仅是宗教的开端和起源，而且还是所有文明的起源。"柯亨自己注意到："所有的文明……在它们所有不同的基本方向上，都是从神话元素那里展开的。"[140] 到目前为止，卡西尔似乎赞同沃格林的观点，认为神话充当了政治的必要基础。但卡西尔很快就打消了这种印象。尽管神话最初很重要，但它只为人类经验提供了最原始的元素，而这些元素注定要被克服，并被转化为一种"更纯粹的宗教思维形式"，这种思维形式表达了"对人类伦理理想的新关系"。[141] 在这里，神话与犹太宗教之间的区别，代表了两种不同的社会凝聚力概念之间的差异：

　　　　柯亨说，神话与这种理想没有任何共同之处。神话对氏族、部落、国家感兴趣，但任何异教神话都不将其观点导向人性……人性的观念是神的独一性的成果和结果。先知们公然反抗神与人的神话关系，通过这种方式，将人与人的关系植入先知宗教的原始土壤之中。只有通过神的独一性观念，他们才能发现人类的团结一致——这是最高的道德思想。[142]

神话仍然被束缚在有限神圣者的概念之中，因而自满于通过民族归属或种族归属获得救赎的观念，而一神论在人类意识史上第一次摆脱了神话的特殊主义，它通过关于神的普遍概念，构想出了真正普遍的人性。[143] 对柯亨来说，犹太教由此实现了（卡西尔转述道）"宗教思想发展中决定性的与最困难的一步……从神明的纯粹神话概念转向其道德概念"。[144]

在此，犹太教的这种概念或许尤其令人感兴趣，因为它以一种新的和陌生的角度照亮了卡西尔与海德格尔的辩论。在辩论中反复出现的一个主题是，卡西尔认为有可能突破海德格尔的或生存论时空的有限性，并进入科学的或理论的时空的无限领域。而且如我们所见，卡西尔似乎肯定了海德格尔生存论分析的诸多发现，但这只不过是为了随后坚持主张，这些发现仅仅适用于神话意识的原始层面，是人类最终超越的历史发展阶段，因为人类开始通过功能的符号化，而不是通过实体的和感性主义的形象来把握周围环境。这种批评引人注目的后果在于，从卡西尔的视角来看，海德格尔的哲学本身似乎提供了对这个世界的准确描绘，但这仅仅是在神话范围内体验到的世界。在他最后的一本书中，卡西尔还谴责海德格尔帮助巩固了纳粹主义作为现代政治神话的正当性。神话既被诊断为一种生存论的框架，又被诊断为一种政治经验，作为应对，卡西尔现在将犹太教设想为智识革命的一种手段：他认为，在历史上，犹太宗教是从神话的种族意识向普遍的人性概念的胜利突破的最初推动者。

从早年的新康德主义马堡学派哲学出发，卡西尔走了很长一段路。但在他生命的最后阶段，通过认可犹太宗教（即便不是认可它的哲学，也至少是认可它的理念），他完成了对马堡学派的精神回归。值得注意的是，至少在一篇重要的文章中，柯亨甚至断定在犹太教与康德主义间存在着一种"内在的密切关系"（*innere Beziehung*）。[145]当然，在来自中欧的犹太知识分子难民中，卡西尔并不是唯一一个赞美犹太教与异教神话世界的革命性决裂的人。1939 年，西格蒙德·弗洛伊德本人也是旅居英国的难民，他将摩西变成了埃及人，但与此同时又称赞摩西的第二诫是"理智对感官的胜利"。[146] 这一变奏反映了共同的主题：犹太教是一个纯粹理智的宗教，其革命性和普世主义的预言，致使它与感官想象的神话世界彻底决裂。卡西尔仅仅是概括了这条类比的路线，并将海德格尔列为返祖的异教力量。然而，在这个论证中，一种奇特的逻辑没被人注意到：它不仅谴责了海德格尔的哲学，而且还暗示，犹太宗教保留了某种可以打破海德格尔的神话符咒的特殊的和超越历史的力量：倘若海德格尔属于提亚玛特的军团，那么犹太教就是马尔杜克的开明继承人。

当然，人们很可能会问，海德格尔的哲学是否真的像卡西尔所想象的那样，在战间期的德国文化中发挥过如此强大的作用。我们或许也会想要知道，卡西尔对犹太教的精神化理解是否完全准确。但在无情暴力的历史时刻，倘若卡西尔要从犹太教的理想化形象中寻求安慰，那我们也可以体谅。最后，我们还应当记录一则令人痛苦的细节：1942 年 9 月，赫尔曼·柯亨的遗孀玛尔塔·柯亨，在犹太隔离区特莱西恩施塔特被害——她是现代政治神话数以百万计的受害者之一。

第七章

哲学与记忆

这出戏是关键……

——《哈姆雷特》第二幕第二场

拜访托特瑙山

1945 年秋，莫里斯·德·冈迪亚克和阿尔弗雷德·德·托瓦尔尼茨基这两位使者代表法国重新出现的智识生活，从巴黎向东前往弗莱堡拜访马丁·海德格尔，海德格尔当时正和妻子埃尔福丽德生活在法国占领军多少有些随意的监视之下。他未来的职业生涯尚不明朗，他的过去很快就会成为官方审查的对象：众所周知，海德格尔在国家社会主义统治的第一年曾担任过弗莱堡大学校长。尽管他在 1945 年 12 月向去纳粹化委员会提交了一份报告，试图减轻自己的罪责，但关于他与纳粹合作的真正意义与真实程度的诸多传言开始增加。[1] 他暂时被禁止教学和旅行，很感激如今生活在国外的老朋友和学生给他邮寄来咖啡和其他各种礼物。因此，来到海德格尔家中的这两位年轻人，可以看作是非官方的审判代理人，他们同时也在寻求德法文化和解的可能性，更具体地说，他们是让-保罗·萨特的非正式代表，而在那些年里，萨特看起来就是法国知识分子抵抗运动的化身。几个月后，即 1946 年 1 月，他们在新创立的《现代》杂志上发表了这次访问的记录。[2]

在发表的文本中，德·冈迪亚克提到他和同伴被带进海德格尔的书房，在压抑的氛围下开始了谈话。在过去，人们认为海德格尔大概是他那一代人中最伟大的哲学家，但如今他要忍受着类似软禁的待遇，参加他研讨班和讲座的学生曾在这位德国思想家身上辨识出来的近乎神奇的魅力，现在看来完全消失了。为了缓和谈话的气氛，德·冈迪亚克提醒这位哲学家，他们以前至少见过一次面：大约在 1929 年复活节前后，当时还是学生的德·冈迪亚克和许多同伴一起前往达沃斯朝圣，目睹了一场巨人间的智识冲突——海德格尔与卡西尔这两位当时的伟大哲学家的会面。"这段记忆，"德·冈迪亚克写道，"略微让他愉快了一些。"他接着讲到了海德格尔对该事件的回忆："在当时那种情况下，"德·冈迪亚克叙述了海德格尔的说法，"在就康德进行了长时间的讨论之后，他毫不犹豫地'同犹太人卡西尔公开握手'。这样的说法有失体面，但如今却变成了正直生活和道德的凭证。"德·冈迪亚克继续写道："就在这时，海德格尔打开抽屉，没费什么力就从抽屉里拿出一张褪色照片，回忆起了那些清白的时光。"德·冈迪亚克忍不住讽刺道："就在不久之前，到处都还弥漫着对盖世太保的恐惧，我不相信他那时可以这么轻而易举地找出这枚小小的信物。"[3]

甚至在第二次世界大战结束时，在哲学记忆中，卡西尔和海德格尔的达沃斯争论就已经开始呈现出对欧洲观念史近乎寓言的意义。在先前的章节中我们看到，这场争端的同时代目击者如何为其赋予了在战间期哲学转变中的关键意义。甚至在今日，达沃斯的交锋也仍然是

20世纪思想史叙事的一块试金石。来自不同学科与意识形态阵营的学者，动辄将其视为人道主义与反人道主义、启蒙与反启蒙、理性主义与反理性主义之间决裂的最后时刻——仿佛20世纪思想的诸多决定性斗争都在这起单一事件中得以成形。我们应当如何理解这样的判断？当一场哲学争论被渲染上如此丰富的历史意义时，这可能意味着什么？当其后的岁月带来了哲学和政治观点的微妙转变时，我们如何才能恢复其真实的意义？在此，我试图保持哲学与历史之间的区分。当然，人们或许会说，哲学的迫切要求在于，其论证应当仅仅通过哲学手段来加以解决，而不应当涉及非哲学的世界。根据这种观点，哲学看起来要求一种苦修（*askesis*），这种原则性尝试要求将思想与所有世俗事物分开。为了遵从这个原则（诚然，这一原则在此表述得极为冒失，极不妥当），我在先前的章节中试图仔细审慎地回顾卡西尔—海德格尔辩论的复杂历史，以便从哲学的角度来理解其中的利害。

　　但如我们所见，哲学的意义不可能轻易从文化与政治记忆中分离出来。一旦哲学开始分化，进入人类事务更广泛的叙事，它就参与了共同的记忆。哲学与记忆的相互纠缠可能看起来既是显然的，又是良性的，通常来说，也确实是良性的。但是，当对历史的不公的记忆仍然如此鲜明，以至于它拷问人的良知并拒绝沉默时，这种纠缠就可能造成困难。当这种情况发生，哲学苦修的习惯性姿态就可能显得站不住脚，甚至不人道。也许正是在这一点上，记忆开始重新塑造我们对哲学往事的理解。这种转变能否反转？这种寓言能否被拆解？面对历史的扰乱，我们能否恢复哲学的清白？尽管我欣赏这种恢复源初意义的渴望甚至必要性，但在我看来，它的前景再怎么说也好不到哪里去：我们对过去哲学辩论的诠释，不可避免地被过去与当下之间发生过的事情打上了印记。我在这里所说的分化是我们无法回避的东西，相信哲学的意义存在着纯朴的时刻，确实是件蠢事。尽管如此，我们仍然可以尝试了解记忆是如何起作用的。

一场小型演出

海德格尔与卡西尔之间的对抗，其象征性的分化从一开始就显而易见，一旦我们回想起这一点，那么严格地从哲学上来理解这种对抗的挑战就变得愈加困难。亲眼见证这场争执的评论者谈到了其戏剧性的场面及其有趣的比较研究。我们在第二章中看到，记者们将这场辩论比作塞塔姆布里尼和纳夫塔之间的对话，在托马斯·曼以达沃斯为背景的理念小说《魔山》中，他们分别是启蒙运动和浪漫革命的支持者。对于聚集于此的学生来说，这个场合的戏剧性尤为明显，他们中的一些人恢复旧俗，在人群面前重新上演了这场争论，以作为轻松的娱乐。在这场小型演出中，扮演卡西尔的不是别人，正是年轻的哲学学生列维纳斯，而海德格尔则由博尔诺扮演。几家报纸在报道中都提到了这起小小的事件，但没有一家暗示这件事有何不寻常之处，尽管在今日，这样的表演会让我们觉得非常不妥。在1987年的一次采访中，列维纳斯回忆说，他那时拥有一头浓密的黑发，他蘸了些白色粉末以便更好地模仿"那位大师（卡西尔）高贵的灰色发式"。列维纳斯还为对话写了台本。他给博尔诺写了"在我看来戏拟海德格尔词源学发明"的台词（例如）："'解释（*interpretari*）就是把某种东西放到它头上。'"[4]此后在1992年的一次采访中，列维纳斯补充了海德格尔"不断攻击"卡西尔言论的细节。为了捕捉卡西尔"那种并不好斗且有点凄凉的态度"，列维纳斯在扮演卡西尔时数次重复道："我是个和平主义者。"列维纳斯还补充了另一个相当令人惊讶的事实：卡西尔和海德格尔二人都在观众里，他们看着自己的学生将他们的哲学对话降格为低级喜剧。[5]

我们并不知道两位哲学家对这种平庸可笑的重现有何感受。有人说卡西尔遭受了更大的嘲笑，他甚至可能私下对列维纳斯的滑稽模仿感到恼怒。没有任何关于海德格尔反应的记录。尽管如此，我们确实知道，列维纳斯后来懊悔于他早年对海德格尔的崇拜，他尤其懊悔让卡西尔受到折辱：列维纳斯于 1973 年秋在约翰·霍普金斯大学法语系的资助下担任该校的客座教授。佛蒙特大学哲学教授理查德·休格曼在两位同事的陪同下前往巴尔的摩，在那里会见了这位哲学家和他的妻子，在交谈中度过了一个下午。根据休格曼的说法，列维纳斯自己提到了达沃斯争论的话题："你们知道那种学会里的辩论吗？就是人们互相嘲弄的那种。"（休格曼和同事都说不知道。）"好吧，"列维纳斯继续说道，"海德格尔邀请我去达沃斯。我整得相当出色，卡西尔实在太容易模仿了；他的头发就像冰激凌甜筒。恐怕我演得比我原先料想的要好得多。"他接着补充说："我总是说，假如我来了美国，我会请求卡西尔夫人的原谅。我那时不知道，我们也不可能知道1933 年会发生什么。这可是《存在与时间》的作者……你无法绕过海德格尔这样的思想家。"休格曼记得相当清楚，列维纳斯随后又补充说：（海德格尔）"不是我们的朋友"。休格曼在总结这次谈话时评论说："在我看来显而易见，列维纳斯内心很矛盾，甚至感到羞愧。"[6]还有人写道，列维纳斯曾计划在访美期间于耶鲁大学发表演讲，还希望找到托妮·卡西尔，亲自向她致歉。列维纳斯是否寻找过她，我们不得而知，但这种努力注定徒劳：她在 1961 年就已经去世了。

为什么列维纳斯如此受到懊悔的折磨？很难想象仅仅是因为那次演出，同样值得注意的是，他绝不是唯一嘲笑两位哲学家的观众。逻辑实证主义者鲁道夫·卡尔纳普甚至可以说更加无礼，而他的批评更具哲学意义。在达沃斯耐着性子听完海德格尔所有三场康德讲座后，相较于诠释的实质内容，卡尔纳普看起来对这位哲学家的古怪术语印象更深：一位名叫恩斯特·本茨（他后来成了杰出的神学家）的二十二岁学生多年后回忆说，在海德格尔一次讲座后的下午，几位来宾决定乘坐缆车欣赏当地风景，缆车从达沃斯广场的山谷上升到雅各布山被白雪覆盖的高耸顶峰。包括卡西尔和卡尔纳普在内的许多教授和学生挤在缆车里，随着缆车上升而轻微摇晃。卡西尔扭过头看向邻座："同事先生，"他问道，"你会怎么用数理逻辑的语言来表达海德格尔先生今天的讲座内容？"卡尔纳普回答说："很简单：叮—咚—铛！"[7]

这个玩笑不需要太多解释，因为它仅仅意在表明海德格尔的哲学可以被还原为胡说。卡尔纳普轻蔑的"解说"既像是教堂钟声的叮当响，又大概类似于胡戈·巴尔这样的达达派诗人的癫狂的反语义学。[8]卡尔纳普更有可能指向了世纪之交的德国诗人克里斯蒂安·摩根斯坦的准形而上学诗句，他的灵感来源与英国胡话诗人刘易斯·卡罗尔以及爱德华·李尔同出一脉。（事实上，摩根斯坦是《钟声叮咚》这首奇怪小诗的作者，该诗发表于1905年的诗集《绞架之歌》中。）尽管笑话往往会浓缩多重不宜述说的含义，并充当隐蔽攻击的手段，但卡尔纳普针对海德格尔讲座哲学内容的难堪描述不仅仅意在嘲笑：它预示了对海德格尔"形而上学伪语句"的批判，卡尔纳普将会把这种批判纳入著名论文《通过对语言的逻辑分析克服形而上学》，该文初稿完成于1930年11月。我们从迈克尔·弗里德曼那里得知，卡尔纳普对海德格尔的态度绝非不屑一顾：弗里德曼引用了卡尔纳普1929年3月18日在达沃斯写的一则日记，他在其中评论道，"卡西尔说得很好，但有点像个牧师……海德格尔严肃又客观，他这人颇有魅力"。在接下来那一年（那时他已经读完了《存在与时间》），卡尔纳普参加了一个讨论小组，同行们"惊讶于我能够解释海德格尔"。然而，尽管卡尔纳普为理解海德格尔的哲学认真努力过，但他最终得出结论，这种哲学充斥着无法证实的语句，比如"无之无化"，因此从他的"科学"视角来看，这些语句毫无意义。[9]

卡尔纳普的裁决异常严厉，并非每一个人都倾向于如此蔑视。不过，即使是对达沃斯交锋的最漫不经心的回忆，也能在某种程度上告诉我们哲学与记忆的相互交织，以及智识辩论的历史与政治评价最初

被赋予独立生命的方式。列维纳斯所说的小型演出值得注意，这并不
是因为它是学术界一段闲话，而是因为它提供了微小且带有缺陷的透
镜，让我们得以一窥个人与集体记忆发挥作用的过程，通过这一过程，
它们帮助塑造了我们对哲学往事更大规模且更为规范的判断。年轻的
海德格尔因其对哲学传统的创造性解读而受到推崇，但甚至最钦佩他
的学生看来也会马上嘲笑他的解释风格，这种风格猛烈地颠倒文本，
甚至到了明显"胡说"的地步。相较之下，几乎所有见过卡西尔的人
都视他为受人尊敬的人物，即便他有点冷淡。卡西尔在哲学和政治
上都是温和派，他不愿意参与任何形式的论战。在象征性的意义上，
他就是"和平主义者"。值得考虑之处在于，这种对比很容易被用来
达到历史与政治寓言的目的。并非所有的哲学辩论本身都适合于这
种讽刺和政治象征。但倘若事实证明，无法纯粹根据哲学的角度来
理解达沃斯的交锋，那么这部分是因为它从一开始就容易受到政治
戏剧化的影响。

最早的记忆，1929—1934

关于那些最早的报道，还有另一个值得一提的事实：它们根本
没有提及任何政治冲突。列维纳斯后来才开始懊悔他更喜欢海德格尔
而不是卡西尔，他承认他"不可能知道1933年会发生什么。"[10] 事实
上，争论结束后立即撰写的目击者报告中，甚至没有任何迹象表明二
人实际上因政治而存在分歧。许多报道将这场争论解释为哲学史上
两个时代的对比。《法兰克福报》的一位撰稿人指出，这"并非仅仅
是教授们的学术斗争"，而实际上是"两个时代的代表性人物之间的
对抗"。[11] 人们不能不钦佩"气度不凡的"卡西尔和他那"白色冠冕
般的发型"以及"完全清晰的精湛讲座"，但大多数听众觉得自己与

海德格尔的观点更为一致，他的哲学思考暗示了"这与你有关"（*tua res agitur*）。卡西尔关于哲学人类学的讲座留给人的印象是，他的工作与"特定的现代疑难"无关，而海德格尔的整个追问方式尽管晦涩难懂，但给听众留下了深刻印象，它致力于应对"当今人类"的哲学关切。这种差异确实令人印象深刻，而且"比他们的陈述所透露的更为根本"。两者都践行哲学，但他们"有着完全不同的前提和目标"，因为他们各自的哲学，由"完全不同的人类肖像"（*ein verschiedenes Bild des Menschen*）发展而来：

> 在卡西尔哲学背后矗立的是这样一种人的形象，他突破了他有限性的束缚，并且向上攀登到了自由精神的世界之中。相较之下，海德格尔说，哲学的本质并不在它说出的东西之中，而是在它未说出的东西之中，在发生的事情之中。可以说，卡西尔的哲学是解答的哲学，海德格尔的哲学则是追问的哲学。它的目的不是一种文化哲学（这仅仅是表象），而是将以下目标视为哲学的使命，即"为人类飞跃到存在之中做好准备"。它的基本问题是人性的有限性与束缚的问题。[12]

这固然全是印象，但它对这次交流的评价却并非不准确。值得注意的是，其作者赫尔曼·赫里格尔也自诩为哲学家，并出版了几本热情而肤浅的小册子，他在其中严厉谴责了老一辈新康德主义者（尤其是纳托普），同时又对被称为"新思想"的魏玛哲学思潮大加赞扬。[13] 在他的报道中最值得注意的是，尽管它公正地勾勒了两位参与者在哲学上的对比，但它丝毫没有提及任何带有个人或政治性质的冲突。根据他的观点，这场争论涉及的并不是政治上的"根本对比"，而是关于人是什么的哲学模型上的"根本对比"。也不存在任何个人不适的迹象。与海德格尔对布洛赫曼的抱怨（先前提到过）相呼应的是，赫里格尔实际上遗憾地提到，常见的学术礼仪规范过于明显："遗憾的是，不得不说，这两个对手之间有着过于深远的慷慨态度，最终令人们无法看到他们之间深刻对立的全貌。"[14]

其他人则以不同方式来看待这些事情。《新苏黎世报》的一名记者评论道："人们并未看到两个世界的冲突……充其量欣赏到的是一场戏剧演出和两段独白，一边的人非常友好，另一边的人非常粗暴，后者也想让自己表现得友好，但效果差劲。"[15]人们对个人冲突的印象不过放大了广为流传的感受，把这两人看作了"两个哲学世代"的化身。[16]考虑到卡西尔和海德格尔之间的年龄差距很小，他们被视为德国思想中两个前后相继却又截然不同的时代的象征，这令人惊讶。但对于某些批评家来说，二人的历史与哲学视角差异如此巨大，以至于阻碍了真正的对话。弗朗茨·约瑟夫·布莱希特（海德格尔在弗莱堡的学生）评论道，"对于今年达沃斯高校周的绝大多数与会者来说"，海德格尔与卡西尔"代表着两种根本上不再容许逻辑讨论的哲学倾向"。事实上，他们的辩论总体上象征着"当代哲学的处境"：海德格尔代表的是"一种新的勇气和追问"，一种新的"形而上学的胆魄和生存论的严肃性"，它引入了一种"关于人的新哲学倾向"，而不是关于"科学及其有序规则"。[17]康德的整个遗产已经到头了：康德哲学的理想化倾向已经"剥夺了这个世界的实质，并将其转变为认知意识的功能"。但如今"指称对象—世界的实体范畴主张它反对功能主义认识论的深刻权利"。与在过去几十年里占支配地位的哲学观念论相反，一种新的"实在论倾向"如今明显存在于海德格尔与舍勒的现象学之中。这种转变不仅仅是由于哲学时尚或世界观的转变，而是源于哲学本身的内在疑难，以及打破了以主体为中心的观念论界限的新"形而上学"。然而，"在新康德主义马堡学派中，逻辑主体具有产生世界、确定对象活动的特征，而如今存在本身以其特定的力量将自己强加于意识之上，从而让意识的生成活力受到了本质性的削弱"。在达沃斯之后，显然"主体的首要地位已经有所动摇"。[18]

　　某些评论家承认，海德格尔和卡西尔的辩论，或许并不像它看起来那样是什么前所未有的事。对于参加了1929年达沃斯高校课程的耶稣会哲学家埃里克·普日瓦拉来说，这场争论仅仅是整个哲学史上反复出现的疑难问题的最新表现，可以远远回溯到前苏格拉底时代，这个疑难问题既存在于托马斯·阿奎纳那里，又存在于康德那里，而康德学说不稳定地结合了经验主义片面的接受性理论与理性主义对自发性的夸大信心。对康德哲学的当代批评如今分为两派，前者强调接受性，并因此诉诸康德关于人的有限性理论，后者转而强调康德的自发性理论，并将其作为关于人道主义创造性的现代主义学说的基石。[19]因此，卡西尔受到的攻击在于，他既太现代又不够现代。尽管像普日瓦拉这样的学者很快就批评卡西尔对自然科学的过度信心与貌似教条的理性主义，但其他学者则谴责卡西尔与他们所歌颂的"形而上学复兴"的智识时尚步调不一。意大利哲学家阿曼多·卡利尼（达沃斯的一位与会者）则证实了这些看法，他也将康德视为现代欧洲思想中最具决定性的人物，但他在海德格尔身上看到了对先前所有学派的"决定性克服"（*un decisivo superamento*）。[20]

　　但对卡西尔抱有更多同情的评论者很快就注意到，他的符号形式哲学与他马堡学派的新康德主义老师所主张的片面科学主义几乎没有什么关系，事实上它为未来哲学开辟了一条切实可行的道路。约阿希姆·里特尔（他曾师从海德格尔，但跟随卡西尔在1925年获得了博士学位）特别热切地指出，卡西尔最近的文化转向代表了对马堡学派"科学主义"束缚的突破，与此同时它又抵制了舍勒哲学人类学的肤浅时尚。尽管如此，卡西尔的立场还是坚定地建立在对"反思的首要地位"的观念论信心之上，正如《符号形式的哲学》的作者在方法论介绍中亲自肯定的那样："文化的所有内容……都以心智的原创行为（*eine ursprüngliche Tat des Geistes*）作为它们的前提。"对里特尔来说，这种对人类意识创造能力的观念论信心，标志着卡西尔的文化哲学与诸多其他存在论和形而上学探究趋势之间的决定性区别，而里特尔将绝大多数这样的探究都关联于舍勒和海德格尔。[21]

值得重申的是，在1933年之前的同时代报道中，没有任何地方暗示海德格尔与卡西尔的实际哲学讨论具有明显的政治意义。约阿希姆·里特尔本人于1931年早春回到达沃斯高等学校讲课，评论了受到持续热议的教育危机，把它当作困扰整个欧洲思想的现象。许多学者将这场危机描述为"思想与生活之间的陌生化"，用存在主义和哲学人类学的行话开出诊断。[22] 如果这些报告具有政治价值的话，里特尔与他的同辈人则都没有注意到。

但1933年纳粹夺权，给哲学视角带去了戏剧性的变化。海德格尔担任了弗莱堡大学校长一职，并正式宣布效忠第三帝国，而卡西尔则被解除了汉堡大学的教职。他在妻子的陪同下逃离汉堡，他多年来一直担任的享有盛誉的哲学教席，被纳粹改成种族科学（*Rassenkunde*）的常规教职。[23] 另一方面，约阿希姆·里特尔在同一年实际上接过了他老师卡西尔留下的哲学史教学责任。

正是在突变的政治背景下，里特尔于1933年2月在汉堡大学发表了就职演说《人类理论的意义和局限性》，他在演说中攻击了舍勒与海德格尔，称他们将非理性主义与形而上学主题引入了当代的一般哲学，特别是引入了哲学人类学。里特尔重申了卡西尔数年前在达沃斯向对话者提出的主张，严厉指责海德格尔"形而上学的人类学"，他告诫说，这种人类学将把欧陆哲学带入"怀疑主义、主观主义和神秘主义"的死胡同，使它失去与科学的联系，并以"自我的绝对化"告终。里特尔警告说，海德格尔对人类存在论地位的形而上学研究，将带来从科学到纯粹世界观的有害转向。自古以来，哲学就一直与形而上学作斗争并与科学结盟，但新的形而上学人类学威胁到了通向"理性清晰性"的目的，并放弃了哲学作为一门"批判"学科的地位。[24]

卡西尔曾在达沃斯以及刊于 1931 年《康德研究》的评论中批判过海德格尔，倘若单纯将里特尔的就职演说解释为这种批判的报复，当然会产生误导。但主题上的惊人巧合，表明里特尔保有在哲学上与他的老师结盟的感受，而他老师在汉堡大学的教职很快将于 1933 年 4 月 7 日根据纳粹法令被解除。里特尔自身职业生涯的道德复杂性，对此处的讨论而言过于繁复。[25] 早在 1933 年 11 月，里特尔便与大约一千名教授讲师共同签署了《德国大学和高校教授对阿道夫·希特勒和国家社会主义政权的效忠誓言》（签名者之中有二十二名哲学家，包括阿尔诺德·格伦和汉斯—格奥尔格·伽达默尔）。[26]1934 年 10 月，汉堡大学哲学系主任授予里特尔"晚期古代与中世纪哲学史"荣誉讲师职位。[27] 不过，尽管里特尔相对轻松地获得了晋升，但由于他在 1920 年代公开承认马克思主义，并且他的第一任妻子拥有犹太血统，他与纳粹政权的政治关系一直较为紧张。直到 1939 年，一份官方备忘录还在警告说，里特尔不值得信赖，因为他曾经接受过"一位犹太老师"的指导。[28] 里特尔是否仍然真正忠实于他老师的理想，将哲学视为一门"批判的"与"科学的"学科，这个问题最好留给道德家而不是历史学家。但看起来很明显，他在 1933 年发表演说时，在海德格尔的哲学中看到了对卡西尔所倡导的理想的某种背叛。

这是尚属早期的罕见迹象，表明记忆即将发生转变。到了 1934 年深秋，海德格尔的纳粹主义丑闻已经广为人知。这种丑闻倒过头来将一种新的政治判断引入了达沃斯交锋的记忆。在一篇写给法国读者的文章中，莫里斯·德·冈迪亚克描述了他在战后德国的经历，当时的灾难情绪"像流行病一样"席卷了全体民众，催生了一大批哲学悲观主义者，他们"转而最为强调生活的悖论，并将日常生活与社会约束的传统秩序，排除在真实的生存之外"。接着他回顾了一段来自达沃斯的记忆：

　　甚至对肤浅的读者而言，也存在着一种腔调，一种回响，它更符合他们的神经症，而不是老派教授们乐观自由的新康德主义。早在希特勒主义之前，1929 年在达沃斯高校周长时间聆听恩斯特·卡西尔演说的过程中，我就发现这位历史学家聪慧到令人钦佩，有条不紊，十分谨慎，而另一方面，"樵夫"海德格尔自相矛盾、热情洋溢，有着片面的激情，我们吃惊地看到天平如何从一开始就有所倾斜，大批德国学生成了这位暴烈哲学家魅力的牺牲品，有点像今日莱茵河另一边的听众沦为元首魅力的牺牲品那样。[29]

　　这是欧洲哲学寓言早期且有力的样本，只有在战后它才会带着更大的影响力出现：在德·冈迪亚克的描绘中作为记忆发挥作用的东西，如今与政治判断交织在一起——卡西尔属于有尊严的旧时代，而海德格尔则预示着希特勒——只不过这一幕中被视为单纯往事的东西，指向了当时尚不为人知的事件。需要指出，德·冈迪亚克并没有严重侵犯历史的叙事。他无疑知道，将这两个时刻掺和在一起，他不过是沉湎于一种修辞性的类比。但这种比较看起来无需辩护：毕竟，海德格尔的政治观点不是凭空出现的。因此，尽管这种政治叙事的后果要等到未来才会揭晓，但要追溯它的起源，达沃斯的戏剧性对抗看起来是合适的场景。

战后的记忆，1945—1956

　　恩斯特·卡西尔于 1945 年 4 月去世，在之后的几年里，对达沃斯争论的回忆开始固化为某种政治寓言。海德格尔击败了对手的印象（尽管显然夸大其词）逐渐成了一种有所精简而又极具影响的个人历

史，它象征着未来几年的诸多政治事件。托妮·卡西尔 1948 年出版
的回忆录《我与恩斯特·卡西尔的生活》，就提供了尤为丰富且痛切
的例证，这部回忆录记载了这位哲学家与妻子间的持久牵绊，她是他
智识上的平等伴侣。在描述恩斯特为那场辩论做准备时，她写道：

> 在我们去达沃斯之前，恩斯特全神贯注于海德格尔作品的
> 各种细节，此前他并没有真正注意过那些。海德格尔用语深奥，
> 试图从数个世纪的哲学惯用语中提炼出"必要的"元素，这让
> 恩斯特感到厌恶；但过了一段时间之后，他就学会了这种所谓
> 的新语言，他看重海德格尔的论著，即便他在原则上否定它们。[30]

托妮·卡西尔描述了卡西尔夫妇与海德格尔的关系，虽然几乎
没有告诉我们这次哲学交流本身的情况，但大量揭示了将成为这次交
锋标志的个人不安。"我们知道海德格尔仪表不凡，"她写道，"知道
他对每一种社会习俗的否定，也知道他对新康德主义者怀有敌意，特
别是对柯亨。"而且，几乎像是事后才想到的，她补充说："而他的反
犹倾向我们也并非一无所知。"（*Auch seine Neigung zum Antisemitis-
mus war uns nicht fremd.*）[31]

托妮·卡西尔看起来拥有一种不寻常的自信。她于 1883 年出生
在维也纳的一个奥地利犹太家庭，她将她父亲描述为"完全信任同化"
的富裕资产阶级，她还指出，在她父母的五个孩子中，她是唯一对这
种信任持怀疑态度的人。在回忆录的开头，她发人深省地评论道，她
童年时期仅有的政治记忆就是德雷福斯事件。对欧洲犹太人所面临挑
战的敏感性，似乎给了她强大的动力，让她勇敢直面明显的反犹事例，
甚至在文雅人士间也是如此。关于达沃斯的海德格尔，她的回忆很有
见地，值得详加引述：

　　他的敌意与好斗显而易见。对我而言问题就在于，既然我如此看待他，那我该如何在这位劲敌的身旁度过接下来的十四天。但我能指望恩斯特的帮助，因为他会坐在我的右手边，而且我以为，他会主导餐桌上的谈话。但结果事与愿违。第一次讲座之后的第二天早上，恩斯特患上了严重的流感，发起了高烧，他不得不在床上躺了许多天。就这样，我现在得每天两次和这个古怪的家伙坐在一起，他决心要将柯亨的作品打入尘埃，如果可能的话，还要消灭恩斯特。[32]

　　上面这段文字中引人注目之处在于，它直接认为海德格尔的反犹主义众所周知（其他的同时代回忆录通常没有提到这一点）。而更加引人注目的是，托妮·卡西尔决心要让这位哲学家难堪，直到唤醒他隐藏的同情心：

　　接着我突然想到，我或许可以运用计谋击败这只狡猾的狐狸——他的狡猾名声在外。我开始以天真的态度与他谈话，好像我完全不知道他哲学的或个人的敌意。我向他打听各种共同的熟人，尤其是打听他对柯亨这个人的熟悉程度，而我问话的方式，肯定会让他表示赞同。我主动为他描述了恩斯特与柯亨的关系；我谈到这位杰出学者因为犹太人身份而遭受了可耻的待遇；我告诉他柏林大学哲学系没有一人替他扶灵。我向他透露了恩斯特生活的各种细节，自信他会表示认可，我很高兴地看着这块硬饼干溶化，就像泡到温牛奶中一样。等到恩斯特走下病床，海德格尔发现要坚持他计划的敌对态度变得困难起来，因为他对恩斯特这个人已经有了许多了解。当然，凭借善意以及对海德格尔的尊重，恩斯特也让这种正面的攻击不容易发生。战斗消散了，演变成可敬的关系，这一定让追随海德格尔的精英团伙惊讶。[33]

托妮·卡西尔真的相信与海德格尔的谈话打破了他偏见的硬壳吗？她不太可能这样想。这个女人明显有着令人敬畏的智慧，她明显已经知道海德格尔是个极度不讨喜的人：在令她反感的众多特质中，她特别提到海德格尔"严肃得要命""全无幽默感"。（相较之下，恩斯特的幽默在回忆录中得到了强烈体现，鉴于海德格尔的哲学作品有着不曾缓和的严肃性，人们几乎不会怀疑这个事实。）尽管如此，我们还是可以追问，她在战后对海德格尔的回忆是否得益于后见之明。她在结束描述时指出：

> 总体而言，对学生来说，海德格尔是胜利者，因为他以相当不同于恩斯特的方式来处理当时的事件。我能很清楚地感受到对马堡学派与恩斯特的反对主要由什么构成。不难识别这个人所指出的方向。两年后，当他成了第一个国家社会主义校长时，与其说让我惊讶，不如说让我害怕。因为海德格尔的伟大天赋不可否认，他比其他任何支持者都更加危险。[34]

托妮·卡西尔写的关于海德格尔的绝大多数内容，都被其他回忆录与同时代报道所证实。在《国家的神话》中，恩斯特·卡西尔也断言，海德格尔比他的同行更加危险，因为他的哲学天赋更加强力；他的宿命论与被抛性思想，帮助削弱了作为批判与解放工具的哲学的自信。我们或许也可以承认，海德格尔"指出"了德国的政治沦落。然而，这里的暗示更令人担忧：海德格尔"获胜"与卡西尔"失败"是由于他们之间的政治差异。这种回溯性判断允许我们将哲学分歧化解为政治冲突，然而矛盾的是，这恰恰是卡西尔自己最担忧的情况：哲学面对政治权力放弃了自身。

一处有争议的细节

过了二十年，人们关于达沃斯争论的记忆如今负载着丰富的历史象征意义，在陈词滥调中，这场辩论被描述成德国未来政治事件的寓言。一个值得注意的例证可以在战后一篇名为《回忆恩斯特·卡西尔》的文章中找到，该文由荷兰语言学家亨德里克·J. 波斯撰写，发表于1949年保罗·阿图尔·席尔普编辑的卡西尔思想批判选集。作为达沃斯高校课程的见证者与参与者，波斯到位地描绘了两位哲学家容易引起情感共鸣的肖像。他将卡西尔描述为"德国文化普世主义传统的最佳代表，对他来说，观念论是被要求去塑造和精神化人类生活的胜利力量"。他是"康德的继承人"，他

> 站在那里，高大、有力、沉静。他对观众的影响在于他精湛的阐述，在于他阿波罗式的要素。从一开始，他身上就带有中欧的自由文化，这是悠久传统的产物。无论是精神面貌还是外在表现，这个人都属于康德、歌德与克莱斯特的时代，他向其中的每个人都献上了一些文学作品。

这是幅高贵的肖像。接下来是波斯对海德格尔的回忆：

> 在他对面站着的，是个完全不同类型的人，他与卡西尔就康德作品的最深刻意图进行斗争。这个人也拥有巨大的智慧。然而，他的为人完全不同。他是德国东南部的小市民后代，他的口音从未变过。在他身上，这很容易被原谅，人们认为这标志着牢固的根基与农夫的真挚……在他年轻时，他预定要成为神职人员……然而他逃跑了，成了变节者。几乎没有其他人像他那样，在亚里士多德和经院哲学那里，在康德和黑格尔那里，

感到如此舒适自在，他为自己构建了一种哲学，就方法而言，这种哲学接近于他老师胡塞尔的现象学。然而，就内容而论，这种哲学当然完全是他自己的：在它的根底处，是被巨大的智识上层建筑所掩盖的情感。如果有人聆听他的讲座，聆听这种阴郁的、有点哀怨和忧虑的语调，这个人所怀有的情感就会流露而出，或至少他知道如何去唤醒它们。这些是孤独、压抑和沮丧的情感，就像人们在焦虑的梦境中感受到的那样。[35]

我们必须记住，这位荷兰语言学家非常敬佩卡西尔，因此我们就不应对上述对比如此惊讶。尽管如此，仍有值得注意之处，说到研讨即将结束时，波斯引进了惊人的新细节："这个宽宏大量的人向他的对手伸出手，却并没有被接受。"[36]

如果这是真的，这会是强烈的侮辱，也会是对其他关于海德格尔粗鲁行为的故事的惊人确证。波斯进一步指出，这样的结束"并非没有人性的象征意义"。当然，事情以这种方式发生，并非完全不可置信。从许多报道中我们得知，海德格尔并不遵守通常的学术礼节。他至少身穿滑雪服讲过一次课，这足以引起议论。但如果在辩论结束时不去握住对话者伸向他的手，那就不仅古怪地违反了惯例，还构成真正的人身侮辱。

问题是，似乎没有任何其他来源证实这是实际发生的情况。在众多目击者中，没有其他人记录这个细节。托妮·卡西尔并没有提到这一点，鉴于她细致观察了海德格尔与他丈夫之间发生的一切，这种遗漏会令人困惑。当然，波斯可能是唯一看到它发生的人。比方说，大概它发生在观众散去之后的某个时刻，或者这种手势过于微妙，以至于没被其他来宾注意到。另一种可能性是，波斯描述的仅仅是一种象征性的侮辱，即卡西尔做出了理智的和解姿态，而海德格尔拒绝和解。（但这可能是多余的，因为倘若是这样，波斯又何必指出这种侮辱"并

非没有人性的象征意义"？）进一步的可能性是，波斯弄错或记错了
这起事件。经过全面考虑之后，最后这个推测的可能性似乎最大。鉴
于波斯对海德格尔不讨喜性格的了解，以及自此之后二十年来所发生
的一切，他将这个细节包括在内，作为对记忆的细微修饰，这或许情
有可原。更令人困惑的地方是上文提到的事实：海德格尔1945年秋
与德·冈迪亚克和德·托瓦尔尼茨基会面时，他实际上告诉他们："在
就康德进行了长时间的讨论之后，他毫不犹豫地'同犹太人卡西尔公
开握手'。"

　　值得注意的是，是德·冈迪亚克提到海德格尔这么说的，尽管
这些话被放到了引号之中。海德格尔会向他的法国客人提及达沃斯的
这个细节，这确实很奇怪：这原本是两位受人尊敬的欧洲哲学家在
1929年的学术会议上的常规行为，为什么他会认为这是一段重要信
息？大概，就像德·冈迪亚克暗示的那样，海德格尔意在逃避对他的
反犹主义指控。但倘若是这样的话，这似乎是个并没有给人留下深刻
印象的证据，而且"犹太人卡西尔"这个不当措辞，几乎无法激起我
们对海德格尔完全没有偏见的信心。或者，海德格尔本人可能知道另
一个故事，根据这个故事，他并没有和卡西尔握手。德·冈迪亚克在
他1998年的回忆录中也提到了这个记忆的冲突，他对此的说法是："倘
若海德格尔拒绝了卡西尔握手的意愿，那么我们完全没有注意到，卡
瓦耶斯热情概述了这次'激烈'交流，如他所述，对我们来说这次交
流似乎从未逾越学术礼节的习惯界限。"[37]

　　无论我们对这个谜团有什么怀疑，我们面对的都是相互矛盾的证
据，而且也没有解决这种矛盾的可靠手段。这两位叙述者都不可靠：
海德格尔不可靠，因为他很快就要在当局面前为自己辩护，据此当局
会决定是否恢复他的教学权利；波斯也不可靠，因为他强烈地偏袒卡
西尔。海德格尔坚持自身记忆真实性的理由，显然对他的个人事业产
生了更大的影响。但这并不意味着他实际上说出了真相，也并不意味

着他在撒谎。相较之下，波斯几乎没有从伪造这种细节中得到什么好
处，除了为他的故事添加一个合适的结尾。而他确实倾向于象征的意
义，他以这样的评论结束了他的回忆："达沃斯的这场对话，象征着
德国哲学正在加速走向其悲剧性的衰落。"[38]

蒂利希与施特劳斯

在战后的十年里，保罗·蒂利希与列奥·施特劳斯提供的最后两
份叙述，有助于我们更多地理解达沃斯辩论在欧洲哲学记忆中的地位。
蒂利希生于1886年，是一位路德宗牧师和哲学家，对社会主义怀有
强烈的同情。1929年到1933年，他在法兰克福大学教授神学，1933
年纳粹上台时，他被迫逃往美国，并在纽约协和神学院任教，之后迁
往哈佛神学院（1955—1962），接着去了芝加哥大学，从1962年起，
他一直在该校任教，直到去世。蒂利希从1920年代初就相当了解卡
西尔，当时他们都隶属于汉堡的瓦尔堡图书馆。[39]历史让他们在纽约
流亡时再度相遇，蒂利希那时正在召集人们商议德国战后的智识重构。
卡西尔本人拒绝参会，这一方面是因为他相信，德国人必须依靠自己
来实施民主改革，另一方面，用托妮·卡西尔的话来说，是因为恩斯
特"无法分享蒂利希"对德国战后前景的"乐观态度"。[40]

蒂利希在1924年至1925年这个短暂时期内结识了海德格尔，
他们当时都在马堡大学任教。虽然蒂利希可以夸口自己对两位哲学家
及其成就拥有丰富的理解，但达沃斯的交锋发生时他本人并不在场。
尽管如此，1954年3月下旬，在纽约库珀联盟论坛上发表公开演讲
时，蒂利希还是稍稍反思了海德格尔、他在达沃斯的表现，以及他
在哲学史上的更宽泛的角色。在简要地附带讨论了海德格尔哲学的一
般性主题之后，蒂利希转而解释了他眼中海德格尔哲学的关键——决

心（*Entschlossenheit*）概念——然后试图将这个概念与海德格尔对第三帝国的接纳联系起来。蒂利希急切地指出："人们不应仅仅根据个人生活中的缺点来评判一位哲学家的价值。"例如，柏拉图"就蠢到给叙拉古的僭主当顾问，后者是他那个时代的希特勒"，这足以表明，伟大的哲学家也可能犯下巨大的政治错误。[41]

　　然而，蒂利希自己还是忍不住将海德格尔 1933 年初的政治决定关联于他的哲学，尤其是决心的观念：随着纳粹夺权，蒂利希宣称，"海德格尔发现了大量的决心，比他以前任何时候发现的都要多"。问题在于，海德格尔的决心缺乏规范的导向，只是随波逐流："我们会说，（他的）决心是魔性的，也就是说，它是破坏性的、反本质的、缺乏道德正当性。这种决心之所以如此，恰恰是因为海德格尔缺乏衡量其决心的标准。"蒂利希接着提出了令人惊讶的联系：

> 在希特勒上台两年前（原文如此），卡西尔与海德格尔在瑞士有过一次非常有趣的讨论。这次讨论大概尽可能地揭示了两种人之间的冲突状况，一种人像卡西尔那样，出自康德的道德哲学，具有思考和行动的理性标准，另一种人像海德格尔那样，根据不存在这种标准的概念来为自己辩护。一年以后，卡西尔流亡国外，海德格尔则成了弗莱堡大学的校长。[42]

　　因此，对于蒂利希来说，海德格尔与卡西尔的比较不仅具有传记的意义，还具有哲学的意义，因为它生动证明了"纯粹的存在主义无法在道德哲学与伦理学领域提供任何解答"。[43] 对蒂利希来说，达沃斯辩论主要具有伦理—政治的意义，而不是人类学—形而上学的意义：蒂利希断言，这次辩论忽略了康德《逻辑学讲义》中的第四个基本问题（"人是什么？"），主要挑起了对康德的规范性问题"我应该做什么？"的兴趣。对于这个问题，卡西尔可以用普遍有效的伦理法则的形式来提供现成答案，而海德格尔，由于他的思想赞颂的是取代了普遍性的有限性，那么除了那种缺乏规范意义的决心之外，就不可能有任何答案。蒂利希对海德格尔的存在主义的控诉，此前已经由海德格尔的学生卡尔·洛维特以大致相同的方式阐述过，后者在 1946 年为《现代》杂志撰写了一篇文章，这一点自不必说，但这种控诉忽略了海德格尔哲学的一个关键特征：一个人的决心只有在被抛性中才会出现。这种控诉还理所当然地预设了这样的原则：为人类提供伦理指导是哲学的一项必要使命。[44] 出于这个前提，蒂利希可以将 1929 年的交锋描述为即将到来的伦理挑战的试验场，在此，海德格尔的哲学将被"揭露"为一种政治虚无主义，而卡西尔的哲学虽然在政治上被击败，但仍将屹立不倒，并被揭示为普世主义在欧洲灾难后最后的与最好的希望。这种解释将哲学转变为黑暗与光明之间的准神话斗争，但这并没有降低它的吸引力。

1956 年，在纪念库尔特·里茨勒的讲座中，政治哲学家列奥·施特劳斯为这些主题给出了甚至更为激进的解释，该讲座首次发表于纽约的社会研究新学院的研究生部。[45] 第二章就已指出，里茨勒是施特劳斯的亲密朋友，并曾在 1929 年达沃斯高校课程上发表了一篇文章。施特劳斯本人实际上并没有列席达沃斯（不过一些历史学家错以为他在那里）。在 1920 年代初，里茨勒和施特劳斯就像当时许多研习哲学的学生那样，感到自己被海德格尔激进的思维方式所吸引。而且，似乎可以公平地说，倘若既不了解海德格尔哲学对施特劳斯的吸引力，又不了解海德格尔哲学升退为支持第三帝国的政治决断时施特劳斯的最终幻灭，那么就无法理解施特劳斯的政治权利理论，该理论后来让他成为著名（诚然有争议的）学派的名义领袖。在 1956 年的讲座中，施特劳斯承认了海德格尔的克里斯玛对他朋友产生的影响："这样说或许还是保守了，"施特劳斯评论道，"海德格尔是里茨勒遇到过的最强的同时代力量。"遵循着海德格尔学生的惯常模式，施特劳斯先是赞扬了老师的独创性，但又遗憾于他在如此众多追随者间引起的批判思维的瘫痪：

> 海德格尔远超他所有的同时代人。早在他为公众所知之前，就可以看出这一点。他一出现在这个舞台上，就站在它的中心并开始支配它。海德格尔的支配在范围和强度上几乎持续不断地增加。他充分表达了当时盛行的不安与不满，因为他对前路清晰而笃定，即便没有展示出整条道路，至少也迈出了最初决定性的那几步。骚动或风暴逐渐平息。最终达到的是这样一种状态，外人倾向于将之描述为批判能力的瘫痪；哲学思考看起来被转变了，成了带着崇敬聆听海德格尔初始神话的活动。[46]

这个谴责并不陌生，它非常类似十年前卡西尔在《国家的神话》中提出的主张：海德格尔巩固了政治神话对现代德国意识的掌控。但施特劳斯偏离了对海德格尔哲学的通常谴责，他解释说，哲学在现代世界衰落的更深层责任，并不在于海德格尔的存在主义，而在于原本应当阻止其崛起的自由理性主义。为了将这个论断说清楚，施特劳斯引用了维吉尔《埃涅阿斯纪》中的一段文字，颂扬"庄重而虔诚的人"能够平息嗜血的暴徒。[47]

施特劳斯的暗示很明确：德国哲学的悲剧在于，海德格尔的反对者中没有人能以同等的道德权威说话。在更早的一个时期内，学生们将赫尔曼·柯亨视为他们在哲学的克里斯玛和道德指导上的典范。但在1920年代，只有海德格尔才对真正的哲学表现出同样的热情，尽管海德格尔决意要摧毁柯亨及其理性主义门徒所建立的自负理想的根基。尤其是卡西尔，他无法与海德格尔匹敌。对施特劳斯的朋友来说，达沃斯的结果几乎是预先注定的："里茨勒毫不犹豫地站在海德格尔一边。别无他法。仅仅是对伟大的感受就足以决定他的选择。"对施

特劳斯来说，海德格尔是一位伟大的哲学家；卡西尔不是："卡西尔
代表的是确立已久的学院立场。他是杰出的哲学教授，但他不是哲学
家。他博学，但没有激情。他是表述清晰的作家，但相较于他的清晰
与温和，他对问题的敏感性不足。"在达沃斯的象征性对抗中，最应
当遭受谴责的恰恰是卡西尔，因为他典型地代表了施特劳斯眼中现代自
由主义向政治无为主义的撤退，自由主义放弃了哲学最高的伦理使命：

> 作为赫尔曼·柯亨的弟子，他将柯亨的哲学体系——其核
> 心正是伦理学——转变为某种符号形式的哲学，在这种哲学中，
> 伦理学销声匿迹。另一方面，海德格尔明确否认伦理学的可能性，
> 因为他觉得伦理学的观念与伦理学伴装清楚说明的那些现象之
> 间存在着令人厌恶的不相称。[48]

除了不屑一顾，施特劳斯对卡西尔的工作显然无感，因为在他看
来，卡西尔没有充分地投入政治问题，对施特劳斯来说，政治问题才
是最高的哲学问题，甚至大概是唯一严肃的哲学问题。由于卡西尔未
经一战就把这片领地让给了他的对手，海德格尔就可以自由地宣称，
所有为政治规范提供先验基础的进一步尝试都是徒劳。目前尚不清
楚，施特劳斯自己是否接受这种虚无主义结论，并认为它适用于所
有政治规范，还是说相反（似乎更有可能），施特劳斯只是相信，卡
西尔的明显失败表明需要为现代政治提供新的与决定性的非自由主
义基础。无论如何，施特劳斯所谓的知性"真诚"与政治审慎，要
求他更深刻的意图在原则上难以度量。但是，施特劳斯对历史主义
的反基础主义有着明显的敌意，他显然试图复兴前现代的自然权利传
统，这些都表明，对他来说，达沃斯辩论为证明施派学说的正确性提
供了有悖常情的证据。

在同时代人的记忆中

在更近的时期，达沃斯争论的记忆已经象征着欧陆思想的分界，既是政治的也是哲学的。对与里特尔共同起草研讨记录的奥托·弗里德里希·博尔诺来说，即使在半个世纪之后，这场争论仍然历历在目：海德格尔邀请了博尔诺和欧根·芬克一同参会，博尔诺后来回想起观众等待讨论开始时的紧张期待感。两位哲学家的对话似乎体现了"当时的哲学处境"。这是哲学史上两个迥异时代的会面——"一种富饶蓬勃的传统，再次于气度不凡的卡西尔身上具现"，而在海德格尔身上，博尔诺看到了"一个新时代的突破，与之伴随的是全新开端的意识"。[49]对话并不顺利："在我尚属清楚的记忆中，"博尔诺写道，"卡西尔每次都以相当友善的方式开始讲话，他坚持认为他们最终的意见是一致的，而海德格尔用近乎不礼貌的尖锐态度回答他说，人们必须首先清楚地认识到他们之间的差异。"最值得注意的是博尔诺的论断——这次辩论"无果"（ohne Ergebnis）而终——这个说法与大多数人认为海德格尔明显取胜的观点形成了鲜明对比。博尔诺还指出——他是唯一提到这一点的人——有人提议第二天继续对话，但海德格尔不想这么做。[50]

伊曼努尔·列维纳斯的情况更为复杂。在他晚年的几次采访中，他分享了对这次辩论与两位哲学家的丰富记忆，他们的对话给这位年轻学生留下的印象宛若"世界的创造和末日"。[51] 相较于其他任何目击者，对列维纳斯来说，这场争论大概更能代表他职业生涯的真正里程碑，而他对其重要性的复杂评价，不仅大量揭示了他自己作为哲学家的分裂意识，还有他亲自见证的欧洲历史的更大分裂。列维纳斯赞同普遍流传的印象，认为卡西尔象征着"一种即将被击败的秩序"。[52]在接受弗朗索瓦·普瓦里耶的采访时，列维纳斯回想起卡西尔是举止带有名门气质的优雅人道主义者，新康德主义者，赫尔曼·柯亨的伟大弟子，从科学的可理解性出发的康德现代解释者，同我们自己的莱昂·不伦瑞克非常接近；并且，就像不伦瑞克一样，卡西尔与源自 19 世纪的理性主义、美学和政治观念传统一致。当然，他的哲学与实证主义和相当陈腐平庸的科学主义相去甚远，但他也像我们的老师莱昂·不伦瑞克一样相信，数学的发明已经成为内在生活本身，哲学家首先想到的并不是对死亡必然性的沉思。

很明显，列维纳斯钦佩卡西尔，对他来说，卡西尔的哲学代表了现代欧洲哲学最可贵的价值，而他在达沃斯之后地位的下降，预示着"某种人道主义的终结"。[53] 列维纳斯解释道："正是在这次历史性对抗之后，康德启发的思想与主要由卡西尔代表的启蒙遗产在德国消失了。"[54] 但从他的这些话语中可以明显看出，列维纳斯只能带着敬而远之的态度来回忆卡西尔。他对海德格尔的记忆则并非如此：

> 然后站在另一边的是海德格尔，这位哲学家并没有从精密科学出发，并将物理—数学科学作为可理解性的源泉与思维的方向。但在达沃斯的海德格尔让我想到弗莱堡的海德格尔，对他来说，存在根据其动词形式被理解为某种对人类成问题的存在事件。应当理解每一种存在的必要意义。对海德格尔来说，科学当然是可理解性的一种模式——但它已经是派生的了。他寻求人类的根源，而人类的存在就在于其对存在的领会，以及存在者的存在凭此取得的意义。有一条新的道路，它是对哲学追问的激进化，它优先于并反对数学—物理科学的反思。人们肯定不能不承认这种思想对我们这个世纪的所有哲学的影响。这是希腊思想的新高峰，它并非仅仅出现于现代科学的黄昏之中，

它还出现于存在问题的觉醒之中，而这或许也是它最初令人困惑的地方。但如今，那些困惑指向了以自身的方式必要且激动人心的路线，而不是简单的谬误或偏差。这是思想的某种新激情。[55]

列维纳斯对那次交锋的记忆仍然充满混乱。在战后时期的主要论著中，列维纳斯针对海德格尔的哲学遗产发展了一种复杂精致的批判，它的每一步都只会放大他早年弗莱堡学徒时期走过的路程（既是哲学的路程，又是政治的路程），而他在当时一直被算作现象学界令人钦佩的成员。早在他创作《从存在到存在者》时（1940 年到 1945 年被俘期间），他就宣布要"离开那种哲学的氛围"，与此同时他又坚持主张"我们不能把它留给某种或许是前海德格尔式的哲学"。[56] 甚至在生命的最后几年里，他也从未接受海德格尔的哲学可以被简单摈弃的观点。许多年以后，当他与理查德·休格曼交谈时，他宣称："你无法绕过海德格尔这样的思想家。"[57] 他所受的恩惠让他赞同他老师探索的"不同于那些……康德主义者的方向"以及"比科学的基础问题更为重要与根本的问题"。[58]

但列维纳斯也承认，他在 1929 年感到过某种类似"颤栗"（frémissement）的东西。尽管他那时在哲学上与海德格尔保持一致，但他后来声称自己当时就知道卡西尔代表了"一种即将被击败的秩序"。不过他承认，这种回溯性的判断伴随着一定的风险：

> 如今，一个人的视角已经发生了某种转变，这或许会篡改这个人的记忆；我认为，海德格尔宣称一个世界将要被推翻。你知道三年后他会加入哪个党派：尽管如此，人们或许仍然需要拥有预言的天赋，才能在达沃斯预见这一点。很长一段时间以来——在那些可怕的岁月里——我都觉得，尽管我热爱海德

格尔，但我当时就已经感觉到了这一点。涉及这两者的价值判断，肯定需要随着时代的变化而有所改变。而在希特勒统治期间，我曾为自己在达沃斯更喜欢海德格尔而感到极大的自责。[59]

鉴于我们对海德格尔与纳粹主义的牵连的所有了解，列维纳斯的记忆会揭示一种苦恼的严重分裂的良知，也就不足为奇。但是，通过轻率调整双方的立场来简化我们对过往的政治理解，例如，坚持认为列维纳斯与卡西尔二人单纯是"人道主义"的拥护者，他们面对的是海德格尔的"反人道主义"，这就错了。[60] 如此有分量的术语诱惑性极强，但它们会令我们篡改记忆和哲学。对于列维纳斯来说，让这种回忆变得如此困难的原因在于，不可能按照他自己满意的方式来解决这种争端。真实的情况是，他被一分为二，一方面他钦佩卡西尔是伦理普遍主义的拥护者，而另一方面他又怀有不可动摇的信念，认为欧洲哲学的未来在于海德格尔，即便为了实现海德格尔的遗产，还需要去克服海德格尔的哲学。或许正是因为这个理由，列维纳斯坦率承认了他的怀疑态度，不确定达沃斯争论的问题能否得到解决。对他来说，这意味着一种"无法逾越的二律背反"，一种"意义深远的古老"分野，这种分野不仅关乎现代欧洲历史上的某个特定时刻，实际上还关乎他所谓的"我们的文明"之整体。[61] 列维纳斯几乎不能置身事外地审视欧陆哲学中的这种分野，因为列维纳斯自己就被一分为二。

汉斯·布鲁门贝格（1920—1996）给出了同样复杂且基于历史的开阔观点，布鲁门贝格是伟大的德国哲学史家，他从卡西尔的哲学中汲取了灵感，他最出名的或许是他对神话研究的贡献，以及他与卡尔·洛维特关于世俗化过程和"现代的正当性"的理论辩论。在一篇（死后发表）的简短文章中，布鲁门贝格提出了一个有趣但又高度推测性的意见，他认为达沃斯争论或许可以被视为一次重演，对应了四百年前马丁·路德与乌尔里希·茨温利在马堡的神学争辩，那时的争论围绕着基督在圣餐中的在场特征展开："存在还是感觉，实体还是功能，现实还是意义。"对布鲁门贝格来说，海德格尔与卡西尔所争论的概念，似乎不仅仅是以巧合的方式"再现"了新教关于"实在说"与"幻影说"的争辩：正统观点认为，基督的身体确实存在于圣体之中，而相反的观点（通常被认为是异端）则认为，基督的化身仅仅是一种幻相，面饼和酒只能说象征着他的肉与血，并非真的是他的肉与血。对卡西尔来说，实体问题也被功能问题所取代：现代科学发展到了这样的地步，它仅仅处理符号秩序而不指涉独立实在的形而上学基础。在布鲁门贝格看来，卡西尔在这个意义上也是胡塞尔的远亲，后者的研究更局限于作为意义行为的意向性现象。相较之下，海德格尔并没有将现象学理解为对意义的心智行为的研究，而是将之理解为对"显现自身"的东西的沉思性研究，由此也就标志了主体的立场从能动性向接受性的转变，而"追问者立场之尊严"也随之发生了转变。胡塞尔自己反对所有种类的世俗还原论，如历史主义、心理主义与人类主义，这可以按照类比的方式，来理解为重述了古代诺斯替主义对所有世俗化教义的敌意，因为这些教义谈到了在不洁世界中的道成肉身。对于海德格尔来说，他要恢复世内生存的不洁状态，这就让现象学与卡西尔发生了直接冲突。布鲁门贝格解释道：

> 卡西尔在1910年就已经提出了"实体"概念与"功能"概念的分离，海德格尔决定与路德站在一起反对这种分离，转而支持将实体作为第一范畴与独特范畴，反对将范畴功能扩展为"符号的形式"——并因此赞成……"实在论者"的传统约定。但现在的问题是存在本身——谁会不想与它有密切的关系呢？[62]

布鲁门贝格将海德格尔－卡西尔的争辩比作关于基督肉身的古老

争执，虽然我们仍然会对这种尝试抱有怀疑，但我们还是可以钦佩布鲁门贝格对思想史广泛谱系的敏锐洞识。而且我们也应该欢迎这种解释，因为它冒险超越了习惯性解读，不把达沃斯争论当作政治寓言。他更为准确地提出，卡西尔对符号的偏好预设了人的能动性的首要地位，而海德格尔将现象学转化为对"显现自身"的事物的研究，这将人类抛入了很大程度上的接受性立场。

令人遗憾的是，布鲁门贝格并没有进一步发展这种解释，通过回归政治并将政治作为这次辩论的最终意义，他只是掩盖了这种解释的重要性。他声称，达沃斯交锋的历史结果不能仅仅作为"即兴的修辞能力、那个时代的心态或争夺学派主导地位的某种事实"而被摈弃。在布鲁门贝格看来，它的政治后果实际上过于不言而喻，以至于他在文章结束时意外地判定政治高于哲学："任何在收到预先警告之后聆听了1933年校长就职演说的人，不管他们有多么不情愿，都至少能够同意——它关乎政治，而非哲学，或者关乎单纯政治工具（Organon）的哲学。"甚至对于那些坚持将"盲目追求'意义'"当作哲学原则的人来说，他们也很难不承认，达沃斯本身就像存在一样：它"显现了自身"。[63]这些解释的危险在于，它们表现出了一种特殊的意愿，为了政治后果而抽空哲学的意义，这种解释所依赖的是布鲁门贝格明确的形而上学假设，即政治事件是实在的，而哲学论证仅仅是有意义的。布鲁门贝格是否真的打算将这个假设当作严肃的论点，仍然不得而知。但似乎最有可能的是，他只不过希望通过戏仿的方式说清楚他的政治裁决，让历史成为剧场，上演政治现实跨越时代的体变*。

---

* 体变（transsubstantiation），指圣餐仪式中面饼和葡萄酒经过祝圣变成基督的肉与血。

布尔迪厄与哈贝马斯

在过去二十年里，可以看到人们对达沃斯争辩的兴趣再度抬头。毫无疑问，这部分是因为人们重新开始争论海德格尔支持纳粹主义的性质和程度，部分是因为人们恢复了对卡西尔哲学遗产的热情，多年以来，卡西尔的哲学陷入了黯然失色的状态，但如今似乎真正享有了学术关注的复兴，尤其是在德国。如今存在着大量论述二人交锋的文献。毫无疑问，全面分析所有新近的讨论会有价值，但这也需要作者与读者有着非凡的耐心。在此更为仔细地审视两个相当不同的例证，也就足够了，它们或许都能帮助我们理解，达沃斯的交锋对于欧陆观念的新近记忆与历史来说意味着什么，以及还将继续意味着什么。

1988 年，法国社会学家皮埃尔·布尔迪厄发表了长文《马丁·海德格尔的政治存在论》，介入了当时法国哲学界对海德格尔的纳粹主义的激烈争论。[64] 布尔迪厄是一位关注文化和社会权力的老练理论家，他所谓的反身社会学，结合了来自现象学、结构主义马克思主义与人类学的诸多洞识。在社会经济出身方面，布尔迪厄是一位局外人，他特别关注的是教育与文化教养作为"符号资本"模式发挥作用的途径，他运用辩论家的可观技巧，揭穿了法国知识分子精英言过其实的自命不凡。他那本咄咄逼人的薄书辛辣讽刺了法国海德格尔派的不同群体，他怀疑，这些人极力减弱这位德国哲学家与第三帝国的牵连程度，是为了保护他们自己的智识遗产。

布尔迪厄对达沃斯争论的社会学洞识相当有启发性。为了更详细地理解他的介入，回顾一下海德格尔在整个 20 世纪后期法国智识生活中扮演的特殊角色，或许有所帮助。虽然法国的哲学机构始终由于各种学派和传统的强烈分歧而有所分裂，但可以公平地说（为汤姆·罗克莫尔与伊森·克莱因伯格的哲学和历史研究所证明），自 1930 年代开始，海德格尔成了许多拥有不同政治信仰的法国思想家的思想楷模

（*mâitrepenseur*）。[65] 海德格尔与纳粹合作的丑闻曾是引起激烈讨论的问题，战后不久就是如此（事实证明，德国生存论现象学在当时与法西斯主义的联系，令让－保罗·萨特和与《现代》杂志密切相关的存在主义作家感到特别担忧）。1987 年，随着智利历史学家维克托·法里亚斯的著作《海德格尔与纳粹主义》在法国出版，这场争论甚至以更大的激情被重新点燃。[66] 法里亚斯的研究激起了大量的愤怒，这是合理的，因为它似乎通过联想的逻辑，大规模控诉了海德格尔的哲学遗产，例如，它揭露了海德格尔在年轻时对天主教神学家亚伯拉罕·圣克拉拉的兴趣，然后又证明后者是出了名的反犹主义者。在法里亚斯这本书出版后，争辩在法国爆发了，并最终蔓延到德语世界与英语世界。[67] 法国知识分子对海德格尔政治活动的讨论，看来一时间停不下来。

　　布尔迪厄介入这场争论之所以显得如此不同寻常，是因为不同于绝大多数评论，它是从社会学视角来撰写的：海德格尔的工作不应被主要理解为论证性主张，而应当这样理解，它们全都具有策略上的可能性，目的是在被布尔迪厄称为"哲学场域"的符号权力的有限系统中确保优势。这种社会学视角的主导前提在于，哲学场域是用来表达社会－政治承诺的符号斗争竞技场。但由于哲学学科视自身遵循着一套内在于这个系统的规则，这些社会－政治承诺就不能直接加以表达，而必须通过学科的纪律"审查"网络。对布尔迪厄来说，由此可以推断，即使是哲学论证的更微妙观点，也可以被理解为符号权力的隐秘形式。涉及具体的海德格尔哲学，布尔迪厄着手证明，它充当的是某种编码式和策略性的表达，以支持海德格尔自己作为"保守革命"拥护者这个受历史条件制约的立场。由于布尔迪厄相信，哲学场域必然只允许一组有限的策略选择，海德格尔与卡西尔的辩论就充当了经验性的例证，展示了这种关于支配的符号游戏实际上如何对抗策略意义上的对手。布尔迪厄断言，海德格尔对卡西尔的新康德主义的哲学攻击，在保守主义革命攻击魏玛时代自由主义的更大背景下，被揭示为一种策略姿态。因此，举例来说，海德格尔《存在与时间》中的技术评论规定了这样一种偏好，它钟爱本真的"关切"（Sorge），而不是堕落的"关怀"（Fürsorge），这种偏好可以被理解为隐秘的哲学声明，象征着激进的保守主义抗议魏玛共和国的社会福利立法。

　　因其在理论社会学与经验社会学的原创性以及令人振奋的写作方式，布尔迪厄受到公认的赞誉，他的写作方式看起来经常以奇妙的方式，徘徊于严密推理的学院哲学和政治论战之间。然而，即使是布尔迪厄方法的拥护者也可能会同意，《马丁·海德格尔的政治存在论》并非他最成功的作品之一。这种困难或许与这本书的反身性不适有关——该书自身在方法论上受惠于现象学——布尔迪厄的早期作品流露出胡塞尔和梅洛-庞蒂的重要影响——即便它声称要用社会学祛魅的工具不仅来解释现象学，还要解释所有哲学。布尔迪厄敏锐地意识到，他自己的智识结构与社会学理论，不可能主张自身可以免受他开创的"符号资本"的侵蚀性分析的影响。[68] 但是，将自身理论视为某种策略的反身性分析，与断定自身理论拥有某种政治地位（就布尔迪厄而言，其理论自豪地声称自身与后马克思主义政治左派缔结了同盟）时发生的反身性失调之间，是有区别的，那些方法的反身性操作揭示了它们相当不同的政治根源。换句话说，当布尔迪厄自己的理论证明它可以被用于不同的政治目的时，他又怎么能由于现象学的某些特定的反动政治标记而攻击现象学呢？布尔迪厄自己的社会学成就强加给他的隐含答案在于，他在海德格尔哲学与魏玛时期保守主义革命意识形态间辨别出的短暂联盟，只不过是对这种可能性的偶然实现，这些可能性本身不断变化，并可供创造性地重新利用。这意味着布尔迪厄的社会学发现，与同时代法国正在进行的海德格尔哲学的政治正当性争论几乎没有多大关系。因此，在结合现象学与他的左翼社会学方法时，布尔迪厄本人所获得的成功，揭示了这样一则紧缩性的教训，即任何想要通过社会学将某种哲学的意义还原为单一政治-历史网络的主张都注定会失败。

布尔迪厄对达沃斯交锋的社会学解释，不幸地陷入了述行性矛盾之中，这意味着他的解释或许可以充当有用的例证来说明一个更加普遍的难题，这种难题在哲学与政治记忆接触时就可能产生。[69]试图完全绕开哲学的意义，通过将它的主张解密为受历史条件制约的权力姿态，这种做法会面临严重的风险，因为它无法解释，包括它自己的意义在内的任何意义，将以何种方式在这种分析中留存下来。这个难题根据学科以不同形式表现出来：社会学家或许会求助于参与者无法获得的更为深刻的"知识"，这些知识与潜藏于他们论证背后的社会权力有关，而历史学家或许会在诱惑下主张自己拥有不同种类的特权洞识，这种洞识以未来的形式呈现，而参与者对这种洞识知之甚少。布鲁门贝格在他主张达沃斯争论的政治结果已经在1929年显现自身时（只有预先有所了解，这种主张才可能存在），就暴露了这种准历史方法的真正局限性。

对上述方法的一个有益替代方案，由哈贝马斯在论述"符号的解放力量"的讲演中提供，该讲演于1955年发表于汉堡大学举行的两场纪念活动上，这两场活动是向半个世纪前逃离德国的犹太知识分子的致敬：一场是为了文化研究而新修复的瓦尔堡图书馆落成典礼，另一场是卡西尔逝世五十周年纪念活动。哈贝马斯对他所称的"卡西尔的人道主义遗产"的哲学与政治意义有着无与伦比的敏感性，他利用这个时机，超越了公共缅怀活动通常的例行公事，重新引入了《符号形式的哲学》中的某些关键主题与原则，他将之总结为"康德先验哲学的符号学转向"。[70]哈贝马斯解释说，在这个理论中，自始至终显而易见的是作为"投射于世界的自发性"的心灵模型，它为自己创造了多元化的符号领域。尽管卡西尔将心灵作为创造性能力的理解主要来自康德，但哈贝马斯也谨慎地注意到了威廉·冯·洪堡的语言学理论的影响（他含蓄地承认他自己受惠于卡西尔的语言哲学）。但尽管存在这种相对同情的概述，哈贝马斯却没有克制住自己对他眼中的卡西尔思想核心弱点的批评——尽管它努力克服康德主客体的二元论，但它仍然保留了"认识论的立场"，"根据可能经验的客体的先验构成模型"来解释"语言对世界的展开"。[71] 对哈贝马斯来说，这意味着卡西尔从未成功地超越康德的先验预设，认为自发性本身构成了现实，它作为无条件的与"超凡脱俗的心灵"超出了它的表达范围。[72] 事实最终证明，这对卡西尔来说是致命的，因为他无法将自己的论证立场理论化。

对哈贝马斯来说，卡西尔哲学这个明显的弱点在达沃斯就暴露了：海德格尔评论道，对卡西尔来说"起点是完全成问题的"，在这时他就已经触及了卡西尔先验预设的关键弱点。换句话说，卡西尔无法为人类主体特征提供一种在理论上令人信服的解释，而符号化的创造性活动最初就来自人类的主体。哈贝马斯推断，倘若卡西尔试图在不陷入形而上学教条的情况下解释人类的这种特征，那么他"就不得不在符号形式的构建中赋予语言和生活世界中心地位"。然而，由于卡西尔未能迈出这一步，未能进入人类主体的社会与生活–哲学构成，他就永远无法克服"束缚于认识论的视野"。他也无法就符号形式的哲学的规范前提与含义发展出令人满意的理论：

> 这或许就是达沃斯争辩没有触及这场争论真正症结的系统性原因。卡西尔与海德格尔的冲突延伸到了政治领域，但这场冲突并没有结束。在开明人道主义得体而又有教养的精神，与着手将人类抛回"其命运严酷性"的致命修辞之间的对立，反映的仅仅是一种在姿态与心态上的对比。[73]

在达沃斯争论中，哈贝马斯看到了与哲学和政治潜在相关的教

训。但是，由于这两位参与者似乎都不愿意将自己的哲学学说发展成
关于社会存在的明确理论，政治教训就只有通过哲学辩论来获得。这
场争论的任何可能的社会—理论后果，都在没有得到承认的情况下，
在人类学类型的宿命论对抗自发性的非政治性竞争中发生。而且，由
于海德格尔和卡西尔都未能明确这些后果，他们对抗的政治意义一直
模糊不清，只有在相互冲突的"姿态与心态"的无声表现中显露自身，
而正是"姿态与心态"这样的政治和人物形象的符号与初步隐喻，首
先诱惑同时代人在 1930 年代将这场辩论转变为文化—政治寓言。

通过这个结论，哈贝马斯试图承认达沃斯辩论的潜在政治后果，
同时又不牺牲它明显的哲学内容。这确实是巧妙的解释。但关键是要
注意到其更深层次的讽刺意味，即它已经预设了卡西尔认识论的超脱
立场多少是错误的：当然，在他的政治同情中，哈贝马斯继续将他自
己视为卡西尔的盟友，他与这位哲学前辈共享了一种热情，热心于基
于批判理性的现代主义和解放政治。然而，在他的哲学同情中，哈贝
马斯在此显现出相当不同的观点：因为尽管他保留了海德格尔会极力
抵制的对理性的忠诚，但哈贝马斯似乎接受了海德格尔的观点，认为
新康德主义受到了某种去语境化的、隐含形而上学的人类模型的困扰。
尽管哈贝马斯不愿意直接这么说，但他对卡西尔哲学困难的解释，就
预先假定了海德格尔在这个关键点上是正确的。事实上，我们可能还
没有领会到海德格尔对哈贝马斯持久影响的深度，在战后出版的《形
而上学导论》引发丑闻之前，哈贝马斯仍然会将海德格尔称赞为"我
最有影响力的老师"。哈贝马斯在一篇题为《与海德格尔一起思考反
对海德格尔》的文章中回应了这些早期丑闻，他后来承认，这个标题
仍然揭示了这位年轻作者是"海德格尔的忠实门徒"。[74] 因此，哈贝马
斯对卡西尔先验意识概念的批判就出自这样一种对形而上学的批判，
这种批判保留了哈贝马斯自己似乎不愿意否认的、暗中来自海德格尔
的恩惠。即便是哈贝马斯，他似乎也无法完全成功地弥合哲学与政治

之间的鸿沟。[75]

　　围绕达沃斯交锋记忆的当前争辩，还具有另一重讽刺意味。一种想法认为，我们或许可以在不破坏智识生活实质的情况下缩小这种鸿沟，但我相信，这种想法再怎么说也好不到哪里去。甚至在今天，像哈贝马斯那样敏锐的解读仍然很罕见。更为典型的是那些采纳了我称为寓言解释策略的解读，如此来看，哲学问题的分歧仿佛不过是政治斗争的外在表现。然而，寓言的真正危险在于，通过将哲学分歧消解为政治斗争，除了单纯权力的反智的偶发反应外，它可能夺走我们裁判智识辩论的所有标准。因为达沃斯交锋的终极悲剧，并不在于它结束于错误政治的胜利。更深层次的悲剧在于，它竟然结束于政治。

结　论

　　　　人类是一件多么了不得的杰作！多么高贵的理性！多么伟
　　大的力量！多么优美的仪表！多么文雅的举止！在行为上多么
　　像一个天使！在智慧上多么像一个天神！宇宙的精华！万物的
　　灵长！可是在我看来，这一个泥土塑成的生命算得了什么？
　　　　　　　　　　　　　　　　　　　——《哈姆雷特》第二幕第二场

　　《逻辑学讲义》记录了康德的这样一种说法，即批判哲学的三大
问题——"我能知道什么？""我应该做什么？"和"我可以希望什
么？"——在"人是什么？"这第四个问题中找到了补充和基础。[1]
在过去这两个多世纪，在将我们与康德对现代哲学的开创性贡献分开
的时间里，这个问题的紧迫性只会变得越发明显，尽管我们在其可能
解决方案的共识上几乎没有取得多少进展。倘若存在任何解决方案，
那么我们对其重要性及其地位的把握只会变得越发模糊。它甚至可以
算作恰当的哲学问题吗？倘若它是一个恰当的哲学问题，那么它的答
案会以什么形式出现？倘若它是经验性的答案，那么它需要的是哪种

证据？倘若它是先验的答案，那么如何防止自称拥有解决方案的不同先天知识派系出现矛盾呢？

对战后的欧陆哲学来说，这个人类学问题一直具有特殊的痛切性。今日的欧陆哲学仍然可以声称自己属于一个连贯的智识传统，就此而言，这个问题的同一性就与历史息息相关，因此也就承担了诸多事件的记忆重负，这些事件没有得到解决的意义构成了某种东西，就像是人类自我理解中的永恒危机。哲学与记忆在这种意义上仍然交织在一起。正如我在前几页内容中试图暗示的，对海德格尔—卡西尔争论的记忆在这场人类学和哲学危机中继续发挥着重要作用。当然，这场争论本身并没有以一个哲学家战胜另一个哲学家这种决定性的方式告终。但或许正是由于他们的对话依旧悬而未决，它似乎仍然为一系列哲学问题提供了具有启发性的寓言，这些问题本身一直没有获得解答，大概，它们是无解的。

《论"人道主义"的书信》与《人论》

1944 年，卡西尔在美国新家的安全住所完成了他的倒数第二部论著，这也是他对符号形式哲学的最后总结。《人论：人类文化哲学导论》这个书名正表达了他希望面向英语世界的新听众发声。他在书中评论道，现代哲学现在处于一种"奇特的境地"，即便人的实证科学在各自领域内取得了稳固进步，但它似乎已经无望诉诸某种既定的权威，协调这些科学的努力，以达到对人性本质的某种共识。"我们用于观察和实验的技术工具得到了极大的改进，"卡西尔写道，"我们的分析变得更加敏锐与犀利。然而，我们似乎还没有找到一种方法来掌握和组织这些材料。"卡西尔承认，这场人类学理解的危机并非新鲜事：在 1920 年代后期，马克斯·舍勒就已经注意到，人类所面对的是谜一样的自己。但卡西尔认识到，在这中间的岁月里，这场危机变得越发严重，并且已经篡夺了真正文明的份额：卡西尔警告说，在人类各种竞争性概念中的无政府状态不仅仅是个"理论问题"，它还代表了"对我们伦理和文化生活整个范围的某种迫在眉睫的威胁"。[2]

1946 年，在所谓的《论"人道主义"的书信》中，海德格尔对这场重新兴起的哲学人类学辩论做出了自己的贡献，这是一篇面向战后欧洲读者的晦涩致辞，它在很大程度上就像卡西尔自己的《人论》一样，既总结了作者二十年前首次提出的哲学主张，又对它们做了巧妙修改。海德格尔也声称自己认识到了这个新时代的紧迫性。对于法国同行让·波弗莱的提问"如何恢复'人道主义'这个词的意义？"（"*Comment redonner un sens au mot 'Humanisme'?*"），海德格尔答复道，也许是时候超越这种充斥着明显形而上学意义的术语了。因为某些人希望将"人道主义"这个自吹自擂的名称，赋予某种哲学和文化立场，而实际上它不过是形而上学主体主义的一张面具，这种主体主义主张，人类作为所有现实的原则和基础，占据着至高无上的地位。这种主体主义，海德格尔警告说，无法为现代危机提供任何解决方案。海德格尔赶紧解释说，他的异议并非表示他在政治上拒斥一个本质上人道的世界："由于我们谈到反对'人道主义'，"他写道，"人们就担心这是要捍卫非人道的东西，并且美化野蛮的残酷现象。"他也并非意在支持某种或许令某些人担忧的"非理性主义"。他承认存在这样一种担忧，即他自己对存在论的强调或许显得会取代逻辑，但这是由于传统理解的逻辑仍然被困在表象思维之中。他还承认，《存在与时间》看起来忽视了伦理学，但这是由于他希望阐明一种先于实践哲学和理论哲学区分的思维模式。"是时候打破这样一种习惯：高估哲学并因而对哲学要求过高，"海德格尔总结道，"在当前的世界危机中所需要的是：少一些哲学，而多一些思考的专注。"[3]

我们可以把这两个声明——《论"人道主义"的书信》和《人

论》——视为对战后立即占据欧陆哲学家思想的人道主义争论（这种争论具有多重含义）的早期介入。[4]海德格尔在争论中发挥了重大作用，这当然众所周知，因为他的声明意在纠正萨特将存在主义定义为一种人道主义的努力。卡西尔也在争论中发挥了作用，但这很少获得承认，造成这种遗漏的部分原因在于，他于1933年流亡并于1945年去世后，他的名字也随之部分地失色，而且至少在一代人的时间里，人们很少会在欧洲哲学对话中听到他。然而，在重新审视这两个文本时，人们几乎立即就能察觉到它们如何仍然被锁定在这场争论之中。

卡西尔试图证明他对这个"人类学问题"的讨论是合理的，他注意到其地位不仅仅是理论性的，事实上还是实践性的，对当代世界来说它实际上还具有紧迫的伦理相关性。相反，海德格尔则坚持认为，这种对实践意义的强调是错位的。他甚至反对区分理论反思与实践反思，并转而呼唤这样一种哲学模式，其中行动本身只是对存在的回忆：他声称，思想"只要在思考，它就在行动"。然而，这种差异不应当掩盖这样一个事实，即卡西尔与海德格尔在写作时都充分地意识到，当代哲学处于危机状态；这两位哲学家都相信，这场危机的真正解决方案需要更加深刻地理解"人是什么"。他们之间的根本分歧如下：对卡西尔来说，人类在本质上是一种被赋予了独特的自发创造能力的存在者。这种创造能力是

> 人类最高的力量，它同时指明了我们人类的自然边界。在语言中，在宗教中，在艺术中，在科学中，人所能做的只不过是建立自己的宇宙——一种符号的宇宙，这种宇宙使他能够理解和解释、表达和组织、综合化和普遍化他的人类经验。

因此，人类文化作为一个整体可以被描述为"人类不断进步的自我解放过程"。无论人类将目光投向何处，我们符号化能力的证据

都会在那里自行显露:"这种自发性和生产能力,"卡西尔断言,"恰恰就是所有人类活动的中心。"[5]然而,对海德格尔来说,人类的本质并不在于生产能力,而在于一种特殊的接受能力,凭借这种能力,人类就站在了他所谓的"存在的敞开状态"之中。因此,对自发性的强调是错位的,因为人类生存的本质是某种更加"神秘的"东西。海德格尔解释道:"但在这里这个谜团显明了自身:人类在被抛性中存在(*der Mensch ist in der Geworfenheit*)。这意味着,作为存在的绽出地生存着的反抛(*Gegen-wurf*),人类比理性的动物更多些,这恰恰是由于他更少地关联于那种从主体性来理解自身的人。人类不是存在者的主人。人类是存在的看护者。"[6]海德格尔反对自发性的形象,因为它似乎将人类设定为无条件的"存在者的主人",也就是说,所有现实的形而上学基础与起始点。虽然他同意,"对人类来说,存在在绽出的筹划(*Entwurf*)中澄明",但他赶紧补充说,"这种筹划并没有创造存在"。海德格尔的结论是,人类"站出"到"存在的敞开状态"之中,而人类做到这一点恰恰只是"由于其被抛的本质"(*aus seinem geworfenen Wesen*)。[7]

被抛性还是自发性?

就像卡西尔与海德格尔所理解的那样,这两种关于人类的概念在哲学传统中都有深刻而古老的根源。但是,正是康德哲学为他们的辩论提供了最为丰富的资源,这一点我们不应该觉得奇怪。因为可以认为,康德自己在他的哲学中,就使用自发性与接受性这两个术语,将它们彼此对抗的人性模型结合起来。在第三个二律背反中,康德就已经承认了两种彼此竞争的世界观之间的根本分歧,一种世界观允许人类有自由的可能性,另一种世界观则强行规定,根据人类知性的法则,我们只能正确地设想自然不间断的因果关系。因此，康德将人类的自由刻画为"一种由自身开始按照自然律进行的绝对自发性"，但在这种绝对的自发性与彻底的自然主义决定论之间，他的体系几乎没有留下任何妥协的余地。[8] 尽管如此，在他的能力理论中，康德将这两个概念带入了某种更为和谐的关系之中，即知性（Verstand）的自发能力与感性（Sinnlichkeit）的接受能力在合作中发挥作用，以为所有可能的经验提供基础。

人们或许会推测，卡西尔与海德格尔之间出现争执，这部分是由于他们分别在自己的哲学学说中，只是更明显地强调了康德分出的两个对立面之一：卡西尔从柯亨的逻辑学那里延续了一种完全生产性的心灵概念。他将空间与时间都仅仅聚集到自发的知性之中，并由此摒弃了接受纯粹给定事物的能力概念所隐含的貌似形而上学的承诺。相较之下，海德格尔试图以一种激进的建议来扭转马堡学派过度的理智主义，认为康德的认识论事实上主要建立在接受性的基础上，尽管他将这种接受性改造到了无法辨识的程度，并通过直观的现象学理论否定它与经验主义的任何关联。更引人注目的是，他提出，康德哲学（特别是在图型法中发现的想象力理论）依赖一种更为深刻且几乎没有得到承认的人类有限性理论，根据这种理论，人类不可救药地被抛入时间之中。海德格尔的康德诠释如今或许会给绝大多数读者留下难以置信的印象。但我们至少应当承认，它的诞生是对新康德主义学说中可以察觉到的那种不对称的纠正。

然而，这场辩论的真正根源，要比任何技术性的哲学解释问题都更为古老与持久。我们已经看到，卡西尔与海德格尔最终都将他们的分歧视为关于人是什么的更广泛对话的一部分。对卡西尔来说，人就是一种符号的动物（animal symbolicum），一种以符号表达的自发能力为特征的动物。而且，这种能力是以历史的方式发展形成的：随着人类从对宇宙的神话理解过渡到现代科学理解，人类就经历了启蒙的过程，经历了解放性的觉醒，他意识到了他是自身符号现实的创造者。因此，这是一个祛魅的过程，它撤回了曾经赋予神圣存在者的理论和道德力量，因此它需要抛弃一切可能的障碍，让人类将自身辨识为自身历史状况的创造者。对海德格尔来说，以此在的名义出现的人类与其说是一种能力，不如说是对世界的一种澄明或敞开。卡西尔将实在的理论概念和功能主义概念视为认知成就，但从海德格尔的观点来看，这种概念是人类理解的历史性贫乏。我们"对存在的遗忘"只会怂恿人类拼命去追求掌控，它密谋阻碍我们认识到，我们自身被抛入这样一种生存，在其中我们不可能掌控历史。在卡西尔看到我们的自我立法能力有所增长的地方，海德格尔看到的仅仅是对"不之状态"的遗忘，而这种"不之状态"比任何表面上的自由都更为深刻。对海德格尔来说，卡西尔所谓的自发性仅仅是一种关于人类的形而上学概念，它加强了追求技术宰制的驱力。对卡西尔来说，海德格尔所谓的被抛性仅仅是一种关于人性的原始和神话概念，这种概念注定要被超越。

这两种竞争性的人性概念之间的对比确实很深刻，而在本书中，我并没有代表这一方或另一方提出任何明确的主张。我的目标更为有限：探究他们冲突的某些术语，并表明在特定的情况下，关于他们各自优点的考虑如何与更大的政治历史冲突交织在一起。我还认为，这场辩论的政治化是一种悲剧，这固然不是莎士比亚式的宏大悲剧，但它同样是一种悲剧，因为它密谋遮蔽了我们对争论的实质问题的理解。本书的教训之一就在于，哲学与政治的相互交织本身是偶然的，就像所有的历史都是偶然的一样，因此它不能被道德家用作解决方案，来应对这两种人性规范形象之间的核心分歧。

无可否认，在这里探讨的两种人类概念仍然有其哲学拥护者，这两者之间最终和解的希望仍然是哲学讨论的一个突出主题。但人们不禁要问，是否有希望从根本上真正解决这种冲突，甚至要问这种解决真的有可能吗？因为事实上，被抛性与自发性这两种哲学原则标志着一种概念分野的两个对立面，这种分野的持续存在或许正可以被理解为哲学本身的历史困境。当然，我们必须记住的是，无论是卡西尔还是海德格尔，他们肯定都不能被理解为两种原则之一的单纯的不懈倡导者，即便我们看到他们在达沃斯的对话及其随后向政治寓言的转变，无疑加强了一种无法逾越的分野表象。这场在卡西尔与海德格尔之间的辩论或许会永远留在欧陆哲学的记忆中，这也许是因为它具体化了这样一种争辩，对于这种争辩，我们无法期待完全满意的解决方案。借用康德的术语，我们可以将之描述为我们人性概念中的一个二律背反。但二律背反并不是仅仅支持一个竞争者就可以得到解决的冲突。甚至徘徊于犹豫不决中的哈姆雷特王子，也无法找到解决"高贵"与"尘土"之间争执的方法。强行解决这种争执，或者过早地阻止人们继续辩论，就是在否认人类境况的可能的本质性张力。

经常引用文本的缩写

卡西尔的论著

EC: Rev. of KPM "Kant und das Problem der Metaphysik: Bemerkungen zu Martin Heideggers Kantinerpretation." KS 36（1931）: 1–26.

EM *An Essay on Man*. New Haven: Yale University Press, 1944.

ECW 17 *Gesammelte Werke: Hamburger Ausgabe*, Bd. 17: *Aufsätze und Kleine Schriften*, 1927–1931. Ed. Birgit Recki. Hamburg: Felix Meiner, 2004.

ECW 18*Gesammelte Werke: Hamburger Ausgabe,* Bd. 18: *Aufsätze und Kleine Schriften, 1932–1935.* Ed. Birgit Recki. Hamburg: Felix Meiner, 2004.

FuF *Freiheit und Form: Studien zur deutschen Geistesgeschichte.* 2nd ed. Berlin: Bruno Cassirer, 1922.

GL " 'Geist' und 'Leben' in der Philosophie der Gegenwart." *Die Neue Rundschau* 41（1930）: 244–264.

GL, English " 'Spirit' and 'Life' in Contemporary Philosophy." Trans. R. W. Bretall and P. A. Schilpp. In Schilpp, 855–880.

HCE "Hermann Cohen und die Erneuerung der Kantischen Philosophie." KS 17 （1912）: 252–273.

ICRP *The Individual and the Cosmos in Renaissance Philosophy*. Trans. Mario Domandi. New York: Dover, 2000.

MS *The Myth of the State*. New York: Doubleday & Co., 1955.

PE   *The Philosophy of the Enlightenment.* Trans. Fritz Koellen and James Pettegrove. Boston: Beacon Press, 1955. In German as *Die Philosophie der Aufklärung.* Tübingen: Mohr, 1932. (G,—) used for German references.

PK   *The Problem of Knowledge: Philosophy, Science and History since Hegel.* Trans. William H. Woglom and Charles W. Hendel. New Haven: Yale University Press, 1950.

PSF, I   *The Philosophy of Symbolic Forms.* Vol. 1: *Language.* Trans. Ralph Manheim. New Haven: Yale University Press, 1955. In German as *Die Philosophie der Symbolischen Formen.* Vol. 1: *Die Sprache.* Berlin: Bruno Cassirer, 1923. (G,—) used for German references.

PSF, II   *The Philosophy of Symbolic Forms.* Vol. 2: *Mythical Thought.* Trans. Ralph Manheim. New Haven: Yale University Press, 1955. In German as *Die Philosophie der Symbolischen Formen.* Vol. 2: *Das Mythische Denken.* Berlin: Bruno Cassirer, 1925. (G,—) for German references.

PSF, III   *The Philosophy of Symbolic Forms.* Vol. 3: *The Phenomenology of Knowledge.* Trans. Ralph Manheim. New Haven: Yale University Press, 1957.

PSF, IV   *The Philosophy of Symbolic Forms.* Vol. 4: *The Metaphysics of Symbolic Forms.* Ed. John Michael Krois and Donald Phillip Verene. Trans. John Michael Krois. New Haven: Yale University Press, 1996.

QJJR   *The Question of Jean-Jacques Rousseau.* 2nd ed. Ed. and trans. Peter Gay. New Haven: Yale University Press, 1989.

SF, Swabey/ETR, Swabey   *Substance and Function and Einstein's Theory of Relativity.* Trans. William Curtis Swabey and Marie Collins Swabey. Chicago: Open Court, 1973.

海德格尔的论著

BP   *Basic Problems of Phenomenology.* Trans. Albert Hofstadter. Bloomington: Indiana University Press, 1982.

BT   *Being and Time.* Trans. John Macquarrie and Edward Robinson. New York: Harper and Row, 1962.

EHF   *The Essence of Human Freedom: An Introduction to Philosophy.* Trans. T. Sadler. New York: Continuum, 2002.

FCM   *The Fundamental Concepts of Metaphysics: World, Finitude, Solitude.* Trans. W. McNeill and N. Walker. Bloomington: Indiana University Press, 1995.

GA *Gesamtausgabe*. Frankfurt am Main: Vittorio Klostermann, 1975–

HCT *History of the Concept of Time*. Trans. Theodore Kisiel. Bloomington: Indiana University Press, 1985.

KPM *Kant und das Problem der Metaphysik*. 4th ed. Frankfurt am Main: V. Klostermann, 1973.

KPM, English *Kant and the Problem of Metaphysics*. 4th ed. Trans. Richard Taft. Bloomington: Indiana University Press, 1990.

LH "Letter on 'Humanism.'" In *Pathmarks*. Ed. William McNeill. Cambridge: Cambridge University Press, 1998, 239–276.

MH: Rev. of PSF, II "Review of Mythic Thought." In *The Piety of Thinking: Essays by Martin Heidegger*. Trans. James Hart and John Maraldo. Bloomington: Indiana University Press, 1976, 32–45.

MFL *The Metaphysical Foundations of Logic*. Trans. Michael Heim. Bloomington: Indiana University Press, 1984.

SZ *Sein und Zeit*. 11th ed. Tübingen: Niemeyer, 1967.

WM *Was ist Metaphysik?* 14th German ed. Frankfurt am Main: V. Klostermann, 1992.

WM, English "What Is Metaphysics?" In *Pathmarks*. Ed. William McNeill. Cambridge: Cambridge University Press, 1998, 82–96.

其他作品

Schilpp *The Philosophy of Ernst Cassirer*. The Library of Living Philosophers, 6. Ed. Paul Arthur Schilpp. La Salle, IL: Open Court, 1949.

DR "Bericht über die II. Davoser Hochschulkurse 17. März–6. April." Special issue of *Davoser Revue*. IV. Jahrgang. Nr. 7（April 15, 1919）.

DH *Die II. Davoser Hoschschulkurse 17 März bis 6. April. Les II'mes cours universitaires de Davos, du 17 Mars au 6 Avril*. Davos: Kommissionsverlag, Heintz, Neu & Zahn, 1929.

FZ Frankfurter Zeitung

KdrV Immanuel Kant, *Kritik der reinen Vernunft: Zehnte Auflage*. Leipzig: Felix Meiner, 1913. English quotations from *Critique of Pure Reason*. Ed. Paul Guyer and Allen Wood. Cambridge: Cambridge University Press, 1998.

KS *Kantstudien*

NZZ *Neue Zürcher Zeitung*

致　谢

　　在撰写这本书的过程中，我极大地受惠于诸多学者与朋友。他们慷慨地评论和批评了我的手稿，其中我最想表示感谢的是泰勒·卡曼、马丁·杰伊、约翰·米夏埃尔·克罗伊斯、托马斯·迈耶、塞缪尔·莫因、托马斯·希恩和汉斯·斯卢加。我还要衷心感谢如下同事，他们持续的对话、批评和启发丰富了本书的内容，其方式多种多样，无法在此详细说明：特里·阿拉杰姆、大卫·阿米蒂奇、查尔斯·班巴奇、弗雷德里克·拜泽、沃伦·布雷克曼、安德鲁·奇格奈尔、休伯特·德雷福斯、迈克尔·弗里德曼、彼得·加里森、斯特凡诺斯·杰罗拉诺斯、肖恩·D.凯利、伊桑·克莱因伯格、詹姆斯·克洛彭伯格、本杰明·拉齐尔、马克·里拉、路易斯·梅南、格雷戈里·莫伊纳汉、希拉里·普特南、安森·拉宾巴赫、汤米·谢尔比、尤金·谢泼德、艾莉森·西蒙斯、杰罗尔德·西格尔、朱迪斯·苏尔基斯、伊恩·汤姆森、达纳·R.维拉和马克·拉索尔。

　　我还要感谢《现代思想史》（*Modern Intellectual History*）杂志的匿名审稿人，我在那里首次发表了一篇关于达沃斯争论的文章：

《欧陆分野：1929 年达沃斯的海德格尔与卡西尔——思想史的一个寓言》，《现代思想史》（剑桥大学出版社）1.2（2004 年 8 月）：1-30。我特别感谢那里的编辑，尤其是查尔斯·伊森伯格、查尔斯·卡珀和安东尼·拉沃帕。我还要感谢我在《新德国批评》（*New German Critique*）的合作编辑，我在那里发表了第六章所包含的诸多论点的原始版本：《神话与现代性：卡西尔对海德格尔的批判》，《新德国批评》第 94 期（2005 年冬季）：127-168。我还必须感谢纽约地区思想史学术讨论会的成员与共同主办者，我在那里首次展示了第五章所包含的某些细节素材。最后，我要感谢 2007 年 9 月康奈尔大学新康德主义会议的参与者，我在那里首次提出了我对卡西尔的启蒙运动解释的见解，这些见解此后以《新康德主义与启蒙政治》为标题，发表于《哲学论坛》（*Philosophical Forum*）39.2（2008）：223-238。先前发表的所有素材都已经获得了转载许可。

　　承蒙达沃斯文献资料图书馆的批准，本书中使用的海德格尔与卡西尔的照片复制于亨宁·里特尔博士的私人档案。我要诚挚感谢达沃斯文献资料图书馆的蒂莫西·内尔松核实许可权限。

　　为了本书的研究，我前往欧洲与北美的如下图书馆和档案馆：耶鲁大学拜内克古籍善本图书馆；巴黎国家图书馆；柏林自由大学；柏林洪堡大学哲学图书馆；柏林奇异的船型国家图书馆；伦敦瓦尔堡图书馆；斯坦福大学格林图书馆；哈佛大学威德纳图书馆以及哈佛大学安多弗–哈佛神学图书馆。我特别要感谢伦敦瓦尔堡图书馆的埃卡特·马钱德和克劳迪娅·韦德波尔，感谢他们帮助我找到了本书复制的卡西尔与海德格尔的照片。在物质支持方面，我最想感谢的是哈佛大学，以及克拉克教职研究基金会的支持，它们为我提供了两年的学术休假。我还要感谢理查德·休格曼就他与伊曼努尔·列维纳斯的会面接受了个人电话采访。我要感谢托马斯·道林格、亚历山大·贝维拉卡、安德烈·朗伯莱、维塞拉·赫里斯托娃和罗尔夫·A. 乔治在研究的不同阶段所给予的帮助。我特别受益于我的研究助理朱莉安娜·李，她在参考文献方面提供了一丝不苟的帮助。我要向哈佛大学出版社的林赛·沃特斯和菲比·科斯曼表达我最深切的谢意。我要感谢约翰·多诺霍和罗伯塔·登普西在编辑完整书稿的过程中付出的辛勤劳动。最后，我要向诺亚·罗森布拉姆表示最诚挚的感谢，他以其特有的智慧和精力制作了本书的索引。

我要对我的妻子露西表示衷心的感谢，感谢她对所有哲学问题的敏锐批判，以及她在整个创作过程中的忠实陪伴。有你，我真是幸福。

在此最后还要提到两个人：我的母亲伊莱恩和我的父亲米尔顿。不幸的是，当这本书初具雏形时，我的父亲就去世了。无论说什么都不足以表达我的感激之情。这本书是献给他们的。

注 释

序言

1 Peter E. Gordon, *Rosenzweig and Heidegger: Between Judaism and German Philosophy* (Berkeley: University of California Press, 2003).

2 Dominic Kaegi and Enno Rudolph, eds., *Cassirer—Heidegger. 70 Jahre Davoser Disputation*, Cassirer-Forschungen 9 (Hamburg: Felix Meiner, 2002); Michael Friedman, *A Parting of the Ways: Carnap, Cassirer, and Heidegger* (Chicago: Open Court, 2000).

3 Nelson Goodman, *Ways of Worldmaking* (Indianapolis: Hackett, 1978), 1.

导论

1 Hermann Herrigel, "Denken dieser Zeit: Fakultäten und Nationen treffen sich in Davos," FZ, April 22, 1929, Abendblatt: Hochschulblatt, 4; O. F. Bollnow, "Gespräche in Davos," in *Erinnerung an Martin Heidegger*, ed. Günther Neske (Pfullingen: Neske, 1977), 25–29; François Poirié, *Emmanuel Lévinas: Qui êtes-vous?* (Lyon: La Manufacture, 1987), 78.

2 当然，不应夸大这两种哲学探究风格间的区别：某些最富创造力与深刻见解的论著就诞生于它们的交会点。但这是另一回事。对迈克尔·弗里德曼来说，达沃斯这次辩论缓和了分析哲学（以卡尔纳普为象征）与欧陆哲学（以海德

格尔为代表）的"分道而行"，因为卡西尔提供了在哲学上调和这两种传统的
前景。参见 Friedman, *A Parting of the Ways: Carnap, Cassirer, and Heidegger*
(Chicago: Open Court, 2000)。

3 伟大的哲学史家汉斯·布鲁门贝格在写作时以类似方式提到了支配人类思想
的根本范式。我在这里使用的形象这个术语就承袭了布鲁门贝格作品中的某
些洞识，不过绝对没有承袭他的所有洞识。他的一个洞识是，这样的范式通
过不可化约的诗性符号或形式（如象征船只或海难的符号）来显明自身，这
是布鲁门贝格最后一本书的主题。参见 Blumenberg, *Shipwreck with Spectator:
Paradigm of a Metaphor for Existence,* trans. Steven Rendall (Cambridge, MA:
MIT Press, 1997)。

4 泰勒·卡曼对卡西尔和海德格尔的分歧逐渐形成了类似的观点，它也涉及被抛
性与自发性的基本对比。参见 Carman, "Heidegger's Anti-Neo-Kantianism," in
The Philosophical Forum. Vol. 41, Number 1 (Spring, 2010), 131-142。其他关键
的哲学评论作品包括：Frank Schalow, "Thinking at Cross Purposes with Kant:
Reason, Finitude, and Truth in the Cassirer–Heidegger Debate," KS, 87 (1996),
198–217; Calvin O. Schrag, "Heidegger and Cassirer on Kant," KS 58 (1967),
87–100; Dennis A. Lynch, "Ernst Cassirer and Martin Heidegger: The Davos
Debate," KS 81 (1990), 360–70; Wayne Cristaudo, "Heidegger and Cassirer:
Being, Knowing and Politics," KS 82 (1991), 469–83; John Michael Krois,
"Aufklärung und Metaphysik: Zur Philosophie Cassirers und der Davoser
Debatte mit Heidegger," *Internationale Zeitschrift für Philosophie* (Stuttgart:
J. B. Metzler), Heft 2 (1992), 273–89. Pierre Aubenque, "Le Débat de 1929
entre Cassirer et Heidegger," in *Ernst Cassirer: De Marbourg 'a New York,
L' itinéraire philosophique*, ed. Jean Seidengart (Paris: Les ´Editions du Cerf,
1990), 81–96; and Karlfried Gründer, "Cassirer und Heidegger in Davos, 1929,"
in *Über Ernst Cassirers Philosophie der symbolischen Formen*, ed. Hans-Jürg
Braun, Helmut Holzhey and Ernst Wolfgang Orth (Frankfurt am Main: Suhrkamp
Verlag, 1988), 290–302。

5 Heidegger, FCM, 184; 德文版参见 GA, Band 29/30, 272。

6 我特别要感谢约翰·米夏埃尔·克罗伊斯，他的许多论文将我的注意力吸引到
了卡西尔研究工作的这个阶段。

7 关于先天原则的历史化理论的延伸，参见 Michael Friedman, *Dynamics of
Reason* (Stanford, CA: CSLI Publications, 2001)。

8 Ernst Cassirer, "Der Begriff der Symbolischen Form im Aufbau der

Geisteswissenschaften," in *Vorträge der Bibliothek Warburg,* 1921/1922 (Leipzig: B. G. Teubner, 1923), 11–39, 这段引文在第 15 页；为了强调，我添加了斜体的德语词。

9 请回想卡西尔的《符号形式的哲学》第三卷，它最初就以《知识现象学》为题发表于 1929 年。关于卡西尔对"现象学"在很大程度上黑格尔式的理解，参见 Friedman, *A Parting of the Ways,* 特别是第 135 页上的注 184。

10 PSF, III, 16; 添加了强调。

11 参见 Felix Kaufmann, "Cassirer's Theory of Scientific Knowledge," in Schilpp, 183–213, 特别是第 203 页。

12 PSF, III, 20–21. 有一种对卡西尔的"反实在论"的基本否定的评价，认为这种反实在论具有导向"相对主义"与"虚无主义"（原文如此）的倾向，参见 William Curtis Swabey, "Cassirer and Metaphysics," in Schilpp, 121–148。

13 Ernst Cassirer, "Mythic, Aesthetic, and Theoretical Space," trans. Donald Phillip Verene and Lerke Holzwarth Foster, *Man and World* 2.1 (1969): 3–17, 引文在第 5 页；trans. of "Mythischer, äesthetischer, und theoretischer Raum," in *Vierter Kongress für Äesthetik und allgemeine Kunstwissenschaft*, ed. Hermann Noack (Stuttgart: Ferdinand Enke, 1931)。

14 对卡西尔将科学作为抽象过程的一般理论的刻画，其中的一个例证可参见 Felix Kaufmann, "Cassirer's Theory of Scientific Knowledge," in Schilpp, 183–213, 特别是第 198 页。

15 PE, 15.

16 SF, Swabey, 167.

17 SF, Swabey, 71.

18 PSF, III, chap. 5, "Symbolic Pregnance," 191–204, 特别是第 202 页。

19 SF, Swabey, 317.

20 ETR, Swabey, 379.

21 FuF, xv.

22 FuF, 167.

23 FuF, 167.

24 FuF, 283; 卡西尔援引的是席勒在 1793 年 2 月 18 日致克尔纳的书信；添加了强调。

25 FuF, 286; 卡西尔仍然是从席勒在 1793 年 2 月 18 日致克尔纳的书信中援引这些措辞的。

26 关于卡西尔与瓦尔堡以及潘诺夫斯基的关系的最新研究，参见 Emily Jane

Levine 提交给斯坦福大学历史系的博士学位论文 : "Culture, Commerce, and the City: Aby Warburg, Ernst Cassirer, and Erwin Panofsky in Hamburg, 1919–1933," 2008。

27　Fritz Saxl, "Ernst Cassirer," in Schilpp, 47–51, 这段引文在第 47–48 页上。

28　Erwin Panofsky, *Perspective as Symbolic Form,* trans. Christopher S. Wood (New York: Zone Books, 1991), trans. of "Die Perspektive als 'Symbolische Form,' " in *Vörtrage der Bibliothek Warburg* 4, 1924/5 (Leipzig: Teubner, 1927), 258–330.

29　Panofsky, *Perspective as Symbolic Form,* 这些引文分别在第 3 页与第 66 页。

30　Panofsky, *Perspective as Symbolic Form,* 72.

31　卡尔纳普与卡西尔之间的对比是弗里德曼《分道而行》的一个重要主题；卡尔纳普对文化现代主义、社会主义和逻辑实证主义的关系形成了自己的构想，对于卡尔纳普这种构想的论述，参见 Peter Galison, "Aufbau/Bauhaus: Logical Positivism and Architectural Modernism," *Critical Inquiry* 16.4 (1990): 709–752。

32　有关卡西尔与瓦尔堡研究院的关系的最有针对性的论述，参见 Silvia Ferretti, *Cassirer, Panofsky, and Warburg: Symbol, Art and History,* trans. Richard Pierce (New Haven: Yale University Press, 1989); E. H. Gombrich, *Aby Warburg: An Intellectual Biography* (London: The Warburg Institute, 1970); Eveline Pinto, "Cassirer et Warburg: De l'histoire de l'art à la philosophie de la culture," in *Ernst Cassirer: De Marbourg à New York,* ed. Jean Seidengart (Paris: Éditions du Cerf, 1990), 261–275。

33　关于海德格尔对阿尔贝特·史怀哲的基督教人道主义解读的理解，参见 Theodore Kisiel, *The Genesis of Heidegger's Being and Time* (Berkeley: University of California Press, 1995), 第 522 页注 22。也可参见 Theodore Kisiel and Thomas Sheehan, eds., *Becoming Heidegger: On the Trail of His Early Occasional Writings, 1910–1927* (Evanston, IL: Northwestern University Press, 2007), 第 475 页注 8。

34　Ernst Cassirer, *Die Idee der Republikanischen Verfassung: Rede zur Verfassungsfeier am 11 August 1928* (Hamburg: Friederichsen, de Gruyter and Co., 1929), 31.

35　海德格尔对他自己的存在论理解与包括胡塞尔在内的那些现象学老师的存在论假设之间的关系讨论，参见（例如）MFL, 150。

36　BT, 23; SZ, 4.

37 BT, 221; SZ, 177.

38 海德格尔评论了奥古斯丁、路德和克尔凯郭尔对畏的论述，关于海德格尔的这些评论，特别可参见 BT, 292 n. iv; SZ, 190。

39 关于海德格尔对克尔凯郭尔与本真性的论述，参见 Hubert L. Dreyfus, *Being-in-the-World: A Commentary on Heidegger's* Being and Time, Division I (Cambridge, MA: MIT Press, 1991)。也可参见 Allan Janik, "Haecker, Kierkegaard, and the Early Brenner: A Contribution to the History of the Reception of *Two Ages* to the German-Speaking World," in *Søren Kierkegaard: Critical Assessments of Leading Philosophers,* vol. 4: *Social and Political Philosophy: Kierkegaard and the "Present Age,"* ed. Daniel W. Conway with K. W. Gover (London: Routledge, 2002), 123–147, 特别是第 142 页。

40 Martin Heidegger, "Augustine and Neo-Platonism," in *The Phenomenology of Religious Life,* trans. M. Fritsch and J. Anna Gosetti-Ferencei (Bloomington: Indiana University Press, 2004), 113–184, 引文在第 151–153 页。

41 WM, 38; WM, 英文版, 93。

42 WM, 38; WM, 英文版, 93。

43 WM, 93; WM, 英文版, 93。

44 BT, 330; SZ, 284–285.

45 Charles Bambach, *Heidegger, Dilthey, and the Crisis of Historicism* (Ithaca, NY: Cornell University Press, 1995), 特别是第 5 章。

46 BT, 417; SZ, 366.

47 BT, 333; SZ, 287.

48 BT, 435; SZ, 384.

49 BT, 435; SZ, 384.

50 Karl Löwith, "My Last Meeting with Heidegger, Rome 1936," in *Mein Leben in Deutschland vor und nach 1933,* trans. Richard Wolin (Stuttgart: Metzler Verlag, 1986), 56–58.

51 有关形式主义方法论问题的讨论，以及对在将海德格尔哲学关联于国家社会主义时形成的"消极"影响与"积极"影响之间的差异的讨论，参见 Julian Young, *Heidegger, Philosophy, Nazism* (Cambridge: Cambridge University Press, 1998)。

52 BT, 435; SZ, 384.

53 关于"共同体""民族"与"同代人"的论述，参见 BT, 436; SZ, 385。

54 关于这个主题的论述，参见 Gregory Fried, *Heidegger's Polemos: From Being*

to Politics (New Haven: Yale University Press, 2000)。

55　根据理查德·休格曼的回忆，这个学生是伊曼努尔·列维纳斯，本书作者于 2008 年 7 月 23 日电话采访了休格曼。

56　关于这两位哲学家最初会面的细节，参见 Thomas Meyer, *Ernst Cassirer* (Hamburg: Ellert & Richter, 2006), 154。

57　Martin Heidegger, *Introduction to Phenomenological Research,* trans. Daniel O. Dahlstrom (Bloomington: Indiana University Press, 2005), 208–209.

58　BT, Div. I, 第 1 章，注 xi, 490; SZ, Div. I, 第 1 章，注 xi; 添加了强调。

59　BT, 490 n. xi; SZ, 51.

60　Martin Heidegger, "Ernst Cassirer, *Philosophie der symbolischen Formen. 2. Teil: Das mythische Denken.* Berlin, 1925" (Review), 最初发表于 *Deutsche Literaturzeitung* 5.21 (1928): 1000–1012; 作为附录 II 再版于 *Kant und der Problem der Metaphysik,* 5th exp. ed. (Frankfurt am Main: V. Klostermann, 1991), 255–270; 其英文版本以《关于神话思维的评论》为标题，再次发表于 *The Piety of Thinking: Essays by Martin Heidegger,* trans. James Hart and John Maraldo (Bloomington: Indiana University Press, 1976), 32–45。

61　BT, 206; SZ, 163.

第一章　危机中的哲学

1　Paul Valéry, "La Crise de l'esprit," 它最初分为"精神危机"与"智识危机"两个部分，分别在 1919 年 4 月 11 日与 1919 年 5 月 2 日发表于 *The Athenaeum*，法文版在 1919 年 8 月 1 日发表于 *Variété* 并再次发表于 Valéry, *The Outlook for Intelligence,* trans. Denise Foliot and Jackson Mathews (New York: Harper and Row, 1962), 23–36。

2　Georg Simmel, "Die Krisis der Kultur," FZ, February 13, 1916, Drittes Morgenblatt, 1–2.

3　Rosa Luxemburg, *Die Krise der Sozialdemokratie* (Berlin: A. Hoffmann, 1919); Eugen Varga, *Die Krise der kapitalistischen Weltwirtschaft* (Hamburg: Kommunistischen Internationale, 1921).

4　Richard Nicolaus Coudenhove-Kalergi, *Krise der Weltanschauung* (Vienna: Pan-Europa, 1923); Alfred Weber, *Die Krise des modernen Staatsgedankens in Europa* (Stuttgart: Deutsche Verlags-Anstalt, 1925).

5　Hans Tietze, *Lebendige Kunst-Wissenschaft: Zur Krise der Kunst und der*

Kunstgeschichte (Vienna: Krystall, 1925); Hermann Platz, *Das Religiöse in der Krise der Zeit* (Waldshut: Benziger & Co., 1928); Karl Bühler, *Die Krise der Psychologie,* 2nd ed. (Jena: G. Fischer, 1929).

6　Louis Reynaud, *La crise de notre littérature: Des romantiques à Proust, Gide et Valéry* (Paris: Hachette, 1929).

7　Rudolf Pannwitz, *Die Krisis der europäischen Kultur* (Nuremberg: H. Carl, 1917).

8　关于"危机意识"的重要概述，参见 Charles Bambach, *Heidegger, Dilthey, and the Crisis of Historicism* (Ithaca, NY: Cornell University Press, 1995), 以及 Andras Gedo, *Crisis Consciousness in Contemporary Philosophy,* trans. Salomea Genin (Minneapolis: Marxist Educational Press, 1982)。也可参见 Reinhart Koselleck, *Critique and Crisis: Enlightenment and the Pathogenesis of Modern Society* (Cambridge, MA: MIT Press, 1998), 以及 Koselleck, "Some Questions Regarding the Conceptual History of 'Crisis,' " in *The Practice of Conceptual History,* trans. Todd Samuel Presner (Stanford, CA: Stanford University Press, 2002), 236–247。

9　Ernst Troeltsch, "Die Krisis des Historismus," *Die Neue Rundschau* 33 (1922): 572–590; 也可参见 Troeltsch, *Der Historismus und seine Probleme* (Tübingen: Mohr, 1922), 以及 Karl Heussi, *Die Krisis des Historismus* (Tübingen: Mohr, 1932)。

10　相关概述参见 Dirk Kaesler, *Max Weber: Eine Einführung in Leben, Werk, und Wirkung* (Frankfurt am Main: Campus Verlag, 2003), 236；也可参见一则相关讨论，收录于 Peter Novick, *That Noble Dream: The "Objectivity Question" and the American Historical Profession* (Cambridge: Cambridge University Press, 1988), 157。

11　Karl Barth, *Epistles to the Romans,* trans. Edwyn C. Hoskyns (London: Oxford University Press, 1933). 尽管巴特频繁地求助于"危机"的语言，这在《罗马书释义》(1919) 中尤为明显，但也有人认为"巴特用'危机'来描述神学主题，而不是文化事态"。Bruce L. McCormack, *Karl Barth's Critically Realistic Dialectical Theology: Its Genesis and Development, 1909–1936* (Oxford: Oxford University Press, 1995), 212, 注 11。历史主义的危机也并不仅仅局限于基督教。诸如弗朗茨·罗森茨维格与伊曼努尔·列维纳斯这样的现代犹太思想家也受到影响。关于这一点的论述，参见 Samuel Moyn, *Origins of the Other: Emmanuel Levinas between Revelation and Ethics* (Ithaca, NY: Cornell

University Press, 2005)，以及 David Myers, *Resisting History: Historicism and Its Discontents in German-Jewish Thought* (Princeton, NJ: Princeton University Press, 2003)。

12　Hermann Weyl, "On the New Foundational Crisis of Mathematics," in *From Brouwer to Hilbert: The Debate on the Foundational Metaphysics in the 1920s,* ed. Paolo Mancosu (New York: Oxford University Press, 1998), 86–118, 再次发表时被译为 "Über der neue Grundslagenkrise der Mathematik," *Mathe-matische Zeitschrift* 10 (1921): 37–79。对关联于政治事件的数学基础危机的一个评论，参见 Sanford L. Segal, *Mathematicians under the Nazis* (Princeton, NJ: Princeton University Press, 2003), 特别是第 2 章。

13　Albert Lewkowitz, "Die Krisis der modernen Erkenntnistheorie," *Archiv für systematischen Philosophie* 21.2 (1915): 186–196.

14　关于魏玛时期德国观念论、新黑格尔主义和新康德主义之间的辩论的概述，参见 Peter E. Gordon, *Rosenzweig and Heidegger: Between Judaism and German Philosophy* (Berkeley: University of California Press, 2003), 特别是第 1–118 页。

15　Karl Joël, *Die philosophische Krisis der Gegenwart,* Rektoratsrede (Leipzig: Felix Meiner, 1914); Arthur Liebert, *Die geistige Krisis der Gegenwart* (Berlin: Pan-verlag R. Heise, 1923).

16　BT, 29; SZ, 9.

17　EM, 228, 引文在第 21–22 页。

18　哲学家阿图尔·利伯特是新康德主义者与《康德研究》的前编辑，他仅仅是众多在纳粹夺权后失去国籍的德国犹太学者之一。在流亡贝尔格莱德期间，他发表了 *Die Krise des Idealismus* (Zürich: Rascher, 1936)。

19　Edmund Husserl, "Philosophy and the Crisis of European Humanity," 最初于 1935 年 5 月 7 日与 5 月 10 日向维也纳文化学会宣读，6 个月之后以类似标题在布拉格发表讲演，此后被扩充为胡塞尔的最后一部作品，在胡塞尔过世后才出版：Edmund Husserl, *The Crisis of the European Sciences: An Introduction to Phenomenological Philosophy,* trans. David Carr (Evanston, IL: Northwestern University Press, 1970), 299。

20　Fritz Jellinek, *Die Krise des Bürgers* (Zürich: Europa, 1935).

21　Alfred Rosenberg, *Krisis und Neubau Europas* (Berlin: Junker und Dünnhaupt, 1934).

22　Hans Sluga, *Heidegger's Crisis: Philosophy and Politics in Nazi Germany*

(Cambridge, MA: Harvard University Press, 1993).

23　关于海德格尔大学改革的政治幻想，有一则见解深刻的评价，参见 Iain D. Thomson, *Heidegger on Ontotheology: Technology and the Politics of Education* (Cambridge: Cambridge University Press, 2005)。总体性的相关概述，参见 Claudia Koonz, *The Nazi Conscience* (Cambridge, MA: Belknap Press of Harvard University Press, 2003), 第 3 章，"学院中的同盟"。

24　Joachim Ritter, "Bildungskrise in Davos: Bemerkungen zu den IV. Davoser Hochschulkursen vom 22. März bis 11 April, 1931," *Neue Jahrbücher für Wissen- schaft und Jugendbildung* 7.7 (1931): 661–665.

25　Fritz Heinemenn, *Neue Wege der Philosophie: Geist, Leben, Existenz* (Leipzig: Quelle und Meyer, 1929), x.

26　按照精神分析模式展开这个主题的最成功历史叙事是 Peter Gay, *Weimar Culture: The Outsider as Insider* (New York: Harper and Row, 1968)；同样重要的历史叙事是 Robert Wohl, *The Generation of 1914* (Cambridge, MA: Harvard University Press, 1979), 以及 Detlev Peukert, *The Weimar Republic: The Crisis of Classical Modernity,* trans. Richard Deveson (New York: Hill and Wang, 1989)。

27　Karl Mannheim, "The Problem of Generations" (1927), in *From Karl Mannheim,* 2nd exp. ed., ed. Kurt Wolff (New Brunswick, NJ: Transaction Publishers, 1993), 351–395, 这些引文在第 380 页。

28　Wilhelm Dilthey, "Über das Studium der Geschichte der Wissenschaft vom Menschen, der Gesellschaft und dem Staat" (1875), in *Gesammelte Schriften,* vol. 5: *Die geistige Welt: Einleitung in die Philosophie des Lebens,* 2nd ed. (Stuttgart: Teubner, 1957), 31–73, 这些引文在第 36–37 页。

29　BT, 41; SZ, 20.

30　BT, 436; SZ, 384–385.

31　Mannheim, "Problem of Generations," 381.

32　Wilhelm Pinder, *Das Problem der Generation in der Kunstgeschichte Europas* (Berlin: Frankfurter Verlags-Anstalt, 1926).

33　E. Günther Gründel, *Die Sendung der jungen Generation: Versuch einer umfassenden revolutionären Sinndeutung der Krise* (Munich: Beck, 1932).

34　Husserl, *Crisis of the European Sciences,* 6.

35　或许可以在 DH 中找到对这些报告的概述，尤其是 Ludwig Englert, "Als Student bei den zweiten Davoser Hochschulkursen," 5–64, 以及 DR, 181–205。

36 Hermann Herrigel, "Denken dieser Zeit: Fakultäten und Nationen treffen sich in Davos," FZ, April 22, 1929, Abendblatt: Hochschuleblatt, "Für Hochschule und Jugend," 4.

37 Franz Josef Brecht, "Die Situation der gegenwärtigen Philosophie," *Neue Jahrbücher für Wissenschaft und Jugendbildung* 6.1 (1930): 42–58, 这段引文在第 42 页。

38 Ernst Howald, "Betrachtungen zu den Davoser Hochschulkursen," NZZ, April 10, 1929, Morgenausgabe, 1.

39 新康德主义运动的最初宣言是 Otto Liebmann, *Kant und die Epigonen: Eine kritsche Abhandlung* (Stuttgart: C. Schober, 1865)。对于这整个运动的社会学与历史学综述, 参见 Klaus Christian Köhnke, *The Rise of Neo-Kantianism: German Academic Philosophy between Idealism and Positivism,* trans. R. J. Hollingdale (Cambridge: Cambridge University Press, 1991)。一项仍有价值的研究是 Thomas Willey, *Back to Kant: The Revival of Kantianism in German Social and Historical Thought, 1860–1914* (Detroit: Wayne State University Press, 1978)。关于马堡学派政治学的论述, 参见 Timothy Keck, "Kant and Socialism: The Marburg School in Wilhelminian Germany" (PhD diss., University of Wisconsin at Madison, 1975)。

40 Hermann Cohen, *Logik der reinen Erkenntnis* (Berlin: Bruno Cassirer, 1902); Cohen, *Ethik des reinen Willens* (Berlin: Bruno Cassirer, 1904); Cohen, *Aesthetik des reinen Gefühls* (Berlin: Bruno Cassirer, 1912).

41 对柯亨《理性宗教》引起的哲学争论的讨论, 参见 Gordon, *Rosenzweig and Heidegger,* 第 1 章; 也可参见 Hermann Cohen, *Religion der Vernunft aus den Quellen des Judentums* (Darmstadt: Joseph Melzer, 1966)。

42 HCE, 255.

43 HCE, 257–261.

44 HCE, 264.

45 HCE, 272–273.

46 Hans-Georg Gadamer, *Philosophical Apprenticeships,* trans. Robert R. Sullivan (Cambridge, MA: MIT Press, 1985), 7.

47 Martin Heidegger, "Zur Geschichte des philosophischen Lehrstuhles seit 1866," in *Die Philipps-Universität zu Marburg, 1527–1927* (Marburg: N. G. Elwert'sche Verlagsbuchhandlung [G. Braun], 1927), 681–687; republished as appendix VI in KPM, 304–311.

48　Fritz-Joachim von Rintelen, "Kant-Studien und Kant-Gesellschaft," KS 52 (1960–1961): 258–270; 冯·林特伦在这里援引的是 A. 加尔代伊。也可参见 Gerhard Funke, "Kantstudien, 1896–1996," KS 87, Heft 4 (1996): 385–389; 以及 Christopher Adair-Toteff, "Vaihinger's Kant-Studien," KS 87, Heft 4 (1996): 390–395。

49　Thomas Meyer, *Ernst Cassirer* (Hamburg: Ellert & Richter, 2006)*,* 179.

50　关于鲍赫事件的完整概述，参见 Ulrich Sieg, "Deutsche Kulturgeschichte und Jüdischer Geist: Ernst Cassirer's Auseinandersetzung mit der Völkischer Philosophie Bruno Bauchs. Ein Unbekanntes Manuskript," 紧随其后的是卡西尔那篇没有发表的文章：Cassirer, "Zum Begriff der Nation: Eine Erwiderung auf den Aufsatz von Bruno Bauch," *Bulletin des Leo Baecks Instituts* 88 (1991): 59–71, 73–91。

51　Meyer, *Ernst Cassirer,* 78.

52　Peter Wust, *Auferstehung der Metaphysik* (Leipzig: Felix Meiner, 1920); Heinrich Kerler, *Die auferstandene Metaphysik: eine Abrechnung,* 2nd ed. (Ulm: Verlag Heinrich Kerler, 1921).

53　Gadamer, *Philosophical Apprenticeships,* 48.

54　相关概述参见 Lanier Anderson, "The Debate over the *Geisteswissenschaften* in German Philosophy," in *The Cambridge History of Philosophy 1870–1945,* ed. Thomas Baldwin (Cambridge: Cambridge University Press, 2003), 221–234; 关于李凯尔特与文德尔班方法论的诸多细节，参见 Bambach, *Heideger, Dilthey, and the Crisis of Historicism*。

55　Alois Riehl, "Über wissenschaftliche und nichtwissenschaftliche Philosophie, Eine akademische Antrittsrede (Freiburg 1883)," in *Philosophische Studien aus vier Jahrzehnten* (Leipzig: Quelle & Meyer, 1925), 227–253.

56　Richard Kroner, *Kant's Weltanschauung,* trans. John E. Smith (Chicago: University of Chicago Press, 1956).

57　Kroner, *Kant's Weltanschauung,* 4.

58　Kroner, *Kant's Weltanschauung,* 56–57. 引用诗句出自 Kant, *Religion within the Limits of Reason Alone,* trans. T. M. Greene and H. H. Hudson (Chicago: Open Court, 1934), 58, 康德在那里援引的诗歌是 Albrecht von Haller, "Über den Ursprung des Übels" (1734): "Denn Gott liebt keinen Zwang, die Welt mit ihren Mängeln / Ist besser als ein Riche von Willen-losen Engeln" 对康德目的的一个解释，参见 Kant, *Lectures on Philosophical Theology.* trans. Allen W.

Wood and Gertrude M. Clark (Ithaca, NY: Cornell University Press, 1978)，尤其可参见 Wood 在第 116 页注 5 中做出的评论。

59 Heinrich Rickert, *The Limits of Concept Formation in Natural Science,* trans. Guy Oakes (London: Cambridge University Press, 1986).

60 关于狄尔泰的历史理解哲学，参见 Bambach, *Heidegger, Dilthey, and the Crisis of Historicism*，以及 Rudolf A. Makkreel, *Dilthey: Philosopher of the Human Studies* (Princeton, NJ: Princeton University Press, 1992)。

61 BP, 169.

62 关于海德格尔与新康德主义西南学派的历史理论的出色阐述，参见 Bambach, *Heidegger, Dilthey, and the Crisis of Historicism*。

63 BT, 31; SZ, 11. 关于海德格尔对畿域存在论态度的否定评价，参见 Herman Philipse, *Heidegger and the Question of Being: A Critical Interpretation* (Princeton, NJ: Princeton University Press, 1998)，特别是第 37–39 页。

64 BT, 31; SZ, 10–11.

65 BT, 31; SZ, 10.

66 BT, 329–330; SZ, 284–285.

67 Ernst Cassirer, ed., *Immanuel Kants Werke,* in Gemeinschaft mit Hermann Cohen, Artur Buchenau, Otto Buek, Albert Görland, Benzion Kellermann (Berlin: Bruno Cassirer, 1912–1922); Cassirer, *Kants Leben und Lehre* (Berlin: Bruno Cassirer, 1918).

68 Arthur Liebert, "Besprechung: Ernst Cassirer, *Kants Leben und Lehre,*" KS 25.2–3 (1920): 233–237.

69 Toni Cassirer, letter to Aby Warburg, April 28, 1924, Warburg Archive, London.

70 这些事实取自 Edward L. Schaub, "The Kantfeier in Königsberg," *Philosophical Review* 33.5 (1924): 433–449。

71 Friedrich Myrho, "Zum Geleit," preface to *Kritizismus: Eine Sammlung von Beiträgen aus der Welt der Neu-Kantianismus,* ed. Friedrich Myrho (Berlin: Rolf Heise, 1926), iii–vi, 这些引文在第 iii 页。请注意，这卷作品的出版在康德两百周年纪念活动后被推迟了两年。

72 Heinrich Rickert, *Kant als Philosoph der modernen Kultur* (Tübingen: J. C. B. Mohr [Paul Siebeck], 1924), 6. 关于他自己对生命哲学的批判性评价，参见 Heinrich Rickert, *Die Philosophie des Lebens: Darstellung und Kritik der philosophischen Modeströmungen unserer Zeit,* 2nd ed. (Tübingen: Mohr-

Siebeck, 1922)。

73 Rickert, *Kant als Philosoph der modernen Kultur,* 153.

74 Søren Kierkegaard, *Gesammelte Werke,* 12 vols., ed. and trans. Hermann Gottsched and Christoph Schrempf (Jena: Eugen Diedrichs, 1909–1922).

75 弗里茨·海涅曼后来在作品中提到，在达沃斯高校课程期间，海德格尔曾经当面断然拒绝他提出的生存哲学这个术语。参见海涅曼这本书的序言：Heinemann, *Existenzphilosophie, lebendig oder tot?* 2nd ed. (Stuttgart: Kohlhammer, 1954)。

76 Charles Guignon, "Introduction," in *The Cambridge Companion to Heidegger,* 2nd ed., ed. Charles Guignon (Cambridge: Cambridge University Press, 2006), 1–40, 40 注 29。关于克尔凯郭尔与陀思妥耶夫斯基对海德格尔的影响，参见 Otto Pöggeler, *Martin Heidegger's Path of Thinking,* trans. D. Magurshak and S. Barber (Atlantic Highlands, NJ: Humanities Press, 1987), 265。也可参见 Leo Löwenthal, "The Reception of Dostoevski's Work in Germany, 1880–1920," in *The Arts in Society,* ed. Robert Neal Wilson (Engelwood Cliffs, NJ: Prentice-Hall, 1964), 122–147。关于克尔凯郭尔在魏玛新教神学中的反响，参见 Matthias Wilke, *Die Kierkegaard-Rezeption Emanuel Hirschs: Eine Studie über die Voraussetzungen der Kommunikation christlicher Wahrheit* (Tübingen: Mohr-Siebeck, 2005)。Emmanuel Hirsch 在 1930 年到 1933 年之间最终出版了一系列 "克尔凯郭尔研究"；参见 Hirsch, *Kierkegaard-Studien* (Gütersloh: C. Bertelsmann, 1930–1933)。

77 Erich Przywara, S.J., *Kant Heute: Eine Sichtung* (München: Oldenbourg, 1930), 28.

78 普日瓦拉对自发性与接受性的讨论，参见 Przywara, *Kant Heute,* 10；他对海德格尔的概括，参见 92–96。

79 Przywara, *Kant Heute,* 99.

80 Hans Vaihinger, "Kant—ein Metaphysiker?" in *Kritizismus, eine Sammlung von Beiträgen aus der Welt des Neu-Kantianismus,* ed. Friedrich Myrho (Berlin: Rolf Heise, 1926), 64–73.

81 对于这整个传统的历史概述与主题刻画，参见 Joachim Fischer, *Philosophische Anthropologie: Eine Denkrichtung des 20. Jahrhunderts* (Freiburg: Karl Alber, 2008)。

82 Helmut Plessner, *Die Aufgabe der philosophischen Anthropologie* (1931), in *Zwischen Philosophie und Gesellschaft* (Frankfurt: Suhrkamp, 1979), 141ff.,

转引自 Herbert Schnädelbach, *Philosophy in Germany, 1831–1933,* trans. Eric Matthews (Cambridge: Cambridge University Press, 1984), 223–224。

83 普勒斯纳的这段文字转引自 Schnädelbach, *Philosophy in Germany,* 223–224。

84 Fritz Heinemann, *Neue Wege der Philosophie: Geist, Leben, Existenz* (Leipzig: Quelle und Meyer, 1929), 363.

85 第二版发表了它的完整内容，参见 Max Scheler, *Der Formalismus in der Ethik und die materiale Wertethik: Neuer Versuch der Grundlegung eines ethischen Personalismus,* 2nd ed. (Halle: Max Niemeyer, 1921), trans. Manfred S. Frings and Roger L. Funk as *Formalism in Ethics and Non-Formal Ethics of Values: A New Attempt toward the Foundation of an Ethical Personalism* (Evanston, IL: Northwestern University Press, 1973)。

86 Heidegger, "In Memoriam Max Scheler," in MFL, 50–52.

87 关于舍勒与海德格尔的比较研究，参见 Manfred S. Frings, *Person und Dasein: Zur Frage der Ontologie des Wertseins* (The Hague: Martinus Nijhoff, 1969)。

88 参见 Eugene Kelly, *Structure and Diversity: Studies in the Phenomenological Philosophy of Max Scheler* (Dordrecht: Kluwer, 1997), 177。

89 Heinemann, *Neue Wege,* 374.

90 Heidegger, "In Memoriam Max Scheler," 50–52.

91 Max Scheler, *Die Stellung des Menschen im Kosmos* (Darmstadt: Reichl, 1928), trans. Hans Meyerhoff as *Man's Place in Nature* (New York: Noonday, 1961).

92 值得注意的是，舍勒几乎一字不差地重复了海德格尔解构哲学传统的解释要求："因此，通过传统，某种'进步'已经成为可能。然而，人类所有真正的发展在本质上都基于对传统日益增强的解构。" Scheler, *Die Stellung des Menschen,* 25.

93 例如，参见 Jakob von Uexküll, *Umwelt und Innenwelt der Tiere,* 2nd ed. (Berlin: Julius Springer, 1921), and his *Theoretische Biologie* (Berlin: Paetel, 1920)。对此做出的一个明智的历史论述，参见 Anne Harrington, *Reenchanted Science: Holism in German Culture from Wilhelm II to Hitler* (Princeton, NJ: Princeton University Press, 1996)。

94 Scheler, *Die Stellung des Menschen,* 32–34.

95 Scheler, *Die Stellung des Menschen,* 55–56, 62.

96 Scheler, *Die Stellung des Menschen,* 65–67.

97 关于舍勒对克拉格斯及其提出的精神与生命对立的详细讨论，参见 Scheler,

Die Stellung des Menschen, 65–67; 英文版 , 81 and 87。

98   Scheler, *Die Stellung des Menschen* 68; 英文版 , 89–90。

99   Scheler, *Die Stellung des Menschen,* 68.

100   BT, 73; SZ, 47–48.

101   海德格尔将这个观点归功于舍勒，参见在 BT, 178; SZ, 139 中的讨论，也可
      参见在 BT, 492 n. vi 中对舍勒位格主义的致敬；以及 SZ, 272。海德格尔对
      舍勒与同情的更为具体的评述，参见 BT, 491 注 i; SZ, 116 注 i。

102   尤其可参见海德格尔在 § 37, "The Problem of Philosophical Anthropology"
      中的评论，被收录于 KPM，英文版，142–145。

103   对此的新近评价，参见 John Michael Krois, " 'A Passion Can only Be Overcome
      by a Stronger Passion': Philosophical Anthropology before and after Ernst
      Cassirer," *European Review* 13.4 (2005): 557–575; 也 可 参 见 Gerald Hartung,
      Philosophische Anthropologie (Stuttgart: Reclam, 2008), 以及 Gerald Hartung,
      "Anthropologische Grundlagen der Kulturphilosophie: Zur Entstehungsgeschichte
      von Ernst Cassirers Essay on Man," in *Kulturwissenschaftliche Studien* (Leipzig:
      Passage-Verlag, 2001), 2–18。

104   PSF, IV, 45.

105   Cassirer, "On the Metaphysics of Symbolic Forms," in PSF, IV, 3–114.

106   PSF, IV, 45.

107   PSF, IV, 43.

108   PSF, IV, 46.

109   Edmund Husserl, "Letter to Alexander Pfänder (January 6, 1931)," trans.
      Burt Hopkins, in *Becoming Heidegger: On the Trail of His Early Occasional
      Writings, 1910–1927,* ed. Theodore Kisiel and Thomas Sheehan (Evanston, IL:
      Northwestern University Press, 2007), 400–404.

110   Husserl, "Letter to Alexander Pfänder," 400–404.

111   Husserl, "Letter to Alexander Pfänder," 402.

112   Husserl, "Letter to Alexander Pfänder," 401–402.

113   Husserl, "Letter to Alexander Pfänder," 403; 添加了强调。

114   Martin Heidegger, "For Edmund Husserl on His Seventieth Birthday (April
      8, 1929)," trans. Thomas Sheehan, in *Edmund Husserl: Collected Works,* vol.
      6: *Psychological and Transcendental Phenomenology and The Confrontation
      with Heidegger (1927–1931),* ed. and trans. Richard E. Palmer and Thomas
      Sheehan (Dordrecht: Kluwer, 1997), 475–477.

115 《形而上学是什么？》这篇讲演直到同年 12 月才得以发表。胡塞尔对这篇讲演的回应，参见 Richard E. Palmer, "Husserl's Debate with Heidegger in the Margins of *Kant and the Problem of Metaphysics*," *Man and World* 30 (1997): 5–33。

116 Husserl, "Letter to Alexander Pfänder," 403.

117 Husserl, "Letter to Alexander Pfänder," 403.

118 一个相关论点参见 Dan Zahavi, *Husserl's Phenomenology* (Stanford, CA: Stanford University Press, 2003), 特别是第 141 页。

119 Edmund Husserl, "Husserl's Marginal Remarks in Martin Heidegger, *Being and Time*," trans. Thomas Sheehan, in *Edmund Husserl: Collected Works,* vol. 6: *Psychological and Transcendental Phenomenology,* 263–422, 这些引文在第 296–297 页。

120 Palmer, "Husserl's Debate with Heidegger," 23.

121 Palmer, "Husserl's Debate with Heidegger," 14.

122 Edmund Husserl, "Phenomenology and Anthropology," trans. Thomas Sheehan and Richard Palmer, in *Edmund Husserl: Collected Works,* vol. 6: *Psychological and Transcendental Phenomenology,* 485–500.

123 Dorion Cairns, *Conversations with Husserl and Fink* (The Hague: Martinus Nijhoff, 1976), 9, 引自 *Edmund Husserl: Collected Works,* vol. 6: *Psychological and Transcendental Phenomenology,* 30。

124 Edmund Husserl to Roman Ingarden, *Briefwechsel* (April 19, 1931), 274, 引自 *Edmund Husserl: Collected Works,* vol. 6: *Psychological and Transcendental Phenomenology,* 30, 注 118。

125 关于卡西尔对纳托普的评价，参见 Ernst Cassirer, "Paul Natorp. 24. Januar 1854–17. August 1924," KS 30.3–4 (1925): 273–298。

126 关于纳托普对柯亨遗产的总结，参见 Paul Natorp, "Hermann Cohens philosophische Leistung unter dem Gesichtspunkte des Systems," in *Philosophische Vorträge veröffentlicht von der Kant-Gesellschaft* 21, ed. Arthur Liebert (Berlin: Reuther & Reichard, 1918); 以及 Paul Natorp, "Hermann Cohen als Mensch, Lehrer und Forscher," *Marburger Akademische Reden* 39 (Marburg: Elwert, 1918)。

127 Paul Natorp, "Kant und die Marburger Schule," KS 17.3 (1912): 193–221, 这些引文在第 218–219 页。

128 伽达默尔的纪念性讲演后来得到了发表，即 Hans-Georg Gadamer, "Die

philosophische Bedeutung Paul Natorps," in *Philosophische Lehrjahre* (Frankfurt am Main: V. Klostermann, 1977), 60–68。

129　关于纳托普后期转向存在论的分析及其与海德格尔的对比，参见 Christoph von Wohlzogen, "'Es gibt': Heidegger und Natorps 'Praktische Philosophie,'" in *Heidegger und praktische Philosophie,* ed. Annemarie Gethmann-Siefert and Otto Pöggeler (Frankfurt am Main: Suhrkamp, 1988), 313–337; 以 及 von Wohlzogen, *Die autonome Relation: Zum Problem der Beziehung im Spätwerk Paul Natorps. Ein Beitrag zur Geschichte der Theorien der Relation* (Würzburg: Königskausen & Neumann, 1984); 也可参见 Markus Brach, *Heidegger-Platon: Vom Neukantianismus zur existentiellen Interpretation des "Sophistes"* (Würzburg: Königshausen & Neumann, 1996)。

130　Heinemann, *Neue Wege,* 93.

131　Kurt Sternberg, "Cassirer, Ernst. Prof. an der Universität Hamburg: *Die Begriffsform im mythischen Denken,*" review, KS 30 (1925): 194–195, 这个引文在第 194 页。

132　Joachim Ritter, "Ernst Cassirers Philosophie der symbolischen Formen," *Neue Jahrbücher für Wissenschaft und Jugendbildung* 6.7 (1930): 593–605, 这个引文在第 593 页。

133　对卡西尔与李凯尔特的负面评价，可参见 Gershom Scholem, *Walter Benjamin: The Story of a Friendship,* trans. Harry Zohn (New York: Schocken Books, 1981), 21。

134　Karl Jaspers to Martin Heidegger, Letter 24 (July 21, 1925), in *Briefwechsel, 1920–1963,* ed. Walter Biemel and Hans Saner (Frankfurt am Main: V. Klostermann, 1990), 51–52.

第二章　搭建舞台

1　达沃斯作为疗养地的完整文献记录，参见 Jules Ferdmann, *Die Anfänge des Kurortes Davos bis zur Mitte des XIX: Jahrhunderts* (Davos: Verlag der Davoser Revue, 1938)。

2　Peter L. Berger, "The Cultural Dynamics of Globalization," in *Many Globalizations: Cultural Diversity in the Contemporary World,* ed. Peter L. Berger and Samuel P. Huntington (New York: Oxford University Press, 2002), 1–17.

3   Thomas Mann, *The Magic Mountain,* trans. H. T. Lowe-Porter (New York: Vintage Books, 1969), 586.

4   Volker Gürke, *Davos Entdecken: Wege zu einem ungewöhnlichen Ort* (Davos: Genossenschaft Davoser Revue, 1997), 72.

5   Ludwig Englert, "Als Student bei den zweiten Davoser Hochschulkursen," in DH, 36–37.

6   这名记者注意到，时间性不仅是《魔山》中最有意义的问题之一，还成了"这个时代的哲学"最有意义的问题之一。Hans Barth, "Davoser Hochschulkurse 1929," NZZ, March 30, 1929, 1.

7   Karlfried Gründer, "Cassirer und Heidegger in Davos, 1929," in *Über Ernst Cassirers Philosophie der symbolischen Formen,* ed. Hans-Jürg Braun, Helmut Holzhey, and Ernst Wolfgang Orth (Frankfurt am Main: Suhrkamp, 1988), 290–302.

8   William Clark, *Academic Charisma and the Origins of the Research University* (Chicago: University of Chicago Press, 2006), 第 3 章。

9   格里泽巴赫承认自己对海德格尔的哲学，特别是其关于死亡的分析抱有强烈的钦佩之情。参见 Eberhard Grisebach, *Gegenwart: Eine kritische Ethik* (Halle-Saale: Max Niemeyer, 1928), 特别是第 556–557 页。

10   Albert Einstein, *Ideas and Opinions* (based on *Mein Weltbild,* ed. Carl Seelig), trans. Sonja Bargmann (New York: Crown Publishers, 1954).

11   这幅素描复制于 Gürke, *Davos Entdecken,* 75。

12   引自 Ernst Howald, "Betrachtungen zu den Davoser Hochschul- kursen," NZZ, April 10, 1929, Morgenausgabe, 1。

13   关于第三次会议的报道，参见 F. K., "Internationale Hochschulkurse in Davos," FZ, February 17 1930, 4。

14   引自 Professor G. Salomon, "Rückblick auf Davos, 1930," FZ, May 25, 1930, Zweites Morgenblatt, 6。

15   Hermann Herrigel, "Internationale Davoser Hochschulkurse: Bildung des praktischen Menschen," FZ, April 26, 1931, Zweites Morgenblatt, 8.

16   高校课程参与者名册发表在达沃斯报纸 *Blätter* 上，并作为讲座完整时间表的附录。参见 *Davoser Blätter,* Jahrgang 58, Numbers 11–14 (March 15–April 19, 1929)。该名册可以通过新抵达公共酒店与疗养院的访问者名单来交叉验证。这些名单不能保证访问者也会参加讲座，但至少表明某人在高校讲课期间在镇上。访问者名单发表于每周发行的期刊上，如 *Journal des Etrangers.*

Fremdenliste. Visitors List. New Arrivals. Neuangekommene. Nouvelles arrivées，尤其可参见 *Davoser Blätter,* Jahrgang 58, Numbers 11–15 (3 月 15 日—5 月 3 日)。

17 普日瓦拉的作品包括 *Gottgeheimnis der Welt: Drei Vorträge über die geistige Krisis der Gegenwart* (Munich: Theatiner, 1923); *Kant Heute: Eine Sichtung* (Munich: R. Oldenbourg, 1930); and *Christliche Existenz* (Leipzig: J. Hegner, 1934)。人们可在 Gustav Wilhelmy, ed., *Erich Przywara, 1889–1969: Eine Festgabe* (Düsseldorf: Patmos, 1969), 19–20 中找到进一步的生平信息。

18 Erich Przywara, "Vorwort zur ersten Auflage von *Analogia Entis,* I," in *Analogia Entis,* 2nd ed., *Schriften,* Bd. 3 (Einsiedeln: Johannes, 1962), 7–10.

19 关于蒂利希、格里泽巴赫与普日瓦拉这次对话的概述，参见 Gerhard Kulhmann, "Allmächtigkeit oder Alleinwirksamkeit der Gnade: Ein theologisches Nachwort zu den Davoser internationaler Hochschulkursen," *Theologische Blätter,* N. 5, Jahrgang 7 (Mai 1928), 122–123。

20 DR, 199.

21 关于里茨勒在魏玛共和国早年的政治生涯，参见 Wayne C. Thompson, *In the Eye of the Storm: Kurt Riezler and the Crises of Modern Germany* (Iowa City: University of Iowa Press, 1980)。也可参见 Fritz Stern, "Bethmann Hollweg and the War: The Limits of Responsibility," in *The Responsibility of Power,* ed. Leonard Krieger and Fritz Stern (New York: Doubleday, 1969), 271–307。

22 DR, 199–201.

23 列奥·施特劳斯的论文《库尔特·里茨勒》是他在纽约社会研究新学院研究生部发表的纪念性演说的扩展版。它第一次发表于 *Social Research* 23.1 (1956): 3–32; 它以《库尔特·里茨勒 (1882—1955)》为标题，再次发表于 Leo Strauss, *What Is Political Philosophy? and Other Studies* (Glencoe, IL: The Free Press, 1959), 233–260，此处引用的就是后面这个版本。

24 Strauss, "Kurt Riezler," 245–246.

25 Strauss, "Kurt Riezler," 246.

26 Strauss, "Kurt Riezler," 245–246.

27 DR, 199–201. 也可参见以下这个相关的概述：Hans Barth, "Davoser Hochschulkurse, 1929," NZZ, March 27, 1929, Morgenausgabe, 1–2。

28 DR, 204.

29 所有参与者的完整名单，参见上文的注 16.

30 Michael Friedman, *A Parting of the Ways: Carnap, Cassirer, and Heidegger*

(Chicago: Open Court, 2000), 7.

31 Rudolf Carnap, "Overcoming Metaphysics" (1932), 转引自 Friedman, *A Parting of the Ways,* 12.

32 Jean Grondin, *Hans-Georg Gadamer: A Biography,* trans. Joel Weinsheimer, (New Haven: Yale University Press, 2003), 146.

33 Eugen Fink, "The Phenomenological Philosophy of Edmund Husserl and Contemporary Criticism," in *The Phenomenology of Husserl: Selected Critical Readings,* ed. R. O. Elveton (Chicago: Quadrangle Books, 1970), 73–147, 这些引文在第 145 页；这篇文章被翻译为 "Die phänomenologische Philosophie Edmund Husserls in der gegenwärtigen Kritik," *Kantstudien* 38 (1933): 319–383; 这些引文转自 Elveton。

34 Edmund Husserl, Preface to Eugen Fink, "The Phenomenological Philosophy of Edmund Husserl and Contemporary Criticism," in Elveton 73–75, 这句引文在第 73 页。

35 Ronald Bruzina, *Edmund Husserl and Eugen Fink: Beginnings and Ends in Phenomenology, 1928–1938* (New Haven: Yale University Press, 2004).

36 François Poirié, *Emmanuel Lévinas, Qui êtes-vous?* (Lyons: La Manufacture, 1987), 74.

37 Emmanuel Lévinas, "Introduction," in *The Theory of Intuition in Husserl's Phenomenology,* trans. André Orianne (Evanston, IL: Northwestern University Press, 1973), 特别是第 xxxiv 页。

38 列维纳斯这篇早期论文发表于 1949 年的法语文集，它的标题为：*En découvrant l'Existence avec Husserl et Heidegger* (Paris: Vrin, 1949)。

39 Emmanuel Lévinas, "Martin Heidegger et l'ontologie," 最初发表于 *La Revue philosophique de la France et de l' étranger* 57 (1932): 395–431; 在删除这段导言文字的情况下再次发表于 *En découvrant l'Existence,* 53–76。《哲学评论》最初发表的这篇文章有所帮助，它已经被公共安全委员会翻译为 "Emmanuel Lévinas: Martin Heidegger and Ontology," 该文被收录于 *Diacritics* 26.1 (1996): 11–32。

40 Emmanuel Lévinas, "Entretien avec Roger-Pol Droit," in *Les imprévus de l' histoire,* ed. Pierre Hayat (Montpellier: Fata Morgana, 1994), 203–210; 最初发表于 *Le Monde* 2 (June 1992): 2。

41 对作为海德格尔学生的列维纳斯的论述，参见 Peter E. Gordon, "Fidelity as Heresy: Levinas, Heidegger, and the Crisis of the Transcendental Ego," in

Samuel Fleischacker, ed., *Heidegger's Jewish Followers: Essays on Hannah Arendt, Leo Strauss, Hans Jonas, and Emmanuel Levinas* (Pittsburgh: Duquesne University Press, 2008), 187–203。

42 这张照片可以在 Poirié, Emmanuel Lévinas, 56 中找到。这次达沃斯高校课程参与者的其他照片，或许可以在 *Davos: Die Sonnenstadt im Hochgebirge*, Emil Schaeffer, hrsg. Schaubücher, Band 38 (Zürich: Orell Füssli Verlag, 1932) 中找到。

43 Maurice de Gandillac, *Le Siècle traversé: Souvenirs de neuf décennies* (Paris: Albin Michel, 1998), 132–133.

44 Otto Friedrich Bollnow, "The Human Meaning of Crisis and Critique," in *Crisis and New Beginning: Contributions to a Pedagogical Anthropology*, trans. Donald Moss and Nancy Moss (Pittsburgh: Duquesne University Press, 1987), 1–27, 引文在第 4–5 页；它被翻译为 *Krise und neuer Anfang* (Heidelberg: Quelle und Meyer Verlag, 1966)。

45 Otto Friedrich Bollnow, "Gespräche in Davos," in *Erinnerung an Martin Heidegger,* ed. Günther Neske (Pfullingen: Neske, 1977), 25–29.

46 Bollnow, "Gespräche in Davos," 25–29.

47 Bollnow, "Gespräche in Davos," 25–29.

48 引自 Otto Friedrich Bollnow, *Existenzphilosophie: Vierte Erweiterte Auflage* (Stuttgart: W. Kohlhammer, 1955), 131。博尔诺起初是物理学专业的学生，后来才转入哲学专业，他主要对解释学、存在主义与教育哲学做出了贡献。战后，他在图宾根大学教学。他的代表作包括：*Dilthey* (1936); *Das Wesen der Stimmungen* (1941); *Existenzphilosophie* (1943); *Deutsche Existenzphilosophie* (1953); *Neue Geborgenheit* (1955); *Die Lebensphilosophie* (1958); *Existenzphilosophie und Pädagogik* (1959); *Mensch und Raum* (1963); *Sprache und Erziehung* (1966); *Philosophie der Erkenntnis* (vol. 1, 1970; vol. 2, 1975); and *Studies in Hermeneutics* (Freiburg and Munich, 1982, 1983)。

49 Joachim Ritter, *Hegel und die französische Revolution* (Köln: Westdeutscher, 1957).

50 例如，参见里特尔对卡西尔《符号形式的哲学》的赞同评论：Joachim Ritter, "Ernst Cassirers Philosophie der symbolischen Formen," *Neue Jahrbücher für Wissenschaft und Jugendbildung* 6.7 (1930): 593–605。

51 Joachim Ritter, "Bildungskrise in Davos: Bemerkungen zu den IV. Davoser Hochschulkursen vom 22. März bis 11 April, 1931," *Neue Jahrbücher für*

Wissenschaft und Jugendbildung 7.7 (1931): 661–665.

52 Toni Cassirer, *Mein Leben mit Ernst Cassirer* (Hildesheim: Gerstenberg, 1981), 205.

53 我要感谢约翰·米夏埃尔·克罗伊斯提供的有关里特尔和卡西尔关系的信息。关于里特尔生平与政治的论述，参见 Hans Jörg Sandkühler, "'Eine lange Odyssee'—Joachim Ritter, Ernst Cassirer, und die Philosophie im 'Dritten Reich,'" *Dialektik* 1 (2006): 1–40。关于卡西尔的教席，参见 Josef Meran, "Die Lehrer am Philosophischen Seminar der Hamburger Universität während der Zeit des Nationalsozialismus," in *Hochschulalltag im "Dritten Reich": Die Hamburger Universität 1933–1945,* ed. Eckart Krause, Ludwig Huber, and Holger Fischer (Berlin: Reimer, 1991), 459–482。

54 里特尔此处的论述，引自 Gunter Scholtz, "Joachim Ritter als Linkshegelianer," in *Joachim Ritter zum Gedenken,* ed. Ulrich Dierse (Stuttgart: Franz Steiner, 2004), 147–162, 引文在第 158–159 页。Scholtz 的相关论述，引自 Sandkühler, "'Eine lange Odyssee,'" 21–22。

55 Joachim Ritter, *Über den Sinn und die Grenze der Lehre vom Menschen* (Potsdam: Alfred Protte, 1933). 这在很大程度上未经变更地复制了里特尔 1933 年 2 月在汉堡大学发表的就职演说（在后文中我将之称为 *Antrittsrede*）。也可参见 Sandkühler, "'Eine lange Odyssee,'" 33。

56 Ritter, *Antrittsrede*, 6.

57 Ritter, 引自 Max Scheler, "Mensch und Geschichte" (1929), in *Philosophische Weltanschauung* (Bonn: F. Cohen, 1929), 15–46, 引文出自 *Antrittsrede,* 15。

58 关于这个主题的论述，也可参见 Theodor Haering, "Die philosophische Bedeutung der Anthropologie," *Blätter für Deutsche Philosophie* 3.1 (1929): 1–32。

59 Ritter, *Antrittsrede*, 28.

60 Ritter, *Antrittsrede,* 30.

61 里特尔的完整传记，可以在 *Gedenkschrift Joachim Ritter, zum Gedenkfeier zu Ehren des am 3. August 1974 verstorbenen em. Ordentlichen Professors der Philosophie Dr. phil. Joachim Ritter* (Münster: Aschendorff, 1978) 中找到。

62 Heidegger, "Vorwort zur Vierten Auflage," in KPM, xiii–xv, xv. 尽管它并没有包含于柯恩出版社的最初版本之中，但这个记录本身随后作为附录 IV：《恩斯特·卡西尔与马丁·海德格尔之间的达沃斯辩论》，被刊载于 KPM, 274–296。

63 Martin Heidegger, *Letters to His Wife, 1915–1970,* selected, edited, and

annotated by Gertrud Heidegger, trans. R. D. V. Glasgow (Malden, MA: Polity Press, 2008); translated from *"Mein liebes Seelchen!" Briefe Mein Heideggers an seine Frau Elfride, 1915–1970,* Gertrud Heidegger, hrsg. (München: Deutsche Verlags-Anstalt, 2005), letter from Davos (March 21, 1929), 119.

64   1929 年 3 月 1 日到 4 月 1 日间，达沃斯也是春季滑雪旅行的目的地；参见 "Aus der Schweiz: Dies und das aus Davos," FZ, March 2, 1929, "Bäder Blatt," 10。滑雪者与学生之间的综合对比尤为显著；参见 Hermann Herrigel, "Internationale Davoser Hochschulkurse: Bildung des praktischen Menschen," FZ, April 26, 1931.

65   Heidegger, *Letters to His Wife,* 119.

66   参见 Henry Hoek, "Frühlings-Skifahrten," in DR, 207。

67   Martin Heidegger to Elisabeth Blochmann, in *Briefwechsel, 1918–1969,* ed. Joachim W. Storck (Marbach am Neckar: Deutsche Schillergesellschaft, 1989), 29.

68   Heidegger, *Letters to his Wife,* letter from Davos (March 21, 1929), 119.

69   "Bei den Studenten," in DR, 205–207.

70   Ernst Howald, "Betrachtungen zu den Davoser Hochschulkursen," NZZ, April 10, 1929, Morgenausgabe, 1.

71   Howald, "Betrachtungen zu den Davoser Hochschulkursen," 1.

72   Heidegger, *Letters to His Wife,* letter from Davos (March 23, 1929), 120; German from *"Mein liebes Seelchen!"* 161–162.

73   对海德格尔形象的论述，参见波斯的描述，这个描述可在本书第七章 "一个有争议的细节" 中找到。

74   Heidegger, *Letters to His Wife,* letter from Davos (March 26, 1929), 120–121.

75   对开幕日气氛的概述，可参见 DR, 191，还可参见 Howald, "Betrachtungen zu den Davoser Hochschulkursen"。

76   DR, 189.

77   DR, 181.

78   DR, 185.

79   DR, 186.

第三章　独立讲座

1   海德格尔在写给埃尔福丽德的一封信中记录了这件事："卡西尔今天试图赶来，

以便周一或周二可以在'研讨会'上对话。"Heidegger, *Letters to His Wife*. letter from Davos (March 23, 1929), 120.

2 这三个讲座（连续发表于三个周一上午，早于海德格尔在下午所做的康德讲座）的内容都为卡西尔在第二年发表的论文做了周密铺垫："'Geist' und 'Leben' in der Philosophie der Gegenwart," *Die Neue Rundschau* 41.1 (1930): 244–264（后文将被标识为 GL）, translated as "'Spirit' and 'Life' in Contemporary Philosophy," trans. R. W. Bretall and P. A. Schilpp, in Schilpp, 855–880（后文将被标识为 GL, 英文版）。

3 Hermann Herrigel, "Denken dieser Zeit, I," FZ, April 22, 1929.

4 尤其可参见 BT, § 10。

5 BT, 71–72; SZ, 45–46.

6 Jacob von Uexküll, *Umwelt und Innenwelt der Tiere* (1909; 2nd ed., Berlin: Julius Springer, 1921); 海德格尔讨论于克斯屈尔的例子，参见 the 1929–1930 lecture course, in FCM, 261–264。

7 关于海德格尔在术语中逐渐从"生命"转向"此在"，参见在 Theodor Kisiel, *The Genesis of Heidegger's* Being and Time (Berkeley: University of California Press, 1995) 中的精彩分析，特别是第 141–142 页。

8 BT, 178; SZ, 139.

9 DR, 196.

10 DR, 196.

11 DR, 197; 我的英语概述并非逐字逐句引用这里提到的德语报道，而是密切追踪了其思路。

12 DR, 197.

13 DR, 197.

14 DR, 198.

15 对《符号形式的哲学》这个有所规划的"结论"的完整历史评论与编辑评论，参见 John Michael Krois and Donal Phillip Verene, "Introduction," in PSF, IV, 特别是第 xii–xiii 页。我自己对第四卷作品的分析，参见第六章"卡西尔未公开发表的批判"。

16 Max Scheler, *Die Stellung des Menschen im Kosmos* (Darmstadt: Reichl, 1928).

17 GL, 33.

18 Ludwig Klages, *Der Geist als Widersacher der Seele,* 5th ed. (Bonn: Bouvier, 1972); 最初发表于从 1929 年到 1932 年出版的三卷本作品之中；引文出自 GL, 34。

19　GL, 英文版 , 860。

20　GL, 36; GL, 英文版 , 860–861。

21　Georg Simmel, "The Concept and Tragedy of Culture," in *Simmel on Culture: Selected Writings,* ed. David Frisby and Mike Featherstone (London: Sage Publications, 1997), 55–75; Georg Lukács, *Soul and Form,* trans. Anna Bostock (Cambridge, MA: MIT Press, 1974).

22　GL, 英文版 , 865。

23　GL, 49–50; GL, 英文版 , 872。

24　GL, 52; GL, 英文版 , 874–875。

25　GL, 英文版 , 869。

26　GL, 英文版 , 871。

27　这则对海德格尔的含蓄批判，记录于卡西尔讲座的概述之中，参见 DR, 196。

28　Ernst Cassirer, "Erkenntnistheorie nebst den Grenzfragen der Logik und Denkpsychologie," in *Erkenntnis, Begriff, Kultur,* ed. Rainer A. Bast (Hamburg: Felix Meiner, 1993), 77–154, 最初发表于 *Jahrbücher der Philosophie* 3 (1927): 31–92。对此的进一步阐述，参见 Gregory Moynahan, "Hermann Cohen's *Das Prinzip der Infinitesimalmethode,* Ernst Cassirer, and the Politics of Science in Wilhelmine Germany," *Perspectives on Science* 11.1 (2003): 35–75, 特别是第 68 页。

29　GL, 55; GL, 英文版 , 877。

30　BT, 32; SZ, 12.

31　该研讨班的材料后来发表于 GA 25: *Phänomenologische Interpretation von Kants Kritik der reinen Vernunft* (Frankfurt am Main: V. Klostermann, 1977), 它被 Parvis Emad and Kenneth Maly 翻译为 *Phenomenological Interpretation of Kant's Critique of Pure Reason* (Bloomington: Indiana University Press, 1997)。海德格尔在《康德与形而上学疑难》"第一版序言"中提到 1928 年在里加举办的讲座，参见 KPM, xvi; KPM, 英文版 , xvii。

32　KPM, xiv; KPM, 英文版 , xvi.

33　尤其可参见 BT, § 6, "The Task of Destroying the History of Ontology," 41–44; SZ, 20–23。

34　这种相似性支持了布拉特纳对海德格尔的解读，他将海德格尔作为实体的观念论者，而实体是通过与时间有关的理解得到揭示的；参见 William D. Blattner, *Heidegger's Temporal Idealism* (Cambridge: Cambridge University Press, 1999)。

35　BT, 251; SZ, 208; 参见海德格尔在《存在与时间》中关于观念论的篇幅最长的讨论，BT，§ 43, "Dasein, Worldhood, and Reality"。

36　弗兰克·沙洛注意到，海德格尔后来改变了他关于康德的想法（例如，参见海德格尔的后期作品，*Die Frage nach dem Ding: Zu Kants Lehre von den transcendentalen Grundsätzen,* GA, Band 41, 1984）;也可参见 Schalow, "Thinking at Cross Purposes with Kant: Reason, Finitude, and Truth in the Cassirer-Heidegger Debate," KS 87 (1996): 198–217。

37　参见 Peter E. Gordon, "Science, Finitude, and Infinity: Neo-Kantianism and the Birth of Existentialism," *Jewish Social Studies* 6.1 (2000): 30–53; 对此的进一步细节，参见 Peter E. Gordon, *Rosenzweig and Heidegger: Between Judaism and German Philosophy* (Berkeley: University of California Press, 2003)，第 1 章，特别是第 42–51 页；也可参见 Amos Funkenstein, "The Persecution of Absolutes: On the Kantian and Neo-Kantian Theories of Science," in *The Kaleidoscope of Science: The Israel Colloquium for the History and Philosophy of Science*, vol. 1 (Dordrecht: Kluwer Academic Publishers, 1986), 329–348。

38　KPM, Anhang III: "Kants *Kritik der reinen Vernunft* und die Aufgabe einer Grundlegung der Metaphysik," 271–273; KPM, 英文版，"Davos Lecture: Kant's *Critique of Pure Reason* and the Task of a Laying of the Ground for Metaphysics," 169–171。这个概述最初发表于 DR, 194–196。

39　KPM, 21; KPM, 英文版，15。

40　KPM, 48–49; KPM, 英文版，32, 引文出自 Kant, KdrV, A34/B50。

41　KdrV, A141/B181; 对此富有洞察力的评论，参见 Calvin O. Schrag, "Heidegger and Cassirer on Kant," KS 58 (1967): 87–100, 引文在第 94 页。

42　KPM, 176; KPM, 英文版，120。

43　KPM, 169; KPM, 英文版，116。

44　KPM, 201; KPM, 英文版，137–138; 添加了强调。

45　KPM, 273; KPM, 英文版，171。这部"康德书"公开出版的文本几乎准确地重复了开头这句话——"理性的出发点就这样破碎了。接着康德就通过他的激进主义，将自己带到了他不得不退缩的立场的边缘。"参见 KPM, 168; KPM, 英文版，115。

46　KPM, 273; KPM, 英文版，171。关于文化哲学的争论，一个有帮助的讨论参见 John Michael Krois, "Why Did Cassirer and Heidegger Not Debate in Davos?" in *Symbolic Forms and Cultural Studies: Ernst Cassirer's Theory of Culture,* ed. Cyrus Hamlin and John Michael Krois (New Haven: Yale University Press,

2004), 244–262, 特别是第 251 页。

47　FCM, 75–76; 添加了强调。

48　FCM, 75–76; 添加了强调。

49　FCM, 77; 添加了强调。

第四章　达沃斯的交锋

1　达沃斯这场争辩最初由奥托·弗里德里希·博尔诺与约阿希姆·里特尔抄录，参见 Otto Friedrich Bollnow and Joachim Ritter, "Davos Disputation zwischen Ernst Cassirer und Martin Heidegger," in KPM, 274–296。理查德·塔夫特翻译的完整英文版本，可在《康德与形而上学疑难》附录"恩斯特·卡西尔与马丁·海德格尔之间的达沃斯辩论"中找到，参见 "Davos Disputation between Ernst Cassirer and Martin Heidegger," in KPM, 英文版 , 171–185。在这里使用的文本依据的是博尔诺与里特尔抄录的德语文稿。尽管我参阅了塔夫特的英译本，但在大多数情况下我重新翻译了德语文稿。

2　这段话分别引自 BT, 22; SZ, 3 与 BT, 251; SZ, 207–208。

3　FCM, 184; 参见德文版 , GA 29–30。

4　Martin Heidegger and Heinrich Rickert, *Briefe, 1912 bis 1933, und andere Dokumente,* ed. Alfred Denker (Frankfurt am Main: V. Klostermann, 2002), 60–63. 李凯尔特写信的日期是 1929 年 7 月 17 日；海德格尔回信的日期是 1929 年 7 月 25 日。

5　KdrV, A50/B75–A64/B88.

6　KdrV, A60/B85.

7　KdrV, A141/B181.

8　KPM, 168; KPM, 英文版 , 115–116。

9　KPM, 153; KPM, 英文版 , 105。

10　KPM, 187; KPM, 英文版 , 128。

11　KPM, Anhang III（海德格尔的达沃斯讲义）, 273; KPM, 英文版 , 171。

12　海德格尔的相关论述，可参见 KPM, 105; 卡西尔的相关论述，可参见（例如）PSF, III, 9, 卡西尔在那里提到了"自发性"，而在第 159 页，卡西尔提到了想象力的"自发性"，它证实了"精神的基本生产性的功能"，这种功能"永远不可能通过单纯的再生过程来获得充分解释"。

13　PSF, III, 162–163.

14　KdrV, A137/B176–A147/B187.

15　KdrV, A141/B180–A142/B182.

16　卡西尔在《符号形式的哲学》论述"符号孕义性"的关键章节中也发展了这个主题，参见 PSF, III, 191–204。

17　PSF, III, 193–194.

18　Immanuel Kant, *Critique of Practical Reason*, in *Practical Philosophy,* trans. Mary J. Gregor (Cambridge: Cambridge University Press, 1996), 133–271, 引文在第 193 页；添加了强调。

19　Kant, *Critique of Practical Reason,* 165; 添加了强调。

20　Kant, *Critique of Practical Reason,* 262.

21　关于突破和客观性，参见 Michael Friedman, "The Davos Disputation and Twentieth-Century Philosophy," in *Symbolic Forms and Cultural Studies: Ernst Cassirer's Theory of Culture,* ed. Cyrus Hamlin and John Michael Krois (New Haven: Yale University Press, 2004), 227–243, 特别是第 228 页。

22　Kant, *Critique of Practical Reason,* 196.

23　Kant, *Critique of Practical Reason,* 133–134.

24　KdrV, Preface, A, vii.

25　关于康德哲学的这方面内容，参见 Michael Friedman, *Kant and the Exact Sciences* (Cambridge, MA: Harvard University Press, 1998)。

26　Immanuel Kant, "Prolegomena to Any Future Metaphysics," trans. Gary Hatfield, in Kant, *Theoretical Philosophy after 1781,* rev. ed., ed. Henry Allison and Peter Heath et al. (Cambridge: Cambridge University Press, 2002), §§6–13.

27　Kant, "Prolegomena to Any Future Metaphysics," §13 n. 1.

28　《符号形式的哲学》第三卷序言撰写日期为"1929 年 7 月末"，也就是说，正是撰写于达沃斯这场争辩之后。

29　PSF, III, 149，注 4 与 163，注 2。对卡西尔这个论证的更充分解释，参见本书第四章关于"神话、危机、科学"的讨论。

30　KdrV, A845/B873.

31　KdrV, A247/B303; 添加了强调。

32　Kant, *Critique of Practical Reason,* 200.

33　Immanuel Kant, "Drittes Hauptstück: Von den Triebfedern der reinen praktischen Vernunft," in *Kritik der praktischen Vernunft, Philosophische Biblio- thek* 38 (Hamburg: Felix Meiner, 1990), 140–142; Kant, *Critique of Practical Reason,* 204.

34 Kant, *Kritik der praktischen Vernunft,* § 7, "Grundgesetz der reinen praktischen Vernunft," 57–58; Kant, *Critique of Practical Reason,* 165.

35 "我们更没有正当理由为这种在理论上虚构的理性存在者制定法则。谈论除人类之外的理性存在者，就好像我们试图谈论除了物体之外的沉重存在者一样。我们不得不怀疑，康德在这里想到的是可爱的小天使，或者至少指望他们的存在可以让读者信服。"（添加了强调）Arthur Schopenhauer, *On the Basis of Morality,* trans. E. F. J. Payne (Indianapolis: Hackett, 1998), 63–64.

36 Immanuel Kant, *Anthropology from a Pragmatic Point of View,* ed. and trans. Robert B. Louden (New York: Cambridge University Press, 2006), 71.

37 关于康德的《单纯理性界限内的宗教》以及他在那里对哈勒的引用，参见我先前在第一章的"西南学派与马堡学派"中的评述。

38 Martin Heidegger, "What Are Poets For?" in *Poetry, Language, Thought,* trans. Albert Hofstadter (New York: Harper & Row, 1971), 134, 最初发表时的标题为 *"Wozu Dichter?"* GA 5: *Holzwege,* ed. Friedrich-Wilhelm von Herrmann (Frankfurt: V. Klostermann, 1977), 312。

39 Heidegger to Löwith, in *Im Gespräch der Zeit,* vol. 2: *Zur philosophischen Aktualität Heideggers,* ed. Dietrich Papenfuss and Otto Pöppeler (Frankfurt: V. Klostermann, 1990), 27–32.

40 Martin Heidegger, "The Question Concerning Technology," in *The Question Concerning Technology and Other Essays,* trans. William Lovitt (New York: Harper Perennial, 1982), 35. 海德格尔后期作品充斥着提及上帝与诸神的文字，这种不确定性应当警示人们，不要头脑简单地将后期海德格尔完全刻画为"异教"哲学家或"基督教"哲学家。

41 例如，弗朗茨·罗森茨维格提出，海德格尔应当是一个"亚里士多德式的学者"，他在哲学上隐秘地受惠于赫尔曼·柯亨后期的宗教哲学。这个论断可以在罗森茨维格自己对达沃斯这次辩论的评论中找到，参见 Franz Rosenzweig, "Vertauschte Fronten," 最初在作者死后发表于这个期刊：*Der Morgen* 6.6 (1930): 85–87; 再版于 Franz Rosenzweig, *Der Mensch und sein Werk: Gesammelte Schriften,* vol. 3, ed. Reinhold Mayer and Annemarie Mayer (Dordrecht: Martinus Nijhoff, 1984), 235–238。

42 KPM, 22–29; KPM, 英文版, 16–20。

43 Kant, *Anthropology from a Pragmatic Point of View,* § 28.

44 拉丁语 *constitutivum* 的意思是"构成性特征"或必然的记号，例如，参见 Immanuel Kant, *Notes and Fragments,* ed. Paul Guyer, trans. Paul Guyer, Curtis

Bowman, and Frederick Rauscher (Cambridge: Cambridge University Press, 2005), 202–203, 234。

45 《康德与形而上学疑难》几乎逐字重复了这个观点，参见 KPM, 25–26; KPM, 英文版，17。

46 BT, 32; SZ, 12.

47 对这个主题的一个内容更加丰富的解释，参见 Daniel O. Dahlstrom, *Heidegger's Concept of Truth* (Cambridge: Cambridge University Press, 2001)。

48 BT, 256–273; SZ, § 44, 213–230.

49 BT, 263; SZ, 221. 对此在"就是它的展开状态"这个论断的解释，参见 Robert Brandom, "Heidegger's Categories in *Being and Time*," in *Heidegger: A Critical Reader,* ed. Hubert L. Dreyfus and Harrison Hall (Oxford: Blackwell, 1992), 45–64。

50 BT, 264; SZ, 222.

51 BT, 75; SZ, 50.

52 若要确定《形而上学是什么？》的创作日期，可参见 "Vorwort zur dritten Auflage, 1949," *Wegmarken* 123（《论根据的本质》第三版 [1949] 序言），海德格尔在那里说，这两个讲座都是在 1928 年同一时期撰写的。这两篇论文在一年之后才首次引起公众注意：《形而上学是什么？》成了 1929 年 7 月 24 日海德格尔在弗莱堡大学的公开讲演，它随后获得了出版 (Bonn: Friedrich Cohen, 1929)，而《论根据的本质》则被收录于献给胡塞尔七十岁寿辰的纪念文集，*Ergänzungsband zum Jahrbuch für Philosophie und phänomenologische Forschung* (Halle: Max Niemeyer, 1919), 71–110。

53 例如，关于"我们已经生活于存在之领会中"的论断，参见 BT, 26–27 与 SZ, 7–8 ；进一步的评论，也可参见 § 4, "The Ontical Priority of the Question of Being"。

54 Karl Jaspers, *Psychologie der Weltanschauungen* (Berlin: Springer, 1919). 关于海德格尔与雅斯贝尔斯的关系，参见 Alan M. Olson, ed., *Heidegger and Jaspers* (Philadelphia: Temple University Press, 1993)。

55 参见 Martin Heidegger, "Critical Comments on Karl Jaspers' *Psychology of Worldviews*," in *Becoming Heidegger: On the Trail of His Early Occasional Writings, 1910–1927,* ed. Theodore J. Kisiel and Thomas Sheehan (Evanston, IL: Northwestern University Press, 2007), 110–149。

56 参见 Martin Heidegger, "Wilhelm Dilthey's Research and the Current Struggle for a Historical Worldview," in *Becoming Heidegger,* 238–274。

57 BP, § 2, "The Concept of Philosophy, Philosophy and Worldview" (1927 lecture), 4–11, 引文在第 9 页与第 10 页。

58 海德格尔真正相信这个原则，甚至将之适用于他自己的哲学工作，注意到这一点对人们是有启发的。例如，参见他在 1921 年 8 月 19 日写给卡尔·洛维特的信中的这段著名评述："我是以一种具体的实际方法来工作的，这种方法出自我的'本己的存在'——出自我的精神性的，实际上是实际性的遗产 / 周围环境 / 生活背景，出自由此成为我可以通达的作为我所经历的鲜活经验的事物。"引自 Karl Löwith, *Martin Heidegger and European Nihilism,* ed. Richard Wolin, trans. Gary Steiner (New York: Columbia University Press, 1998), 236。

59 MFL, 17.

60 MFL, 18.

61 MFL, 18.

62 "Freundlos war der große Weltenmeister, / Fühlte Mangel—darum schuf er Geister, / Sel'ge Spiegel seiner Seligkeit!- / Fand das höchste Wesen schon keingleiches, / Aus dem Kelche des ganzen Seelenreiches / Schäumt ihm—die Unendlichkeit." Friedrich Schiller, "An die Freundschaft," in *Schiller's Sämmtliche Werke,* Bd. 8, ed. Robert Borberger (Berlin: Grote'sche Verlagsbuchhandlung, 1878), 21–22. 请注意，卡西尔说的是"涌流而出"（strömt），而不是"翻腾起泡沫"（schäumt）。最后这句诗的变体出现于席勒的《哲学通信》（*Philosophische Briefe,* 1786）的"上帝"章节，这个变体的最后两行诗句按照如下方式展开："从整个灵魂王国的圣杯里，无限性为他翻腾起泡沫。"（Aus dem Kelche des ganzen Wesenreiches schäumt ihm die Unendlichkeit.）黑格尔用这段诗句为《精神现象学》作结。

63 Johann Wolfgang von Goethe, *Sämtliche Werke: Briefe, Tagebücher und Gespräche,* ed. Dieter Borchmeyer et al., Frankfurter Ausgabe, ser. 1, vol. 2 (Frankfurt am Main: Deutscher Klassiker, 1985), 380.

64 ICRP, 189–191. 出自歌德那同一段关于探索所有方向的有限性的引文，也出现于《符号形式的哲学》第三卷的导论之中，参见 PSF, III, 41。

65 EM, 15.

66 BT, 435; SZ, 384.

67 Friedrich Schiller, *Werke,* vol. 3: *Gedichte, Erzählungen,* ed. Dieter Schmidt (Frankfurt am Main: Insel, 1966), 99–103.

68 Kuno Fischer, *Schiller-Schriften,* vols. 3–4: *Schiller als Philosoph: In zwei*

Büchern (Heidelberg: Carl Winter, 1891); Friedrich Albert Lange, *Einleitung und Kommentar zu Schillers philosophischen Gedichten* (Leipzig: Velhagen und Klasing, 1919), xv; Karl Vorländer, "Schiller's Verhältnis zu Kant in seiner geschichtlichen Entwicklung," *Philosophischen Monatshefe* 30 (1894), reprinted in *Kant-Schiller-Goethe: Gesammelte Aufsätze*, 2nd ed. (Leipzig: Felix Meiner, 1923; orig. pub. 1906). 也可参见 Peter E. Gordon, *Rosenzweig and Heidegger* (Berkeley: University of California Press, 2003), 143–147, 以及 Frederick Beiser, *Schiller as Philosopher: A Re-Examination* (New York: Oxford University Press, 2005)。

69   海德格尔写道:"此在就是存在于缄默地苛求着畏本身的决心的源始个别化之中的本真性自身。"因为在此在的缄默中,"它'就是'它能够本真存在的那种被抛的存在者"。BT, 369; SZ, 323. 海德格尔在其他地方解释说,此在的自由"始终在其被抛性的限度之内"出现。BT, 417; SZ, 366.

70   Hendrik J. Pos, "Recollections of Ernst Cassirer," in Schilpp, 63–72, 引文在第 67 页。

71   PSF, III, 149.

72   KdrV, A805/B833.

73   Immanuel Kant, *Jäsche Logic,* trans. Robert S. Hartman and Wolfgang Schwarz (New York: Dover, 1974), 29. 关于康德的人类学,参见 Manfred Kuehn 对康德《实用人类学》的介绍性评论, *Anthropology from a Pragmatic Point of View,* vii–xxix, 特别是第 xi–xiii 页。

74   与卡西尔论辩的踪迹在那本书中被保留下来,例如,海德格尔在那里写道,人类学"特别规定了哲学的目标,或者规定了哲学的出发点,或者同时规定两者。倘若哲学的目标在于制定某种世界观,那么人类学就不得不去界定'人在宇宙中的位置'"(海德格尔在这里提到了马克斯·舍勒的《人在宇宙中的位置》)。尤其可参见 KPM, §37: "The Idea of a Philosophical Anthropology," 引文出自 KPM, 英文版, 144。

75   例如,参见 BT, §9, "The Theme of an Analytic of Dasein," 42–47; 以及 BT, §40, "The Basic State-of-Mind of Anxiety as a Distinctive Way in which Dasien Is Disclosed." 关于作为"逃避到世内存在者之中"的逃避,尤其可参见 BT, 233; SZ, 189。

76   PSF, I, 77–78 (G, 8–9).

77   EM, 143–144.

78   关于"此在在存在者—存在论层面的优先地位"(*der ontisch-ontologischen*

Vorrang des Daseins) 这个主题，参见 BT, 34; SZ, 14。

79   BT, 435; SZ, 384.

80   KdrV, A773/B801. 康德对惰怠的理性的另一次提及，可以在 A689/ B717 中找到。

81   FCM, 77.

82   参见《存在与时间》中的一则类似评论："一旦一个人已经把握了这个人生存的有限性，那么他就会从那些无穷无尽、形形色色的可能性中夺回自身，它们为这个人提供的是本身最近便的可能性——安逸、逃避与拈轻避重的可能性——并将此在带入其命运的单纯境界之中。" BT, 435; SZ, 384。

83   Johann Gottlieb Fichte, "Foundations of the Entire Science of Knowledge," in *Science of Knowledge,* 2nd ed., ed. and trans. Peter Heath and John Lachs (Cambridge: Cambridge University Press, 1982), 16.

84   PSF, I, 285 (G, 252); 添加了强调。

85   PSF, I, 88 (G, 21).

86   "所有这些符号都宣称拥有客观的价值……他们自己不仅将他们的符号视为客观有效的，而且在很大程度上就是客观性与'实在'的核心。""无论是在科学中，还是在语言、神话、艺术与宗教中，'实在'的世界都是构造而成的。" PSF, I, 88, 91 (G, 21, 24)。

87   参见 John Michael Krois, "Cassirer, Neo-Kantianism, and Metaphysics," *Revue de métaphysique et de morale* 4 (1992): 436–453。

88   例如，参见 BT, 31; SZ, 11。

89   BT, 31; SZ, 11.

90   Hermann Herrigel, "Denken dieser Zeit: Fakultäten und Nationen treffen sich in Davos," FZ, April 22, 1929, Abendblatt, 4.

第五章   达沃斯之前：神话、科学、现代性

1   在《符号形式的哲学》第三卷的序言（写于汉堡，日期为 1929 年 7 月）中，卡西尔写道："这卷作品的手稿完成于 1927 年底，之所以推迟出版，只是因为我那时仍然计划让这卷作品包含一个批判性的最终章节。如此，我就能顾及过去两年出版的几部作品。" PSF, III, xvii。

2   在《人论》中，卡西尔断定："空间与时间是与所有实在都相关的框架。我们无法构想任何真实的事物，除非我们处于空间与时间的条件下。"但"为了发现我们人类世界的空间与时间的真实特征，我们就必须分析人类文化的诸多形

式"。因为尽管人类文化展示了人的统一能力，但"存在着空间经验与时间经
验的诸多根本不同的类型"。EM, 42。

3 这种关于意义的现象学研究令人回想起弗雷格在含义与指称间的经典区分。关
于弗雷格对胡塞尔现象学的影响，参见 Michael Dummett, *Origins of Analytic
Philosophy* (Cambridge, MA: Harvard University Press, 1993)。Cristina Lafont
注意到，弗雷格的理论与查尔斯·泰勒所说的"H-H-H"传统的语言解释学
传统之间存在重要的关联：参见 Taylor, "Theories of Meaning," in *Human
Agency and Language: Philosophical Papers,* vol. 1 (Cambridge: Cambridge
University Press, 1985), 248–292 以及 Lafont, *Heidegger, Language, and World-
Disclosure,* trans. Graham Harman (Cambridge: Cambridge University Press,
2000)。

4 关于胡塞尔将现象学作为一门单纯描述性的科学所进行的辩护，参见 Husserl,
Ideas Pertaining to a Pure Phenomenology and to a Phenomenological Philosophy,
vol. 1: *General Introduction to Pure Phenomenology,* §75, "Phenomenology as
Descriptive Theory of the Essence of Pure Experiences," 209–211。对胡塞尔和
海德格尔关于悬置的差异的论述，参见 Herbert Spiegelberg, *The Phenomenological
Movement: A Historical Introduction* (The Hague: Nijhoff, 1960)。

5 关于形式指引问题的补充性说明，参见 Daniel O. Dahlstrom, *Heidegger's
Concept of Truth* (Cambridge: Cambridge University Press, 2001)，特别是第
245—252 页。

6 参见 BT, §14。

7 BT, 66; SZ, 66.

8 有一种解释将"交往"（dealings）翻译为"应对"(coping)，并将之理解为整
个第一部分分析的核心范畴，参见 Hubert L. Dreyfus, *Being-in-the-World: A
Commentary on Heidegger's* Being and Time, Division I (Cambridge, MA: MIT
Press, 1991)，特别是第 4 章。

9 BT, 97–98; SZ, 68–69.

10 我在这里受惠于 Jeff Malpas 的空间分析，参见 Jeff Malpas, "Uncovering
the Space of Disclosedness: Heidegger, Technology, and the Problem of
Spatiality in *Being and Time,*" in *Heidegger, Authenticity, and Modernity:
Essays in Honor of Hubert L. Dreyfus,* vol. 1, ed. Mark Wrathall and Jeff
Malpas (Cambridge, MA: MIT Press, 2000), 205–228，特别是第 211 页。也可
参见 Dreyfus, *Being-in-the-World,* 43, 引自 Malpas, "Uncovering the Space of
Disclosedness," 209。

11 BT, 122; SZ, 88; 添加了强调。

12 BT, 122; SZ, 88; 添加了强调。

13 BT, 136; SZ, 103.

14 这个术语被 John Macquarrie 与 Edward Robinson 翻译为 de-severance。他们
对这个新词的辩护，参见 BT, 138–139。

15 BT, 140; SZ, 105.

16 BT, 142–143; SZ, 108.

17 BT, 147; SZ, 112–113.

18 BT, 147; SZ, 112; 除了“去世界化”之外，其余强调是我添加的。

19 Bernard Williams, *Descartes: The Project of Pure Enquiry* (Hassocks, England:
Harvester Press, 1978).

20 Max Weber, "Science as a Vocation," in *From Max Weber: Essays in
Sociology,* ed. and trans. H. H. Gerth and C. Wright Mills (New York: Oxford
University Press, 1946), 129–156, 这段引文在第 142 页。

21 Robert J. Dostal, "Time and Phenomenology in Husserl and Heidegger," in
The Cambridge Companion to Heidegger, ed. Charles Guignon (Cambridge:
Cambridge University Press, 1993), 141–169.

22 "关切的结构的源始统一在于时间性。" BT, 375; SZ, 327.

23 BT, 63; SZ, 39.

24 Saint Augustine, *Confessions*, trans. R. S. Pine-Coffin (London: Penguin Books,
1961), 274. 这些引文出自 Kant in KdrV, "Transcendental Aesthetic, 'Von der
Zeit,'" §§ 4–8, A31/B46。

25 Edmund Husserl, "Phenomenological Time and the Time-Consciousness," in
Ideas Pertaining to a Pure Phenomenology, vol. 1, § 81, 234–239, 这段引文在
第 235 页。

26 SZ, 437; 这是我翻译的译文；添加了强调。

27 SZ, 437; 这是我翻译的译文。

28 HCT, 320; 添加了强调。

29 BP, 170. 关于这个例证，我要感谢罗伯特·多斯塔尔的这篇论文："Time
and Phenomenology in Husserl and Heidegger," in *The Cambridge Companion
to Heidegger,* ed. Charles Guignon (Cambridge: Cambridge University Press,
1993), 120–148。

30 海德格尔在多大程度上是一个反实在论者，围绕这点存在大量争议，也就
是说，他是否相信，所有存在者或仅仅部分存在者的本质特征依赖此在的

展开模式，抑或没有任何存在者的本质特征依赖此在的展开模式，尤其是
科学的现成存在者在何种程度上具有这样的依赖性。参见 William Blattner,
"Is Heidegger a Kantian Idealist?" *Inquiry* 37 (1994): 185–201; Blattner,
"Decontextualization, Standardization, and Deweyian Science," *Man and World*
28 (1995): 321–339; Blattner, *Heidegger's Temporal Idealism* (Cambridge:
Cambridge University Press, 1999); David R. Cerbone, "World, World-entry,
and Realism in Early Heidegger," *Inquiry* 38 (1995): 401–421。对这种争议的
概述与对海德格尔是关于自然科学实体的坚定实在论者的辩护，参见 Hubert
L. Dreyfus, "How Heidegger Defends the Possibility of a Correspondence
Theory of Truth with Respect to the Entities of Natural Science," in *The
Practice Turn in Contemporary Theory*, ed. Theodore R. Schatzki, Karin Knorr
Cetina, and Eike von Savigny (London: Routledge, 2001), 151–162。

31 对这个区分的一次精致重建，参见 Dahlstrom, *Heidegger's Concept of Truth*。

32 BT, 269; SZ, 226–227; 添加了强调。

33 PSF, II, 91 (G, 117); 英文版添加了强调。

34 PSF, II, 95–97 (G, 122–124)。

35 卡西尔继续写道："每一种在神话上具有重要性的内容，每一种从无关紧要的
事物与老生常谈的事物的领域中提升出来的生活境况，都形成了它自己的生
存特质，一个被包围起来的领域，这个领域由于固定的界限而与周围的事物
分离开来，而且只有在这种分离中它才获得了一种个体性的宗教形式。"PSF,
II, 103–104 (G, 131–132)。

36 PSF, II, 89 (G, 113–114)。

37 PSF, II, 105–106 (G, 133)。

38 PSF, II, 105–106 (G, 133)。

39 PSF, II, 110–111, (G, 141)。

40 BT, 76–77; SZ, 51。

41 Bronoslaw Malinowski, *Myth in Primitive Psychology* (New York: W. W.
Norton and Company, 1926), 108。

42 Malinowski, *Myth in Primitive Psychology,* 82。

43 BT, 76; SZ, 51。

44 海德格尔与涂尔干都相信，聚焦于"原始"信念的做法拥有方法论的优势，
因为它以"更为简单"与更为鲜明的方式揭示了人的意义的结构。涂尔干认为，
原始宗教"粗糙且不成熟"，但它并未"复杂"到遮蔽其更深刻结构的程度。
参见 Durkheim, *The Elementary Forms of Religious Life*, trans. Karen Fields

(New York: The Free Press, 1995), 7。

45　BT, chap. 1, 490 n. xi; SZ, 51 n. 1.

46　BT, chap. 1, 490 n. xi; SZ, 51 n. 1.

47　参见雅斯贝尔斯在他致海德格尔书信中的观察评论，这些评论被收录于 *Briefwechsel*, 1920–1963, ed. Walter Biemel and Hans Saner (Frankfurt am Main: V. Klostermann, 1990), Letter 69 (July 8, 1928), 102。

48　MH: Rev. of PSF, II, 43.

49　MH: Rev. of PSF, II, 43.

50　MH: Rev. of PSF, II, 45; 添加了强调。

51　MH: Rev. of PSF, II, 42.

52　BT, 67; SZ, 42.

53　关于这次争辩，特别是关于这种想象力的精彩分析，参见 Calvin O. Schrag, "Heidegger and Cassirer on Kant," *Kantstudien* 58 (1967): 87–100。

54　PSF, III, 16; 添加了强调。

55　PSF, III, 27.

56　尤其可参见 PSF, II, Part IV, "The Dialectic of the Mythical Consciousness," 235–261 (G, 287–320)。

57　PSF, II, 239 (G, 294).

58　PSF, II, 252 (G, 309).

59　关于列维纳斯批评海德格尔的诸多起因，参见 Samuel Moyn, "Judaism against Paganism: Emmanuel Lévinas' Response to Heidegger and Nazism in the 1930s," *History and Memory* 10.1 (1998): 25–58。

60　SF, Swabey, 91; 为了强调"还原"与"通过……建构出来"而改变了字体。

61　PK, 27.

62　ETR, Swabey, 356.

63　ETR, Swabey, 439; 添加了强调。Felix Kaufmann 指出，通过这则评论，卡西尔从朴素实在论走向了一种融贯主义。参见 Felix Kaufmann, "Cassirer's Theory of Scientific Knowledge," in Schilpp, 183–213, 尤其是第 192–193 页、第 198 页、第 206 页与第 211 页。关于爱因斯坦自己对空间与时间以及"主观"时间与物理学以超个人方式测量的时间之间的区别的讨论，参见 Albert Einstein, *Vier Vorlesungen über Relativitätstheorie: Gehalten im Mai 1921 an der Universität Princeton*, 2nd ed. (Braunschweig: Friedrich Vieweg und Sohn, 1922), 特别是第 1–2 页。

64　SF, Swabey, 104–105; 添加了强调。

65   PSF, II, 85 (G, 109–110).

66   ETR, 379.

67   PK, 26–27.

68   PSF, III, 149 n. 4.

69   PSF, III, 149 n. 4.

70   这个脚注始于一种微妙的限定：“如下章节是在海德格尔关于‘时间’和
     ‘时间性’的新近分析（‘Sein und Zeit,’ *Jahrbuch für Philosophie und
     phänomenologische Forschung* 7 [1927]）出版之前撰写的，而海德格尔的新
     近分析在许多方面指出了诸多完全新颖的道路。我在这里并不试图对这个分
     析做出详细的批评性讨论。这种讨论只有在人们可以获得海德格尔全部作品
     时才是有可能的与富有成效的。” PSF, III, 163 n. 2. 卡西尔强调了“超越”这
     个词，其他强调为我所添加。

71   PSF, III, 163 n. 2.

72   这种解读将海德格尔的工作理解为一种关于纯粹“主观的”现象学视域的理论，
     它是可以理解的，特别是当人们考虑到，海德格尔的作品是在胡塞尔学派中的一
     种解释。因此，卡西尔在脚注中写道：“关于现象学的时间与客观的‘宇宙’时
     间之间的区别，参见 Edmund Husserl, *Ideen zu einer reineen Phänomenologie und
     phänomenologischen Philosophie* (Halle, 1928), 第 81 节及其后。令人遗憾的是，
     我无法顾及马丁·海德格尔以胡塞尔讲座为基础做出的那个关于时间意识
     的犀利分析，参见 Martin Heidegger, ‘Edmund Husserls Vorlesungen zur
     Phänomenologie des inneren Zeit-bewusstseins,’ *Jahrbuch für Philosophie und
     phänomenologische Forschung*, 9 (1928), 367–498。” PSF, III, 173 注 16。

73   PSF, III, 163.

74   PSF, III, 167.

75   PSF, III, 167 n. 8.

76   关于卡西尔与现代现象学传统的一般性冲突，参见 Fritz Kaufmann, “Cassirer,
     Neo-Kantianism, and Phenomenology,” in Schilpp, 799–854。

77   Ernst Cassirer, “Die Sprache und der Aufbau der Gegenstandswelt,” in ECW
     18, 111–122, 引文在第 121 页；“gegenüber” 和 “vorstellig” 之上的引号为
     原文所加。

78   Cassirer, ECW 18, 120–122.

第六章 达沃斯之后：启蒙、政治、宗教

1 海德格尔致伊丽莎白·布洛赫曼的书信，收录于 *Briefwechsel*, 1918–1969, ed. Joachim W. Storck (Marbach am Neckar: Deutsches Literaturarchiv, 1989), 29。

2 EHF, 94.

3 EHF, 205.

4 EHF, 198.

5 EHF, 198.

6 EHF, 198.

7 参见卡西尔的校长离职演说文本，收录于 ECW 17, 375–384；可在第 380 页发现他提到海德格尔。我要感谢托马斯·迈耶让我注意到这次提及。

8 海德格尔写给阿道夫·格里姆的日期标注为 1930 年 5 月 10 日，该信件解释了这次拒绝的缘由，这封信作为 "针对柏林的决定"（Entscheidung gegen Berlin）发表于 GA 16, 61–62。

9 这次柏林之行的细节，可在海德格尔从柏林写给埃尔福丽德的信（1930 年 4 月 6 日）中找到，这封信收录于 Martin Heidegger, *Letters to His Wife, 1915–1970*, selected, edited, and annotated by Gertrud Heidegger, trans. R. D. V. Glasgow (Malden, MA: Polity Press, 2008); translated from *"Mein liebes Seelchen!" Briefe Martin Heideggers an seine Frau Elfride, 1915–1970*, Gertrud Heidegger, hrsg. (München: Deutsche Verlags-Anstalt, 2005), 123。

10 Martin Heidegger to Elisabeth Blochmann, in *Briefwechsel, 1918–1969*, Letter 24 (May 10, 1930), 35–36.

11 Heidegger, *Letters to His Wife* (April 6, 1930), 123.

12 在后来写给雅斯贝尔斯的一封信（5 月 17 日）中，海德格尔写道，他是从格里姆那里了解到这些细节的。这很可能是虚假的陈述，意在掩盖里茨勒在泄露机密审议细节过程中扮演的角色。参见 Martin Heidegger/Karl Jaspers, in *Briefwechsel, 1920–1963*, ed. Walter Biemel and Hans Saner (Frankfurt am Main: V. Klostermann, 1990), 132–133。

13 Martin Heidegger to Karl Jaspers, in *Briefwechsel, 1918–1969*, Letter 102 (May 24, 1930), 134, and Letter 108 (July 25, 1931), 141–143.

14 Heidegger, *Letters to His Wife* (April 6, 1930), 123.

15 对这封信及其历史背景的概述，参见 Ulrich Sieg, "Die Verjudung des deutschen Geistes," *Die Zeit*, December 22, 1989, "Feuilleton," 52。

16 Martin Heidegger, "Hönigswald aus der Schule des Neukantianismus" (letter,

from Freiburg, June 25, 1933), 再次发表于 GA 16, 132–133。

17 关于海德格尔对犹太学生和犹太伙伴的个人态度与对待方式，参见 Thomas Sheehan, " 'Everyone Has to Tell the Truth' : Heidegger and the Jews," *Continuum* 1.1 (1990): 30–44。

18 Toni Cassirer, *Mein Leben mit Ernst Cassirer* (Hildesheim: Gerstenberg, 1981), 182; 最初的出版标题为 *Aus Meinem Leben mit Ernst Cassirer*, 于 1950 年代的纽约私人发行。

19 Toni Cassirer, *Mein Leben mit Ernst Cassirer,* 183.

20 关于这次事件的概述，参见约翰·米夏埃尔·克罗伊斯那个不偏不倚的评价："Why Did Cassirer and Heidegger Not Debate in Davos?" in *Symbolic Forms and Cultural Studies: Ernst Cassirer's Theory of Culture*, ed. Cyrus Hamlin and John Michael Krois (New Haven: Yale University Press, 2004), 244–262, 247。

21 托马斯·迈耶写道，卡西尔将海德格尔评价为"一位重要的思想家"，并"接受了他这个人"。参见 Thomas Meyer, *Ernst Cassirer* (Hamburg: Ellert & Richter, 2006), 174。

22 Toni Cassirer, *Mein Leben mit Ernst Cassirer,* 184.

23 1932 年 2 月 27 日，卡西尔首先用法语向法兰西哲学协会（Société Française de Philosophie）发表了名为《让-雅克·卢梭著作的统一性》（L'Unité dans l'oevre de Jean-Jacques Rousseau）的讲演。这篇文章于 1932 年晚些时候首次以德文出版，其标题为《关于让-雅克·卢梭的问题》, *Archiv für Geschichte der Philosophie* (1932): 它被分为两个部分，第 177—213 页和第 479—513 页。它的英译本连同彼得·盖伊撰写的富于启发的评论一起出版，其标题为《关于让-雅克·卢梭的问题》，参见 *The Question of Jean-Jacques Rousseau,* 2nd ed., ed. Peter Gay (New Haven: Yale University Press, 1989)(后文缩写为 QJJR)。

24 QJJR, 46, 81; 添加了强调。

25 QJJR, 115; 添加了强调。

26 QJJR, 58.

27 Toni Cassirer, *Mein Leben mit Ernst Cassirer,* 184.

28 Martin Heidegger and Hannah Arendt, *Letters, 1925–1975,* ed. Ursula Ludz, trans. Andrew Schields (Orlando: Harcourt, 2004), letter dated Winter 1932–1933, 52–53.

29 Thomas Sheehan, "Reading a Life: Heidegger and Hard Times," in *The Cambridge Companion to Heidegger*, ed. Charles Guignon (Cambridge:

Cambridge University Press, 2006), 70–96, 这段引文在第 87 页；希恩则是引自 Karl Jaspers, *Philosophical Autobiography*, exp. ed. (Munich: Piper, 1977), 101。

30　一个例外是伊曼努尔·列维纳斯撰写的那篇表示赞赏的早期文章，参见 "Martin Heidegger et l'ontologie," in *En découvrant l'existence avec Husserl et Heidegger* (Paris: Vrin, 1949), 53–76; 原始出版物的删节版收录于 *La Revue philosophique de la France et de l' étranger* 57 (1932): 395–431。

31　EC: Rev. of KPM, 2; 添加了强调。

32　Alois Riehl, "Über wissenschaftliche und nichtwissenschaftliche Philosophie," in Riehl, *Philosophische Studien aus vier Jahzehnten* (Leipzig: Quelle und Meyer, 1925), 227–253.

33　EC: Rev. of KPM, 3; 卡西尔这段话引自 KPM, 221。

34　EC: Rev. of KPM, 3.

35　EC: Rev. of KPM, 4.

36　EC: Rev. of KPM, 7.

37　EC: Rev. of KPM, 9.

38　参见 PSF, III, 特别是 Part II。

39　EH: Rev. of KPM, 9; 卡西尔在这里援引了在 KdrV, B72 中引入的那个区分。

40　EC: Rev. of KPM, 12.

41　EC: Rev. of KPM, 13.

42　KdrV, B430; 译文根据卡西尔的德语论著有所修改。

43　EC: Rev. of KPM, 14.

44　EC: Rev. of KPM, 16.

45　EC: Rev. of KPM, 18.

46　EC: Rev. of KPM, 19.

47　EC: Rev. of KPM, 17, 引自 KPM, 192。

48　EC: Rev. of KPM, 17.

49　卡西尔引自 KdrV, B804。

50　EC: Rev. of KPM, 23.

51　"Nur der Körper eignet jenen Mächten, / Die das dunkle Schicksal flechten; / Aber frei von jeder Zeitgewalt, / Die Gespielin seliger Naturen, / Wandelt oben in des Lichtes Fluren / Göttlich unter Göttern die *Gestalt*. / Wollt Ihr hoch auf ihren Flügeln schweben / Werft die Angst des Irdischen von euch, / Fliehet aus dem engen dumpfen Leben / In des Ideales Reich!" 引自 Friedrich Schiller, *Werke,* vol. 3: *Gedichte, Erzählungen* (Frankfurt am Main: Insel Verlag, 1966), 99–103。

52　EC: Rev. of KPM, 24.

53　EC: Rev. of KPM, 25.

54　EC: Rev. of KPM, 26.

55　Rudolf Odebrecht, "Martin Heidegger, *Kant und das Problem der Metaphysik,*" review, *Blätter für deutsche Philosophie* 5.1 (1931–1932): 132–135. 奥德布雷希特的哲学被他的新康德主义训练打上了深刻的印记——就像卡西尔一样，奥德布雷希特跟随西美尔在柏林学习。他在埃朗根获得博士学位，博士论文论述的是赫尔曼·柯亨的数学哲学。参见 Rudolf Odebrecht, *Hermann Cohens Philosophie der Mathematik*, diss., Friedrich-Alexander-Universität Erlangen-Nürnberg (Berlin: Universitäts-buchdr. von Gustav Schade [O. Francke], 1906)。相关的传记信息，参见 Christian Tilitzki, *Die deutsche Universitätsphilosophie in der Weimere Republik und im Dritten Reich* (Berlin: Akademie, 2002), 337–338。

56　这些笔记直到 1973 年才出版，当时它们是在《康德与形而上学疑难》德语第四版的附录中发表的。参见 KPM, Anhang V, "Zu Odebrechts und Cassirers Kritik des Kantbuches," 297–303; 它们也在《康德与形而上学疑难》英语第五版中被翻译过来，参见 KPM, 208–212。

57　KPM, Anhang V, 296–303, 引文在第 296 页。

58　KPM, 298; 添加了强调。

59　KPM, 300.

60　KPM, "Vorwort zur Zweiten Auflage" and "Vorwort zur Vierten Auflage," xiii–xviii. 海德格尔使用了陌生的（*fremde*）这个用语，卡西尔在他的整个评论中也是用这个相同的词语，来描述海德格尔试图通过解读将存在论引入康德理论哲学的尝试。

61　Heinrich Rickert, *Die Philosophie des Lebens: Darstellung und Kritik der philosophischen Modeströmungen unserer Zeit* (Tübingen: Mohr, 1920).

62　卡西尔在这里提出的批评主要针对西美尔的这本书：*Lebensanschauung: Vier metaphysische Kapitel* (Munich: Duncker und Humblot, 1918), 特别是那个标题为 "生命的超越"（"*Die Transcendenz des Lebens*"）的章节。

63　PSF, IV, 19.

64　PSF, IV, 32.

65　PSF, IV, 33.

66 PSF, IV, 200–201.

67 PSF, IV, 203.

68 PSF, IV, 206.

69 《符号形式的哲学》第四卷英译本的编辑约翰·米夏埃尔·克罗伊斯与唐纳
    德·菲利普·维林（Donald Phillip Verene）推测，卡西尔在这里参照的是李
    凯尔特的这篇文章："Die Logik des Prädikats und das Problem der Ontologie,"
    in *Sitzungsberichte der Heidelberger Akademie der Wissenschaften* (Heidelberg:
    Universitätsverlag C. Winter, 1930–1931), 1–236, 引文在第 230 页。克罗伊斯
    注意到，这是唯一的推测，因此这些编辑所做的声明是，总的来说，撰写这
    些手稿的时间可以追溯到 1928 年左右。我要感谢约翰·米夏埃尔·克罗伊
    斯澄清这个问题。卡西尔是在 PSF, IV, 207 上引用李凯尔特的。

70 PSF, IV, 206; 添加了强调。

71 PSF, IV, 203–204.

72 PSF, IV, 202.

73 PSF, IV, 202–203.

74 PSF, IV, 202.

75 PSF, IV, 205–206.

76 Ernst Cassirer, *Nachgelassene Manuskripte und Texte,* Bd. 3: *Geschichte,
    Mythos,* ed. Klaus Christian Köhnke, John Michael Krois, and Oswald
    Schwemmer (Hamburg: Felix Meiner, 2002), 87.

77 Friedrich Meinecke, *Die Entstehung des Historismus* (Munich: R. Olden-bourg
    Verlag, 1936).

78 PE, xi.

79 PE, viii; 添加了强调。

80 PE, xi (G, xiv); 译文依照德语原文有所修改。

81 PE, 14 (G, 16).

82 PE, 38.

83 PE, 39 (G, 51); 译文有所改动。

84 PE, 45.

85 PE, 83–87.

86 PE, 125 (G, 166).

87 PE, 191–192.

88 PE, 228–233.

89 PE, 238.

90 PE, 274.

91 PE, 276.

92 卡西尔在这里认可了文德尔班的这段评论，即康德的《判断力批判》"可以说构造了歌德诗歌的先天概念"。PE, 278.

93 PE, 354 (G, 474).

94 PE, 353–354.

95 关于原型的理智和模仿的理智的区分的更多论述，参见《符号形式的哲学》第一卷关于"记号的观念性内容"的讨论，特别是第 112—113 页。

96 PE，"纯粹自发性"出自第 356 页（与鲍姆加登有关）；"创造性活动"出自这本书的最后一句话，这句话在第 360 页上（与莱辛有关）。

97 Kurt Sternberg, "Aufklärung, Klassizismus und Romantik bei Kant," KS 36 (1931): 27–50.

98 Meyer, *Ernst Cassirer,* 179.

99 Max Wundt, "Die deutsche Philosophie im Zeitalter der Aufklärung," *Zeitschrift für deutsche Kulturphilosophie* 2 (1936): 225–250.

100 Charles Hendel, preface, in MS, v–xii, 引文在第 ix 页上。

101 MS, 1.

102 MS, 52.

103 MS, 52.

104 MS, 60.

105 MS, 92.

106 MS, 99.

107 MS, 99.

108 MS, 143.

109 MS, 199.

110 MS, 218; 添加了强调。

111 MS, 219.

112 MS, 216.

113 MS, 309.

114 MS, 323.

115 MS, 335.

116 MS, 315.

117 卡西尔对黑格尔的国家主义的判定恰恰表现得最为糟糕。事实上，黑格尔作为"普鲁士军国主义者"的神话在 1941 年就已经被赫伯特·马尔库塞推翻了，参见 Herbert Marcuse, *Reason and Revolution: Hegel and the Rise of Social Theory* (New York: Routledge, 1986)。

118 MS, 350.

119 MS, 351–352.

120 MS, 353.

121 MS, 355.

122 Theodor W. Adorno and Max Horkheimer, *Dialectic of Enlightenment: Philosophical Fragments,* ed. G. S. Noerr, trans. E. Jephcott (Stanford, CA: Stanford University Press, 2002), xviii.

123 MS, 368–369.

124 MS, 369; 添加了强调。

125 MS, 369.

126 "Philosophy and Politics," in Donald Philip Verene, ed., *Symbol, Myth and Culture: Essays and Lectures of Ernst Cassirer, 1935–1945* (New Haven: Yale University Press), 230; 添加了强调。

127 MS, 375.

128 Carl Schmitt, *Political Theology: Four Chapters on the Concept of Sovereignty,* trans. George Schwab (Cambridge, MA: MIT Press, 1985), 36.

129 Carl Schmitt, *Der Leviathan in der Staatslehre des Thomas Hobbes: Sinn und Fehlschlag eines politischen Symbols* (Stuttgart: Klett-Cotta, 1995). 关于施米特的政治神学，参见 Heinrich Meier, *Carl Schmitt and Leo Strauss: The Hidden Dialogue*, trans. J. Harvey Lomax (Chicago: University of Chicago Press, 1995), 以及 Hent de Vries and Lawrence Sullivan, eds., *Political Theologies* (New York: Fordham University Press, 2006)。

130 Eric Voegelin, *The Political Religions*, in *Modernity without Restraint: Collected Works of Erich Voegelin*, vol. 5. ed. Manfred Henningsen (Columbia: University of Missouri Press, 2000), 70.

131 Eric Voegelin, "*The Myth of the State,* by Ernst Cassirer," review, *The Journal of Politics* 9.3 (1947): 445–447.

132 Voegelin, "*The Myth of the State,* by Ernst Cassirer," 447.

133 Karl Löwith, *Meaning in History* (Chicago: University of Chicago Press, 1949), 203 and 207.

134 Leo Strauss, "An Unspoken Prologue to a Public Lecture at St. John's," *Interpretation* 7 (1978): 2.

135 Leo Strauss, "Review of Ernst Cassirer, *The Myth of the State,*" *Social Research* 14.1 (1947): 125–128.

136 PSF, II, 特别是第四部分 : "The Dialectic of Mythical Consciousness," 233–262。

137 Ernst Cassirer, "Judaism and the Modern Political Myths," *Contemporary Jewish Record* 7.2 (1944): 115–126; 重新发表于 Verene, *Symbol, Myth and Culture,* 233–241, 这段引文在第 241 页。

138 Sir James Frazer, *The Golden Bough: A Study in Magic and Religion,* 2nd ed. (London: Macmillan, 1900), 尤其可参见第 3 章。

139 Cassirer, "Judaism and the Modern Political Myths," 240.

140 Ernst Cassirer, "Cohen's Philosophy of Religion," *Internationale Zeitschrift für Philosophie* 1 (1996): 89–104; 这是由多米尼克·克吉（Dominic Kaegi）抄录的，他指出，这些引文出自 Hermann Cohen, "Religion und Sittlichkeit: Eine Betrachtung zur Grundlegung der Religionsphilosophie (1907)," in *Jüdische Schriften*, Bd. 3: *Zur jüdischen Religionsphilosophie und ihrer Geschichte,* ed. Bruno Strauss (Berlin: Schwetschke, 1924), 98–168, 引文在第 119 页。

141 在他最后的论著《理性的宗教》中，柯亨写道，"神话总体上是文化的黎明时期"（*Der Mythos ist überall das Morgenrot der Kultur*）。柯亨断定，伦理并非来自神话，而单纯来自犹太教的源泉（*Quellen des Judentums*）。Hermann Cohen, *Religion der Vernunft aus den Quellen des Judentums* (Darmstadt: Joseph Melzer, 1966), 291.

142 Cassirer, "Cohen's Philosophy of Religion," 101–102. 引自 Cohen, "Religion und Sittlichkeit," 139–141。

143 例如，参见 Cohen, "Religion und Sittlichkeit," 165。

144 Cassirer, "Cohen's Philosophy of Religion," 101.

145 Hermann Cohen, "Innere Beziehungen der Kantischen Philosophie zum Judentum," in *Jüdische Schriften*, vol. 1: *Ethische und religiöse Grundfragen* (Berlin: Schwetschke, 1924), 284–305. 对它的一个深刻分析，参见 Paul Franks, "Jewish Philosophy after Kant: The Legacy of Salomon Maimon," in *The Cambridge Companion to Modern Jewish Philosophy*, ed. Michael Morgan and Peter Gordon (New York: Cambridge University Press, 2007), 53–79。

146 Sigmund Freud, *Moses and Monotheism,* trans. Katherine Jones (New York:

Vintage Books, 1967), 144, 译文有所修改。对这段文字的一个分析，参见 Richard Bernstein, *Freud and the Legacy of Moses* (New York: Cambridge University Press, 1998), 33。

第七章 哲学与记忆

1　海德格尔特别强调，他已经拒斥了纳粹党官方宣扬的生物种族主义。参见 Martin Heidegger, "Schreiben Heideggers an den Vorsitzender des politischen Bereinigungsauschusses Prof v. Dietze (15 Dez. 1945)," GA 16, 414。

2　Maurice de Gandillac and Alfred de Towarnicki, "Deux Documents sur Heidegger," *Les Temps Modernes* 1.4 (1946): 713–724; de Gandillac, "Entretien avec Martin Heidegger," 713–716; de Towarnicki, "Visite à Martin Heidegger," 717–724.

3　De Gandillac, "Entretien avec Martin Heidegger," 714.

4　François Poirié, *Emmanuel Lévinas, Qui êtes-vous?* (Lyon: La Manufacture, 1987), 76.

5　Emmanuel Lévinas, "Entretien Avec Roger-Pol Droit," in *Les imprévus de l' histoire,* ed. Pierre Hayat (Montpellier: Fata Morgana, 1994), 203–210; 最初发表于 *Le Monde* 2 (June 1992): 2。

6　2008 年 7 月 23 日，本书作者对佛蒙特大学哲学教授理查德·休格曼的个人电话采访记录。

7　Ernst Benz, *Urbild und Abbild: Der Mensch und die mythische Welt. Gesammelte Eranos-Beiträge* (Leiden: E. J. Brill, 1974), 515. 对于这个参考文献，我要感谢约翰·米夏埃尔·克罗伊斯。

8　将海德格尔的哲学比作达达主义诗句，这并不是我的想法；它可以在 Rüdiger Safranski 的论著中找到：Rüdiger Safranski, *Heidegger: Between Good and Evil*, trans. Ewald Osers (Cambridge, MA: Harvard University Press, 1999)。不用说，这种比较在哲学上没有引起多大的兴趣。

9　Michael Friedman, *A Parting of the Ways: Carnap, Cassirer, and Heidegger* (Chicago: Open Court, 2000), 7; 尤其可参见第 2 章："Overcoming Metaphysics: Carnap and Heidegger," 11–23。

10　本书作者对休格曼的采访。

11　Hermann Herrigel, "Denken dieser Zeit: Fakultäten und Nationen treffen sich in Davos," FZ, April 22, 1929, Hochschulblatt, 4.

12   Herrigel, "Denken dieser Zeit," 4.

13   Hermann Herrigel, *Das neue Denken* (Berlin: Lambert Schneider, 1928).

14   Herrigel, "Denken dieser Zeit," 4.

15   Ernst Howald, "Betrachtungen zu den Davoser Hochschulkursen," NZZ, April
      10, 1929, Morgenausgabe, 1.

16   Franz Josef Brecht, "Die Situation der gegenwärtigen Philosophie," *Neue
      Jahrbücher für Wissenschaft und Jugendbildung* 6.1 (1930): 42–58.

17   Brecht, "Die Situation der gegenwärtigen Philosophie," 42.

18   Brecht, "Die Situation der gegenwärtigen Philosophie," 51–52.

19   Erich Przywara, *Kant Heute: Eine Sichtung* (München: Verlag von R.
      Oldenbourg), 28.

20   Armando Carlini, *Orientamenti della filosofia contemporanea* (Rome: Critica
      Fascista, 1931), 88.

21   Joachim Ritter, "Ernst Cassirers Philosophie der symbolischen Formen," *Neue
      Jahrbücher für Wissenschaft und Jugendbildung* 6.7 (1930): 593–605, 引文在
      第 595 页与第 605 页。

22   Joachim Ritter, "Bildungskrise in Davos: Bemerkungen zu den IV. Davoser
      Hochschulkursen vom 22. März bis 11. April, 1931," *Neue Jahrbücher für
      Wissenschaft und Jugendbilding* 7.7 (1931): 661–665.

23   关于卡西尔教职的历史以及它在纳粹时期的命运，参见 Josef Meran, "Die
      Lehrer am philosophischen Seminar der Hamburger Universität-während der
      Zeit des Nationalsozialismus," in *Hochschulalltag im "Dritten Reich": Die
      Hamburger Universität, 1933–1945,* ed. Eckart Krause, Ludwig Huber, and
      Holger Fischer (Berlin: Reimer, 1991), 459–482。

24   Joachim Ritter, *Über den Sinn und die Grenze der Lehre vom Menschen*
      (Potsdam: Alfred Protte, 1933), 29–30.

25   Hans Jörg Sandkühler, " 'Eine lange Odyssee'—Joachim Ritter, Ernst Cassirer
      und die Philosophie im 'Dritten Reich,' " *Dialektik* 1 (2006): 1–30.

26   Sandkühler, " 'Eine lange Odyssee,' " 16. 关于汉堡大学与马堡大学签署
      过效忠第三帝国誓言的那些教授的 "自白"，也可参见 Thomas Laugstien,
      Philosophieverhältnisse im deutschen Faschismus (Hamburg: Argument, 1990), 202。

27   Sandkühler, " 'Eine lange Odyssee,' " 24.

28   Sandkühler, " 'Eine lange Odyssee,' " 26.

29   Maurice de Gandillac, "Kierkegaard, le Pascal du Nord," *La Revue universelle*

59.15 (1934): 371–376, quotation at 371.

30 Toni Cassirer, *Mein Leben mit Ernst Cassirer* (Hildesheim: Gerstenberg, 1981), 181.

31 Toni Cassirer, *Mein Leben mit Ernst Cassirer,* 182.

32 Toni Cassirer, *Mein Leben mit Ernst Cassirer,* 182.

33 Toni Cassirer, *Mein Leben mit Ernst Cassirer,* 183.

34 Toni Cassirer, *Mein Leben mit Ernst Cassirer,* 182–183; 添加了强调。

35 Hendrik J. Pos, "Recollections of Ernst Cassirer," in Schilpp, 61–72, 68.

36 Pos, "Recollections of Ernst Cassirer," 69.

37 Maurice de Gandillac, *Le Siècle traversé: Souvenirs de neuf décennies* (Paris: Albin Michel, 1998), 135.

38 Pos, "Recollections of Ernst Cassirer," 69.

39 Thomas Meyer, *Ernst Cassirer* (Hamburg: Ellert & Richter, 2006), 101–104.

40 Toni Cassirer, *Mein Leben mit Ernst Cassirer,* 323–325.

41 Paul Tillich, "Heidegger and Jaspers," in *Heidegger and Jaspers*, ed. Alan M. Olson (Philadelphia: Temple University Press, 1994) 16–28, 引文在第 24 页。这次演讲最初是在 1954 年 3 月 25 日纽约举办的库珀联盟论坛上发表的。

42 Tillich, "Heidegger and Jaspers," 25.

43 Tillich, "Heidegger and Jaspers," 25.

44 Karl Löwith, "Les implications politiques de la philosophie de l'existence chez Heidegger," 最初发表于 *Les Temps Modernes* 14 (1946), 经过修改后再次发表于 Löwith, *Sämtliche Schriften*, Band 8 (Stuttgart: Meltzer, 1984), 61–68。

45 Leo Strauss, "Kurt Riezler (1882–1955)," in *What Is Political Philosophy? and Other Studies* (Glencoe, IL: Free Press, 1959), 233–260. 书面文本则是在纽约社会研究新学院研究生部发表的纪念性讲座的扩充版；它最初以《库尔特·里茨勒》为标题发表于 *Social Research* 23.1 (1956): 3–34。

46 Strauss, "Kurt Riezler," 245.

47 这些诗行出自维吉尔的《埃涅阿斯纪》，第 151—152 行："这时倘或他们看见了一个庄重而虔诚的人，就会安静下来，竖起耳朵肃立谛听他说什么。"(tum, pietate gravem ac meritis si forte virum quem/conspexere, silent, arrectisque auribus adstant.) 施特劳斯在讲座或发表的文本中并没有提供引文出处。

48 Strauss, "Kurt Riezler," 246.

49 Otto Friedrich Bollnow, "Gespräche in Davos," in *Erinnerung an Martin Heidegger,* ed. Günther Neske (Pfullingen: Neske, 1977), 28.

50 Bollnow, "Gespräche in Davos," 28.

51 Poirié, *Emmanuel Lévinas,* 78.

52 Poirié, *Emmanuel Lévinas,* 78.

53 Poirié, *Emmanuel Lévinas,* 78.

54 Lévinas, "Entretien Avec Roger-Pol," 203–210.

55 Poirié, *Emmanuel Lévinas,* 78.

56 Lévinas, *Existence and Existents,* trans. Alphonso Lingus (Dordrecht: Kluwer, 1995), 19.

57 本书作者对休格曼的采访。

58 Poirié, *Emmanuel Lévinas,* 78.

59 Poiré, *Emmanuel Lévinas,* 79.

60 Richard A. Cohen, "Humanism and Anti-humanism—Levinas, Cassirer, and Heidegger," in *Humanism of the Other* by Emmanuel Lévinas, trans. Nidra Poller (Chicago: University of Illinois Press, 2003), viii–xliv.

61 Poiré, *Emmanuel Lévinas,* 76ff.

62 Hans Blumenberg, "Affinitäten und Dominanzen," in *Ein mögliches Selbstverständnis: Aus dem Nachlaß* (Stuttgart: Philipp Reclam, 1996), 161–168.

63 Blumenberg, "Affninitäten und Dominanzen," 166.

64 Pierre Bourdieu, *L'Ontologie politique de Martin Heidegger* (Paris: Editions de Minuit, 1988).

65 Tom Rockmore, *Heidegger and French Philosophy: Humanism, Anti-Humanism, and Being* (New York: Routledge, 1995); Ethan Kleinberg, *Generation Existential: Heidegger's Philosophy in France, 1927–1961* (Ithaca, NY: Cornell University Press, 2005).

66 Victor Farias, *Heidegger and Nazism,* trans. Gabriel R. Ricci (Philadelphia: Temple University Press, 1989); 这本论著在法国的最初版本为 *Heidegger et le nazisme,* trans. Myriam Benarroch and Jean Baptiste Grasset (Paris: Verdier, 1987)。

67 与 1980 年代后期这场在法国发生的辩论最为相关的是 Jean-François Lyotard, *Heidegger et " les juifs"* (Paris: Galilée, 1988); Philippe Lacoue-Labarthe, *La fiction du politique* (Paris: C. Bourgois, 1987), trans. as *Heidegger, Art, and Politics: The Fiction of the Political,* trans. Chris Turner (Cambridge, MA: Blackwell, 1990); Dominique Janicaud, *L'ombre de cette pensée* (Grenoble: Jérôme Millon, 1990); Jacques Derrida, *De l'esprit: Heidegger et la Question* (Paris: Flammarion, 1990)。

68 关于他最近对自己智识工作的反身性理解，参见 Pierre Bourdieu, *Sketch for a*

Self-Analysis (Chicago: University of Chicago Press, 2008)。

69　关于述行性矛盾的论述，参见 Martin Jay, "The Debate over the Performative Contradiction: Habermas versus the Poststructuralists," in *Force Fields: Between Intellectual History and Cultural Critique* (New York: Routledge, 1992), 25–37。

70　Jürgen Habermas, "The Liberating Power of Symbols: Ernst Cassirer's Humanistic Legacy and the Warburg Library," in *The Liberating Power of Symbols: Philosophyical Essays,* trans. Peter Dews (Cambridge, MA: MIT Press, 2001), 1–29.

71　Habermas, "The Liberating Power of Symbols," 15.

72　Habermas, "The Liberating Power of Symbols," 21.

73　Habermas, "The Liberating Power of Symbols," 23.

74　Habermas, "Public Space and Political Public Sphere—The Biographical Roots of Two Motifs in My Thought," in *Between Naturalism and Religion: Philosophical Essays,* trans. Ciaran Cronin (Malden, MA: Polity Press, 2008), 19–20.

75　关于这个主题的论述，参见 Cristina Lafont, "World-Disclosure and Critique: Did Habermas Succeed in Thinking with Heidegger and against Heidegger?" *Telos* 145 (2008): 161–176。

结论

1　Immanuel Kant, *Jäsche Logic,* trans. Robert S. Hartman and Wolfgang Schwarz (New York: Dover, 1974), 29.

2　EM, 21–22.

3　LH, 276.

4　这场关于人道主义与反人道主义的辩论，参见 Stefanos Geroulanos, *An Atheism That Is Not Humanist Emerges in French Thought, 1926–1954* (Stanford, CA: Stanford University Press, 2010)。

5　EM, 220–221; 添加了强调。

6　LH, 260; in *Wegmarken,* in GA, Band 9, 313–364, 引文在第 342 页；引文的翻译略有改动。

7　LH, 266; in *Wegmarken,* 350.

8　KdrV, A446/B474.

译后记

长久以来，对于卡西尔与海德格尔的达沃斯争辩，人们产生了这样一种刻板印象：海德格尔在辩论中大获全胜，自此以后，新康德主义在当代智识文化中一蹶不振，而海德格尔则成了欧陆哲学当之无愧的无冕之王。然而，以迈克尔·弗里德曼为代表的哲学史家的新近历史研究表明，情况绝非如此简单。卡西尔与海德格尔的哲学分歧，背后隐含的是"魏玛共和国晚期深刻而普遍的文化斗争"，至于这些分歧与斗争的结果，从来就没有在世界哲学更广阔的范围内形成普遍公认的定论。恰恰相反，随着卡西尔与卡尔纳普移民到了英语世界，而海德格尔留在欧洲大陆，这种分道而行反倒加剧了分析哲学与欧陆哲学在哲学观念上的差异。正是在这个意义上，达沃斯论辩在当代两大哲学传统的对峙中得到了延续，因而对于人们理解"分析哲学传统与欧陆哲学传统的分野具有特殊的重要性"*。相较于同类主题的研究，

---

* 迈克尔·弗里德曼：《分道而行：卡尔纳普、卡西尔和海德格尔》，张卜天译，北京：北京大学出版社，2010年，第2—3页。

彼得·戈登教授更加侧重于考察达沃斯辩论的哲学论证与智识背景，并将众多线索汇聚于有关人性的两种规范形象的分歧上，这在很大程度上有助于当代哲学通过审视自身的过去来理解当前的境况，并展望不确定的未来。

一

在戈登看来，孕育了这次哲学论辩的重要智识背景，是在第一次世界大战后的几年里占据了整个欧洲的危机。这场危机的范围极其广泛，牵扯到数学、实证科学、经济、政治、艺术、哲学乃至宗教信仰等全方位的人类实践活动。尽管这场危机的全面爆发要等到一战之后，但早在19世纪后半叶，尼采就以敏锐的直觉预见了某种智识危机正在迫近德国文化。尼采发现，尽管德国在"多难而伟大的19世纪"大师辈出，在自然科学与人文学科中创造了一个又一个奇迹，然而，"德国人现在厌倦了精神，德国人现在不信任精神，政治吞噬了对于真正精神事物的所有严肃"。为了获取可以支配一切的权力，德国人不惜付出"高昂的代价"。为了让自身获得快速晋升，大力鼓吹"德国高于一切"的专家学者热衷于编织种种幻觉，让大量德国青年沉溺于精神麻醉剂中慢慢堕落。尼采哀叹："在德国的智力中，有多少令人沮丧的沉重，疲塌，潮湿，睡衣和多少啤酒！"德国人曾经被人们称为"思想家的民族"，但被精神的啤酒泡沫淹没的"他们今天真的还有思想吗"？*

尼采并不满足于描述这种危机的症候，他还将其根源诊断为"虚无主义"这个"最阴森可怕的客人"的来临。在尼采看来，尽管现代

---

* 尼采：《偶像的黄昏》，卫茂平译，上海：华东师范大学出版社，2007年，第98—99页。

人依旧络绎不绝地前往教堂祷告，但根据他们的日常生活与智识生活中的言行举止来判断，他们追求实际心灵早已废黜了的"超感性领域的价值"，造成了"上帝之死"。尽管现代人试图摆脱上帝，但鉴于他们无法摆脱有关上帝的语法，他们就不得不寻求新的偶像来替代上帝这个旧偶像。然而，在欠缺强力意志的现代智识语境中，无论是艺术、科学或道德，都无法真正成为可以取代上帝的新偶像。恰恰相反，它们在不断神化自身的过程中，反倒成了专断权力操控人心的廉价工具，由此助长了一种消极的虚无主义。消极虚无主义作为弱者信奉的教义，根本无法体现强力意志的生命力，反倒毫无节制地崇尚专断权力的意志，鼓吹强权和暴力，并卑鄙地运用权术和阴谋去压制真正的强者所从事的创造性活动。*随着消极虚无主义不断蔓延，德国的社会—文化领域就形成了一个深受马基雅维里主义支配的庸常世界，在这个庸常的世界中，

> 所有那些获得巨大权势、取得大量财富的人，不是运用暴力就是运用欺骗的手法。而对于用暴力和欺骗得到的一切，他们总是千方百计用伪造的所谓正当的收益的美名来掩藏他们取得这些东西时所用的那些可耻伎俩。那些由于轻率任性或头脑迟钝而不愿意这样干的人，总是陷于受奴役和贫困的处境。因为忠实的奴仆总是当奴仆，诚实的仆从永远受穷。除非既大胆又不忠实，否则永远也摆脱不了奴役；除非既贪婪又奸诈，不然一辈子也逃不出贫困。†

* 阿瑟·丹托：《作为哲学家的尼采》，郝苑译，杭州：浙江大学出版社，2021年，第327—329页。
† 尼科洛·马基雅维里：《佛罗伦萨史》，李活译，北京：商务印书馆，1982年，第146—147页。

倘若一个人处于这种被抛状态，那么他单纯的善良意愿不仅徒劳，而且还极其有害，"因为一个人如果在一切事情上都想发誓以善良自持，那么，他侧身于许多不善良的人当中定会遭到毁灭"。[*]

应当说，德国人的这种生存境况也并非肇始于尼采所处的那个时代，实际上可以追溯到启蒙时期倡导开明专制的普鲁士的腓特烈大王。作为一名胸有城府、心机深重的政治家，腓特烈大王在自己登基之前为了打造良好的公共形象来取信于政治盟友与广大民众，煞费苦心地撰写了批判马基雅维里学说的论著《反马基雅维里》。腓特烈大王信誓旦旦地保证，马基雅维里的学说所阐述的是一种有失偏颇的治国观，而他自己的政治立场才在很大程度上反映了启蒙运动所倡导的理性与博爱的理念。为了增强这部论著的说服力，腓特烈大王甚至邀请伏尔泰参与该书的修订工作。然而，颇具讽刺意味的是，腓特烈大王登基之后所采取的一系列政治与军事活动，有力证明了他就是一个彻头彻尾的马基雅维里主义者，这大概又一次应验了一个屡试不爽的政治规律："真正的马基雅维里信徒所做的第一件事，就是公开反驳马基雅维里。"

为了服务于自己称霸欧洲乃至重塑世界秩序的政治野心，腓特烈大王抓住一切机会通过德国文化的教化活动，力图把侵略—扩张的嗜血渴求深深地烙印在德国人的本能之中。他甚至求助于塔西佗的历史经典《日耳曼尼亚志》，要将日耳曼民族建构为勇武善战的"高贵野蛮人"：

> 筵席饮宴是他们唯一的报酬，饮食虽然粗陋，但供设却甚为丰富。这些恩典的财源都是从战争和劫掠中得来的。要想劝他们像向敌人挑战和赢得创伤那样地去耕种土地和等待一年的

---

[*] 尼科洛·马基雅维里:《君主论》，潘汉典译，北京:商务印书馆，2005 年，第 73—74 页。

收获，那是很困难的。而且他们还觉得：可以用流血的方式获取的东西，如果以流汗的方式得之，未免太文弱无能了。*

塔西佗进而指出，日耳曼人极其蔑视那些倡导与信守和平的部族，在他们看来，这不啻为沉湎于家畜般的安宁与虚假的繁荣的自取灭亡之道：

> 他们长期以来没有受过侵略，安享着过度的、使人颓靡不振的太平之福。这当然很幸福，但未见得安全，因为处在横暴的强邻虎视眈眈之下，太平只不过是用以自欺而已。当强权决定一切的时候，公道和仁义只是加在强者身上的美名。†

自此以后，塔西佗就不断被德国历代种族主义者与帝国主义者用来证明他们自己的激进政治主张的正当性，德意志民族俨然被打造成了一个自罗马时代以来就武德充沛、勇武善战的战斗民族。然而，第一次世界大战的战败与随之而来的经济危机，沉重打击了这帮野心家在德国民众心中苦心孤诣树立起来的强国形象。倘若依照常识来判断，这群狂热的种族主义者与帝国主义者就应该识趣地退出德国的历史舞台。但实际情况恰恰相反，狂热分子在新的危机中发现了支持与发展自己更为激进的政治纲领的可贵契机，而在这一时期出版的斯宾格勒的《西方的没落》，则为他们推广和宣传自身的政治主张提供了新的理论资源和智识武器。

---

* 塔西佗：《日耳曼尼亚志》，马雍、傅正元译，1959 年，北京：商务印书馆，第62—63 页。
† 同上，第 73 页。

二

在很长一段时间里，许多历史研究者由于各种缘故形成了这样一个令人误导的印象，即斯宾格勒在他的代表作《西方的没落》中宣告了西方文明的没落，因此他是一个冲破欧洲中心主义教条的历史学家，但斯宾格勒真正的理论主张绝非如此单纯。斯宾格勒在《西方的没落》的书名上玩弄了一点文字游戏，他在这部论著的开篇就表示，他试图完成预断历史的大胆尝试，尤其要去追踪"我们的时代和我们的星球上那唯一实际上已处于完成状态的文化的各个阶段，那就是西欧及美洲文化"。* 细心揣摩斯宾格勒的各种暧昧暗示，就可以领会到，《西方的没落》的某些负面结论实际上主要针对的是德国以西的欧洲文明与北美文明。斯宾格勒尤其反对西欧人那种倡导线性进步模式的自欺欺人的"世界历史"幻景，转而主张一种具有生命周期性的历史发展观。人类的历史无法被单一线性的历史叙事所涵盖，而是"众多伟大文化的戏剧，其中每一种文化都以原始的力量从其母土中勃兴起来，并在其整个的生命周期中和那母土紧密联系在一起……每一种文化都有自己的观念，自己的激情，自己的生命、意志和情感，乃至自己的死亡"。每一种文化都有自己成熟与衰退的历史周期，它们"在其最深的本质上绝不同于别种文化，每一种文化都有生之限期，且独立自足"。†

对当时正处于命运谷底的德国人来说，斯宾格勒这些历史论断的暗示不难把握，任何文明作为一个有机体，都有其兴衰的周期。尽管英美文明如今支配了这个世界的秩序，但这种文明形态终有衰败的时刻，而德意志文明尽管暂时处于不利的状态，但在伟大历史命运的召

---

* 奥斯瓦尔德·斯宾格勒:《西方的没落》(第一卷)，吴琼译，上海:上海三联书店，2006年，第1页。

† 同上，第20页。

唤下，日耳曼人终有一天会重新崛起并赢得支配世界秩序的强大权力。为了充分唤起德国人在逆境中的斗争意志，斯宾格勒不惜将自己装扮成历史观相师。他主张，任何致力于和平建设的智识文化创造（如科学或艺术）在西方当代命运中已经走向衰败的末路，而唯一拥有前途的人类活动就是对外扩张的帝国主义事业：

> 帝国主义是不折不扣的文明。西方的命运正在不可逆转地陷入这种现象的形式中。文化人的热情是指向于内的，文明人的精力是发挥于外的……"扩张即是一切"乃是每一完全成熟了的文明……的固有倾向的一次拿破仑式的重申。这不是选择的问题——不是个人的有意识的意愿，甚至不是整个阶级或民族的意愿所能决定的。扩张的倾向是命中的劫数，是某种有魔力的和强大的东西，它紧抓着、强迫着、耗尽着世界都市阶段的晚期人类，不管你愿不愿意，觉不觉得，都是如此。生命就是影响可能性的过程，对于有头脑的人类来说，只有外扩的可能性。今天，发展中的社会主义正在极力反对扩张，终有一天，它也会以其全部的命运热情，变成一个头等的扩张主义者。[*]

不难发现，斯宾格勒深藏于他那部厚重历史论著中的这些狂热鼓吹帝国扩张的言论，极其投合德国纳粹的旨趣，即使斯宾格勒日后与纳粹在具体政治见解上发生抵牾，纳粹封杀的也只是他晚年撰写的论著《关键的时刻》，而《西方的没落》这部历史著作依旧可以在纳粹严格管制的文化市场上自由流通。更为可悲的是，深受《西方的没落》吸引的不仅仅是信奉德国法西斯主义的激进分子，魏玛时代的投机政客也发现了这部论著的实用价值。这帮庸懦无能的德国政客没有能力

---

[*] 奥斯瓦尔德·斯宾格勒：《西方的没落》（第一卷），第36页。

解决任何现实问题，就只有通过这种历史幻觉来鼓动民众将他们的注意力和兴奋点转移到对这群政客自身无害的方向上，卡西尔在《国家的神话》结尾处就不无嘲讽地描绘了德国政客在危机时期所刻意营造的这种荒谬处境：

> 我们现代的政治家知道得非常清楚，用幻想的力量比用纯粹的物质力量更易于鼓动起大批的群众，而且他们已充分地运用了这种知识。政治家变成了一种公众的算命先生，预言是他的统治技巧中的一个本质的成分。最不可能或绝不可能的许诺都做出来了，太平盛世被一遍又一遍地预言着。*

尽管斯宾格勒这样的历史观相术说服不了卡西尔这样的有识之士，但他确实在德国的文化界收获了一大批狂热的拥趸。鉴于斯宾格勒获得的巨大成功，某些不甘于坐冷板凳的高校学者也开始仿效他的风格，以讲坛先知的洗脑模式来蛊惑深陷各种危机的青年学生与狂热民众。这些伪先知与伪大师的种种出格言论相当自然地引起了在当时依旧保持清醒头脑的德国优秀知识分子的厌恶和反感。德国作家赫尔曼·黑塞就借助其塑造的"荒原狼"视角，对这种现象做出了辛辣的嘲讽：荒原狼在聆听一位全欧知名的历史哲学家卖弄风雅、装腔作势的报告时向"我"这个叙事者看了一眼，

> 这一瞥中包含的失望的光亮不仅把爱好虚荣的报告人的人格照得清清楚楚，而且还讽刺了此时此刻的情景，嘲弄了演讲的颇为傲慢的题目；不，远远不止这些，荒原狼的这一瞥看穿

---

* 恩斯特·卡西尔：《国家的神话》，范进、杨君游、柯锦华译，北京：华夏出版社，1998 年，第 350 页。

了我们的整个时代，看穿了整个忙忙碌碌的生活，看透了那些钻营奔竞、虚荣无知、自尊自负而又肤浅轻浮的人的精神世界的表面活动——啊，可惜还远远不止这些，这眼光还要深远得多，它不仅指出了我们的时代、思想与文化都是不完美的，毫无希望的，而且还击中了全部人性的要害……顷刻之间，什么名誉声望、聪明才智、精神成果，什么追求尊严、人性的伟大与永恒等等，等等，统统都崩溃倒塌，变成了一场把戏！ [*]

事实上，在当时的德国学术界，像这样装腔作势，故弄玄虚的学者绝非少数，他们娴熟地掌握了让自己在庸常世界中获得狂热追随者的秘诀，而叔本华早已对这种方法做出了生动而又直白的描绘：

你的论证必须因此而被称为绝对。这种称呼具有陌生、庄严而高贵的味道，没有人比我们更懂得摆出大架子就完全可以对付这些德国人了……像一个言而无信的人那样厚着脸皮，端起自满自足和目空一切的架子站出来，你一定会一举成功的……德国人习惯于从字面上而不是从思想上使自己得到满足。我们不是从他们生下来就这样地训练他们吗？它们不过就是一些空洞的、虚假的、令人作呕的废话罢了！然而，这种哲学上的趋炎附势之徒的经历是多么辉煌！几个被雇来的人只是勉强为这种劣货喝了个彩，他们便立刻在由一千个笨蛋组成的空谷中找到了回声，——这回声不断地回荡和扩散——看吧！一个才智平庸的人，一个普通的骗子转眼便成了伟大的思想家。[†]

---

[*] 赫尔曼·黑塞：《荒原狼》，赵登荣、倪诚恩译，上海：上海译文出版社，2007年，第7—8页。

[†] 叔本华：《充足理由律的四重根》，陈晓希译，洪汉鼎校，北京：商务印书馆，2022年，第47—48页。

马克斯·韦伯也颇为反感学院教师通过在讲台上将自己装扮成先知和智识领袖的方式来博取社会关注和操控学生思想的做法，他犀利地做出了如下评论：

> 使一个人成为卓越学者与学院教师的那些特质，并不是使他在实际生活导向的领域成为领袖的那些特质。如果每一位站在讲台上的教师，都感觉到学生在期待他表现这类特质，那情况就非常堪忧了。不过更堪忧虑的情况，是每个学院教师，都让自己在教室里扮演领袖的角色。事实上，那些自认为最有领袖才能的人，往往最没有资格担任领袖。*

在韦伯看来，学院教师不应当成为权力刻意营造的智识时尚的奴隶，对于真心要在学术研究中经受住历史考验的学者和专家来说，通过迎合强权的旨趣来提升自己的学术地位和扩大自己的社会影响，无异于缘木求鱼。凭借这种不正当的方式获得的影响力越大，这种所谓的"学者"的人品就越卑劣，他的学术旨趣就越鄙陋。而对于真正发挥本职作用的学院教师来说，

> 他的首要职责，是去教他的学生承认尴尬的事实，我是指那些相对于个人派系意见而言，令人不快的事实。每种意见，包括我个人的意见在内，都会面对一些令人极端尴尬的事实。我相信，如果一位教师迫使学生习惯承认这类事情，他达成的就不只是属于知性方面的贡献。我会不虞夸张之讥，用"道德成就"来形容它。†

---

* 马克斯·韦伯：《学术与政治》，钱永祥等译，桂林：广西师范大学出版社，2004年，第182页。

† 马克斯·韦伯：《学术与政治》，钱永祥等译，桂林：广西师范大学出版社，2004年，第178—179页。

三

必须指出，在德国的学院与智识生活中，这种头脑始终保持冷静的思想家终究是少数，大多数学者和专家虽然不可能像乌合之众那样轻易被华而不实的宏大叙事所蒙骗，但他们通常也不觉得激进思潮会对自己的生活造成什么深远的影响，他们更没有意识到，迄今为止井然有序的德国学院生活会在不远的将来面临一场史无前例的浩劫。托马斯·曼敏锐地感受到，一种麻木不仁正笼罩着魏玛时代的学术与文化，而这种明哲保身、隔岸观火的麻木不仁很可能会给德国的智识文化带来可怕的灾难：

> 他看到世界上妖雾升腾，内心不寒而栗；他现在已在龇牙咧嘴的一群恶魔的掌握之下，在它们迷惘和放纵的统治之下，魔鬼的名字就是"麻木不仁"。这是一个邪恶的、不祥的名字，很容易引起人们神秘的恐惧……在他看来，"这一切"都不会有好结果，结局将会是一场大灾难；忍耐的大自然将会反抗，一场雷雨和横扫世界一切障碍物的风暴即将发作，使生活越过"沉滞状态"，使"平淡无奇的生活"变成可怕的世界末日。*

根据托马斯·曼的上述评论，不难揣测，他将自己的小说《魔山》设置在达沃斯疗养院的重要原因之一，就在于反讽这种弥漫于德国学院与智识文化的"麻木不仁"。在托马斯·曼看来，这是一种将导致大灾难的病态生存方式，而要解决这种生存危机，就需要求助于哲学思想。于是他在自己的小说中塑造了塞塔姆布里尼和纳夫塔这两个人物，他们分别代表了欧洲当代政治—文化领域中两种影响巨大的哲学

---

* 托马斯·曼：《魔山》（下），钱鸿嘉译，上海：上海译文出版社，2019年，第741页。

倾向。

　　塞塔姆布里尼代表的是一种自文艺复兴时期以来就广为流传的人道主义传统，他不仅性格温和，而且倡导和平，相信科学与理性，反对专断的意志运用各种精神操控的手段来愚弄人民。尽管塞塔姆布里尼研究过充斥于人类历史和现实的各种苦难，但他没有对人性失去信心，而是真诚地相信，通过思想启蒙和哲学思辨的艰辛努力，人类有朝一日会实现真正的自由与解放。

　　相较之下，纳夫塔的理论思想和生活背景则复杂得多。尽管他曾经是一个耶稣会士，但他不赞同倡导和平的宗教信仰。实际上，他加入耶稣会的选择充满了个人的算计。纳夫塔出生于一个家境平凡的犹太屠夫家庭。他的父亲在屠杀牲畜时，从来不像信奉基督教的屠夫那样，先用棍棒将牲口打晕后再杀死牲口，而是将牲口五花大绑，在它们没有失去意识的情况下用屠刀扎入颈椎，当牲口在大量失血的情况下不断哀啼时，他的父亲则无情地命令奴仆端着器皿去盛从伤口流出的冒着热气的鲜血。这种血腥场景给童年的纳夫塔留下了深刻的印象，让他在想象中将"虔诚的概念与残酷的概念紧紧连在一起"。尽管身材瘦弱，但纳夫塔依旧从他父亲那里继承了异乎寻常的智力与不甘从众流俗，强烈渴望将整个世界踩在脚下的野心。他一心一意想要跳出他家庭所处的社会阶层，而宗教则成了他攀爬权力阶梯的一条捷径。纳夫塔从小就热衷于研究犹太教的经文，并经常就信仰问题与犹太教经师展开争辩。纳夫塔的卓越口才与不寻常的宗教热情很快吸引了一位虔诚而学识渊博的犹太拉比，他将纳夫塔收为自己的私人弟子，希望纳夫塔可以继承自己的衣钵。然而他慢慢发现，"自己在豢养一条毒蛇"。尽管犹太拉比对待纳夫塔的态度真诚，纳夫塔却只把这位老师当成自己进入更高阶层的踏脚石。特别是在他攀附到奥地利国会议员和耶稣会神父，建立起自己的政治联盟和社会人脉之后，就更是不把自己的导师放在眼里。纳夫塔逐渐暴露出自己反抗成性、吹毛求疵、爱唱对台戏并在辩论时咄咄逼人的本来面目。毫不奇怪，这让师生之间的友好关系"陷入绝境"，但这位可敬的犹太拉比此时已经没有办法来约束这个野心家了。

在获得了耶稣会的资助之后，纳夫塔的社会地位和生活品质得到了大幅度的提升，但作为一个野心勃勃、叛逆成性的人，他当然不可能长久接受任何宗教组织的约束。当他意识到自己的影响力已经足以让他在学院中和社会上找到大批追随者时，他就觉得耶稣会的信条对他的野心构成了妨碍。他毫不犹豫地以身体健康问题为由退出了耶稣会，开始在德国的社会—文化中积极推销自己鼓吹暴力、征服和精神操控的异端思想。纳夫塔尽管拥有深厚的宗教—神学背景，但这些原本意在引导人向善的智识成就，却被他用来为强权和暴力辩护。他口若悬河地不断夸大现代文明和现代社会所造成的精神危机，让他的追随者在莫名的惊恐中慌不择路地投向他所鼓吹的贪恋死亡、暴力与性爱的神秘信仰。他号称要将人类从人道传统的安逸舒适中驱逐出去，并彻底摧毁人类自身的狂妄自大，但这最终导致的结果却是让人们放弃理性与自由的智识创造，转而臣服于暴虐权力的专断命令。纳夫塔可谓是毫无节制地推崇强权的"消极虚无主义"的典型代表。

人们或许会以为，在面对塞塔姆布里尼与纳夫塔这两个人物的对立主张时，任何一个人都会理所当然地选择前者，并与后者保持距离。然而，在托马斯·曼这部小说中，主人公汉斯·卡斯托尔普经常在这两者的观点之间犹豫不决，虽然他同情塞塔姆布里尼的许多观点，但他觉得这些人道主义的主张过于理想化，和他所接触到的现实脱节。而最让他惊讶的是，这位拥有意大利血统的学者对意大利政府的犀利批判，竟然会是出于对意大利这个国家的热爱。相较之下，纳夫塔的言论虽然充满争议，但其中包含了各种神秘的致命诱惑，这些强大的诱惑让他在纳夫塔的思想体系里流连忘返。纳夫塔虽然最后在与塞塔姆布里尼的决斗中自杀了，但他的好战思想对主人公的影响是深远的。在小说结尾处，汉斯·卡斯托尔普离开这座疗养院之后未经冷静思考就参加了第一次世界大战，并在残酷的战斗中可悲地结束了自己乏善可陈的一生。

应当说，托马斯·曼塑造的这位主人公实际上深刻反映了德国那一代年轻人没有个性，缺乏道德是非感和成熟政治判断力的心智状态。随着专断的权力向德国学院和文化不断渗透，德国智识文化越发呈现出官僚化的特征，在这种发展倾向支配的庸常世界里，科学与理性并不占据主导的话语权，真正信守人道理想的人不是被权力打压，就是被边缘化。因此德国的年轻人缺少每个新生代最珍视的基本权利，更没有体验到文艺复兴和启蒙运动所承诺的思想解放和文化繁荣，他们实际上是在贫乏而又僵死的官僚文化中成长起来的"失落的一代"和"幻灭的一代"。为了避免被他们怨恨的矛头所针对，德国权力精英打造的"讲坛先知"通过发动"青年运动"，将这些年轻人的意志与激情疏导到了一个相对不会威胁到既定秩序的方向上。在种种精神鸦片的刺激下，德国年轻人虽然在现实生活中遭受了众多挫折，却在远离他们实际生活的宏大视野中保持了高度的自信：

> 青少年这些轻狂的言论，不过是在掩饰他们缺少任何观念和任何明确方案。除了下面这种话，他们什么也不会说：我们是年轻人，所以我们是天之骄子；我们聪明，因为我们是年轻人；我们承载着未来；我们是腐朽的阶级和庸人的死敌。如果有人斗胆问一句，他们有什么方案，他们只知道一个答案：我们的元首能搞定一切。*

这些年轻人虽然狂热，但也并非只知道僵死执行命令的傀儡，恰

---

* 路德维希·冯·米塞斯：《官僚体制》，冯克利译，北京：新星出版社，2007 年，第 84 页。

恰相反，他们在很多小事上相当精明。可悲的是，正是这种过于精明的工具理性，让他们的虚无主义对欧洲文化与思想产生了更大的破坏作用，这恰如陀思妥耶夫斯基在《群魔》中所犀利描绘的：

> 他们只是大事糊涂，没有头脑，而在小事、次要的事情上却一点儿也不糊涂，甚至显得狡猾。他们狂热地、天真地忠实于"共同的事业"，执行是他们的天性的需要。这种人秉性浅薄，智力不高，永远渴望服从他人的意志——这当然只是为了"共同的"或者"伟大的"事业。但是这一点也无关紧要，因为类似这样的小狂热分子，他们所理解的为理想服务，只能是把理想与某个人融为一体，此人在他们的概念中就代表着这个理想。*

四

根据戈登的记述，许多参加卡西尔-海德格尔达沃斯辩论的欧洲学生在参会前几周的时间里，都会去认真阅读托马斯·曼的这部哲理小说。或许他们多少意识到了卡西尔和海德格尔与《魔山》中那两个对比鲜明的角色之间的相似之处。但按照戈登的观点，将这两位哲学家与两个虚构的文学角色等同起来的做法，是对这次达沃斯辩论的过度简化的解读，这种解读的危险在于，把两位哲学家纯粹的哲学分歧粗暴地还原为政治分歧，而卡西尔与海德格尔达沃斯交锋的"最终悲剧"就在于这种以政治来终结哲学争论的做法。战后的解读在政治的影响下，往往把卡西尔作为理性而开明的政治立场的代表，把海德格

---

* 陀思妥耶夫斯基：《群魔》（下），冯昭玛译，石家庄：河北教育出版社，2010 年，第710 页。

尔作为支持和捍卫纳粹强权的代表，并将这两位哲学家的交流演绎成水火不相容的激烈论战。但实际情况远非如此绝对化。

虽然海德格尔在纳粹执政期间做出了许多有争议乃至不光彩的事情，但他终究与阿尔弗雷德·罗森堡这样的纳粹御用哲学家不同，海德格尔的哲学也并不完全符合纳粹意识形态的要求。海德格尔在解读尼采时就一针见血地指出："每一种权力，只要它是在合法性假象中对暴力的设置，它就需要谎言、伪装，需要掩盖自己的意图，也就是要以表面上得到争取的、能使被征服者喜悦的目标为幌子把自己的意图掩盖起来。"*纳粹对尼采的"金发野兽"的吹捧，则被海德格尔视为现代哲学所确立的无条件的主体主义冷酷追求无限权力的虚无主义后果。这些观点被纳粹御用哲学家克里克严厉批评为只有犹太人才会持有的虚无主义思想，"它是摧毁和瓦解德国人民的酵素"。†因此，并不能将海德格尔的哲学与纳粹的官方意识形态简单等同起来。

卡西尔与海德格尔在哲学立场上也并不完全是对立的，恰恰相反，他们都共同反对狭隘而又片面的科学主义对德国哲学的支配，而且他们都出于各自的动机背离了他们原本归属的哲学流派的发展方向，这种类似的经历也加强了他们对彼此哲学研究的理解和同情。即便在达沃斯辩论之后，他们在哲学上的分歧越来越大，这也没有明显影响到他们的私人交往。海德格尔固然是一个喜好争辩的人，但他争辩的对象都经过精心挑选，"与无知之人争论的话，智慧之人就变成了无知"，‡海德格尔所选择的争辩对象，通常是在哲学史和思想史上

---

* 海德格尔：《尼采》（上卷），孙周兴译，北京：商务印书馆，2015年，第654页。

† 吕迪格尔·萨弗兰斯基：《海德格尔传》，靳希平译，北京：商务印书馆，1999年，第405页。

‡ 叔本华：《附录与补遗》（第2卷），韦启昌译，上海：上海人民出版社，2020年，第28页。

产生重大影响的大哲学家，或是在同时代学术研究上具有卓越声誉的学者，而卡西尔在当时的学术地位与文化影响，都让他有资格成为海德格尔渴望挑战的争辩对手。

尽管卡西尔与海德格尔的哲学争辩通过概念分化而产生了诸多影响深远的政治－文化效应，但戈登反对主要以政治视角来理解这场争辩，而是主张应当聚焦于哲学的主题与论证，戈登相信，只有彻底弄清两者之间的哲学分歧，才有可能从根本上去领会由此产生的各种政治－文化效应。从表面上看，达沃斯辩论的一个最重要的主题是如何理解康德的哲学。卡西尔对海德格尔的一个严厉指控在于，海德格尔对康德哲学的暴力解读实际上是一种"过度诠释"，海德格尔在解释的过程中把大量原本并非康德的主张强加到了康德的哲学之上。

海德格尔并不否认自己的解读存在"过度诠释"的倾向，他热衷于从哲学家明确说出的理论主张中发掘出尚未说出的东西，而他暴力解读的目的实际上是为了创造性地建构他自己的哲学体系。在一个崇尚传统的保守文化中，一个资历尚浅的哲学家倘若要提出新的理论主张乃至学说体系，势必会遭受大量嘲讽和抨击，而要让自己尚且不成熟的新理论学说获得充分的发展空间，最明智的做法是通过解释的技巧，将之嫁接到那个传统所普遍认可的大哲学家的正统学说之中。深受现代自然科学研究风格影响的哲学家或许对这种迂回的策略比较陌生，但实际上这种策略被广泛地应用于政治和军事实践中，正如马基雅维里深刻指出的，

> 如果有人打算对城邦的现状加以革新，希望它被人接受，能够让众人保持满意，那就必须至少维持其古老模式的表象，使人民觉得它的制度并无变化，即使事实上新的秩序已同旧制大不相同。因为人们的通病是，他对表象的需要不亚于实相。其实，

能够打动他们的，经常是表象而非事实。*

英国著名军事理论家李德·哈特则对这种被历代创新者不断运用的迂回策略做出了更加明确的阐述：

> 真理必然是会遭到反对的，尤其是当它采取一种新观念的形式时更是无可幸免，但是这种抵抗的程度，却可以设法减轻——那就是不仅要考虑到目标本身，而且还更要考虑到进行的路线……每当一种新观念想要获得大家的接受时，最容易的方式即为设法使大家认为这并非一种崭新的东西，而只是把"古已有之"的旧东西加以摩登化……当我们证明了机动化装甲车辆就是古代装甲骑兵的承继者以后，那些反对机械化的呼声马上就降低了，他们自然而然地就会回想到骑兵在过去战争中所担负的决定性任务。†

性格平和宽厚的卡西尔当然既不会熟悉，也不太可能会认可这种马基雅维里式的解读策略，但作为一位原创性的哲学家，卡西尔对康德的阐述也并非完全符合正统的要求。可以说，卡西尔对康德的解读冲破了新康德主义的范式，将理论视野从知识的批判拓展到了文化的批判。但卡西尔仍然相信，解读康德的基本视角仍然应该归属于知识理论，对科学事实的先验分析是解释康德哲学的恰当出发点。海德格尔却认为，这种解释的起点是颇成问题的，任何科学都或隐或显地预设了对存在的领会，因此应当将康德的哲学理解成对形而上学的奠基，应当从存在论—生存论的角度对康德的哲学做出解释。

---

* 尼科洛·马基雅维里：《论李维》，冯克利译，上海：上海人民出版社，2005 年，第 114 页。
† 李德·哈特：《战略论：间接路线》，钮先钟译，上海：上海人民出版社，2010 年，第 5 页。

　　初看起来，海德格尔是想通过这种解读康德的方式，来重新恢复对形而上学的兴趣，但实际上海德格尔还有更深刻的意图。对科学知识做出的任何先验分析，终究还是停留于知识理论的范畴，而知识理论所揭示的世界的存在方式终究是有限的，历史、艺术、宗教、政治、经济、军事等人类实践活动所展开的世界的多种多样的存在方式，恰恰是知识理论所无法充分展示和呈现的。因此，在海德格尔看来，现代哲学的认识论转向恰恰是在深入探究科学知识的真理的过程中，有意无意地遮蔽了蕴含于人类生存之中的其他真理，这就造成了一种思想与文化的贫瘠化。导致这一可悲结果的重要原因之一就是理性的至高统治权，海德格尔相信："惟当我们已经体会到，千百年来被人们颂扬不绝的理性乃是思想最顽冥的敌人，这时候，思想才能启程。"[*]因此，海德格尔的康德解读所欲达到的一个没有明确宣称的重要目的就是削弱理性的至高统治权。为了达到这个目的，海德格尔就转而强调先验想象力的图型法学说在康德哲学中的重要性。

　　对于康德来说，他提出与先验想象力有关的图型法，是为了解释时空的纯粹直观与纯粹的知性概念如何能够进入一种本质上协调的状态，成为人类知识的先验基础，然而，海德格尔将先验想象力对图型法的制造视为"隐藏在人类灵魂深处的技艺"，这种纯粹的想象力是直观和知性的"共同根源"，因此康德哲学体系的真正基础就不在于人类的理性，而在于这种体现了"自发的接受性"的先验想象力。先验想象力是存在论知识的基础，这种想象力以非经验的方式将时间的统一性带入经验之中，因而先验想象力可以被理解为"源初的时间"，存在论的理解最终仅仅奠基于时间性。因此也就没有什么永恒的真理，存在的仅仅是在具体历史处境下展开的真理。真理也就仅仅是历史性

---

[*] 马丁·海德格尔：《林中路》（修订本），孙周兴译，上海：上海译文出版社，2004年，第280页。

的真理，因为人的此在是时间性和历史性的，这恰如伽达默尔的如下解释所表明的：

> 海德格尔指出，存在并非必定和总是意指对象性，实际上关键的东西乃在于"制订出存在的事物（Ontische）和历史的事物（Historische）之间属的差别"。人的此在的存在是一种历史性的存在。它不像自然科学对象的此在那样是现成的，相反，在更原始的意义上，历史性，亦即时间性才意味着存在，而不是自然科学力图认识的现成的东西。只存在历史的理性，因为人的此在是时间性的、历史性的。*

卡西尔虽然也赞同海德格尔关于先验想象力在康德哲学中发挥了关键作用的论断，但他反对海德格尔将人类所有的先验能力都还原为这种想象力的"想象一元论"，他认为康德实际主张的是一种知性和感性的二元论，缺少知识与感性的约束，贬低理性的地位和权威，就会深刻威胁到人类智识事业的客观性。不同于海德格尔对先验想象力的接受性的强调，卡西尔将这种想象力视为支持人类精神的创造性活动的决定性证据，在这些创造性活动中体现出来的是人类的"纯粹的自发性"。

然而，人类创造符号和文化的实践活动既不是完全任意武断的，也不能在专断权力的操控下为所欲为，因为人类知识的符号化过程始终要接受客观性的约束，必须要在现实与虚构之间做出必要的区分：

> 人类知识按其本性而言就是符号化的知识。正是这种特性

---

* 汉斯—格奥尔格·伽达默尔：《诠释学 II：真理与方法》，洪汉鼎译，北京：商务印书馆，2010 年，第 40—41 页。

把人类知识的力量及其界限同时表现了出来。而对符号思维来说，在现实与可能、实际事物与理想事物之间做出鲜明的区别，乃是必不可少的……在原始思维中，要在存在与意义之间做出区分还极其困难，这两者总是被混淆：一个符号被看成仿佛是赋有魔术般的或物理的力量。但是在人类文化的进一步发展中，事物与符号之间的区别就被清晰地察觉到了，这意味着，现实性与可能性之间的区别也变得越发明显了。[*]

当人类的认知脱离了客观性的束缚，完全抛开了现实与虚构之间的区分时，就很容易陷入一厢情愿的迷梦之中，这种迷梦只会让人们在歧途上越走越远。

根据以上评论不难看出，卡西尔将原始思维或神话思维向科学思维的突破视为人类一项值得自豪的智识成就，但海德格尔的"认知怀旧"却把这种科学思维的发展视为"去世界化"的严重损失。在海德格尔的作品中随处可见的是他对前科学理解与古典文化的推崇。海德格尔在《形而上学导论》中就告诫读者，不应当按照现代人类学与心理学的方式来设想古希腊的城邦与文化的发展，因为这些想法把现代科学的非本真理解穿凿附会地强加于人的生存之上，"导致人们这样来想的根本错误在于认为历史的开头都是原始的与落后的，愚昧无知的与软弱无力的。其实恰恰相反。历史开头是苍劲者与强有力者。开头以后的情况，不是发展，而是肤浅化以求普及，是保不住开头的情况，是把开头的情况搞得无关宏要还硬说成了不对劲儿的伟大形象"。[†]

对于海德格尔的这种怀古心态，卡西尔并非不能理解，包括古希腊和古罗马在内的古典文化无疑是传承给现代人智识思想的伟大宝

---

[*]　恩斯特·卡西尔：《人论》，甘阳译，上海：上海译文出版社，2004年，第78页。
[†]　海德格尔：《形而上学导论》，熊伟、王庆节译，北京：商务印书馆，1996年，第156页。

库，任何时代都可以从中汲取源源不断的灵感和精神动力。然而，在卡西尔看来，海德格尔借助这种文明神秘的诗性语言来重新构筑的形而上学体系，既没有充分重视现代科学的重大成就，又暗中规避了现代科学智识成就所引发的与客观真理有关的哲学大问题，那么这种貌似清雅玄奥的诗性语言怎么能够确保自己不蜕变为诌媚强权的政治修辞呢？"语言与思想是不可分割的，因此，语言的病态同时也就是思想的病态。"*卡西尔忠实于启蒙哲学的基本理念，他坚信科学所蕴含的健全理性和客观真理不仅是对抗专断权力腐蚀哲学语言的有力武器，而且也是逃离席勒在诗歌《理想与生命》中描述的那种狭隘阴沉生活并奔向自由理想王国的重要手段。卡西尔想要知道，海德格尔在规避乃至放弃了这些捍卫人类的自由和尊严的智识武器之后，他的哲学将如何理解和保障人性的自由呢？

五

海德格尔所倡导的人的自由是通过此在的本真存在来实现的，而此在在世界中的本真存在则是通过向死存在来实现的：

在正常情况下，此在把它的筹划和实践活动看成理所当然的，看成固定的、单纯给定的一个框架。而在"向死存在"中，此在跨出了这一既定情境，认为它既非固定亦非被给予。恰恰相反，在"向死存在"中，此在第一次认识到，它的正常的或日常的生活情境只是众多可能性中的一种，这种可能性服从它自身的自由选择。这种情境并不必然不加追问地来自传统或社

---

* 恩斯特·卡西尔：《人论》，第153页。

会，甚至也并不必然来自此在自身曾经做过的选择。于是，"向死存在"为一种非常特殊的自由敞开了可能性——一种真正"本真"的生存的可能性，在这种本真的可能性中，此在自身的状态和决定完全不依赖一种想当然的预定框架。[*]

到此为止，这种阐释自由的思路相当有启发性，但海德格尔所倡导的超越日常平均状态的自由深刻依赖对存在的领会，而这种对存在的领会则导源于海德格尔对哲学史和思想史的独特阐释，在这种充满暗示性的阐释中显露的是一种人类凭借自身力量无法改变的命运或"天命"。海德格尔极力强调，作为受造物的人类"渺小、虚弱、无力而短暂"，因此实际上没有能力掌控自身命运。一个人并不是通过自己的力量来赋予自身自由，而是应当通过哲学沉思来敞开自身接受存在的命运，通过欣然接受这种自由的存在，一个人才能真正成为其所是的那个人。可以看出，潜藏于海德格尔对自由的理解背后的是一种强调接受性的人性形象。人类作为有限的存在者，始终存在于在历史性的时间中展开的被抛状态之中，被抛状态既不是完全由此在创造的处境，也不是此在可以期待自身加以完全控制的处境，它不仅比理性更加深刻，而且在此在的任何实践活动之前就已经存在。此在想要超越庸常世界的各种可能性并成功获得自由的前提，恰恰就是要深刻领会存在的天命所决定的此在在被抛状态中能够做出决断的可能性范围。海德格尔在其构建的存在历史中以各种手段极力暗示，超出这种范围的自由决断注定徒劳无益。因此，海德格尔与其说是在倡导自由，倒不如说是在主张对存在的天命的顺从，恰如列维纳斯的如下评论所表明的：

---

[*] 迈克尔·弗里德曼：《分道而行：卡尔纳普、卡西尔和海德格尔》，第46页。

使任何与存在者的关系都从属于与存在的关系的海德格尔
的存在论，肯定了自由相对于伦理的首要性。但在海德格尔那
里，为真理之本质所用的自由，并不是一种自由意志的原则。
自由涌现于对存在的顺从：并不是人拥有自由，而是自由拥有
人……存在论并不是与他者本身的关系，而是把他者还原为同
一。这就是自由的定义：维持自己，反对他者，不管与他者有
任何关系，都确保自我的自给自足。不可分割的主题化与概念
化并不是与他者的和平共处，而是对他者的消灭或占有。*

列维纳斯敏锐地发现，海德格尔的存在论对自由的理解貌似拥有
恭顺谦卑的态度，实则蕴含着傲慢的暴力倾向。海德格尔并没有给此
在对待存在天命的方式留下多少可以选择的空间，这也就意味着，一
个人要不就通过顺从存在的天命而被这种命运所同化，要不就在徒劳
地反抗这种命运的过程中被彻底消灭，因此在海德格尔所倡导的自由
中缺少的恰恰就是"与他者的和平共处"。

卡西尔也颇不赞同海德格尔对自由的理解，他认为，尽管人类是
一种有限的存在者，他无论如何都不可能完全掌控他周围的环境，但
人类可以通过符号创建无限丰富的精神世界。理性的自发能力可以让
人类通达无限的事物，人类可以凭借心智的自发性而超越有限的环境，
在精神创造和文化创造中不断趋近自身的完善。因此，人类即便在严
酷的被抛性下也并非只有接受既定命运的选择，而是可以通过符号世
界的自发创造来获得心智的自由。对存在天命的顺从并不会形成这种
独立而自由的人格，反倒会在有意无意间培养出一种卑躬屈膝的态度，
卡西尔相信："在人类文化的任何领域中，'卑躬屈膝的态度'都不可

---

* 伊曼努尔·列维纳斯：《总体与无限：论外在性》，朱刚译，北京：北京大学出版社，
  2016年，第17页。

能被设想为真正的和决定性的推动力。从一种完全被动的态度中不可能发展出任何创造性的活力来。"[*]

在卡西尔看来，海德格尔的哲学之所以会对自由形成这样的态度和立场，与海德格尔独具特色的神学背景有着密切的关联。海德格尔的哲学深受克尔凯郭尔与陀思妥耶夫斯基这样的基督教作家的影响，在他的生存论分析中经常可以看到基督教作家对世俗世界批判的痕迹，因而海德格尔并不相信世俗世界的常识和科学理性可以通达人性的自由和尊严，转而主张借助哲学和信仰去超越这种庸常世界的局限性。然而，在尼采、荷尔德林与里尔克等哲人或诗人的影响下，海德格尔深信，随着上帝之死和超感性价值的废黜，世界时代正趋向于黑夜。在这样的黑夜中，上帝的缺席所意味的"不光是诸神和上帝逃遁了，而且神性之光辉也已经在世界历史中黯然熄灭。世界黑夜的时代是贫困的时代，因为它一味地变得更加贫困了。它已经变得如此贫困，以至于它不再能察觉到上帝之缺席本身了"。[†]正是由于这个缘故，海德格尔就不可能像克尔凯郭尔或陀思妥耶夫斯基那样真诚地求助于基督教信仰的超验维度来解决现代文明所遭遇的精神危机。或许是在尼采与荷尔德林的启发下，海德格尔转向古希腊文化，特别是前苏格拉底时期的哲学、诗歌与悲剧来寻求解决方案。

正如尼采的考证所表明的，命运在古希腊悲剧中占据着极其重要的地位，恰如索福克勒斯所描绘的俄狄浦斯，尽管他运用自己的智慧破解了斯芬克斯的自然之谜，但他的智慧仍然无法让自己摆脱弑父娶母的命运。智慧在古希腊悲剧中是一种反自然的有限力量，任何人倘若过高估价了知识、理性和智慧改变命运的力量，智慧的锋芒就会反过来刺向自身，"谁若通过自己的知识把自然投到毁灭的深渊之中，

---

[*]　恩斯特·卡西尔：《人论》，第 128 页。

[†]　马丁·海德格尔：《林中路》（修订本），第 281 页。

他自己也就必须经历自然的解体"。* 正是在这个意义上，尼采认为，古希腊悲剧世界观的核心和原理就是"把命运（*Moira*）看作超越诸神和人类的稳居宝座的永恒正义"，† 即便是主宰奥林匹斯山的宙斯在古希腊悲剧艺术中也不得不接受必然命运的约束。考虑到古希腊悲剧文化对待命运的态度，也就不难理解，以古希腊文化为重要思想资源的海德格尔会在自己的哲学中如此推崇存在的命运或天命了。

尽管卡西尔将海德格尔的哲学打上了"宿命论"的标签，但鉴于海德格尔晦涩的行文风格与海量的作品文本规模，海德格尔研究者大概轻易就可以通过对文本的重新解读与重新构造来反驳卡西尔的这种控诉。但在卡西尔的这个批评意见中，重要的并不在于海德格尔的哲学本身主张了什么，而在于海德格尔充满暗示性和倾向性的华丽修辞可能产生的政治效应和文化后果。卡西尔认为，海德格尔凭借其超凡脱俗的天赋精心构造的人性形象，制造了有关被抛性、存在天命以及人的有限性的神话，这种哲学神话已经成为别有用心的德国政客用来让民众无原则服从的政治工具：

> 近十二年的全部悲哀的经验可能是最为可怕的。它可以和奥德修斯在塞壬岛的经历相提并论，甚至还更坏一点。塞壬女妖把奥德修斯的朋友和同伴变成各种各样的动物形态，但在这里却是人，受过教育的、有知识的人，突然放弃人的最高特权的诚实而正直的人。他们不再是自由和人格的主体了。他们表演着同样规定的仪式，开始用同样的方式感觉、思维和说话。他们的姿态是强烈而狂热的，但这只是一种做作的假的生活。事实上，他们是受外力所驱动的。他们的行动就像木偶剧里的

---

* 弗里德里希·尼采：《悲剧的诞生》，孙周兴译，北京：商务印书馆，2012 年，第 71 页。
† 同上，第 73 页。

挂线木偶，他们甚至不知道，这个剧的绳子，以及人的整个个
人生活和社会生活的绳子，都由政治领袖们在那里牵动。*

六

在戈登看来，卡西尔与海德格尔的各种哲学分歧，归根到底都可
以追溯到他们关于人性的不同理解。海德格尔强调人在被抛性下的接
受性与有限性，卡西尔则强调人在符号创造活动中的自发性与无限性。
初看起来，卡西尔的人性观似乎陷入了海德格尔所谴责的人类中心主
义或主体主义的傲慢自大与盲目乐观之中，但实际上，卡西尔无论是
在日常生活中还是在学术研究中都是一个心态平和的人，在他的智识
生涯中几乎没有表现出傲慢自大与咄咄逼人的攻击性和侵略性。海德
格尔的人性观貌似谦卑，但实际上在他的论著中，随处可以找到他以
傲慢的姿态对常人及其日常平均状态做出的贬抑与攻击：

平均状态先行描绘出了什么是可能而且容许去冒险尝试的
东西，它看守着任何挤上前来的例外。任何优越状态都被不声
不响地压住。一切源始的东西都在一夜之间被磨平为早已众所
周知之事。一切奋斗得来的东西都变成唾手可得之事。任何秘
密都失去了它的力量……庸庸碌碌，平均状态，平整作用，都
是常人的存在方式，这几种方式组建着我们认之为"公众意见"
的东西……公众意见以"对事情"不深入为根据，对水平高低
与货色真假的一切差别毫无敏感。公众意见使一切都晦暗不明
而又把如此掩蔽起来的东西硬当成众所周知的东西与人人可以

---

* 恩斯特·卡西尔：《国家的神话》，第347页。

通达的东西。*

　　真正的哲学不应当屈从于同时代的智识时尚，不应当人云亦云地逢迎和谄媚主流意见，这无疑是正确的，但海德格尔的存在论分析深深蕴含着对大多数民众的傲慢态度与对极少数圣哲和精英塑造历史能力的神化，以至于他的哲学会不时透露出某种类似"论至德者不和于俗，成大功者不谋于众"的论调。正如哈贝马斯指出的，海德格尔的作品之所以让他不安，在很大程度上是因为海德格尔把"创造性暴力"的英雄主义号召和对牺牲的崇拜联系起来，并且用"少数人"的秘传智慧来贬低倡导平等的普遍主义的启蒙精神。†阿多诺则更为明确地表示，海德格尔的思想体系对权力精英的痛苦追忆酝酿出了"本真性及其黑话"，"黑话的喋喋不休使得真正的受苦主体、特定的社会构成消失了"，"黑话竭力把定居者、沉默者的痛苦转变为对那些还能开口讲话的人的某种形而上学的和道德的歼灭判决"，而这是因为海德格尔的哲学"扎根的纯真性姿态是和历史的征服者站在一边的。这就是本真性的实质，其力量的神圣源泉"。‡海德格尔出于各种考虑和顾忌，没有去追究常人的平庸和愚妄背后的深层原因，而卡西尔则坦率地指出，任何人都不可能生存于权力的真空之中，每个人的生存状态都不可能轻易超越渗透于此在在世的权力之网，常人的庸碌状态与专断权力的精神操控有着莫大的关系：

　　　　最糟糕、最严苛的社会束缚在于这样一种力量：它不仅掌

---

* 马丁·海德格尔：《存在与时间》（修订译本），陈嘉映、王庆节译，北京：生活·读书·新知三联书店，2014 年，第 148 页。

† 尤尔根·哈贝马斯：《在自然主义与宗教之间》，郁喆隽译，上海：上海人民出版社，2013 年，第 10—11 页。

‡ 特奥多·阿多尔诺：《本真性的黑话》，夏凡译，杭州：浙江大学出版社，2021 年，第 32 页。

控我们的外部行为，而且还主宰我们所有内在的冲劲，我们所
有的思想与判断。这种力量挫败了一切独立、一切自由、一切
判断的原创性。不再是我们来做出思考与判断了：社会思考我们，
社会替我们思考。我们不必再去寻求真理：新鲜出炉的真理被
塞在我们手中。*

根据被权力操控腐蚀和败坏的心智状态，并不能推断出人性本来
的面貌。海德格尔对大多数民众的人性失去信心和希望，这就很容易
让他的某些狂热追随者把改变世界历史的希望寄托在极少数顺应存在
天命的强大政治领袖或权力精英身上，他们对这些政治领袖和权力精
英的卓越能力的盲目乐观态度，让他们没有足够清醒的头脑去拒绝专
断权力不断抛出的诱惑，让他们在高贵而又神圣的理想感召下不自觉
地成为强权的帮凶。海德格尔的思想体系对人性做出的貌似无害的阐
释，实际上造成的后果恐怕远比人们通常所意识到的要更为严重。这
正如索尔仁尼琴的如下评论所深刻揭示的，

一个人作恶，事先必定在心中把它当作善，或当作一件有意义
的合乎常规的举动，因为人具有为自己的行为找出正当理由的
天性……莎士比亚的恶人们的想象力和气魄也就止于几十具尸
体。因为他们没有思想体系。思想体系！——它使暴行得到所
需的辩解，使坏人得到所需的持久的坚强意志。那是一种社会
理论，这种理论使他能够在自己和别人面前粉饰自己的行为，
使他听到的不是责难，不是咒骂，而是颂扬和称誉……由于思
想体系，20世纪遭逢了残害千百万人的暴行。这些暴行是不能

---

* 恩斯特·卡西尔：《卢梭问题》，王春华译，南京：译林出版社，2009年，第40页。

否认的，不能回避的，不能闭口不谈的——*

　　时至今日，卡西尔与海德格尔的达沃斯辩论通常被认为标志着欧陆哲学传统与分析哲学传统的分野，但实际上其中还蕴含着另一种意义或许更为深远的分野：沦为精神操控工具的哲学与反对精神操控的哲学之间的分野，无论是在当今的欧陆哲学中，还是在当今的分析哲学中，都存在着这两种不同导向的哲学以及在彼此间进行的或明显或含蓄的智识斗争。应当说，尽管大哲学家的哲学思想难免会被专断的权力用来操控民众，但没有任何大哲学家会心甘情愿沦为这样的工具，这一点也适用于海德格尔。海德格尔既不是一个热衷于打着哲学和信仰的幌子操控人心的智术师，也不是一个为了权力就可以毫无原则地出卖自己人格和底线的人，当他意识到自己的哲学可能让人们在现实中产生重大迷误时，他就会积极做出相应的调整来避免让自己的哲学沦为精神操控的工具。海德格尔在晚期做出的一系列重大转向，或许多少与这种动机有一定关联。另一方面，卡西尔的哲学虽然主张的是温和开明的智识立场和政治见解，但这也不能保证在特定的境况下不会被专断的权力用来服务于特殊的精神操控目标。随着权力操控技术日趋成熟化、复杂化、精致化，这两种哲学之间展开的各种形式的斗争也就变得越发尖锐。然而，不管热衷于精神操控的哲学在特定历史处境下暂时获得多么巨大的成功，但可以想见，腐败的灵魂与扭曲的意志所劫掠的成功终究只是昙花一现，这或许就像托马斯·曼以遒劲有力的文笔所表述的：

　　　　世界上有两种原则经常处于抗衡状态。这就是权力和正义，

---

* 亚历山大·索尔仁尼琴：《古拉格群岛》（上），田大畏、陈汉章译，北京：群众出版社，2009年，第169—170页。

暴虐和自由，迷信和智慧，因循守旧的原则和不断变动的原则，也就是进步的原则。这两种力量究竟何者得胜，这是毫无疑问的，唯有凭借启迪的力量，才能合乎情理地取得胜利。那些心地善良的、已经获得光明的人们，尚须努力履行伟大而崇高的职责。不过，这一天终究会到来的，即使不是由鸽子的翅膀挟来，也将由雄鹰的翅膀带到。*

七

在编辑朱天元先生的邀请下，我历时一年多时间完成了这本书的翻译工作。尽管其间经常会遇到各种事务迫使我中断翻译，但这本书本身所蕴含的众多发人深省的问题和观念，总是会让我很快回到翻译工作上。感谢戈登教授对我在翻译时遇到的问题所做的细致解答，感谢四川大学哲学系的曾怡女士帮助我解决了若干与法语有关的疑难问题，感谢张杰先生、梁鑫磊先生和豆瓣网友在我校对译稿的过程中给予我的热心帮助，感谢我的妻子姜妍女士在生活上给予我的照顾、理解与支持，感谢编辑谭宇墨凡先生以及出版公司其他相关工作人员在编校和出版这本书的过程中付出的辛勤努力。无论这场达沃斯争辩在当时产生了多大的反响，但大哲学家之间的交流与争辩终究是寂寞的，即便是拥有相似水准的对手都可能对彼此产生误解，更不用提旁观者与局外人了，当时或许并没有多少人能够真正透彻地理解这场争辩所承载的惊心动魄的沉重思想。然而，尼采恰恰说过："最寂静的话语，

---

* 托马斯·曼：《魔山》（上），钱鸿嘉译，上海：上海译文出版社，2019年，第179页。

能激起狂飙。以鸽脚行走的思想，能引导世界。"*根据这种通常会被人们忽视的可能性，我衷心希望，本书所记录与阐释的那些最寂静的话语与思想，可以为致力于超越庸常世界的读者们开辟出一条通向心智自由与本真生存的道路。

郝苑

2023 年 8 月 23 日

---

* 尼采：《查拉图斯特拉如是说》，黄明嘉、娄林译，上海：华东师范大学出版社，2009年，第 252 页。

望 MOUNTAIN
登自己的山

主　　编｜谭宇墨凡
策划编辑｜谭宇墨凡　　李　珂

营销总监｜张　延
营销编辑｜狄洋意　　许芸茹　　韩彤彤　　张　璐

版权联络｜rights@chihpub.com.cn
品牌合作｜zy@chihpub.com.cn
出版合作｜tanyumofan@chihpub.com.cn

野 SPRIN G 望
MOUN TAIN

Room 216, 2nd Floor, Building 1, Yard 31,
Guangqu Road, Chaoyang, Beijing, China